权威·前沿·原创

皮书系列为
"十二五""十三五"国家重点图书出版规划项目

公共关系蓝皮书

BLUE BOOK OF CHINA'S PUBLIC RELATIONS

中国公共关系发展报告
（2018）

ANNUAL REPORT ON DEVELOPMENT OF CHINA'S PUBLIC RELATIONS (2018)

主　编／柳斌杰
副主编／王大平　董关鹏

社会科学文献出版社
SOCIAL SCIENCES ACADEMIC PRESS (CHINA)

图书在版编目(CIP)数据

中国公共关系发展报告.2018/柳斌杰主编.——北京:社会科学文献出版社,2018.12
(公共关系蓝皮书)
ISBN 978-7-5201-3987-8

Ⅰ.①中… Ⅱ.①柳… Ⅲ.①公共关系学-发展-研究报告-中国-2018 Ⅳ.①C912.3

中国版本图书馆CIP数据核字(2018)第269638号

公共关系蓝皮书
中国公共关系发展报告(2018)

主　　编／柳斌杰
副 主 编／王大平　董关鹏

出 版 人／谢寿光
项目统筹／邓泳红　陈　颖
责任编辑／桂　芳

出　　版／社会科学文献出版社·皮书出版分社(010)59367127
　　　　　地址:北京市北三环中路甲29号院华龙大厦　邮编:100029
　　　　　网址:www.ssap.com.cn

发　　行／市场营销中心(010)59367081　59367083
印　　装／三河市龙林印务有限公司

规　　格／开　本:787mm×1092mm　1/16
　　　　　印　张:27　字　数:409千字

版　　次／2018年12月第1版　2018年12月第1次印刷
书　　号／ISBN 978-7-5201-3987-8
定　　价／128.00元

皮书序列号／PSN B-2016-579-1/1

本书如有印装质量问题,请与读者服务中心(010-59367028)联系

▲ 版权所有 翻印必究

《中国公共关系发展报告（2018）》
编 委 会

编委会主任：

柳斌杰　十二届全国人大常委会委员
　　　　十二届全国人大教育科学文化卫生委员会主任委员
　　　　中国公共关系协会会长
　　　　清华大学教授、新闻与传播学院院长

编委会副主任：

王大平　中国公共关系协会常务副会长兼秘书长
董关鹏　中国公共关系协会常务理事、副会长
　　　　中国传媒大学教授、博导、继续教育学部学部长、培训学院院长、全国领导干部媒介素养培训基地主任、媒介与公共事务研究院学术委员会主任

编委会委员：（按照姓氏音序排列）
首席专家：

柳斌杰　十二届全国人大常委会委员
　　　　十二届全国人大教育科学文化卫生委员会主任委员
　　　　中国公共关系协会会长
　　　　清华大学教授、新闻与传播学院院长
王大平　中国公共关系协会常务副会长兼秘书长

业界专家：

付　敬　　中国日报欧洲分社副社长

顾勇华　　中国记协原党组成员、书记处书记
　　　　　中国传媒大学媒介与公共事务研究院马克思主义新闻传播
　　　　　创新实践研究中心主任

黄玲忆　　台湾国际公共关系协会理事长
　　　　　朋百沟通集团创办人

李　曦　　京东集团副总裁

李欣宇　　中国公共关系协会副秘书长

南庚戌　　非洲环球广域传媒集团总裁

秦　辉　　中国公共关系协会副秘书长兼办公室主任

沙学文　　英国华誉传媒有限公司总裁

首席研究员：

田惠明　　中国新闻社原副总编辑

吴学兰　　新华社原高级编辑、著名时事评论员
　　　　　中国传媒大学媒介与公共事务研究院高级研究员

学界专家：

程曼丽　　北京大学国家战略传播研究院院长、教授、博导

董关鹏　　中国公共关系协会常务理事、副会长
　　　　　中国传媒大学教授、博导、继续教育学部学部长、培训学
　　　　　院院长、全国领导干部媒介素养培训基地主任、媒介与
　　　　　公共事务研究院学术委员会主任

杜少中　　北京市环保局原副局长、新闻发言人
　　　　　中国传媒大学媒介与公共事务研究院健康与环境传播研究
　　　　　所所长

郭晓科　　中国传媒大学副教授、继续教育学部副学部长、媒介与
　　　　　公共事务研究院副院长

何春晖	浙江大学副教授、经济与文化研究中心执行主任，中国新闻史学会公共关系分会（PRSC）副会长
	杭州市城市品牌促进会副会长
景庆虹	北京林业大学马克思主义学院教授
李兴国	中国公共关系协会常务副会长、文化艺术委员会主任委员
	中央党校（国家行政学院）教授
欧　亚	外交学院外交学系副教授，北京对外交流与外事管理研究基地执行主任
王志民	对外经济贸易大学教授、全球化与中国现代化问题研究所所长
吴　飞	浙江大学特聘教授，宁波理工传播与设计学院院长、公共外交与战略传播研究中心主任
杨宇军	国防部原新闻事务局局长
	中国传媒大学媒介与公共事务研究院院长
余明阳	中国公共关系协会常务副会长、学术委员会主任委员
	上海交通大学安泰经济与管理学院党委书记、教授、博导
于运全	当代中国与世界研究院副主任、研究员
张　磊	中国传媒大学国家传播创新研究中心研究员、博导，中外人文交流宣传研究中心执行主任

《中国公共关系发展报告（2018）》
编 辑 部

主　　任　王大平　董关鹏

特邀主编　杨宇军

执行主任　李欣宇　郭晓科

副 主 任　秦　辉　王　丽　李宝丰

特邀编辑　崔　潇　于　凡　张童昕　刘千渠

主要编撰者简介

柳斌杰 1981年毕业于北京师范大学外研所西方经济专业和中国社会科学院研究生院哲学系马克思主义认识论专业,硕士研究生,教授,博士生导师,高级经济师。1968年参加工作,1971年加入中国共产党,先后在白银有色金属公司、共青团中央、四川省人民政府、中共四川省委、国家新闻出版总署、国家版权局工作。任十二届全国人大常委会委员、全国人大教育科学文化卫生委员会主任委员,中国公共关系协会会长,清华大学教授、新闻与传播学院院长,兼任清华大学、北京师范大学、中国传媒大学、上海理工大学等校博士生导师。出版《现代国民素质论》《人类进步的旗帜》《文化力论》《WTO协议解读》《中国的外交哲学》《论文化体制改革》等专著,主编《灿烂中华文明》《中国域外汉籍》《中国出版家》《中国名记者》《辉煌历程》等大型丛书。

王大平 中国公共关系协会常务副会长兼秘书长,在长期从事新闻、出版、传媒工作中,运用公关理论指导实践工作,成功策划了多个具有广泛社会影响力的大型主题公关活动,如:环青海湖国际自行车赛、世界旅游名校会议、绿色旅游饭店万里行,与央视成功合作了大型电视文化活动"走马黄河",开展了"红色之旅——延安精神在清华""中华汉字寻根之旅"等系列文化活动,先后创立了"中医文化国际传播与体验中心"、中国共产党思想理论资源数据库"延安中心""天津中心""华州中心",开展"健康公关""'一带一路'年度汉字发布""字说中国,节传文脉"等主题文化创意活动,以及"镜美华夏""'影像的力量'中国(大同)国际摄影文化展"等大型影像公关文化品牌活动。曾荣获国际饭店与餐馆协会"国际饭店传媒特殊贡献奖"、"世界金钥匙组织"金质勋章奖,获得国家新闻出版总署机关党委授予的"党员先锋岗"荣誉称号。

董关鹏 教授、博士,政治传播学者、企业传播顾问和"临床型"公共关系专家。先后毕业于北京大学、谢菲尔德大学、剑桥大学和杜伦大学。曾在清华大学、哈佛大学执教和从事研究十余年。历任英国BBC和中国中央电视台记者、主持人和早间新闻主播,地方政府对外贸易与经济合作局局长,清华大学公共关系与战略传播研究所首任所长,哈佛大学约翰·肯尼迪政府学院索林斯汀席位媒介政治与公共政策研究员,中国传媒大学媒介与公共事务研究院首任院长等。现任中国传媒大学教授、博士生导师,继续教育学部学部长、培训学院院长、全国领导干部媒介素养培训基地主任和媒介与公共事务研究院学术委员会主任等。兼任中国公共关系协会副会长、常务理事,国务院新闻办公室新闻发布策划与评估专家小组成员、国务院食品安全委员会专家委员会委员、最高人民法院司法传播专家、国家核应急专家委员会委员、全国工商联宣传教育委员会副主任、中国足协新闻委员会委员等。是2001年以来,我国官方举办中央和国务院国家级新闻发言人和应急管理实务培训的核心专家和主讲教师,是中共中央党校(国家行政学院)、国务院部委和省、区、市党委中心组学习相关课程的骨干主讲教师,也是国家有关部门处置自然灾害、重大事故和群体事件的现场咨询专家团队的重要成员。

摘 要

随着中国国际影响力的日益提升和中国参与全球事务的不断深入，中国与世界各个国家和地区的不同层面的交往也日渐频繁，提升国家公共关系能力水平面临着更加迫切的需求。在新的时代背景下，中国公共关系协会和中国传媒大学媒介与公共事务研究院合作推出《中国公共关系发展报告（2018）》。在习近平新闻思想理论的指导下，以构建中国特色公共关系理论体系和提升国家公共关系全球实践能力水平为基本思路，本年度公共关系蓝皮书将年度主题确定为"国际公共关系——中国公共关系的全球实践"并依此制定框架内容。

本书由8个篇章组成，分别是总报告、舆论环境篇、制度建设篇、形象声誉篇、全球治理篇、创新实践篇、危机管理篇和理论研究篇。全书包括2篇总报告、19篇子报告、2篇附录。

总报告《2017～2018年中国公共关系发展报告》和《2013～2018年中国公共关系全球实践报告》，分别从国内和国际两个视角，分析我国公共关系行业的发展现状，总结成就建树，展望发展前景。

子报告从理论和实践两个层面展开研究，涉及公共关系的多方主体和不同角度，本书对中国公共关系面临的国际舆论环境和中国推进国际传播能力制度建设进行了全面梳理，从中国发展道路、中国共产党、中国军队、中国城市、中国民众等多个层次剖析中国在国际上的形象声誉，以贫困问题和环境问题为切入点探讨中国参与的全球治理和开展的重大活动，探讨了中外人文交流机制建设和中非人文交流等具体实践，论述了"一带一路"和"人类命运共同体"在促进中国特色公共关系全球实践中的创新意义，从政府、企业等层面剖析国际视域下中国公共关系危机管理的经验与不足，并系统梳理了国内外公共关系学术研究的研究方向、研究方法和研究成果。

本书以国际化的视角审视新时代背景下的中国公共关系理论和实践发展，力求为政府管理公共关系事务、企业开展公共关系运营以及公共关系相关机构制定发展规划等提供参考，为促进公共关系发挥其战略价值提供思路。

序言：以习近平新闻思想为指导提升国家公共关系全球实践能力水平

柳斌杰*

当今世界格局和全球秩序正在不可逆转地发生巨大变化，中国全面崛起并逐步走近国际舞台中央，对提升国家公共关系能力水平提出迫切需求。而公共关系工作是属于公共传播、大众沟通、矛盾调处的一种特殊传播工作，必须坚持以习近平新闻思想为指导。党的十八大以来，习近平总书记从党和国家事业发展全局的战略高度，围绕意识形态安全、宣传思想工作、新闻舆论工作、网络文化建设、文化艺术和哲学社会科学工作等涉及根本性、战略性、全局性的重大理论与实践问题，作出了一系列既高屋建瓴又深谋远虑的精辟论断，全面、系统、深刻论述了新闻传播工作的历史定位、职责使命、方针原则等重大课题，形成了一套创新性、科学性、完整性的新闻思想理论体系。这套思想体系与我党长期形成的新闻思想一脉相承又与时俱进，丰富和发展了中国特色社会主义理论体系以及马克思主义新闻观，为新时代国家公共关系全球实践工作提供了指导思想、指明了前进方向、确立了根本遵循，我们要将其贯彻到全部公共关系的理论、实践中去。

第一，要以习近平新闻思想为指导，构建中国特色公共关系理论体系。党的十九大胜利召开，把中国特色社会主义事业推进到新的历史起点，全球公共关系实践面临着历史上从未有过的好机遇，具备了历史上从未有过的好条件，

---

* 柳斌杰，十二届全国人大常委会委员、全国人大教育科学文化卫生委员会主任委员，中国公共关系协会会长，清华大学教授、新闻与传播学院院长。

也担负着历史上从未有过的繁重任务。习近平新闻思想理论体系深刻阐释了国家公共关系的历史方位、角色定位、工作目标、主要任务、运行规则、策略方法等内容。习近平指出,当今世界是开放的世界,当今中国是开放的中国。中国和世界的关系正在发生历史性变化,中国需要更好地了解世界,世界需要更好地了解中国。我们要在习近平新时代中国特色社会主义思想的指引下,满怀着对中国特色社会主义道路、理论、制度、文化的高度自信,加快构建并不断创新中国特色公共关系理论体系,为向世界展示一个全面、真实、立体、多彩的中国而不断探索。构建中国特色公共关系理论体系,要讲清楚中国独特的文化传统、历史命运、基本国情,回答好中国共产党为什么能、中国特色社会主义制度为什么管用、中国改革开放为什么能创造出奇迹等重大问题,用公共关系的理论方法阐释好中国道路、中国理论、中国制度、中国文化。

第二,要以习近平新闻思想为指导,努力拓展公共关系全球实践,讲好中国故事,传播好中国声音。随着我国综合国力和国际地位不断提升,国际社会对我国的关注达到前所未有的高度。我国日益走近世界舞台中央,迫切需要对外讲好中国故事,传播好中国声音。习近平多次指出,讲故事是国际传播的最佳方式。讲好中国故事,重要的是解决好讲什么、怎么讲的问题。讲什么,就是要把握时代脉搏、关注发展大势,聚焦"两个一百年"奋斗目标和中华民族伟大复兴的中国梦,把当代中国发展进步的主流展示好,把中国人民蓬勃向上的风貌展示好。怎么讲,就是要真实、生动、鲜活地讲,真实的故事最精彩,百姓的故事最生动,要坚持实事求是,努力出新出彩,做到见人、见事、见思想、见精神。在全球互联互通日益紧密的时代背景下,公共关系实践要围绕中心、突出核心、把握重心,致力于推动改革开放,聚焦于讲好中国故事,服务于人民利益、国家发展和民族复兴,用全局的、发展的眼光,把握中国社会发展的国际环境和时代主题,在社会冲突、国际争端、利益协商、价值认同等重大问题上,从宏观和微观角度提出解决方案,指导实践活动。

第三,要以习近平新闻思想为指导,树立公共关系战略意识,把国家形象塑造作为一项系统性工程。长期以来,中国在世界上的形象很大程度上是"他塑"而非"自塑",我们在国际上有时仍处于有理说不出、说了传不开的困境，存在着信息流进流出的"逆差"、中国真实形象和西方主观印象的"反差"、软实力和硬实力的"落差"。站在新的历史起点上，习近平总书记明确提出要重点展示好四个"大国形象"，即中国历史底蕴深厚、各民族多元一体、文化多样和谐的文明大国形象，政治清明、经济发展、文化繁荣、社会稳定、人民团结、山河秀美的东方大国形象，坚持和平发展、促进共同发展、维护国际公平正义、为人类做出贡献的负责任大国形象，对外更加开放、更加具有亲和力、充满希望、充满活力的社会主义大国形象。要展示好这四个"大国形象"，非一朝一夕之事，也非一方之力可为，必须汇聚国内外多方力量，志向聚心、合作聚力、人才聚智，共同探讨传播平台的建设、传播技能的提高、传播人才的培养、人文交流的推进、公共外交的开展、城市形象的树立、公民形象的塑造、企业品牌的推广等问题，努力构建一个全方位的国家形象塑造和传播体系。

第四，要以习近平新闻思想为指导，加强对外话语体系建设，提升开展公共关系事务的传播力和话语权。传播力决定影响力，话语权决定主动权。习近平在党的新闻舆论工作座谈会上指出，要加强对外话语体系建设，用中国理论阐释中国实践，用中国实践升华中国理论，更加鲜明地展现中国思想，更加响亮地提出中国主张。要创新对外话语表达方式，研究国外不同受众的习惯和特点，着力打造融通中外的新概念、新范畴、新表述，把我们想讲的和国外受众想听的结合起来，把"陈情"和"说理"结合起来，把"自己讲"和"别人讲"结合起来，使故事更为国际社会和海外受众所认同。这一系列要求是明确的、具体的。要在国际传播和全球公共关系实践中争取话语权，在中国道路等重大问题的对外传播上掌握主导权，在国际热点的新闻竞争中占据主动权，就必须加强对外话语体系建设，提高议题设置能力，突出中国视角，表明中国立场，贡献中国智慧；就必须创新对外话语表达方式，切实做到"融通中外"，既要体现中国特色、中国风格、中国气派，又要充分体现我们对人类共同命运和全球事务的认识、思考和担当，还要找准中国与外部世界的话语共同点、利益交汇点，贴近外国受众的思维习惯和语言习惯，积极借鉴国外有益的文明成果，做到学贯中西、兼收并蓄、

入情入理、可听可信。

第五，要以习近平新闻思想为指导，加强顶层设计，优化资源配置，形成全球公共关系实践大格局。一是统筹不同层面公关主体。立足全局、整体规划，努力推进国家品牌和企业品牌相统一、中央优势和地方优势相互补、国家形象和民众形象相映辉，充分发挥整体效应。二是打造国际传播媒体集群。加快构建中央媒体和地方媒体共同发力、传统媒体和新兴媒体协同并进，与我国综合国力和国际影响力相匹配的多层次、多业态、多形态、立体化的国际传播格局。三是整合国际传播资源力量。加强媒体驻外机构之间的合作，在采写稿件、制作节目、报道新闻等方面共享资源，在重大外交活动和突发事件采访报道中协调行动，在落地推广、对外交往等方面相互支持配合。四是大力发展合作传播。不断深化同境外媒体特别是西方主流媒体的内容和渠道合作，加强媒体交流对话和高层往来。通过信息交换、合办节目、人员互访等形式，与国外各类媒体开展广泛合作，创新国际公关的方式方法。加大"借船出海"力度，充分利用海外各种平台、终端、渠道拓展中国影响力，增加正面信息和良好形象的传播。

我国已经进入中国特色社会主义新时代，面对国际舆论环境及全球竞争格局的复杂多变，许多新问题需要解决，许多新挑战必须应对，许多舆论交锋还要继续。新的时代呼唤新的理论指导，新的实践需要新的思想引领。我们公关界要以习近平新闻思想为指引，不断提升国家公共关系全球实践能力水平，努力展示新时代的中国魅力、中国风貌，展现中国特色社会主义道路自信、理论自信、制度自信和文化自信。发展中的中国需要良好的公共关系沟通心灵、化解矛盾、协调关系、应对危机。中国的公共关系实践也必须从基础性的发展向高层次的整合和专业化迈进，利用公共关系的特殊职能沟通协调各方关系，为国内利益群体的理性和谐，为中国国际形象的改善提升，为中华民族的伟大复兴和世界和平与繁荣发展做出积极贡献。

衷心感谢为蓝皮书编撰出版做出贡献的作者、编者、出版者，也希望蓝皮书成为公共关系工作者的好助手，为新时代中国公共关系事业长足进步和创新发展起到推动作用。

前　言

王大平　董关鹏*

2018年正值中国改革开放40周年，改革将继续扩大并走向全面深化，我国社会主义发展踏上了新征程，各项事业迎来了新机遇。新时代孕育新思想，党的十九大精神和习近平新时代中国特色社会主义思想为发展公共关系事业提供了指导思想和行动纲领。新思想指引新实践，在这一鲜明的时代旗帜引领下，我们要以开放性的思维、全球化的视野推动公共关系事业发展，逢山开路，遇水架桥，在推动"一带一路"建设和推广"人类命运共同体"理念的过程中，发挥公共关系应有的作用，全面提升中国公共关系的全球实践能力水平。

由中国公共关系协会和中国传媒大学媒介与公共事务研究院共同组织编写的我国首部《公共关系蓝皮书》于2016年首次发布。在中国改革开放40周年之际，推出第三部年度报告——国际公共关系卷，我们期待这部凝聚了二十多位业界、学界专家心血的著作，能够反映新时代我国公共关系在复杂多变的国际形势中所取得的最新发展，在实现建设成为富强民主文明和谐美丽的社会主义现代化强国这一新时代的伟大发展战略目标进程中，为探讨公共关系发展的时代坐标和脉络走向提供引玉之见。

一　年度主题：聚焦国际公共关系——中国公共关系的全球实践

自2016年第一部公共关系蓝皮书开始，中国公共关系协会会长、公共

---

* 王大平，中国公共关系协会常务副会长兼秘书长；董关鹏，中国公共关系协会常务理事、副会长，中国传媒大学继续教育学部学部长、媒介与公共事务研究院学术委员会主任。

关系蓝皮书主编柳斌杰就做出明确指示：蓝皮书要坚持满足"定位准确、使用价值、问题导向、学术品位"四点基本要求；要始终处理好"理论与实践、当年和长远、综合与特色、国内和国际、存史与使用"五个关系。

在公共关系蓝皮书2016年以"政府公共关系"和2017年以"企业公共关系"为主题的基础上，结合新时代背景下的公共关系发展趋势，编委会将公共关系蓝皮书2018年年度主题定为"国际公共关系——中国公共关系的全球实践"，旨在系统梳理我国公共关系在全球范围的创新实践，通过权威的数据统计、生动的案例解读、翔实的分析报告、前沿的研究成果，展现新时代中国特色社会主义公共关系的独特魅力，使其成为研究和分析新时代中国公共关系行业发展的权威读本。在编撰前两部公共关系蓝皮书的经验基础上，编委会把握以国际环境为视野、以时代特征为脉络、以现实问题为导向的基本思路，经过政府、媒体、企业、学界专家的共同研讨，确定了逻辑架构和内容主题。本书所收录的21篇报告，不但具备国际视野，而且侧重行业专业视角，具有较高的实用价值和理论价值。

二 行业概况：持续快速发展，市场潜力巨大

总体而言，2017年，中国公共关系行业在全球经济回暖、国家整体经济趋势向好的背景下，保持快速发展势头，行业仍处于快速发展的成长期。行业整体发展形势表现为：行业产值稳步增长，行业利润加速提升，数字化业务需求大增，交互型业务趋向专业，机构效益持续两极分化，偿债能力有所提升，运营效率仍待提高等。行业发展涌现一些新特点：一是行业转型和业务融合不断升级，随着数字信息技术的普及，公关业务和数字营销、广告等业务联系更为紧密，从事相关业务的企业正在不断融合，相互渗透、彼此推进；二是活动主体更加多元，数字化技术的成熟和经济全球化的深入，使得公共关系活动主体更加丰富多元，不仅有专业从事公关业务的企业，也有企业内部设立的公关部或公关处，还有附带从事公关业务的广告传媒公司、旅行社等；三是服务对象日益广泛，越来越多的非商业用户群体尤其是政府

机构开始购买公共关系服务,这为行业增长开辟了新的领域,使得公共关系教育培训机构和在线教育平台快速发展;四是海外传播成为热点,越来越多的企业、高校等社会组织,开始向国际市场进发,通过发展公共关系加快融入国际市场。同时,我们需要客观认识到,我国的公共关系发展仍存在一些问题,如缺乏适应行业转型发展的复合型人才,缺乏塑造国际形象的意识,缺乏适应数字传播环境下的新公关理论,缺乏对公关教研困境的重视和改善,缺乏对公关组织的有效监管等。

可以预见,未来中国的公共关系科技化发展趋势将继续加快,公关国际市场发展潜力将被深挖,公共关系战略价值将得到更多重视,公关效果评估需求有望加大。伴随全球化步伐的加快和中国改革开放的全面深入,中国的公关行业发展若能抓住时代机遇,顺应市场发展规律,正视问题、勇于创新,将推动整个行业走向健康可持续发展。

三 国际舆论环境:机遇挑战并存发力,国家形象整体提升

本书中的《2017~2018年中国公共关系面临的国际舆论环境研究》报告,对互联网等新技术革命背景下中国发展公共关系的国际舆论环境新变化进行了调查研究,从构成舆论的主体人群、传播舆论的媒介以及国际涉华舆论等三个方面讨论这些变化趋势。报告认为,在西方媒体仍掌握主要话语权、中国的国际话语权与实际国力仍不相称、中国形象与实际情况存在巨大反差、舆论"战场"扩展到网络乃至社交平台的环境下,国家应从依法治国的高度出发,加强传媒顶层设计,加快媒体转型和全平台发展,抓住"一带一路"等契机加强国际话语权建设,提升公众媒介素养,以适应新媒体背景下的舆论环境。

近年来,为了提高国际传播能力,我国建设了各种相关制度。《中国推进国际传播能力制度建设研究报告》指出,党的十八大以来,为了适应国内外媒体局势的变化,很多制度再度改革,以期推动我国国际传播能力的进

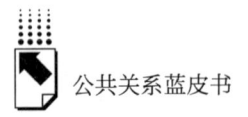

一步发展。这些制度包括大众媒体传播的相关制度、面对面直接传播的相关制度，以及关系到前两者的对外传播能力培训制度等。在新媒体主导的传播背景下，公共关系危机管理的重要性被不断印证，《中国公共关系危机管理研究报告》指出，中国政府已经具备良好的公共关系危机管理能力并基本掌握危机管理策略，逐步走向成熟。

在本书的形象声誉篇中，收录了"中国发展道路"的国际影响力、中国在推动全球化进程中的国际形象、中国共产党的国际形象、中国军队的国际形象、北京及杭州等中国城市的国际形象、中国民众的国际形象等多篇研究报告，从宏观和微观多个维度解读剖析中国的国际形象。研究发现，近年来，中国整体的国际形象不断提升。由吴飞教授等担纲的《中国在推动全球化进程中的国际形象》报告指出，身处新时代的中国，正以全新的姿态参与其中，努力践行构建"人类命运共同体"的历史使命，而中国的国际形象也正面临着重塑与改写。由当代中国与世界研究院研究员于运全领衔的《2017～2018年中国共产党的国际形象研究报告》和《中国民众国际形象研究报告（2018）》指出，近年来，国际社会对中国共产党的关注度前所未有，对中国共产党的执政理念、集体领导体制、领导能力、从严治党、改革战略和执政经验等均有了新的认识，"全面从严治党"成为党最突出的国际形象；而在全球化背景下，由于呈现渠道的广泛，中国国民形象呈现一种多元图景。由媒介与公共事务研究院杨宇军院长领衔撰写的《中国军队在遂行海外非战争军事行动中的国际形象塑造》开创性地对中国军队近年来在遂行海外非战争军事行动中国际形象塑造所取得的相关成绩、经验和不足进行了系统梳理。就中国城市形象而言，本书选取北京和杭州为典型案例，由外交学院欧亚副教授等和浙江大学何春晖副教授分别撰文，分析如何通过城市品牌化和城市营销来提升城市的国际影响力，就城市品牌传播管理的策略和路径提供思路。

四 创新实践：多策并举，全面提升国际公关能力

近年来，随着中国国际影响力的全面提升，中国在公共关系的全球实践

上也有许多创新之举。全球治理方面,中国通过贡献中国智慧、中国方案参与解决全球问题,促进国家形象的提升和国际社会的发展。吴学兰研究员在《贫困问题:中国脱贫致富经验》中指出,中国在扶贫方面取得的成就不但得到国际社会的广泛认可,还为全球抗击贫困斗争提供了宝贵经验;北京市环保局原副局长杜少中通过《环境问题:中国参与全球治理,推动解决气候变化问题》一文,对近几年国内节能减排相关的政策、法规及取得的成效做了系统梳理,论述中国在推动构建公平正义、共同发展的全球气候治理体系中所做出的实际贡献。

人文交流方面,中国高度重视多元文化交流,广泛开展民心相通工程,中外人文交流已成为中国国际公共关系建设的枢纽。张磊研究员等在《破壁与搭桥:国际公共关系视域下的中外人文交流》中梳理了21世纪以来中外人文交流机制建设的主要进程,总结了中外人文交流在营造舆论环境、塑造国家形象、促进民心相通等方面的重要意义,并就中外人文交流机制建设提出建议;非洲环球广域传媒集团总裁南庚戌先生执笔的《中非人文交流推动公共关系的实践》结合非洲具体情况,围绕中非民间关系、中非人文交流现状、中国在非洲的民间外交实践展开分析,列举了成效显著且具有典范意义的"中非人文合作计划",同时也指出,中非双边人文交流与合作的现状还没有完全适应中非关系蓬勃发展的新局面。

"一带一路"专题方面,王志民教授从宏观视角出发,撰写了《中国与"一带一路"沿线国家在关系发展过程中的成效、经验和问题》;京东集团副总裁李曦从具体案例切入,在《国际公关传播中国先进商业理念》中重点阐述了以京东为代表的中国电商企业在"一带一路"倡议下,积极推进国际化战略举措,将先进的电商业务模式、先进的技术、商业价值观和文化拓展到海外并赢得了海外市场认同。

"人类命运共同体"专题方面,程曼丽教授等担纲的《"人类命运共同体"与国际公共关系的发展》指出,由于内外诸多因素,"人类命运共同体"理念在对外传播中被误读与刻意曲解,应当从国际公共关系发展构建的角度来探讨构建人类命运共同体所带来的新机遇,寻求解决问题的突破

口。黄玲忆女士从生态文明建设角度,分析了中国基于"人类命运共同体"理念,为促进国际合作、共谋全球生态环境治理做出的贡献。

五 学术研究:理论体系日趋丰富,理论框架逐步健全

《2017～2018年公共关系学术研究综述》的作者之一余明阳教授从事公共关系学术研究与社会实践30多年,持续、密切关注中国公共关系领域的前沿学术研究与行业公关事件。该文指出:2017年以来,公共关系理论研究内容日臻丰富,理论体系日趋完善,内涵机制不断深挖,理论框架逐步健全,学者从不同角度不断深挖公关的内容构成、运作机制、流派范式,新理论、新思潮、新方法、新角度不断涌现,公共关系研究更具有系统性、理论性、科学性与严谨性。

随着公共关系理论的不断深挖与发展,学者对公共关系的研究有许多创新之处。公共关系的历史进程,特别是公共关系中的理论派系、内容变量和研究方法的历史发展研究,成了学者研究的热门话题。在公共关系研究的不断丰富与完善过程中,研究方法也逐步发生变化,研究方法日趋丰富,新型手段不断涌现。量化研究对公共关系理论发展做出了卓越的贡献,网络手段成了公共关系的新型研究方法,公共关系领域的研究从描述化转向理论化,并通过方法多样化建立全球公共关系特有的理论。

媒体技术引领行业发展,在大数据时代,公共关系研究开始聚焦网络公关,企业和政府公关研究也发生了变化。企业公关方面的研究更偏向理论联系实际,从宏观全局角度深入探讨企业公关的内涵与策略。由于政府舆论危机的生成具有公共性、紧急性、突发性及不确定性等特点,传播途径多样化发展,政府公关的处理理念、制度和方法面临着全新挑战。同时,理论研究更加立足国际视野,公共关系在不同国家的差异运用、中国企业在海外如何选择公关模式以提升海外传播力成了学者研究的重要领域。

目 录

Ⅰ 总报告

B.1 2017～2018年中国公共关系发展报告
………………………… 中国公共关系协会政府公共关系委员会
中国公共关系协会新闻与传播委员会
中国传媒大学媒介与公共事务研究院 / 001

B.2 2013～2018年中国公共关系全球实践报告
………………………… 赵文刚 顾时宏 张 韵 田惠明 / 023

Ⅱ 舆论环境篇

B.3 2017～2018年中国公共关系面临的国际舆论环境研究
………………………………………… 张 钊 刘小涵 董乐铄 / 041

Ⅲ 制度建设篇

B.4 中国推进国际传播能力制度建设研究报告……………… 于 凡 / 060

001

Ⅳ 形象声誉篇

- B.5 "中国发展道路"的国际影响力研究 ……… 郭晓科 于 凡 / 080
- B.6 中国在推动全球化进程中的国际形象 ………… 吴 飞 洪长晖 / 103
- B.7 2017~2018年中国共产党的国际形象研究报告
  ……………………………………………………… 于运全 张有凤 / 119
- B.8 中国军队在遂行海外非战争军事行动中的国际形象塑造
  ……………………………………………… 杨宇军 李宝丰 李 蔚 / 132
- B.9 新时期北京城市国际形象：历史方位与行动路线
  ……………………………………………………………… 欧 亚 王 寅 / 148
- B.10 中国城市品牌的运营与思考
  ——杭州样本解读 ……………………………………… 何春晖 / 163
- B.11 中国民众国际形象研究报告（2018） ………… 于运全 张 楠 / 189

Ⅴ 全球治理篇

- B.12 贫困问题：中国脱贫致富经验 …………………………… 吴学兰 / 206
- B.13 环境问题：中国参与全球治理，推动解决气候变化问题
  …………………………………………………………………… 杜少中 / 221

Ⅵ 创新实践篇

- B.14 破壁与搭桥：国际公共关系视域下的中外人文交流
  …………………………………………………………… 张 磊 阿希塔 / 237
- B.15 中非人文交流推动公共关系的实践 ……………………… 南庚戌 / 253
- B.16 中国与"一带一路"沿线国家在关系发展过程中的成效、
  经验和问题 ………………………………………………… 王志民 / 265

B.17 国际公关传播中国先进商业理念 …………………… 李　曦 / 279

B.18 "人类命运共同体"与国际公共关系的发展
　　　………………………………………… 程曼丽　赵晓航 / 291

B.19 国际媒体对中国环境保护形象之建构
　　　——以"绿色长城"报道为例 ……………… 黄玲忆 / 304

Ⅶ 危机管理篇

B.20 中国公共关系危机管理研究报告 …… 景庆虹　李茜诺　李兴国 / 321

Ⅷ 理论研究篇

B.21 2017~2018年国内外公共关系学术研究综述
　　　……………………………………………… 余明阳　孟　竹 / 340

Ⅸ 附　录

B.22 2018年中国公共关系发展大事记 ……………………… / 355
B.23 2018年中国公共关系年度人物 ………………………… / 383

Abstract ………………………………………………………… / 386
Contents ………………………………………………………… / 388

总 报 告
General Reports

B.1
2017~2018年中国公共关系发展报告

中国公共关系协会政府公共关系委员会
中国公共关系协会新闻与传播委员会
中国传媒大学媒介与公共事务研究院*

> **摘　要：** 2017年，中国公共关系行业在全球经济和国家整体经济发展趋势向好的背景下，保持快速发展势头。本报告梳理了2017年行业发展现状：行业产值稳步增长，行业利润加速

---

* 总指导：柳斌杰，十二届全国人大常委会委员、全国人大教育科学文化卫生委员会主任委员、中国公共关系协会会长，清华大学教授、新闻与传播学院院长；王大平，中国公共关系协会常务副会长；董关鹏，中国公共关系协会副会长，中国传媒大学教授、继续教育学部学部长；杨宇军，中国传媒大学媒介与公共事务研究院院长。成员：李欣宇，中国公共关系协会副秘书长；郭晓科，中国传媒大学副教授、继续教育学部副学部长、媒介与公共事务研究院副院长；崔潇，中国传媒大学媒介与公共事务研究院专职研究员、全球传播治理研究中心助理主任。执笔人：崔潇。

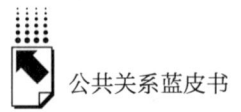

提升,数字化服务需求大增,交互化服务趋向专业,机构效益持续两极分化,偿债能力有所提升,运营效率仍待提高等。总结了行业发展新特点:行业转型深化,业务融合升级,活动主体更加多元,服务对象日益广泛,海外传播成为热点。从整体上看,2017年我国公共关系行业发展态势良好,但仍存在一些问题:缺乏适应行业转型发展的复合型人才,缺乏塑造国际形象的自觉意识,缺乏数字传播环境下的新公关理论研究,缺乏对公关教育困境的重视和改变,缺乏对公关组织的有效监管等。通过对行业发展现状的分析,本文对中国公共关系行业发展前景和趋势做出了预判:公关科技化发展趋势加快,公关国际市场发展潜力巨大,公共关系战略价值得到重视,公关效果评估需求加大。

关键词: 公共关系 业务融合 数字技术 国际化

引 言

2017年10月18日,习近平在中国共产党第十九次全国代表大会上的报告中明确指出,中国特色社会主义进入了新时代,这一论断明确了我国发展新的历史方位,定位了新的时代坐标。在新的时代背景下,认识公共关系的特殊价值,洞察公共关系的发展趋势,对于坚持和发展中国特色社会主义,实现民族复兴、国家富强、人民富裕的发展目标具有重要实践意义。

公共关系(Public Relations)一词自从1807年诞生以来,人们对其的定义从来就没有停止过。由于公共关系涉及的领域广、学科多,认识角度不同，对其含义的理解和定义的表述也就呈现多样化的层次。但就公共关系的社会价值而言，基本形成了以下两点共识。

公共关系是一种思维，它贯穿于公众、组织、社会的多维交往之中，渗透在制定战略、开展传播、组织活动的各个层面。在这种思维指导下，公共关系追求互惠互利，探索和谐共赢，促进协调发展，推动社会进步。

公共关系是一种工具，它指导日常具体的交流、交往、交际实践。通过发挥信息搜集、决策咨询、传播推广、协调沟通、形象塑造等功能，使公共关系的参与者达成共识、实现认同。

2017年以来，中国公共关系行业在实践上取得了较大突破，涌现出一些新特点，虽然仍存在一些问题，但未来发展前景看好。本报告由定量分析和定性分析两部分内容构成。定量分析所涉及的数据、图表和解读，主要基于36家中国本土上市/挂牌的公关传播类企业所公开的2017年年度年报。定性分析主要基于学术文献、公开政策文件和行业专家访谈，对2017年中国公共关系行业发展情况和发展趋势进行概括、分析。本报告所公布的数据观点与客观情况之间或许存在微小偏差，但基本能够反映行业发展总体情况。

一 2017年中国公共关系行业市场经济运行分析

该部分以公关传播行业在沪深两市、新三板、创业板的上市/挂牌企业为分析范围，以年营业收入超过5000万元为筛选条件，以各公司2017年度公开的年报数据为基础，进行定量统计分析和定性行业判断。通过观察36家占据行业主体份额的上市/挂牌公关传播类企业的整体表现，来洞察整个行业发展形势。

（一）宏观背景

1. 全球经济发展形势

一是全球经济回暖迹象日渐明显。2017年，全球主要经济体同时出现稳定增长态势，全球贸易增长水平高于全球经济增长水平，改变了过去五年全球贸易增长低于全球经济增长的态势（见图1）。① 2017年12月，联合国在纽约总部发布《2018年世界经济形势与展望》，指出2017年全球经济增长速度达到3%，是自2011年以来增长最快的。②

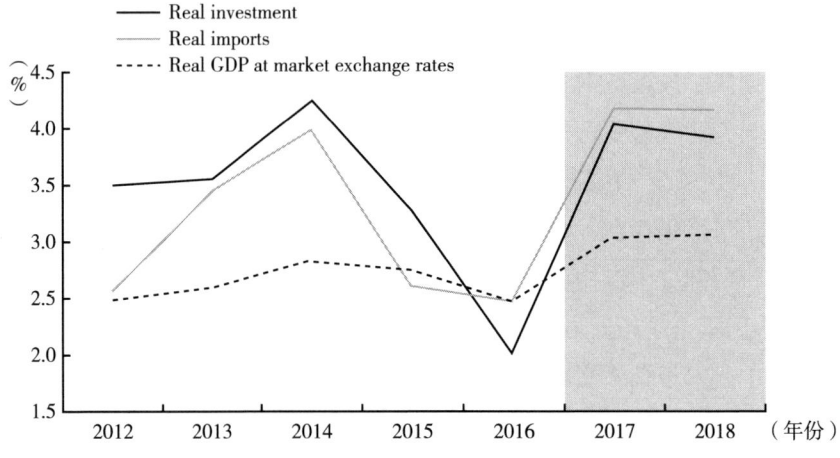

图1　2012~2018年全球经济增长态势

二是以数字经济为代表的新经济崭露头角。据有关方面测算，美国数字经济占其国内生产总值（GDP）的比重已达33%，中国数字经济占国内生产总值的比重达到30%。③

三是中国对全球经济增长的贡献率提升。从2017年年初开始，中国经济趋稳向好的迹象非常明显，国际货币基金组织（IMF）在2017年连续三次上调中国经济增长预期到6.8%。④ 联合国发布的《2018年世界经济形势与展望》指出，中国对全球经济增长的贡献最大，约占1/3。总体而言，

---

① 数据、图表来源：国际货币基金组织（IMF）发布的《世界经济展望2017》。
② 《中国拉动全球经济增长最给力》，《供热制冷》2018年第1期。
③ 曾培炎：《关于当前国际国内经济形势特点》，《全球化》2018年第1期。
④ 《近期数据稳中向好各界看好中国三季度经济表现》，新华网，2017年10月17日，http://www.xinhuanet.com/fortune/2017-10/17/c_129721508.htm，访问时间：2018年10月8日。

2017年中国经济同全球经济紧密融合,中国经济增长对全球经济增长量做出了重要贡献。

2. 国内经济发展形势

一是整体经济平稳发展。2017年,中国国内生产总值达827122亿元,比2016年增长6.9%。其中,第一产业增加值65343亿元,较2016年增长2.6%;第二产业增加值334984亿元,较2016年增长13%;第三产业增加值426795亿元,较2016年增长11%。第一产业增加值占国内生产总值的比重为7.9%,第二产业增加值的比重为40.5%,第三产业增加值的比重为51.6%,与2016年持平(见图2、图3)。① 从宏观上看,第三产业的增长速度仍然领跑我国整体经济发展速度,确保了我国经济发展整体平稳增长的态势。

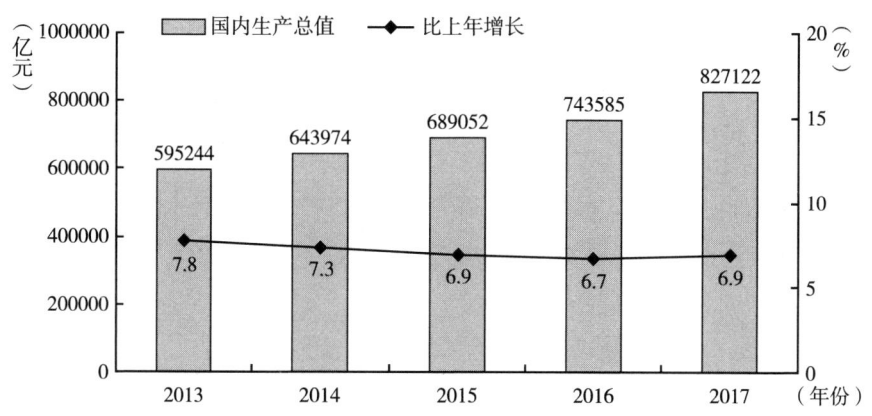

图2 2013~2017年国内生产总值及其增长速度

二是数字经济动能强劲。美国《福布斯》双周刊网站刊文指出,在一些顶尖技术公司的推动下,数字经济的新领域正在中国快速发展,包括物联网、虚拟货币、金融技术、人工智能、先进的机器人技术和大数据。此外,

---

① 数据、图表来源:国家统计局发布的《中华人民共和国2016年国民经济和社会发展统计公报》。

在教育、工业和医疗保健等传统行业,数字经济也变得日益常见,并正在带动这些行业提效增值。①

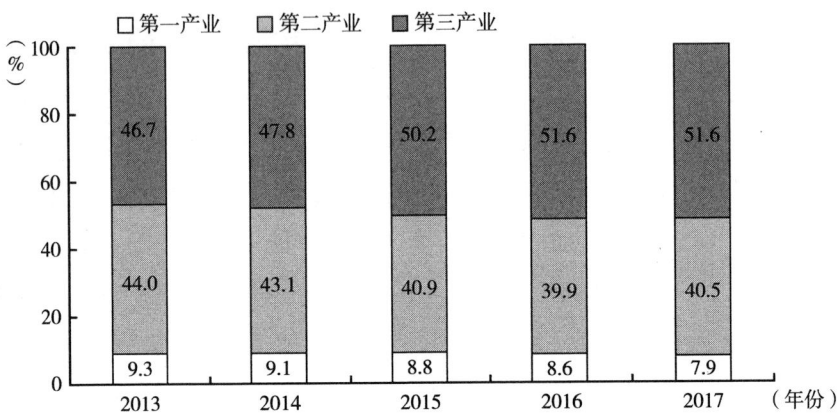

图3　2013~2017年三次产业增加值占国内生产总值比重

(二)企业概述

本报告所筛选的36家上市/挂牌企业中,1家为创业板上市,6家为深、沪两市A股上市,29家为新三板上市。具体包含如下企业(见表1)。

表1　2017年36家公共关系行业上市/挂牌企业

	上市/挂牌企业名称	股票代码	所属板块
1	蓝色光标	300058	深证A股
2	华扬联众	603825	沪证A股
3	华谊嘉信	300071	深证A股
4	宣亚国际	300612	深证A股
5	科达股份	600986	沪证A股

---

① 海外网:《全球经济增长1/3靠中国　外媒赞"大大超出预期"》,2017年12月18日。据海外网官方网站:http://opinion.haiwainet.cn/n/2017/1218/c353596-31208981.html。

续表

	上市/挂牌企业名称	股票代码	所属板块
6	海天网联	870955	新三板
7	联建光电	300269	深证A股
8	海天众意	834680	新三板
9	灵狐科技	835663	新三板
10	嘉利智联	870715	新三板
11	微梦传媒	836868	新三板
12	太德励拓	837383	新三板
13	智者品牌	839358	新三板
14	时空视点	836416	新三板
15	信索咨询	839340	新三板
16	氢动益维	870207	新三板
17	注意力	834709	新三板
18	众引传播	833402	新三板
19	君信品牌	839622	新三板
20	九九互娱	836385	新三板
21	榕智股份	837948	新三板
22	海唐公关	834687	新三板
23	蓝色未来	835474	新三板
24	汇志股份	838081	新三板
25	森博营销	839354	新三板
26	尚诚同力	838657	新三板
27	派合传播	839457	新三板
28	软众数字	839824	新三板
29	世纪龙文	832919	新三板
30	赛迪顾问	8235	创业板
31	睿路传播	839206	新三板

续表

	上市/挂牌企业名称	股票代码	所属板块
32	淳博传播	839133	新三板
33	桑尔管理	870459	新三板
34	品牌联盟	837940	新三板
35	宗源营销	835168	新三板
36	蓝梦广告	836232	新三板

（三）行业产值：稳步增长

2017年，36家年营业收入超过5000万元的上市/挂牌的公关传播类企业年营业收入总额为4605392.73万元，主营业务收入为4324801.53万元，公关传播类业务收入为4084510.76万元①。图4显示了36家连续三年发布相关财务数据的企业的营业收入情况，从营业总收入来看，我国公关行业整体收入以每年超过100亿元的增量稳步上升，增幅超过

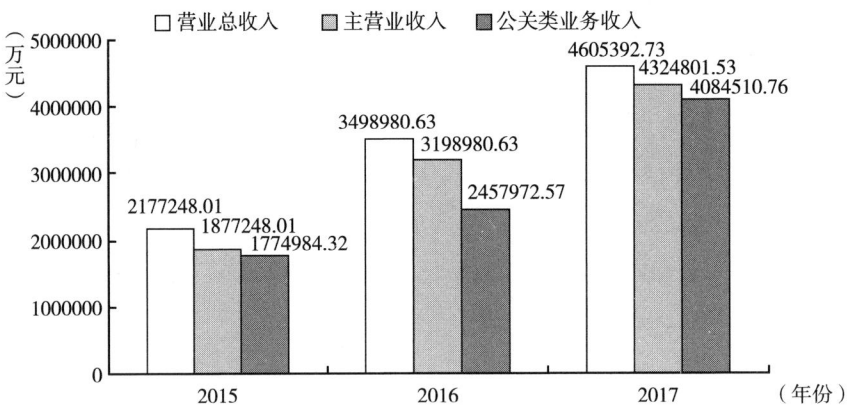

图4 2015~2017年36家公共关系上市/挂牌企业营业收入情况

---

① 资料来源：36家公关行业上市企业年报。

30%，行业整体保持快速发展，市场空间广阔、需求量较大，行业前景总体向好。

（四）行业利润：加速提升

2017年，公关行业整体毛利率和净利率水平在经历2015年至2016年的缓慢增长后，迎来快速增长期，毛利率从2016年的5.77%上升至30.06%，净利率水平从2015年的4.51%上升至11.87%（见图5）[①]。对比而言，毛利率快速增长而净利率平稳增长，说明行业整体运营产生的期间费用仍然比较高。

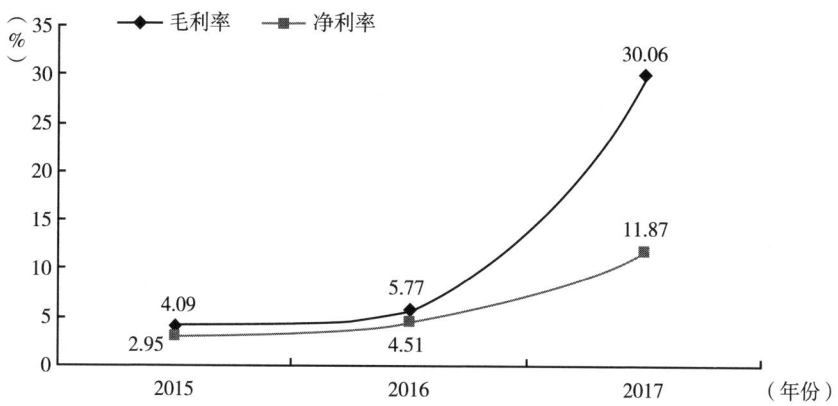

图5　2015~2017年公共关系上市/挂牌企业行业利润率变化情况

（五）业务趋势：数字化业务加快增长，交互型业务趋向专业

由图6可见，2017年数字营销业务占总体营业收入的60.8%，广告服务业务占比19.7%，传统营销业务占比6.8%，体验营销业务占比4.3%，整合营销业务占比2.0%，品牌咨询业务占比0.7%，大数据营销业务占比0.3%。相较于2015年、2016年的数字营销、传统营销、广告服务占比情

---

① 资料来源：36家公关行业上市企业年报。

况，数字营销业务持续大幅增长，传统营销业务和广告服务类业务持续下降且幅度加大（见图7）。同时，企业开始向用户提供专业的体验营销和大数据

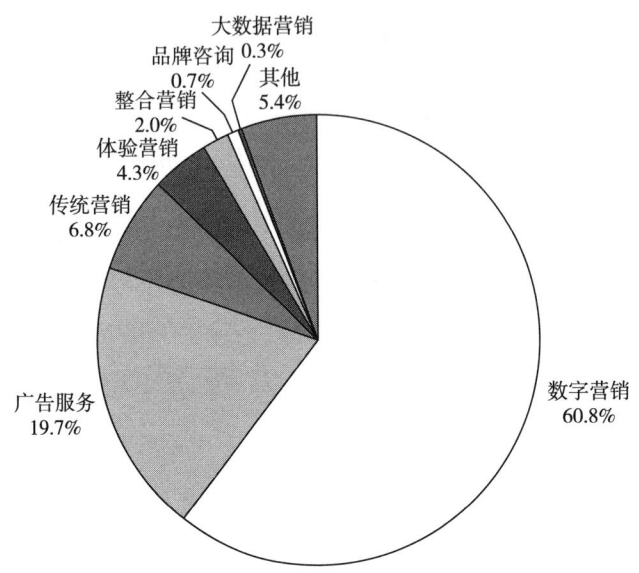

图6 2017年度36家公共关系上市/挂牌企业业务分布情况

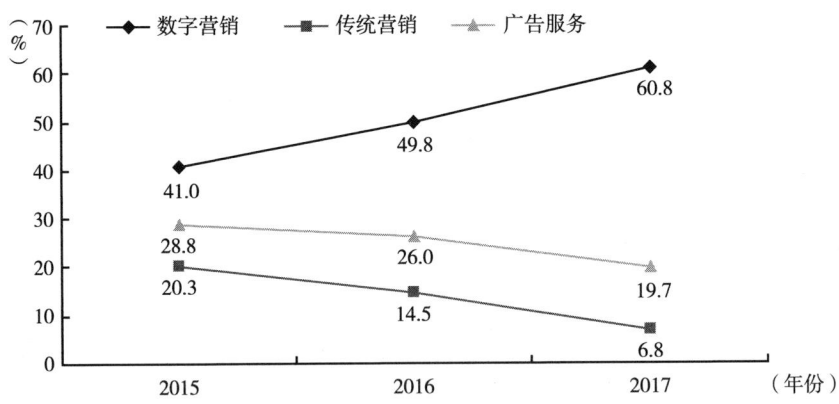

图7 2015~2017年公共关系上市/挂牌企业业务分布情况

营销服务,公共关系日益注重与受众的交流和互动,行业服务更加细分和专业。

(六)机构效益:领军企业发展良好,两极分化态势延续

根据2017年36家上市/挂牌公关企业年报数据,分别统计出排名1~12、13~24、25~36的企业的总营业收入和总净利润。从营业收入看,排名1~12的上市企业总营业收入为4308189.02万元,排名13~24的上市企业总营业收入为197928.08万元,排名25~36的上市企业总营业收入为99275.62万元(见图8)。由图8可见,营业收入排名前12位的企业总营业收入水平远远高于其他24家企业的整体水平,为排名13~24位企业总营业收入的近22倍,为排名25~36位企业总营业收入的近44倍。

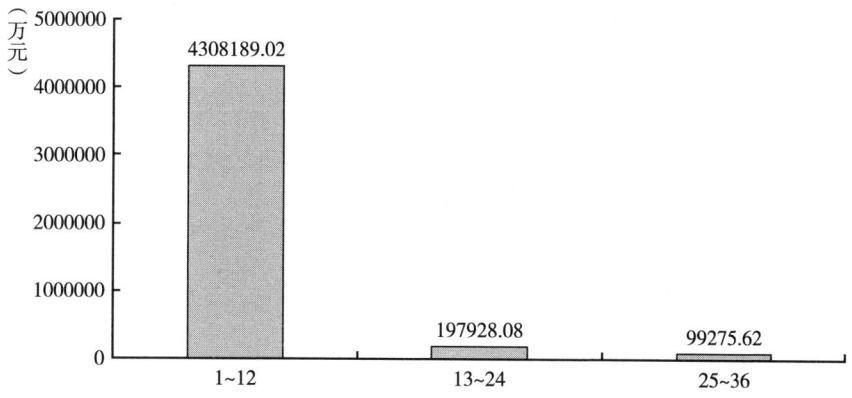

图8 2017年度36家公共关系上市/挂牌企业总营业收入排名1~12、13~24、25~36对比

从净利润收入看,2017年营业收入排名1~12的上市企业总净利润为213336.17万元,排名13~24的上市企业总净利润为18970.18万元,排名25~36的上市公司总净利润为-25136.20万元(见图9)。由图9可见,营业收入排名前12位的企业其赢利能力也远远高出其他24

家企业的整体水平。而在这36家企业中,有三家企业为负盈利,分别是华谊嘉信-27700万元,世纪龙文-2004.07万元,软众数字-536.6万元。

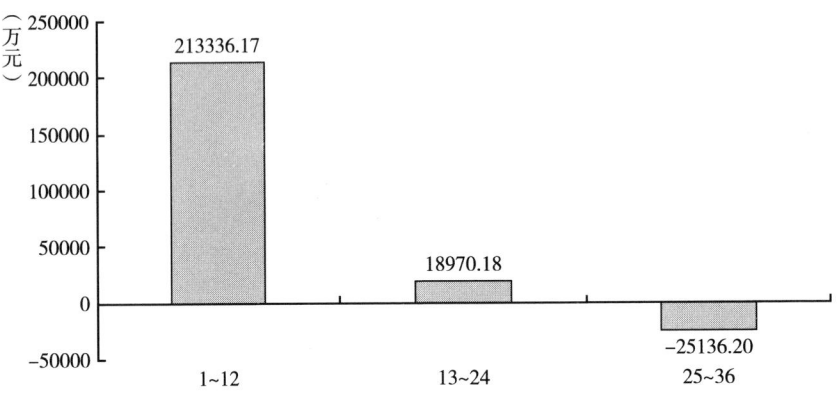

图9 2017年度36家公共关系上市/挂牌企业总净利润排名
1~12、13~24、25~36对比

2017年公共关系行业上市企业年报显示,蓝色光标2017年以152亿元的营业收入排在首位,较2016年的120亿元提升近27%;科达股份以95亿元的营业收入排在第二位,较2016年的70亿元提升近36%;2017年上市的华扬联众则以82亿元的营业收入排在第三位,较2016年的66亿元提升24%。联建光电、华谊嘉信2家企业营业收入也超过35亿元,宣亚国际、海天网联、宗源营销、灵狐科技、海天众意、微梦传媒、嘉利智联、太德励拓、智者品牌等9家企业营业收入在2亿~5亿元,蓝色未来、尚诚同力、众引传播、蓝梦广告、君信品牌、赛迪顾问、九九互娱、注意力、时空视点、海唐公关、榕智股份、睿路传播、淳博传播、氢动益维、森博营销等15家企业营业收入在1亿~2亿元,软众数字、品牌联盟、世纪龙文、信索咨询、桑尔管理、派合传播、汇志股份等7家企业营业收入在五千万至八千万元(见表2)。

表2 2017年36家公共关系上市/挂牌企业营业收入（降序排列）

单位：元

企业名称	营业收入	企业名称	营业收入
蓝色光标	15230000000.00	君信品牌	164426425.55
科达股份	9470000000.00	赛迪顾问	146977000.00
华扬联众	8220000000.00	九九互娱	145552428.74
联建光电	3950000000.00	注意力	140000000.00
华谊嘉信	3500000000.00	时空视点	136000000.00
宣亚国际	505000000.00	海唐公关	131033552.64
海天网联	464000000.00	榕智股份	117098820.76
宗源营销	432890233.38	睿路传播	115059066.60
灵狐科技	388000000.00	淳博传播	107573835.93
海天众意	354000000.00	氢动益维	106000000.00
微梦传媒	321000000.00	森博营销	100690096.18
嘉利智联	247000000.00	软众数字	71816815.52
太德励拓	206006142.33	品牌联盟	70642344.48
智者品牌	201642486.59	世纪龙文	70429922.20
蓝色未来	185098656.03	信索咨询	69000000.00
尚诚同力	184718687.52	桑尔管理	56414156.83
众引传播	172000000.00	派合传播	55219193.59
蓝梦广告	165825428.71	汇志股份	52811963.34

图10显示了2017年36家上市企业中营业收入前十位的公司占36家企业营业收入总和的比例情况。仅蓝色光标一家的收入就占到了36家企业收入总和的33.07%，虽然相比上年的49.25%有所下降，但仍独占鳌头。仅从这36家年营业收入超过5000万元的企业来看，2017全年营业收入排在首位的蓝色光标是排在最后的汇志股份收入的288倍，可以得出结论，行业内机构体量差异较大，仍由几家企业领跑行业发展。

通过以上分析可以看出，2017年我国公共关系行业领军企业发展态势良好，行业持续以往呈现的机构效益两极分化态势。

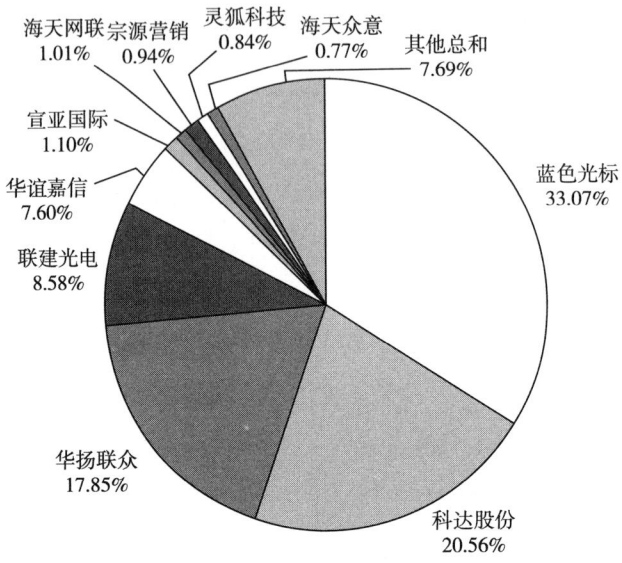

图10　2017年度36家公共关系上市/挂牌企业前十总营业收入占比情况

(七)运营效率:仍待提高

通过图11可见,2017年公共关系行业存货周转天数较2016年存货周转天数(2.30天)增加到了20.3天,货品流动性有所下降;应收账款周转天数较2016年应收账款周转天数(124.29天)下降到了87.87天,流动资金使用效率有所提高。但从整体来看,行业运营能力和管理工作效率仍有待提升。

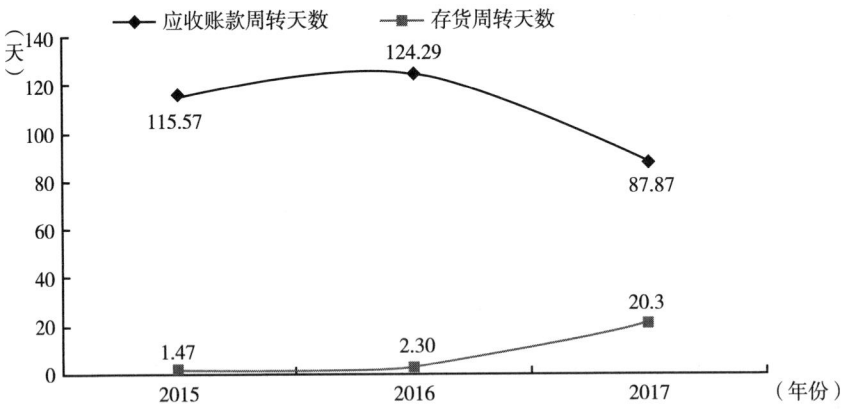

图11　2015~2017年公共关系上市/挂牌企业存货及应收账款周转天数变化趋势

（八）偿债能力：较大提升

图 12、13 显示了 36 家公共关系上市/挂牌企业的资产负债率和偿债保障比率的变化情况。从资产负债率的变化情况看，2017 年公共关系行业的资产负债率大幅下降，这与行业整体的赢利能力上升有着直接关系。从偿债保障比率来看，行业偿债风险较 2016 年大幅下降。对比资产负债情况和偿债保障比率的变化情况看，债偿能力有较大提升。

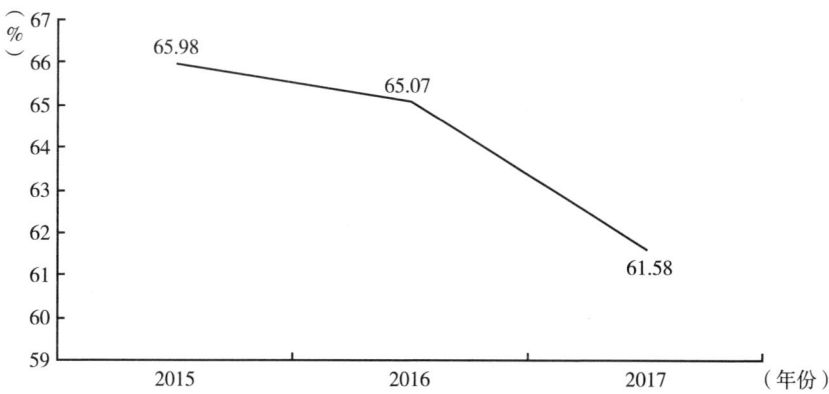

图 12　2015~2017 年公共关系上市/挂牌企业资产负债率变化情况

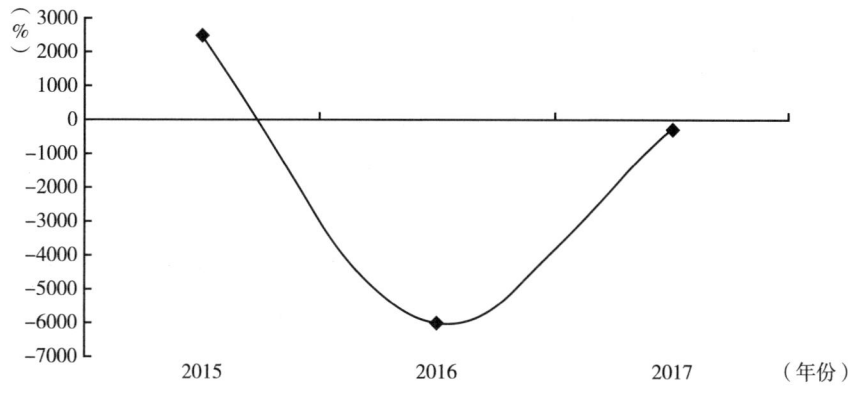

图 13　2015~2017 年公共关系上市/挂牌企业偿债保障比率变化情况

二 中国公共关系行业发展新特点与问题

（一）中国公共关系行业发展的新特点：四个深化

1. 融合化：行业转型深化，业务融合升级

随着数字信息技术的普及，公关业务和数字营销、广告等业务联系更为紧密，从事相关业务的企业正在不断融合、相互渗透、彼此推进。一方面，专业化程度较高的传统公关类企业开始扩展业务领域，越来越多的企业不再将自身定义为公关公司，而是数字营销或信息传播服务公司；另一方面，行业发展受到信息化环境市场调节，传媒公司、营销咨询公司、市场推广公司、互联网机构等多种形式的企业开始开展公关业务。在这种跨界融合趋势下，未来可以预见实力较为强大的综合性国际传播集团将会增多。通过分析发现，融合化发展的主要原因有两点：①媒介环境发生了变化，客户的需求更加全方位、多层次，对企业形象、产品定位、传播策略、品牌塑造、市场定位、合作方、消费者分析等开始提出打包式需求；②SoLoMo①的传播模块加速了公关业务的升级，Social（社交）、Local（本地）和 Mobile（移动）代表了媒介技术的新特点，意味着传播的互动性和精准性需求，催生公关业务手段的转化升级。

2. 多元化：活动主体更加多元

随着数字化技术的成熟和经济全球化的深入，公共关系活动的主体更加丰富多元，不仅有专业从事公关业务的企业，如公关公司、策划公司、顾问公司、营销公司、协会等，也有企业内部的公关部或公关处，还有附带从事公关业务的广告传媒公司、旅行社等等。尤其在中国国际贸易往来日益频繁、国际贸易总额不断增加的背景下，政府和企业对公共关系的重视程度也

---

① SoLoMo 是由著名风投公司合伙人约翰·杜尔提出的概念，包括 Social（社交）、Local（本地）和 Mobile（移动）三部分。

在提升，品牌意识在加强，一些政府和企业的公关部门专业化程度也在不断提升。例如：4月22日，中国公共关系协会联合国内外文化界、艺术界、媒体等机构，主办"文化中国·诗经合阳"于文华·万人唱诵《诗经》活动，挖掘深厚的历史文化底蕴，创新传播中华优秀传统文化。再以腾讯为例，对于连续四年蝉联"BrandZ最具价值中国品牌100强"[①]榜首的腾讯品牌来说，其公关部门功不可没。腾讯公关将2017年工作聚焦于"科技、文化、责任"三个方向，着力于讲好三个品牌故事，通过制定公关战略来推进品牌形象塑造，从而取得了良好成效。同时，由于竞争的日益激烈和传播的无处不在，企业的社会责任感也在提高，越来越多的企业通过开展公益活动来塑造形象。迪思传媒原助理总裁、首席赋能官创办人王兵将中国企业的公益活动划分为三个阶段：①企业主要依赖于政府的经济支持开展公益活动，传播方式比较单向化；②企业开始借助于新兴媒体传播手段，注重与公益对象的互动；③企业注重发动更广泛的力量参与到公益活动中，在此过程中传播企业文化、塑造企业形象。

3. 广泛化：服务对象日益广泛

公共关系服务的对象不再仅仅是商业用户，越来越多的非商业用户群体也开始使用公共关系服务。随着传播障碍的不断减少，公众在信息流动过程中起到的作用日益凸显，政府通过政务公开和公众互动已成为必要。近年来，政府机构购买公共关系服务的趋势日益明显，这为行业增长开辟了新的领域，使得公共关系教育培训机构快速发展。在公共关系教育培训各领域中，针对政府及企业新闻发言人的培训仍走在整个公共关系行业教育培训发展的前端。中央党校（国家行政学院）、浦东干部学院等中组部"一校五院"以及中国传媒大学、中国人民大学等高校开办的领导干部媒介素养、新闻发言人等相关培训业务量也有所增加。据统计，由中国公共关系协会和中国传媒大学共建的全国领导干部媒介素养培训基地2017年共开办了75个班次，共计培养8900余人次，比2016年增长了89%。此外，网络技术的发

---

① 该榜单由传播服务集团WPP联合调研机构华通明略自2015年开始发布。

展和公关教育培训需求量的增加也促进了在线教育平台发展,既有企鹅新媒体学院、新浪政务新媒体学院、馒头学院、淘课网、云学堂、时代光华、一起大学等企业类网络授课平台,也有中传慕课、清华学堂等高校类网络授课平台。

4. 国际化：海外传播成为热点

近几年来,越来越多的城市、企业、高校开始向国际市场进发,而发展公共关系是帮助它们加快融入国际市场的有力举措。例如：中国公共关系协会与大同市人民政府共同主办的2018"影像的力量"中国（大同）国际摄影文化展,就吸引了来自瑞士联邦、阿联酋和比利时王国的3位大使,以及国内外摄影界、新闻界和艺术界代表的广泛参与,通过影像公关活动推进城市国际化发展；9月20日,中国公共关系协会等单位在法国巴黎里昂火车站广场举行李小超大型户外青铜作品《一战华工》的落成仪式,吸引了国内外媒体的广泛关注和传播,让中华优秀传统文化在世界文明交流互鉴中展现永恒的魅力；一些国际旅游机构借助公共关系活动而非商业广告的方式吸引海外游客,有助于了解游客心理、拉近客户关系。与此同时,公关传播类企业为了适应市场发展需要,通过并购、融资等方式来拓展海外市场。以早在2013年就把国际化确立为未来公司发展重点战略之一的蓝色光标为例,近几年它对海外市场精心布局,虽然在海外并购的道路上,有过利润下降、商誉减值等碰壁情况,但其海外发展战略正日益走向成熟,境外业务延续稳健增长态势,国际市场空间越来越广阔。

（二）中国公共关系行业发展的主要问题：五个缺乏

1. 缺乏适应行业转型发展的复合型人才

资本、技术、人才是公关行业机构发展的关键力量。整个公关行业在转型升级的同时,也带来了传统公关从业者不适应新环境、新型公关人才培养断层等一系列问题。尤其是在公共关系行业开辟国际市场的过程中,需要大量既懂得公关业务,又具备媒体素养,更了解国际形势的复合型人才。这不仅需要健全公共关系教育培训体系,更需要创新公关理论研究,推动我国公共关系从业者达到国际化水平。

2. 缺乏塑造国际形象的意识

随着越来越多的中国企业走出去,企业面临着如何进行海外传播、塑造海外形象的新课题。然而,中国企业对塑造国际形象的重视程度远远不够,技术手段还不成熟,普遍面临缺乏社会责任感、不遵守当地法规、破坏当地环境等诸多方面的批评。分析认为,这是由主客观多方面因素造成的。从主观上来说,有三个原因:①企业缺乏内容管理思维,华扬联众 CIO 潘建新认为,"由于对公共关系的理解和认识不到位,国内企业对自身形象塑造重视程度不够,多数企业对公共关系的术、法更注重,对道的理解太少,忽略了公共关系是一种思想、一种战略,而不仅仅是一种手段。这种外在形式而非内涵本质上的理解是片面的,会导致传播往往只强调量的增加,而缺乏对质的管理";②企业自身在了解国外市场的本土文化方面做的努力不够,同时,走出去的企业之间缺乏相互交流,仍是各自为政,没有形成经验互鉴的良好环境;③企业不懂得如何统筹运用主流媒体和社交媒体、国内媒体和海外媒体资源。从客观上来说,有两个原因:①国家形象传播是企业走出去的大背景和前提,企业品牌和国家品牌是相互统一的,企业在海外塑造形象时会受到国家层面的政治、经济、文化、外交等全方位影响;②中国媒体的国际传播力、影响力和公信力与西方主流媒体比尚有很大差距,国际话语权西强我弱的局面仍未得到根本改变。

3. 缺乏适应数字传播环境的新公关理论

实践创新激发理论创新,理论创新推动实践创新。传播环境在日新月异地变化,然而当前对于数字传播环境下的公共关系实践和理论研究过少,更多仍是在用传统的公关手段和理论去做数字营销。华扬联众 CIO 潘建新认为,"在传统媒体的年代,公关研究课题主要是观点和事实,是一种更偏向以我为主的思维,但在数字媒体时代下,网络情绪等一些新维度已经出现,它对如何开展公关活动产生很大影响,是一种更强调对话,更注重受众反应的互动思维方式"。目前,国内对公众情绪尤其是对国外受众情绪的研究严重空缺,尚未从单向传播走向双向对话机制。

4. 缺乏对公关学科建设的应有重视

首先,在中国,公共关系的学科归属一直不明确。从1983年在深圳大学设立第一个公关专科专业以来,公共关系学科在中国的发展历程是非常艰难曲折的。在目前国内设有公共关系本科专业的高校中,其学科归属就大致有三类:"公共管理"类、"社会学"类、"新闻传播学"类。其次,在中国,开设公共关系专业的高校数量太少。据统计,截至2018年9月30日,全国仅有22所高校开设公共关系本科专业,8所高校开设公共关系硕士点或方向,6所高校开设博士点。其中,只有华中科技大学是目前国内唯一独立的二级学科公关博士点。最后,在中国,公关教育的质量普遍不高,师资力量缺乏、研究队伍较小。

5. 缺乏对公关组织的有效监管

近年来,公关行业一直存在商业贿赂、乘机敲诈等违规违法行为,一些不良公关公司兴风作浪,危机公关成了"走秀场",非法网络公关行为屡屡出现,"黑公关"乱象层出不穷,致使公共关系市场乌烟瘴气,损害公关行业在公众眼中的形象,对公关组织开展严格有效的监管已是势在必行。

三 中国公共关系行业发展前景与趋势展望

(一)公共关系信息与通信技术运用走向深化

媒介技术的进步改变着传播环境,也推动公共关系渠道和手段发生变化,公共关系借助新的信息与通信技术,日益走向数字化、网络化、科技化。以互联网技术为支撑的新传播手段不断丰富公共关系的传播渠道,提高公共关系的传播效率。未来,随着大数据、云计算、物联网等技术的不断普及和VR、5G、人工智能等技术的日趋成熟,公共关系将更加注重与受众的及时互动和平等交流,更加人性化、科学化。例如:中国公共关系协会等单位共同主办的2018"一带一路"年度汉字发布仪式,融合了全媒体、舞台剧、3D影像和汉字魔方等多种形式传播中华优秀传统文化。与此同时,互联网＋公共关系的融合，也会使得公共关系相关领域的界定更加模糊，市场竞争也会更为激烈。

（二）公共关系国际市场发展潜力巨大

随着全球一体化步伐的加快，各国之间的经贸合作更紧密、文化交融更多元、人员流动将更加频繁，而各个层面、各个领域的矛盾摩擦也会不断增加，这需要公共关系在其中发挥重要的推动和调解作用。蓝色光标发布的《2017中国品牌海外传播报告》显示，"一带一路"沿线国家覆盖总人口约46亿，GDP达20万亿美元，具备广阔的市场机遇和巨大的消费升级潜力。伴随着中国产业升级，一批具有优势富余产能的企业亟待出海，为工业化程度较低的"一带一路"沿线国家提供了难得的产业对接机遇，"一带一路"是中国品牌全球化的重要平台。可以预见，随着中国国际影响力和全球治理能力的不断提高，以及"一带一路"等建设的深入推进，中国公共关系发展将迎来更广阔的国际化市场，成为联结中国与世界的纽带。

（三）公共关系战略价值更被重视

当今时代，信息流通不断加快，国际交往日益频繁，沟通变得无处不在。而强调顺畅、有效沟通的公关将会日益成为一项基础技能，国家、政府、政党、企业、媒体、公共组织、民众等各个层面的行为体，将在信息全球化的互联互动中更加认识到公共关系的战略思想价值和实用价值，使公共关系迎来更加广阔的发展前景。

（四）公共关系效果评估需求加大

2017年，效果评估基本还是在大数据舆情的范畴内，集中于运用大数据工具开展分析，并没有取得本质性进展。究其原因，首先是其主观性非常强，其次是没法对公众情绪和公众心理进行科学的量化分析。但是，与受众互动已经成为公共关系的基本要求，未来，在大数据基础上开展公共关系效果评估将会越来越重要。

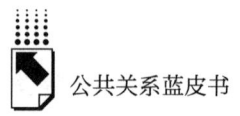

小 结

2018年正值中国改革开放40周年，改革开放掀开了历史新篇章，开启了历史新征程。立足新时代，中国的公共关系行业发展，要充分把握中国在国际舞台上发挥日益重要作用的历史机遇，树立前瞻意识、培养创新理念，开阔国际视野、顺应时代潮流，使公共关系在塑造社会形象、政府形象、企业形象、公民形象、国家形象等方面发挥更加积极的作用。

B.2 2013~2018年中国公共关系全球实践报告

赵文刚 顾时宏 张 韵 田惠明*

摘 要: "一带一路"建设中,海外媒体不仅是参与者,更是推动者。海外华文媒体不仅肩负着讲述关于"一带一路"故事的使命,也在发出中国之声、传播中华文化的过程中扮演着重要的角色。海外有华侨华人6000多万,其中4000多万分布在"一带一路"沿线。在此背景下,华文媒体在推动中华文化海外传播、讲述"一带一路"故事方面,迎来历史机遇。近年来的国际传播实践中,海外华文媒体致力于推动"一带一路"建设沿正确轨道运行,努力向世界展示一个真实而"厚重"的中国,让"一带一路"上的中国声音日渐丰富多彩。中国新闻社作为中国两大通讯社之一,深耕"海外中国",有效地整合境外华媒资源,为"一带一路"倡议做好宣传报道,树立中国新形象。在向世界展示一个"真实、全面、立体、客观、多彩的中国"方面,尽了绵薄之力。

关键词: 海外华文媒体 一带一路 中华文化 中国故事

---

* 赵文刚,中国新闻社海外中心美洲区总监,主任编辑;顾时宏,中国新闻社研究中心副主任,主任编辑;张韵,中国新闻周刊外文版联络专员;田惠明,中国新闻社原副总编辑。

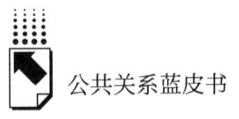

一 公关海外华文媒体讲好"一带一路"故事

习近平总书记指出,推动中华文化走出去,提高国家文化软实力,关系中国在全世界文化格局中的定位,关系中国国际地位和国际影响力,关系"两个一百年"奋斗目标和中华民族伟大复兴中国梦的实现。①

历史进入了新时代,中国"一带一路"倡议的提出,具有重大意义。因此,我们应充分利用海外华文媒体优势,积极主动地讲述中国故事、弘扬中华文化,发挥其凝聚中华儿女、促进中外友好的桥梁纽带作用。

海外华文媒体不仅要通过新闻报道去宣传中国,更应该充当一个文化使者,把中国流传了几千年的文化传播出去,让世界了解一个"真实、立体、全面"的中国,向世界生动讲述"今日中国"的伟大故事。

中国改革开放40年来,前20多年我们基本是吸引外资以强己。后20年,尤其是近十年以来,基本是走出国门投资海外,以求共赢。中国政府"一带一路"倡议提出后,引起世界巨大反响,众多企业参与"一带一路"沿线国家的经济合作,当地的华文报等媒体为"一带一路"鼓与呼,为树立中国形象、讲好中国故事,发挥了重要的作用。

中国自古就有的丝绸之路不但是一条商贸合作之路,也是一条文化交流之路。它文化丰富、富有特色,跨越几十个国家、数十亿人口。在"一带一路"的建设过程中,需要了解"一带一路"沿线国家的风土人情,有的放矢、因地制宜地去发声,才能被对方听得见、听得懂、听得进。中华文化"走出去",不仅提升了影响力和感召力,也在进入多元文化和世界文明语境的过程中,推动中国文化基本价值的创新阐释。

(一)海外华文媒体为推动"一带一路"倡议积极担当

"一带一路"覆盖40多个国家。位于丝绸之路经济带上的35个经贸合

---

① 《习近平总书记系列重要讲话读本》——关于建设社会主义文化强国,《人民日报》2014年7月9日第15版。

作区包含哈萨克斯坦、吉尔吉斯斯坦、俄罗斯、白俄罗斯、匈牙利、西班牙等国。① 而从东南亚的老挝、越南、泰国、马来西亚、印尼到南亚的巴基斯坦、印度和斯里兰卡，再远至非洲的埃及、埃塞俄比亚、赞比亚、尼日利亚、坦桑尼亚、莫桑比克都分布着21世纪海上丝绸之路的经贸合作园区。②

"一带一路"沿线国家有着不同的历史、各自处在不同的发展阶段，与中国在社会文化、意识形态和政治模式等方面均有差异，差异也意味着潜在矛盾。推进"一带一路"倡议需要化解这些差异、区别所带来的困扰乃至冲突。在中国推行"一带一路"倡议的过程中，海外华文媒体为提升中国国际话语权发挥着不可忽视的重要作用。海外华文媒体主要分布在60多个国家，主流的华文媒体有400多家。③

新时代，国际话语主导权的争夺是一场看不见硝烟的战争。时至今日，国际舆论中的"西强我弱""西攻我守"格局仍未改变。随着"一带一路"倡议的实施和综合国力的不断增强，中国需要在"走向世界"中，塑造全新的中国新形象，对外宣传介绍中国道路、中国观点，讲好中国故事、传播好中国声音离不开海外华文媒体和6000多万华侨华人的共同参与。

作为华侨华人与祖国沟通交流的重要纽带和桥梁，华文媒体具有融通中外的优势，可以向世界宣传"一带一路"倡议的规划、理念和政策，指引和维护"一带一路"倡议在正确轨道上运行。"一带一路"沿线国家的总人口约44亿，经济总量约21万亿美元④，在"一带一路"背景下的合作各方都迫切需要了解彼此的信息，广大的地域和人口一方面拓展了海外华文媒体的受众群体，另一方面让海外华文媒体的责任更加重大。

---

① 栾国鏨：《境外合作区承接"一带一路"》，《国际商报》2015年1月7日第A1版。
② 栾国鏨：《境外合作区承接"一带一路"》，《国际商报》2015年1月7日第A1版。
③ 章新新：《章新新：海外华文媒体话语权提升》，中国新闻网，2017年9月8日，http://www.fj.chinanews.com/news/fj_sp/2017/2017-09-08/389629.html，访问日期：2018年9月21日。
④ 乌东峰：《"一带一路"的三个共同体建设》，《人民日报》2015年9月22日第7版。

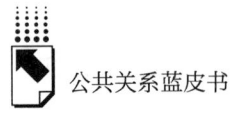

（二）海外华文媒体向世界展示一个真实的中国

"一带一路"倡议旨在促进世界和平发展和共同繁荣，是中国新一代领导集体的智慧结晶。在讲好"一带一路"故事的过程中，海外华媒也面临多方挑战：基于政治和意识形态原因，某些西方媒体仍使用一贯的"标签式语言"，根据立场对"一带一路"进行扭曲和不实报道，在国外华人群体中引起了对"一带一路"的误解和偏见。

还有一些国外学者质疑"一带一路"动机不纯，指责中国是打着"一带一路"的旗号，让中国的一些过剩产能走出国门，造成大量负面影响，一些企业家在道听途说负面言论之后，放弃了与中国的合作。

海外华文媒体有着天然的地理优势和血脉优势，一方面熟知中国国情，另一方面了解国外社会背景，与当地的社会关系良好，亲和力强、信息可信度高。作为海外的华文媒体，眼光不能只局限于"华文"或者"华人"这个小圈子，应当跳出联络、沟通当地华人，让世界更多的华人了解当地的简单功能，从而实现"走出去"，与当地主流社会加强沟通，甚至是开展当地主流语言的新闻消息播发、宣传。这不仅可让当地主流社会了解中国，更重要的一点是，这可以为当地华人融入主流社会提供更好的舆论环境，让华人真正能够安心、舒心地在当地长期生存，可持续地发展下去。借助海外优秀华文媒体的力量和影响力，和当地的主流媒体开展合作传播，不失为一条合作共赢的有效途径。

作为印尼最大的华文报纸，印尼的《国际日报》，关注"一带一路"与印尼相关行业的发展，用中文、印尼文、英文全面报道两国间在基础设施、能源、人文交流等方面的合作；总部设在洛杉矶的《国际日报》开辟了介绍中国的16个英文专版，通过多种渠道发行到当地主流社会；西班牙华文报《欧华传媒》与西语世界最大的通讯社埃菲社签了战略合作协议；南欧的华文报纸《中希时报》在2015年9月增发希腊语版，使其能够有机会、有条件跻身希腊主流社会。这些媒体的举措都为促进中外文化交流、传播中国声音发挥了良好作用。在"一带一路"等倡议的推动下，越来越多的华文媒体开始尝试双语出版，拓展受众群体，华文媒体面临着大突破、大改进的难得机遇。

（三）海外华文媒体为中国企业造福当地鼓与呼

近年来，在全球100多个国家和国际组织的积极支持和参与下，"一带一路"倡议正逐渐转化为行动，美好蓝图逐渐转变为现实。从2014年到2016年，中国对"一带一路"沿线国家投资累计超过500亿美元，在20多个国家建设56个经贸合作区创造的几十万个就业岗位，给当地社会带来了巨大福祉。[1]

海外华侨华人有着熟悉当地贸易规则、市场环境的双重优势，而通过华文媒体，他们将这一优势转化成实际价值。在为驻在国企业到中国发展牵线搭桥的同时，他们也帮助中国企业走进当地。例如：在中国和印尼合作建设雅加达至万隆高铁时，中日之间展开激烈的投标竞争，最终中方中标。之后，驻印尼的日本媒体勾结西方媒体和印尼当地排华政党、社会团体，对南海问题煽风点火，多方污蔑中国高铁技术。印尼的海外华文媒体挺身而出，针对西方尤其是日本媒体污蔑中国的言论进行反击和驳斥，揭露了谣言、澄清了事实。

再如，中国电力投资集团2009年承建缅甸密松水电站项目，由于受到公众的强烈反对，缅甸总统吴登盛单方面宣布终止合作，中方不得已于2013年正式撤出。这个惨痛教训，既反映中国企业存在缺乏投资风险意识、不了解当地法律制度和当地文化传统等问题，也说明中国企业在建设民间舆论沟通平台方面缺乏意识，缅甸华文媒体力量薄弱，影响力不强。缅甸在民主化过程中，受到民情的影响，愈来愈重视民众的反应，根据民意来调整与中国的关系。中国企业如果不重视当地民意，不积极开展面向当地民众的公关，投资就会受阻，利益就会受到损害。

---

[1] 《习近平总书记在"一带一路"国际合作高峰论坛圆桌峰会上的开幕辞》，新华网，2017年05月15日，http://www.xinhuanet.com//politics/2017-05/15/c_1120976082.htm，访问时间：2018年8月22日。

暨南大学新闻与传播学院教授彭伟步指出，长期以来，中国企业走出去比较依赖政府的顶层公关，不太重视民间的声音，也不愿意投入许多力量建设民间沟通平台，华文媒体在资金、人力、物力方面匮乏，发不出声音，遇到重大事件，中国利益和中国形象极易受到损害。①

海外华文媒体在传播"一带一路"倡议时，遵从"惠及民生，互利共赢"方针，向当地民众报道"一带一路"给他们生活带来的切实利益，以消除当地民众疑虑，赢得理解与支持。同时，华文媒体可积极在海外主流社群发展汉语教育，促进中文的国际化使用，向当地介绍中国教育环境，鼓励大学生和学者到中国各大学府交流学习。在这样的基础上，为中国企业海外发展创造有利条件。

（四）海外华文媒体使"一带一路"上的中国声音更多元

中国文化"走出去"的目的是走进海外民众的生活中、思想中，成为不同文化之间加深了解与信任的工具。而作为中国媒体和中华文化海外延伸的华文媒体，就成了输送中华文化的重要渠道。

据统计，中国在"一带一路"沿线国家设立了11个中国文化中心，截至2018年9月，已设137所孔子学院。② 以此为代表的人文交流活动日益频繁，民心相通之路正在日益宽阔。中国希望通过"一带一路"，把中国开放包容、互学互鉴、互利共赢的"一带一路"精神撒播到世界各地，让各国的发展战略与中国追求繁荣的发展战略和谐对接。

海外华文媒体传播中华文化、彰显中国符号，是他们工作的责任，也是打通中西文化的有效方式。如美国华文报《中美邮报》创办了"孔子学堂"专版，从"儒、释、道"间的区别及依存关系引出对中国哲学的基本理解，多角度解读孔子思想，成为人们认识中国孔儒文化的新园地。又如美国华文报《北美经济导报》，率先牵头与迈阿密达德学院孔子学院策划了首支孔子

---

① 彭伟步：《当前海外华文传媒发展动态浅析》，《东南亚研究》2014年第2期。
② 周明阳：《"一带一路"65个国家中的53国已经建立了137所孔子学院——从语言入手用心灵沟通》，《光明日报》2018年9月11日第8版。

学院对外宣传中华文化的原创歌曲《中国茶》，引起良好反响；与迈阿密达德学院孔子学院促成了华人电影节及华语金灯塔奖的设立，成功地向美国电影节推出了中国的优秀电影，增进了两国人民尤其是影视界的深层交流；与迈阿密达德学院孔子学院、美国鱼乐影视有限公司共同策划推出了电影《当孔子遇见海明威》，这是首部以孔子学院为题材、中西方文化交流碰撞为主题的国际院线电影，也是一部融合中西方文明的跨文化交流电影，将"仁爱""己所不欲、勿施于人""和为贵"等儒家文化精髓与美国最具代表性的文学家海明威的"人道主义""追求和平"的人文主义精神完美融通。

2017年，澳大利亚《城市周刊》策划过多篇中华文化在海外传播的内容，如《四海同春来到大洋洲的这些年》《中医"西游记"》《华文书店"世界史"》《麻将，旅居西方一世纪》等；还有涉及华侨华人生活方面的《海外华人编辑部的故事》《华星艺术节·中秋演出季》《"守望"唐人街》等专题；以及海外关注的中国大事，如《"一带一路"上讲不完的好故事》《中国式大阅兵》《香港往事，Action！》等，其中《中国功夫：螳螂拳》稿件，不仅详解了这种发源于中国的神奇武术，更介绍了澳洲知名螳螂拳功夫大师和他的武馆，让螳螂拳在澳洲"落地"。这些案例无不体现着中华文化在海外的传播。

根据海外华人读者的特点，多数海外华文媒体开设了反映中国传统文化的版面（栏目），如："古今轶闻"，介绍中国历史文化故事；"文学天地"，刊登华语文学作品及中国文学界的动态；"健康养生"，主要集纳适合华人体质及凸显中医养生内容；"中华美食"，介绍中国各地特色美食以及美国的中餐馆，宣传了博大精深的中华饮食文化。马来西亚《亚洲时报》华语教育版，推出中华诗词、三字经、拼音读写、打灯谜等系列板块，在增强版面可读性的同时，对中华文化进行了传播，该版块还推出"中国非遗传承"系列报道，进一步传扬中华文化。据介绍，该版块甚至成为当地幼儿园、小学的课余教材。凡此种种，无一不在讲述中国故事、传播中华文化方面，起到了重要作用。

在中国传统节日尤其是最为重要的春节来临时，海外华文媒体又迎来中

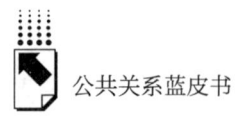

华春节文化报道的热潮,这恰是深度契合海外读者的阅读关切,也是中国文化走出去的重要时间节点。美国《侨报》在除夕当天推出《我家的年夜饭》专题,内容以世界各地华人的年夜饭美食为主,突出当地特色,传播中华文化,穿插亲情故事,旨在通过舌尖的味道,勾起心尖的回忆,把那份由舌尖到心尖的感动以及"每逢佳节倍思亲"的乡愁年年传递下去。《我家的年夜饭》正是海外华人过年时一道暖心合口的"私家菜"。

在"一带一路"这条包罗万象的道路上,各种文化百花齐放,各种文明相互交融,多元声音的传递离不开海外华文媒体这样一支独具特色的队伍,为民心相通、文化融通聚缘聚力,发挥其不可替代的作用。

二 公关海外华文媒体讲好"一带一路"故事

2018年是"一带一路"倡议提出五周年,海外华文媒体不仅肩负着讲述关于"一带一路"故事的使命,也在发出中国之声、传播中华文化的过程中扮演着重要的角色,成为中国文化走出去的重要载体,也成为让世界了解中国的重要渠道。

海外华文媒体积极探索,传递"和平合作、开放包容、互学互鉴、互利共赢"的丝路精神,在中国与世界的互联互通上,在推进中国文化走出去、讲述"一带一路"故事的过程中,发挥着越来越重要的作用。

(一)海外华文媒体新格局:融合发展

刚刚过去的这几年,华文媒体进行着传播介质、传播形式、媒体业态的深度变革。以移动技术为基础的新媒介进一步崛起,同时新兴的"内容生产者",或传统纸媒、广播电视向新媒体转型后的内容产业,正在日益适应新的传播形式,形成极具潜力的新业态。

东南亚华文媒体开始积极探索新的媒介形式。在泰国,规模庞大的在泰、旅泰华人读者群,推动泰国华文媒体加速转型,逐渐形成了报纸、电视台、网站与社交媒体、移动客户端等融合发展的业态;在菲律宾,以华人社会为服务对象的多个华文新媒体项目轻装上阵,灵活运营,撬动了菲律宾华人社会传媒传统格局,带动传统华文报纸加大力度开拓新媒体业务,革新图存;马来西亚的传统华文媒体保持强势,新媒体从传统媒体借力,实现二次传播,形成了报纸成就网络、网络巩固报纸的良性互动。

2015年以来,美国华文平面媒体、广播电视等纷纷着力发展融媒体。全美发行的三家综合性日报——《星岛日报》《世界日报》和《侨报》,都背靠日报旗舰,在原创视频、大数据和受众互动、自媒体平台等方面发力。一些本地华语电视台形成了传统电视+图文网站+网络视频的综合体,其中,美国中文电视最先迈出了脚步;在加拿大,新媒体和移动终端推动了加拿大百年传统华文媒体的变局。2016年,华文日报《世界日报》《星岛日报》《明报》"三足鼎立"格局因加拿大《世界日报》的停刊而终结。为应对变局,加拿大传统华文媒体主动调适,在保持市场份额的基础上力争扩大影响。

在欧洲,华文媒体充分利用新媒体技术,在人力、内容、推介等多方面整合传统媒体与新媒体的各自优势,增强竞争力。以欧洲时报文化传媒集团为代表,部分媒体已建成纸媒、网站与移动终端多线并行的全媒体立体传播平台。

在港澳地区,新媒体对读者的影响力上升,广告也获得更多资源。多个市场研究机构指出,香港投入互联网及移动通信方面的广告,2017年将超越传统媒体;澳门的互联网普及率约为76%,民众对传统媒体向新媒体转型的接受程度越来越高。

在澳大利亚,华文媒体正走向集团化、多媒体共融的新的发展道路,以集团的力量同时经营广播、电视、报刊、网络、客户端等多种媒介平台,资源共享,相互支持。

拉丁美洲的中国移民迅速增多,给华文媒体创造了生存发展的空间,具有一定历史基础的传统华文媒体纷纷开办网站、微信公众号、微博以及音视频等业务,发展势头良好;而在非洲,传统华文媒体对新媒体的开拓突破了发展过程中时间和空间的局限,各国都出现了微信公众号,在第一时间发布侨社和当地重要新闻，吸引侨民关注。

上述海外华文媒体在融合、转型过程中，受益于"一带一路"合作倡议，同时也积极在海外讲述"一带一路"故事。"国之交在于民相亲"，民相亲在于心相通，而民心相通的重点在于文化相通。文化交流既承担着增进友谊、加深了解的重任，又发挥着助推经济合作的作用。

（二）华文媒体的历史机遇

在华侨华人当中，中华文化更意味着传承。对中国海外新移民、"华二代"、中国留学生、海外游客等群体而言，中国不仅是民族情感所系的故土家园，同时也是新闻关注的核心。华文媒体不仅成为中国面向世界的窗口，更成为远在他乡的中华游子与祖（籍）国和家乡联系的情感纽带。

中国在世界上愈发被关注、被了解，这其中媒体的作用显然是不容忽视的。美国皮尤研究中心国际经济态度调研主任布鲁斯·斯托克斯表示，皮尤在世界范围内的调查数据表明，中国近几年国际形象提高。以美国为例，在30岁以下的年轻人中，喜欢中国的人已占大多数。海外有华侨华人6000多万，其中4000多万分布在"一带一路"沿线。[①] 在此背景下，华文媒体在推动中华文化海外传播、讲述"一带一路"故事方面，迎来了历史机遇。

在"一带一路"倡议提出五周年之际，加拿大《七天》创刊《一带一路》杂志，对于在加侨胞感兴趣的中华文化，如武术、中医健康、华文、戏剧、诗词、书法等重点宣介。2018年8月刊的"封面故事"以"一带一路五周年，成绩斐然应者云集"为主题，"图观"以"一带一路这五年"为主题，从全局和细节方面描绘了"一带一路"倡议提出五年来的成果，包括六大成效、船厂故事、约旦商人在华经历、"非洲版高铁"等。

2016年，里约奥运会期间，巴西《南美侨报》适时推出了特刊《奥运快报》，助当地海外华侨华人及时全面了解中国队赛况，整个报道宣传了中

---

① 《华侨华人如何参与"一带一路"建设》，中国侨网，2017年6月28日，http://www.chinaqw.com/kong/2017/06-28/150106.shtml，访问时间2018年9月30日。

国形象，传递了中国声音，可谓凝心聚力，作为唯一进入里约奥运村的华文报纸，取得了良好的国际传播效果。

另一种值得关注的现象是，海外华文媒体不单在中文世界发挥影响力，还在所在地的外文语种上发力，多语种传播中华传统文化成为新亮点。以《欧洲时报》为例，除为《欧洲时报》英国版（英文网）提供以中国传统文化为主的英文特刊外，《欧洲时报》德文版（网）、俄罗斯《龙报》俄文版也定期推出系列报道。

在讲述"一带一路"故事方面，去年海外华媒对"一带一路"峰会的报道，俄罗斯《龙报》、缅甸《金凤凰报》《欧洲时报》德国版，分别推出了"一带一路"俄文、缅文、德文等外文专版。

（三）华文媒体引导海外舆论

长期以来，中国在世界上的形象很大程度上是"他塑"而非"自塑"，"有理说不出、说了传不开"的境地仍未得到根本改善，存在着信息流进流出的"逆差"，中国形象和西方主观印象的"反差"、软实力和硬实力的"落差"。[①] 2018年9月，瑞典发生的"警察粗暴对待三名中国游客事件"就是这一现象的典型代表，诸多媒体在不了解实情的情况下，先入为主地贴上"撒泼、戏精、胡搅蛮缠、无理取闹、碰瓷"标签。事实真相正如中国驻瑞典大使桂从友在接受瑞典媒体采访时所说的那样，一个事实是，曹先生一家并未违反任何瑞典的法律，就这一事件而言，瑞典警方做法之恶劣、之不合情理，并无可供争论之处。

近年来，华文传统媒体与自媒体积极互动，为华侨华人争取权益创造了更好的条件。值得关注的是，华文媒体在海外涉华事件中扮演着越来越重要的"议题设置者"的角色，对所在国舆论与官方行为的影响力提升。近年来，海外华文媒体通过Facebook、Twitter、微博、微信、论坛等现代电子化平台，实现了信息向特定的个人或不特定的民众传递，从而在华人社会中形

---

① 《习近平新闻思想讲义》，人民出版社、学习出版社，2018，第147~148页。

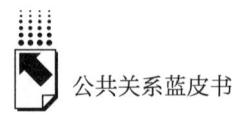

成广泛参与的新议题，连通华人、所在国舆论及祖（籍）国舆论，不断反馈激荡，形成传播链。

2017年法国警察枪击华人致死事件，通过社交媒体的迅速传播引起中法两国舆论的极大反响，并升级为外交事件，国际社会进一步提高了对华人权益的关注和尊重。而传统华文媒体和社交媒体的高效互动与传播，在促进事件积极进展上功不可没。

2016年在震动全美华社的"梁彼得案"审理过程中，华文社交媒体充分发挥草根化、互动化、社交化的特点，成为华人互助声援、争取权益的推手；而传统华文媒体则为呈现事实、追踪真相、引导舆论奠定了坚实基础。两者互动所产生的传播效果和舆论影响，值得华文媒体从业者进一步探究和总结。

华人社会是华文媒体扎根成长的土壤，族裔文化成就了华文媒体的优势和特色。除了信息传播、文化传承、沟通交流等媒体传统功能外，海外华文媒体还具有凝聚社区、组织协调、维护权益等社会功能，成为海外华人社会的一面旗帜。

（四）华文媒体的情怀与担当

华文媒体是华侨华人的精神食粮，维系着华族之根脉。时代在变迁，科技在发展，信息传播在不断刷新人们的认知，遍布世界各地的华文媒体都必须迎接新的变革。在我们感叹"新闻难为、媒体不易"的同时，也必须相信：机遇无处不在，使命终应坚守。

海外华文媒体长期浸润、深入了解中外历史、政治、经济、民族、宗教等状况，其在不同社会认知、文化传统中取得平衡与互补后的话语表达，往往更易于为东西方所接受。因此，让全世界更加准确、全面、深入地认识中国、理解中国，海外华文媒体的讲述往往至关重要。海外华文媒体要充当好文化使者，为中国与世界各国搭建文化交流平台，将传统媒体与新兴媒体结合运用，全方位地讲述"一带一路"故事，使其得到沿线国家和人民更深层次的了解与认识，促进相互交流与包容。

"中华文化源远流长，积淀着中华民族最深层的精神追求，代表着中华民族独特的精神标识，为中华民族生生不息、发展壮大提供了丰厚滋养。"①海外华文媒体不仅要通过新闻报道去宣传中国，更应该充当一个文化使者，把中国流传了几千年的文化传播出去，让世界了解一个"真实、立体、全面、多彩"的中国，向世界生动讲述"今日中国"的伟大故事。

（五）举办世界华文传媒论坛，让华文媒体近距离看中国

举办世界华文传媒论坛，利用这个机会，请华文媒体老总来中国，多走走，多看看，多写写，把一个真实的中国展现在他们面前，这是一个成功的构想。作为中国两大通讯社之一的中国新闻社（简称"中新社"）与海外160多家华文媒体建立供版供稿机制，中外媒体合作成为国际传播的重要渠道和方式。②中新社从2001年起每两年举办一届，至今已成功举办9届世界华文传媒论坛，且参会人员规模一届胜一届。世界华文传媒论坛这一品牌的影响力日益扩大，已成为海外华文媒体每两年一次的盛大交流合作的聚会。每届论坛在中国不同城市举行，南京、长沙、武汉、青岛、贵阳、重庆、福州等城市均举办过世界华文传媒论坛。每次论坛结束后，主办方都组织这些与会的总编辑分三路到中国的大江南北参观采风，看到改革开放后的中国巨变，这些老总们大开眼界，激动不已，笔下生花，大量如实客观的报道出现在亚欧美非的华文报端，有的被当地主流媒体转载。

在2017年9月举办的"第九届世界华文传媒论坛"上，有64个国家和地区的430多家华文媒体参加，和中国内地的媒体负责人、专家学者等齐聚一堂，共同围绕"'一带一路'与华文媒体新发展"这一主题展开深入探讨。参会人数、会议质量、报道成果等，均创历史最高水平。此次全球华文媒体高层的"首脑峰会"是一次盛会，体现出国际性、权威性、开放性、学术性、实效性、服务性等特点，大大推动了全球不同类型华文媒体之间及

---

① 《习近平谈治国理政》第一卷，外文出版社，2018，第164页。
② 《习近平新闻思想讲义》，人民出版社、学习出版社，2018，第173页。

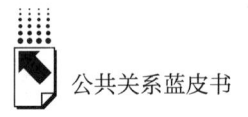

其与中国内地媒体之间的互动交流，尤其在党的十九大会议召开之前，为海外社会了解中国五年来的发展变化打开了一扇窗。

中新社作为论坛的发起者和举办者，逐步在海外华文媒体中树立起信誉，成为他们信任的带头人和引领者，在团结、联络海外华文媒体方面起到积极作用，有效地整合境外华媒资源，为"一带一路"倡议做好宣传报道，树立中国新形象。

世界华文传媒论坛所提供的定期交流机制，不仅让境外华文媒体踊跃参会，也让国内的中央主流新闻媒体及部分有影响的地方新闻机构纷纷参会。境内外媒体在论坛大会中加深了彼此的了解，促成了许多合作成果，达到了合作、双赢、互利、共同发展的目的。

世界华文传媒论坛成为中外媒体合作交流的平台，成为中新社提高国际传播能力、拓展海内外媒体交流的有效平台，也为中国媒体"走出去"开了一扇方便的大门。世界华文传媒论坛的成功举办意义重大。

一是取得了海外华文媒体的主导地位。海外华文媒体已有100多年历史，20世纪60年代中期，以台湾《联合报》和香港《星岛日报》为骨干组成的"世界中文报业协会"，每年在世界各地召开一次年会，对海外华文媒体起到一定的联络、组织作用，但很多传统的爱国媒体以及新移民创办的华文媒体基本上不参加这个协会的活动。祖国大陆成功举办世界华文传媒论坛，其强大号召力和凝聚力充分显示出来，对海外华文媒体的主导权逐步移向中国大陆。

二是通过论坛形式做海外华文媒体高层人士的团结工作。与会者都是海外华文媒体的社长或总编辑，他们回到祖（籍）国大陆，受到祖（籍）国政府和人民的盛情款待与关怀，亲眼看到祖（籍）国的发展与进步，增强了作为中华儿女在海外的自豪感，增强了全球华文媒体对母体文化的认同和凝聚力。

三是论坛的成功举办也让中新社的主流新闻业务得到飞速发展。中新社通过论坛平台扩大了在华文媒体界的影响力和号召力，与海外华文媒体在文图通稿、视频、网络、杂志等方面搭建合作交流平台，使中新社的新闻业务视角得到延伸,新闻产品的覆盖面得到扩大。

举办世界华文传媒论坛进一步扩大了中新社在海内外的影响,显示出中新社在中国对外宣传事业中的特殊作用。世界华文传媒论坛已成为中新社打造的一个联系海外华文媒体品牌活动和凝聚海外华文传媒的"精神家园"。

中新社深耕"海外中国",进一步发挥世界华文传媒论坛的品牌效应,夯实合作平台,完善常态机制,打造精品工程,建设好、维护好、利用好这一全球华媒人的"精神家园",建立更加广泛的海外华文媒体统一战线,为国家软实力建设和国际传播能力建设做出更大的贡献。

(六)多语种杂志走出去 传播中国好声音

对海外报道中国,讲好"一带一路"的中国故事,传播中国的好声音,除了"请进来",让海外华文媒体的老总到中国走走看看,零距离接触中国外,我们还要"走出去",到世界各地走走看看,记者要走出去,我们的报纸杂志也要走出去,办多语种、多版本的海外版。中国新闻社旗下的《中国新闻周刊》近年来就循着"走出去"的思路,创办了《中国新闻周刊》美国版、英国版、法文版、俄文版、意大利版、日文版、韩文版、南亚版、阿拉伯文版等多个海外版,在对外传播中国声音、树立中国形象方面做了积极的探索,效果甚佳。

《中国新闻周刊》英国版是最早创办的,已在当地有了一定的影响力。该编辑部经常请英国专家学者撰写文章,用英国的声音讲中国故事,如,英国版请英国专家分析建议,应如何讲好中国故事、弘扬软实力,软实力要用软功夫。请一位退休高管撰文,回忆他在改革开放初期在福建与习近平交流的细节;请曾留学中国的英国人回忆在中国过新年等,均给读者留下深刻印象。

经常搞一些活动,也是讲好"一带一路"故事的良好机会。英国编辑部还与当地汉语教学机构合作,2018年5~6月份在英国开展了"全英少儿'丝路回响'海报设计大赛",英国学汉语的当地中小学生和华裔后代用稚嫩的彩笔描绘出他们对"一带一路"的理解和期望,目前正在编辑这次大

赛的获奖作品集。《中国新闻周刊》美国版参与了美国的中华丝绸之路总商会在纽约组织的"推动'一带一路'建设，中美和在美的非洲企业共同开发第三市场高级交流研讨会"，和与会代表交流"一带一路"的重大历史意义。

2017年，为了配合北京"一带一路"峰会的报道，《中国新闻周刊》英文版的三个版本（美国、英国、加拿大）同时推出题为《跨越五洲》的封面报道，全面解读"一带一路"有利于促进形成开放型的世界经济格局，为全球经济增长注入新活力。重点阐明"一带一路"绝非仅仅中国受益，而是一个多方共赢的国际化平台。通过中国在海外建立产业园的鲜活案例，说明中国企业走出去促进了经济合作、为彼此创造了新机会。

《中国新闻周刊》法文版创刊一年多来，为了讲好中国故事，推出雄安专版，对中共十九大、傅莹解读朝鲜问题、中国企业走出去、中国政府治理污染、高铁建设、人工智能、新能源汽车、芯片危机、境外旅游、海外投资新政等重大国际国内事件进行了专题报道，引起法语读者广泛关注。此外，法文版还参与组织了2018年法国总统府春节招待会、巴黎十三区2018年春节和中秋系列活动、中法餐饮高端对话、法国前总统奥朗德2018年中秋华人见面会等活动，利用与法国民众直接交流的机会介绍今日中国。

《中国新闻周刊》意大利版出版人胡兰波定居欧洲33年，也是用意大利语写作的中国作家，拥有一批意大利读者。她以平和简单的语言，解释中国时政与中国多方面的变化。以这种方式解释中国、讲述中国，是意大利人能够接受的方式。这种创新的说家常的方式，得到意大利主流社会的认可。

2018年是中韩建交26周年，在韩国的华人华侨已逾百万。2018年4月，《中国新闻周刊》韩文版记者采访了丝绸之路国际文化贸易合作交流组织驻韩国总代表李先虎先生。李先虎表示，中韩两国既是邻居又是贸易伙伴，中韩两国政府在"一带一路"项目上一直保持着交流，韩国参与"一带一路"项目，非常有意义，中韩两国之间的政治互信也将更加活跃，从而使经济交流也更加活跃。

2018年《中国新闻周刊》日文版每期都采访一位日本政经界名人。2018年第3期就"一带一路"话题，采访了资深国际经济金融学者田中哲二先生，田中先生目前还担任吉尔吉斯斯坦共和国总统的经济顾问，他认为，未来世界的人员、资源、资本的流动将从大航海时代以欧洲为主的海洋向欧亚大陆转移，最具体的体现就是中欧班列的开通，欧亚大陆通过铁路和高速公路连接在一起，开始形成新的经济圈，在这个经济圈中起中心作用的就是中国。

《中国新闻周刊》日文版第7期采访了前重庆总领事濑野清水先生，濑野先生在中国已超过25年，是著名的"中国通"外交官。濑野先生认为，中国唐代长安在开辟丝绸之路的推动下极尽繁华，成为世界的中心，丝绸之路沿线的城市也获得了发展，中国想要再现曾经的辉煌，所以在对"一带一路"的解释中再次使用了丝绸之路这个词。日本应该不遗余力地助力于"一带一路"构想的实现。

《中国新闻周刊》日文版第8期采访了日本前驻华大使丹羽宇一郎先生，丹羽先生认为世界上每5个人中就有1人是中国人，中国是一个巨大的市场，消费力和购买力非常强大，但这种状态要能持续下去，中国要获得世界的信任还需要继续努力。

《中国新闻周刊·南亚版》围绕"一路一带"这一主题，先后采访发表过"一带一路"建设三周年、东南亚旅游合作、小语种建成热门专业、云南构建立体交通网等专题报道，从各个方面向南亚读者推介了云南与周边国家的合作和变化。

《中国新闻周刊》俄文版2017年11月创刊，阿拉伯语版于2018年6月创刊。

多语种、多版本、多方位、多层次向海外发出中国的声音，一点一滴汇成河流，众多河流汇成大海，为树立中国在世界上的新大国形象，中国新闻社尽了自己的绵薄之力。

结　语

综上所述，我们应充分利用海外华文媒体的优势，积极主动地讲述中国

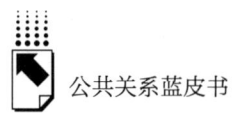

故事、传播中国声音、弘扬中华文化,做凝聚中华儿女、促进中外友好的桥梁纽带。华文媒体是信息的搜集者、制作者和传播者,具有媒体的属性;同时,作为海外华人社会的重要组成部分,华文媒体亦拥有融通中外的独特优势。这决定了在"一带一路"的理念传播及实际推进中,华文媒体具有不可替代的重要作用。

在共建"一带一路"的路上,海外华文媒体不仅要讲好故事,还要学会听故事;不仅要讲过去的故事,更要讲今天的故事;不仅要讲大故事,还要讲小故事;不仅要讲好故事,还要传播好故事。在讲故事的时候,要遵循国际新闻传播规律,尊重宗教经典,特别是在跨文化传播的时候,尊重别人的宗教仪式,尊重别人的社会风俗和伦理道德,只有彼此尊重,才能更好地讲故事,让对方听进去故事。

华文媒体生于侨、长于侨,一头连着中国、一头连着世界,一头连着华人社会、一头连着所在国社会,能够以海外受众喜闻乐见的方式和易于理解的语言,将中国推向全世界;能够以"见证者""记录者"的视角,将"一带一路"的伟大倡议和生动故事传之华社、传之所在国、传之四海。

海外华文媒体就像矗立在海外的一面镜子、一个舞台,折射和演绎的是中华民族的精神面貌和文明之风。各国人民通过海外华媒这面镜子和这个舞台,感受中国风和中华文化的悠久历史和多彩魅力。

舆论环境篇

Public Opinion Environment

B.3
2017~2018年中国公共关系面临的国际舆论环境研究

张钊 刘小涵 董乐铄*

摘　要： 随着互联网、新媒体、社交平台等在全球的发展，传统媒介传播模式被打破，人们的媒体使用和消费习惯逐渐改变，媒体和媒体人面临更高挑战。在传统媒体界掌握主要话语权的西方主流媒体，在网络平台其优势仍在延续，舆论战的"战场"扩展到了网络乃至社交平台。在这种情况下，国家应从依法治国的高度出发，加强传媒顶层设计，加快媒体转型和全平台发展，抓住"一带一路"等契机加强国际话语权建设，同时公众也应提升媒介素养，以适应新媒体背景下的舆论环境。

---

* 张钊，《中国日报》中国观察智库资深编辑；刘小涵，《中国日报》中国观察智库驻英国协调人；董乐铄：《中国日报》中国观察智库驻美国协调人。

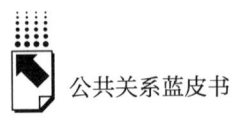
公共关系蓝皮书

关键词: 互联网 新媒体 社交平台 舆论环境

引 言

随着世界范围内新一轮科技革命的深入,尤其是近年来移动互联网、新媒体和社交平台的迅猛发展,国际舆论环境也出现了新变化。本文将重点从构成舆论的主体人群、传播舆论的媒介,以及国际涉华舆论本身三个方面讨论这些变化趋势,并试图为营造健康的舆论环境、增强我国话语权,对有关各方提出参考建议。

一 新平台改变人们媒体消费习惯

中国国际电子商务中心 2018 年 4 月发布的《世界电子商务报告》显示,全球网民数量已达 41.57 亿人,超过全球总人口数的一半。另据互联网数据研究机构 We Are Social 和 Hootsuite 2018 年 1 月共同发布的"数字2018"互联网研究报告,全球网民数在 2017 年一年内便增长了近 2.5 亿。

互联网,尤其是移动互联网技术的出现和发展,彻底改变了传统的、由大众媒体所构建的社会传播秩序。通过这些新技术,过去只有"精英阶层"才享有的发出观点、影响舆论的权利逐渐被让渡到大众手中。

尤其是近几年来蓬勃发展的社交媒体,更是赋予了人们随时随地发表观点、并被更多人接收到的机会,带来舆论主体结构和传播模式的新变化。在这种环境下,传播不再限于通过大众媒介进行一对多式的组织传播,传播者和接收者的角色地位趋于平等,传统媒体的中心地位受到挑战。

咨询公司 Brandwatch 2018 年 6 月发布的数据显示,目前社交平台上的活跃用户数超过 30 亿,平均每个网民拥有 7 个社交媒体账号。①

---

① Kit Smith, "121 Amazing Social Media Statistics and Facts", Sept 2, 2018, https://www.brandwatch.com/blog/96-amazing-social-media-statistics-and-facts/.

另据社交媒体研究网站Dreamgrow 2018年8月发布的报告，Facebook凭借22.3亿的月活跃用户数量位居全球最流行的社交平台榜单之首①，其次是Youtube（19亿）和Instagram（10亿），中国的QQ空间和微博分别排在第四、五位（如图1所示）。虽然微信也有社交功能，但由于被该研究机构定位为即时通信工具，所以并未上榜。

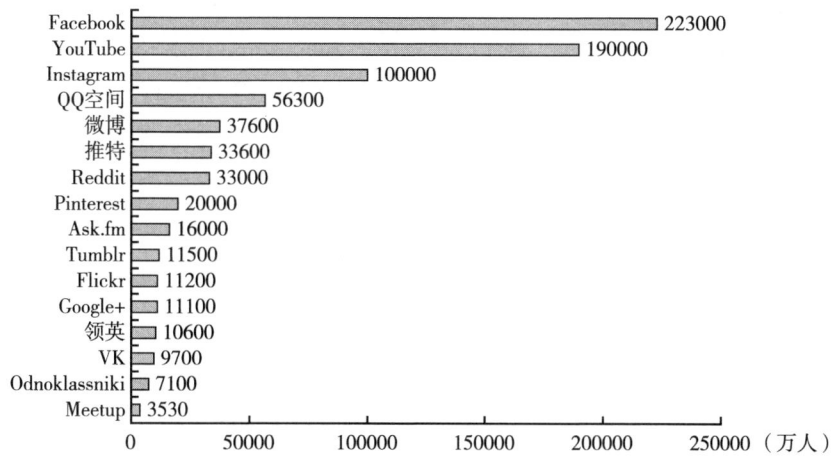

图1 世界主要社交平台月活跃用户数

资料来源：Dreamgrow。

世界经济论坛2016年发布的《产业的数字转型》系列白皮书中预测了媒体产业未来十几年的发展趋势，其中包括主体人群的构成和行为变化。白皮书指出，在全球人口老龄化、城镇化及中产阶级人数持续增长的背景下，以及随着"千禧一代"（出生于1981～1997年的人）成长为主要劳动力，年轻人和中老年人的媒体消费习惯出现差别：前者更多表现出"全球化"，而后者则更多表现出"本地化"。

中老年人群更习惯于依赖传统媒体，比较关心本地或身边发生的新闻，与此不同的是，新成长起来的年轻一代媒体消费者更习惯于利用多种渠道，

---

① Liis Hainla, "21 Social Media Marketing Statistics You Need to Know in 2018", July 5, 2018, https：//www.dreamgrow.com/21 - social - media - marketing - statistics/.

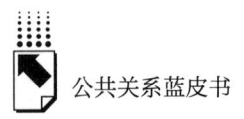

获取来自世界各地的信息,并反过来通过多种渠道即时地表达自己的情感或发表评论。

智能手机的普及更是改变了人们的媒体使用习惯。美国一项调查显示,89%的用户通过手机收看长视频节目,87%的人在看电视时还会使用手机与朋友互动,讨论电视节目内容或浏览电视节目的相关信息。①

互联网和社交平台的发展催生了一个新的职业——自媒体人。早期的自媒体主要只是简单地通过博客、新闻网站等平台发表文章,而现在的自媒体则更强调通过评论、转发、引用、提醒、加标签、加超链接等方式进行互动。而自媒体上的内容也不再限于反映作者身边生活,对重大和严肃内容的讨论逐渐增加。

Sofia Larsson 认为,自媒体作者按写作动机可以主要分为两种类型:作家型和辩手型。前者主要追求写作本身的成就感,而后者则更看重在社交平台上就某些议题与他人进行讨论。②

作为非职业的内容生产者,这些自媒体人与其受众发展出一种新型关系:在自媒体平台上,内容生产者、传播者、接收者的界线出现模糊,点对点的传播模式和平等的对话取代了传统的、以大众传媒机构为中心的传播形式。

很多社交媒体和自媒体内容聚焦于那些被传统主流大众媒体忽视的话题,或是从主流媒体外的其他角度审视同一问题。从这一意义上说,自媒体和社交媒体平台是主流媒体的重要补充。

不过,传统媒体和新媒体也并非完全没有交集。例如,传统电视新闻或评论节目中有时会援引社交平台上对于某问题的观点,有时甚至会邀请自媒体作者作为嘉宾现场参与节目。世界经济论坛《产业的数字转型》系列白皮书中也指出,不少传统媒体通过与自媒体人开展合作来吸引受众,还有的传统媒体甚至收购了新的公司专门制作迎合自媒体受众口味的内容。

---

① Gavin Mann & Francesco Venturini,"Digital Video and the Connected Consumer",April 2015,https://www.accenture.com/t20150914T152334Z_w_/us-en/_acnmedia/Accenture/Conversion-Assets/DotCom/Documents/Global/PDF/Dualpub_20/Accenture-Digital-Video-Connected-Consumer.pdfla=en#zoom=50.

② Sofia Larsson,"Battling Mainstream Media, Commentators and Organized Debaters: Experiences from Citizens' Online Opinion Writing in Sweden",*Nordicom Review* 35 (2014): 82.

二 新技术带来新型传播模式

美国皮尤调查中心数据显示,从2013年到2017年这五年,美国各数字平台广告总收入逐年飙升,从430亿美元增加到900亿美元,增幅超过一倍。而同一时期内,非数字平台,也就是传统媒体的广告收入则从1260亿美元缩水至1170亿美元(如图2所示)。①

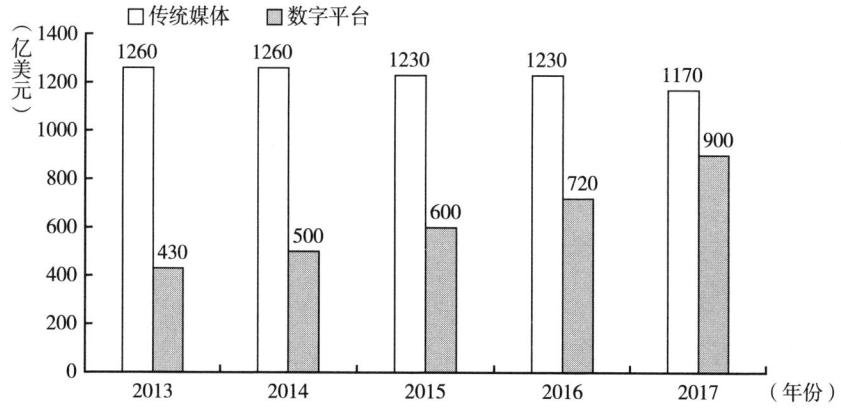

图2 美国传统媒体和数字平台广告年收入

资料来源:皮尤调查中心。

英国《卫报》网站2018年4月援引全球知名市场研究机构eMarketer的报告称,到2020年,以Facebook为代表的社交媒体广告收入将超过电视媒体。②

以上事实从一个侧面反映出,新兴的数字媒体受重视程度逐年激增,媒体的结构和功能正在发生新变化。

---

① Michael Barthel, "5 facts about the state of the news media in 2017", Aug 21, 2018, http://www.pewresearch.org/fact-tank/2018/08/21/5-facts-about-the-state-of-the-news-media-in-2017/.
② Mark Sweney, "Social media ad spend to overtake TV's in spite of Facebook woes", *The Guardian*, Apr 2, 2018, https://www.theguardian.com/media/2018/apr/02/social-media-ad-spend-to-overtake-tvs-in-spite-of-facebook-woes.

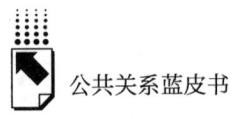

（一）传统主流媒体进军数字平台

面对网络媒体、社交平台如火如荼的壮大，逐渐成为夕阳产业的传统平面和广电媒体虽然身负巨大转型压力，但其功能并没有减弱。它们已经开始向社交媒体拓展，早在2007年3月，美国《纽约时报》就在推特上开设了账号。

相德宝和张文正利用专业工具分析了全球主要报纸在推特平台上开办的账号的社交网络总体结构，发现全球报纸社交网络具有明确的中心性，整个网络形成了以《纽约时报》为核心的网络结构。

该研究发现，社交媒体时代，全球报纸社交网络呈现"核心-边缘"网络结构。一方面，全球影响力最大的报纸之一《纽约时报》在社交网络上同样具有强大的吸引力和影响力；另一方面，来自墨西哥、尼加拉瓜、哥斯达黎加、危地马拉、巴西等发展中国家的报纸在社交网络中加强连接，形成派系，提升社交网络的影响力。[1] 但总体说来，在传统媒体界牢牢把控话语权的西方媒体，其优势在新兴的社交媒体上依然延续。

（二）社交平台直接参与严肃政治生活

2017年初，特朗普走马上任，成为美国第45任总统。被戏称为"推特治国第一人"的他，颠覆了很多美国传统政治行为中的惯例，经常通过社交平台，以第一人称的方式、网络化的语言，直接介入国家政策制定。他驾驭社交媒体的技术可谓炉火纯青，势必为国际舆论传播环境带来新变化，中美争夺话语权的战斗，主战场必定会向移动网络、社交平台延伸。

与传统的"智囊团"集思广益、深思熟虑相比，利用推特等社交平台随时随地地发表观点、交换意见则是更快捷、更直接的交流。对一个政客而言，这是与选民加强交流、沟通感情、增进好感，影响舆论和民意的理想工具。

---

[1] 相德宝、张文正：《全球媒体社交网络转型：网络、结构和影响力——基于全球报纸社会网络的分析》，《新闻界》2017年第12期。

特朗普把严肃的政治讨论变成了虚拟空间的"真人秀",而虚拟的社交平台又刚好绕过了对他充满敌意的传统媒体。特朗普既是新闻主角,又是新闻的制造者和发布者,同时还是新闻评论者。①

其实不仅是特朗普,社交平台这个虚拟的舆论场为每一个人营造出了平等对话和交流的环境,任何人都可能成为政论领袖,只要他的言论足够新锐,足够引人注意,而不论他在现实生活中处于何种社会地位。

我国的政务微博、政府微信公众号等的出现和发展,也是社交平台参与严肃政治生活的另一种实例,但区别在于这些账号多是以政府职能部门的名义,而非个人名义建立的。

三 网络和新媒体平台的局限性

自由、开放、广泛参与是互联网的特点,但基于互联网的社交媒体并不一定因为其参与度广而更能反映真实舆论现状。

首先,由于互联网用户不都是受过专业培训的新闻从业者和评论员,发布的内容也不需要严格按照传统新闻媒体"选题策划－采写－编辑－校对－审查－发布"等层层把关机制,所以本身内容的权威性和公正性就存有疑问。

在皮尤调查中心2018年7～8月进行的一项调查中,超过半数(57%)受访者认为社交媒体上的新闻"大部分是不准确的"②。

其次,在新媒体环境中,海量的碎片化信息通过互联网快速传播。网络和社交平台上的信息更新速度之快也决定了网络舆情在稳定性、持续性方面存在先天不足。

例如在推特平台上,平均每秒钟即有9000多条推文发出,而国外相关

---

① 吴旭:《特朗普的"推特外交":中国对外传播面临的新挑战》,《对外传播》2017年第2期。
② Katerina Eva Matsa & Elisa Shearer, "News Use Across Social Media Platforms 2018", Sept 10, 2018, http://www.journalism.org/2018/09/10/news-use-across-social-media-platforms-2018/.

研究发现,一条推文的"平均寿命"仅为两天左右——92%的互动(点击)量发生在原推文发出的 48 小时内。另有研究指出,半数的转发发生在原推文发出的 18 分钟内①。

而在 Facebook 平台上,75% 的互动发生在原帖发出的 5 小时内,75%的浏览人数产生于原文发出的 2 小时内②——也就是说,一篇帖子发出 2 小时后,通常就不会再有太多人看到了。

此外,网络和其他新媒体形式的高技术属性和传播特点也可能起到为虚假舆论推波助澜的作用。以下几种影响真实舆论表达的传播方式值得关注。

(一)网络"水军"

由于网络表达具有匿名性,部分网民或自发或受网络公关公司专门组织、雇用,出于某种目的在一段时间内集中地发出一致言论,这就形成了"水军"现象。"水军"的具体形式多种多样,比如发帖或回帖炒作某话题,一致夸赞或诋毁某人物或某行为,或是转移话题,冲淡人们对某事件(尤其是负面新闻)的关注度等。

随着近年来技术的进步,网络水军也有了高科技加持。AI(人工智能)点赞评论系统也已出现。舆情系统与舆情软件以大量真实评论作为学习素材,使用人工智能进行话语分析与情绪判断,就可以自动生成网络评论③。

如果说"人工水军"胜在严密组织性,那么"AI 水军"则以高效率、低成本的传播见长。

显然,"水军"并不能代表真实的民意,但他们在一段时期内爆发式地出现,很可能干扰视听。这些虚假的网络评论充斥在网络和社交平台上,有时很难辨别,严重地影响了舆论的真实性。

---

① Maggie Butler, "5 Ways to Extend the Lifespan of a Tweet", July 28 2017. https://blog.hubspot.com/marketing/extend-lifespan-of-tweets-list.
② Benjamin Rey, "Facebook posts' lifetime even shorter than you thought", Aug 05, 2013, http://www.wiselytics.com/blog/facebook-posts-lifetime-even-shorter-than-you-thought/.
③ 田丽:《解析当前网络舆论传播的挑战与应对之策》,《信息安全与通信保密》2018 年第 4 期。

（二）网络暴力

"沉默的螺旋"理论在网络空间依然适用。虽然网络空间的虚拟性和匿名性使得部分现实生活中持"少数派"观点的人更敢于表达观点，但由于网络门槛较低，网民的观点更容易被网络意见领袖所影响。

German Neubaum 和 Nicole Krämer 研究指出，在社交媒体上关注某一用户的人本就大多是与其亲近的人，或是具有与其相似的爱好、观点，因此他们对某事的观点接近是很正常的。研究还发现，当看到许多持近似观点的评论时，很多人会认为这一观点就是大多数人的意见，因而放弃自己的观点，随声附和，或者在自己发表的观点被多人反对后保持沉默①。

如果不仅是反对对方的观点，更通过更加激烈的言辞对网友进行辱骂、毁谤等人身攻击，那么就形成了网络暴力。

网络暴力进一步升级，从单方施暴变成双方甚至多方互相攻击，就容易形成"对骂群"，乃至延伸至线下"约架"，或者使用"人肉搜索"等手段侵犯他人的其他权益，造成更严重的社会问题。

网络暴力形式多样，传播速度快，参与面广，影响恶劣，不仅严重地影响网络舆论的真实性，更重要的是歪曲了正常的价值观，甚至可能导致违法行为。

（三）技术操纵

网络环境虽然是虚拟的，但这个环境背后的实际使用者还是一个个实实在在的人。运营者对网站或社交平台有操控的权利，用户也有对自己的账号进行某些操作的权利。这些手段其实也为人工干预网络舆论提供了技术支持。

社交媒体用户可以删除与自己观点不一致的评论，甚至拉黑某些用户，

---

① German Neubaum & Nicole C. Krämer, "Opinion Climates in Social Media: Blending Mass and Interpersonal Communication", *Human Communication Research* 34 (2017): 469.

使其再也无法在自己的空间内留言。平台运营者更是有权限大批量地删除或屏蔽某些内容和评论,直至关停某些账号。不论这些行为是出于何种原因,但客观上它们的确在某种程度影响了真实的网络舆论表达。

技术操纵的另一种形式是有针对性的推送。平台后台通过人工或机器算法,投其所好地向用户推送其感兴趣的内容(或平台认为他感兴趣的内容)。而用户如果长期只接收片面的信息,必然会影响其对真实舆论状况的认知。

(四)用户的消极行为

如果说互联网的出现大大增进了世界各地人们的互动,那么现在多种多样的社交工具则设计出了令这种互动进一步简化的方法,例如转发、点赞、分享、表情回复等操作仅需一两步便可完成。这在大大降低人们沟通成本的同时也带来一个副作用:部分用户转发或点赞某条贴文,可能并不是因为真的同意其观点,或真的关注这一话题,而只是单纯出于操作方便,因而"礼貌性转发",或以此"刷存在感"。

这些消极、随意的网络互动并不能反映用户的真实想法。长此以往,尤其是当相关贴文涉及政治经济等严肃议题时,很容易营造出虚假的网络舆论形势。

四 国际舆论对中国的关注度增加,但话语体系变化不大

随着中国逐步走向世界舞台的中心,国际主流媒体近年来对中国的关注度也日益提高。一个具有标志性的实例是,2012年,英国著名财经杂志《经济学人》开办中国专栏,这是该杂志创刊以来开办的第三个国家专栏,也是继1942年开辟美国专栏后70余年来首次开辟国家专栏。

《经济学人》编辑约翰·麦克列威特说,该杂志一直在对中国进行深入报道,不过中国已经崛成为一个拥有全球影响力的大国,因此应当为它开辟一个专栏。这也能让该杂志有更多的空间来报道中国深刻的政治、经济和社

会议题①。

另据统计，2017年中共十九大期间，有9300篇相关报道见之于国际主流媒体，比五年前十八大期间的5060篇高出将近一倍。2017年国际媒体涉华报道量仅次于对美国，居第二位，是印度的3倍、俄罗斯的3.2倍、英国的2.9倍②。

（一）多年来旧有的对华惯性思维仍然持续

通过对西方主流媒体涉华报道进行话语分析，可以发现其中仍存在不少偏见和猜忌。

自2013年提出以来，中国的"一带一路"倡议便吸引了世界媒体的广泛关注，近一两年来，外媒对"一带一路"的报道篇幅更是明显增加。然而，在多数全球最有影响力的媒体中，对这个议题往往充斥着质疑、批评和指责的声音。

我国希望通过"一带一路"倡议向世界传递中国和平发展、开放包容、和他国互惠互利的理念，其中"双赢"是一个重要的关键词。但是，这些理念在西方最有影响力的媒体中却少有提到。

西方媒体对"一带一路"的报道通常更多地聚焦于项目所遇到的问题。这些媒体强调一些国家为了投资"一带一路"基建项目陷入财务危机，热衷于表达公众对项目的反对、对劳工政策的抗议、对施工延期以及国家安全的担忧。

2018年英国《金融时报》社评《"一带一路"倡议的输家》就很有典型性。该文指出，"一带一路"所谓的"双赢"模式也有输家，比如巴基斯坦因接受中国的贷款建设"一带一路"项目，陷入了"严重的债务危机"；而马来西亚政府此前已经暂停了总值230亿美元的"一带一路"相关项目，目前该国政府正在调查丑闻缠身的承办方与其中一些项目的

---

① 杨铮、郭悦：《经济学人开中国专栏70年头一回》，《法制晚报》2012年1月28日A13版。
② 吴瑛：《十九大后国际舆论的新格局与新走势》，《对外传播》2018年第4期。

联系。

2017年,《时代》杂志一篇名为"港口,管道和地缘政治:中国的新丝绸之路是华盛顿的挑战"的文章提出,新丝绸之路是一个"地缘政治的赌注"。

同年《大西洋月刊》中一篇名为"中国正在悄然重塑世界"的文章指出,与西方国家的援助和贷款相比,"一带一路"项目经常会引发可怕的治理问题、环境问题和劳工标准问题。

在"一带一路"倡议提出的前一年,也就是2012年,中国与16个中东欧国家开启了"16+1"合作机制,如今这一机制已成为"一带一路"建设的重要组成部分和新标杆。

同样,许多西方媒体对"16+1"机制也质疑重重,它们猜测中国试图通过该计划在欧盟区域内扩大影响力,打破欧盟团结性,或是试图通过投资中东欧国家来获得一些原本难以得到的欧洲高科技领域的技术。

2018年7月,第七次中国-中东欧国家领导人会晤在保加利亚召开的前夕,英国《金融时报》刊登了一篇文章,援引一位匿名的欧盟官员称:"16+1"计划像是中国送入欧盟的一只"特洛伊木马",它的目的是破坏欧盟统一性。

2017年,德国外长西格马·加布里尔在接受《金融时报》采访时表示,北京需要尊重欧盟一体性。同时,他也号召欧盟各国加大合作力度。他说,"如果欧盟各国不能制定出一个针对中国的统一政策,那么中国将会打破欧盟框架"。

不难看出,类似的外媒很多报道本质上仍是"中国威胁论"的新变体。这个概念的逻辑是:中国的快速发展必然导致扩张,进而要么影响到他国利益,给他国带来危机,要么带来环境、资源等一系列问题。

虽然中国经济取得了长足发展,国力大大增强,成为西方大国眼中一支越来越能够挑战其主导地位的主要力量,但由于话语权仍主要被西方媒体所控制,所以中国在国际舆论战中往往比较被动。

不可否认,中国在发展过程中确实暴露出一些问题,但西方媒体抓住某一点负面信息进行大肆渲染,刻意夸大矛盾,制造信任危机,趁机抹黑中国的做法,不仅明显违背新闻报道的客观公正性原则,更是反映了它们旧有的思维模式在新时期并未有大的改观。

(二)对华正面报道传播力有限

当然,对涉华议题持积极或平衡态度的外媒文章也并不鲜见。

2018年,在肯尼亚标准轨距铁路"马达拉卡快线"通车一周年纪念日前夕,肯尼亚《民族日报》刊文指出,该铁路是"中国梦与肯尼亚梦相汇的地方"。

2018年2月,波兰总理马泰乌什·莫拉维茨基在接受路透社采访时表示,过去几年来,波兰一直非常欢迎中国倡导的"16+1"计划并期待该计划所能带来的发展机会,但那些当时所谈到的合作项目并没有得到最终实现。他猜测,这很有可能是因为以德国为首的西欧国家对中国施加了压力,从而导致中国减弱了"16+1"计划的推进力度。

中国-中东欧研究院学者 Aleksandar Miti 做过一次深度调研,分析了120份2014年至2017年间塞尔维亚媒体提及"一带一路"倡议的报道,并将这些报道归纳为"机遇论"和"威胁论"两大类。他发现,"机遇论"报道占多数,约占总体报道的87.5%[①]。这些报道高度评价了中欧班列等重大项目。

然而,这些宣传中国成就、反映中国为世界带来机遇的积极报道,在文章的深度及趣味性方面都略显单薄,它们对语言文字的处理通常与中国官方的宣传资料相仿,相关媒体大多在世界范围内影响力有限。因此,相较于"威胁论"报道,西方广大民众对正面报道欠缺兴趣,这也导致他们对"一带一路"等中国倡议的接受度降低。

英国广播公司(BBC)委托民意调查机构 GlobeScan/PPC 在2016年12

---

① Aleksandar Mitic, "Belt and Road Strategic Communication Resilience: Lessons from the SERBIA-BRI Frame Analysis", *China-CEE Institute Work Paper*, 19 (2017): 1–16, Dec 11, 2017.

月至2017年4月对五大洲19个国家进行的民意调查显示，对中国"一带一路"持积极态度的受访者比重由2014年的43%下降到了41%，而持消极态度的受访者比重则从40%增加到了42%。

（三）"贸易战"也是"舆论战"

自2018年初以来，美国和世界多国贸易摩擦不断，尤其是中美之间的"贸易战"于7月6日正式打响第一枪，成为另一个近来牵动国际媒体神经的事件。

以老牌国际主流媒体《纽约时报》为例，其对中美贸易摩擦相关进展报道频繁，中美贸易摩擦在其报道中通常被形容为"trade dispute"、"trade clashes"和"trade war"。随着七八月份中美相互增加报复性关税，《纽约时报》在相关报道中贯穿特朗普政府发起关税的理由，其中不少带有偏见的关键词是老生常谈，例如：中国"窃取"美国高科技企业的知识产权（intellectual property theft），中国令美国制造业流失了工作岗位（job losses），中国政府和国有银行对中国企业进行低成本贷款补助（subsidies），中国政府对人民币进行操纵（currency manipulation）以使其贬值从而具有出口优势，国家安全（national security）受到中国企业和政府的威胁，以及美国在两国贸易中常年处于严重贸易逆差（trade deficit）。

另外，《纽约时报》对受关税影响的美国本土企业和企业协会进行了大量报道，集中于农业、科技和日常消费品，涵盖家族企业、中小企业以及大型集团企业，如苹果（公司）、福特和通用汽车，由此进一步阐述了近年来全球供应链（global supply chains）的变化和中国制造业近年来的减速发展。受中美关系恶化的影响，驻中国的美国企业在报道中表示直接或间接受到中国政府施压，如延迟颁发企业营业执照。中国常在报道中被形容为世界大国（global power），而对于招致关税的诱因，美国媒体直指中国的"工业野心"（ambitious industrial plan）和"中国制造2025计划"。

针对贸易纠纷对中国的影响，不少美国媒体一方面表达了对中国未来经济发展速度下降、中国政府持续增加的债务负担、中国经济投资信心下降和亚洲股市受挫、中国国内通货膨胀的担忧，另一方面报道了中共政治层在"以牙还牙（tit-for-tat）"一步步回击美国的同时，尽管中国媒体压制有关关税带来的负面影响的报道，中国领导层对于不断升级的中美贸易纠纷还是充满忧虑，且该纠纷已成为中国经济发展的一大挑战。由于两国领导人之间的正式与非正式会谈并未有实质性进展，中美之间被认为很难产生某一方妥协，尤其是始终表现强硬的美国特朗普政府。

在过去一年里，中国在美的对外直接投资额明显下降。在股权资产投资方面，路透社、彭博社、《华尔街日报》、《纽约时报》、《经济学人》、《福布斯》杂志等主要财经新闻媒体对海航集团、安邦保险、大连万达、腾讯等在美的资产权益变动进行了详细跟踪与报道。以上企业普遍呈减少对美投资趋势，如海航集团正在出售所拥有的25%的希尔顿豪华度假公司股份，万达所持AMC影院的股份由60%降至38%，此类减资通常被认为是因为中国监管部门彻查大型民营企业海外资产，故降低金融承受风险。与此同时，美国海外投资委员会出于对国家安全的考虑加强了对海外企业在美投资的管控与限制，2017年多个中国企业收购美国企业的交易计划未经通过，如凯桥资本曾尝试收购美国莱迪思半导体公司（Lattice Semiconductor Co.）。美国经济投资研究公司Rhodium Group的数据显示，2017年被美国海外投资委员会否决掉的中国企业收购项目额约为100亿美元。

英国《金融时报》2018年9月报道，2016年被海尔收购的美国通用电气公司受新增关税影响，已计划暂停将美国生产的产品出口至中国。

2013年被双汇公司收购的美国最大猪肉生产商Smithfield Foods一直以来将中国视为主要出口国，也成为各家媒体报道中美贸易摩擦时关注的重点，Rolling Stone杂志2017年以长文报道了Smithfield Foods作为中国制造业受中国劳动力成本上升等影响转移至美国，以及Smithfield Foods对当地环境的影响（environment cost）。

通过分析以上这些关键词可以发现，有些仍然可以被归为"中国威胁论"的延伸，而除此之外，还有另一种论调也很有代表性，那就是"中国崩溃论"，或"失败论"。

这种观点聚焦于中国当前面临的种种困难，强调贸易摩擦给中国带来了被动局面，压力上升，不少中国企业遭遇挫折，却忽视了贸易战的结果必定是"双输"，美国在贸易战中同样会遭受损失，甚至可能受损更严重。

五 相关建议

为了营造健康的舆论环境，增强我国在世界范围内的话语权，本文向有关部门、媒体和公众提出以下建议。

（一）加强顶层设计，适应发展需要

舆论安全应是一个国家高度重视的问题，也是事关国家安全的重要方面。网络技术和网络文化的发展为塑造和传播国家形象，营造有利的公共关系提供了新的机遇，也带来了新的挑战。

正如前文所述，网络媒体是传统媒体的重要补充，但网络上种种乱象值得警惕，需要政府有关部门、平台、网民等共同努力加以治理。其中首要的是，国家应加强顶层设计，从依法治国的高度出发，调整管理思路，了解新工具的舆论传播特点，适时制定和完善相关法律法规，在给不同利益人群提供平等的发声机会、合力发挥舆论监督作用的同时，要加强监管，打击假新闻、虚假宣传、恶意炒作、垃圾信息、网络暴力等影响正常传播秩序的行为，并督促行业自律。

在舆情监控方面，相关政府部门、研究机构和媒体应将视野扩大，提高对新媒体平台，包括境外社交媒体的重视程度，尤其是加强对政治经济等严肃议题的讨论，及时发现、举报虚假信息，驳斥不利舆论，解释猜疑。

在宣传方针方面，长期以来，我国媒体在对外传播中有时会错误理解"正面宣传为主"这一原则，将其机械地理解为只宣传成就，而负面新闻和存在的问题则尽量避而不谈。其实，在网络技术快速发展的今天，一味地遮丑、回避不仅起不到任何作用，反而会让误解加深，给谣言的传播，甚至别有用心的人歪曲事实、制造先入为主的虚假舆论提供大好机会。

尤其是随着新媒体、自媒体的兴起,传统话语权结构被打破,报纸、广电等传统大众媒体的议程设置能力下降。一系列网络热词、"微博热门话题"等正是网络用户设置议程的表现。在这些以信息快速流动为特征的平台上,如果用户最先接触到了虚假的信息,就更容易形成牢固的第一印象,难以纠正。

因此,我国的舆论监管单位及媒体机构,尤其是外宣媒体,应紧跟时代发展,进一步提高信息透明度和快速反应能力,甚至针对可能的公共事件提前发布预警消息,在舆论战中枪战先机。

(二)提高媒体人素质,多种媒体良性互动

虽然网络媒体和社交平台赋予了普通大众更多的发出声音和传播信息的机会,但是作为专业的信息传播者的媒体从业人员,如记者、编辑等,他们的"把关人"作用不但不应该被削弱,反而更显得重要。

一方面,传统主流媒体应发挥公正、权威的优势,坚守公信力和价值观,不能在内容上一味迎合低级趣味,也不能片面求快,博人眼球,忽视内容的客观真实性。另一方面,新媒体平台运营者也应加强行业自律,例如采取技术手段从鱼龙混杂的庞大信息流中过滤掉"垃圾信息"和"虚假信息",尽可能构建健康的网络舆论环境。

新媒体环境给媒体从业人员,尤其是传统媒体从业人员的综合素质提出了新要求,带来了更大的挑战,全媒体、全能型采编人员成为新的需要,传统媒体的记者、编辑转型压力较大。例如,每年的全国"两会"正在成为新的媒体技术的练兵场和展示台。近几年各大媒体对"两会"的报道早已不限于文字、图片、录像等单纯形式,网络直播、微博速报、全景视频、虚拟现实等报道形式适应了新时代媒体消费的趋势。

值得注意的是,国际媒体引用微信、微博等国内新媒体平台内容逐渐成为一个新趋势。2017年微信被引用15420次,微博被引用12932次,甚至超过了《人民日报》的被引用量[①]。这个现象给中国的主流媒体提出了新的

---

① 吴瑛:《十九大后国际舆论的新格局与新走势》,《对外传播》2018年第4期。

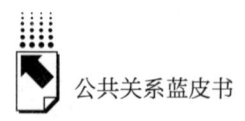

转型要求：媒体不仅要注重传播民间社会的声音，而且要关注新媒体动态，及时回应网民关切。

（三）加强国内外媒体互动，讲好"中国故事"

要掌握国际传播的主动权，增强"议程设置"能力，就要主动讲好"中国故事"。不少学者指出，"一带一路"倡议不仅事关经济、贸易、投资合作，也为讲好"中国故事"，促进世界多国民心相通提供了机遇。

中国－中东欧研究院学者 Aleksandar Miti 建议，中国以及那些真正能从"一带一路"倡议中获利的国家，在信息传播上仍需更下一番功夫，尤其是在与海外媒体的沟通方面。他举例表示，中国和塞尔维亚在"一带一路"战略上的利益归根结底是一致的，塞尔维亚的不少基建项目正陆续在实施，而事实上这些项目利益可观，所以加大塞尔维亚方面的传播力度是有必要也是有利于宣传"一带一路"的。

丝路智谷研究院院长梁海明及其首席顾问冯达旋也在《金融时报》中文网上撰文说，中国官方针对"一带一路"的海外传播不能只是单方面地传递一个中国希望讲清楚的"故事"，因为单方面地对外传播无法令其他国家去全面客观地认同"一带一路"的价值观。反之，中国需要借助"一带一路"的宣传机会，将传播焦点放在中国与海外伙伴的交流上，积极接纳海外专家以及项目参与者对倡议的评论，并在这一过程中建构起一个全新而积极的国家形象。

《人民日报》在境外社交平台上推广和在境外媒体上的定制推送，《中国日报》旗下《中国观察报》随世界多国主流报纸发行，这些平台向全球传递中国声音，用外国人喜闻乐见的方式讲述"中国故事"，是我国在加强全球媒体合作、扭转中国在世界舆论中的劣势地位的有益探索，并获得了良好效果。

除了通过"借船出海"的方式增加本土媒体在世界舆论场发声的机会外，许多海外华文媒体也被纳入我国的国际传播大格局中，被视为国际传播战线的一支"奇兵"。如美国《侨报》、《世界日报》、欧洲的《欧洲时报》

等，既熟悉中国的历史文化与现实，又了解外国受众的思维方式和阅读习惯，借力于这些媒体，有利于积极引导国际舆论，向国际社会传递一个真实的中国形象，降低"中国威胁论"等质疑与误解的负面影响。

（四）公众媒介素养的提高在网络时代尤其必要

所谓"媒介素养"，简单来说主要指人们对信息的使用、理解、评价、分析等能力。在网络时代，尤其是在各种社交平台上流转的信息量大，速度快，面对海量的信息和复杂的舆论情势，过滤谣言和别有用心的虚假舆论显得非常重要。

媒体产品的质量良莠不齐，这就更要求大众坚持理性心态，对信源和信息本身的真实性进行辨别，不盲从于所接收到的媒介信息，拒绝网络谣言，抵制庸俗信息，尤其警惕煽动性言论。

另一方面，由于网络媒体的互动性，网络用户不再只是单方面接收信息，同时也在生产内容、传播信息。这就要求每个网民应对自己的网络言行负责。网络的自由性和匿名特点不应成为随意发表言论，甚至违背法律、道德和公序良俗，故意扰乱视听的理由。

制度建设篇
System Construction

B.4 中国推进国际传播能力制度建设研究报告

于 凡[*]

摘　要： 为了提高国际传播能力，我国建设了各种相关制度。这些制度从新中国成立以来经历了一系列的调整和变化，最终形成了现在的情况。总体来讲，这些制度包括大众媒体传播的相关制度、面对面直接传播的相关制度以及关系到前两者的对外传播能力培训制度。党的十八以来，为了适应国内外媒体局势的变化，很多制度再度改革，以期推动我国国际传播能力的进一步发展。

关键词： 对外传播能力　制度建设

---

[*] 于凡，中国传媒大学媒介与公共事务研究院公共关系与战略传播研究所专职研究员。

推进我国国际传播能力的建设,需要有良好的相关制度,制度是能力增强的推动力,也是能力得以正常发挥的保证。因此可以说,制度建设对于推进国际传播能力具有基础性地位。这种制度可以分解为两个部分:第一部分是相关机构的设置和职责的确立;第二部分是相关规范与法律的形成,这两部分构成了制度的最基本层次,同时也是本报告的基本考察对象。

如何判断某项制度是否推动了我国国际传播能力的提高?这个问题也可以简化为,对外传播能力提升的表现是什么?本报告认为,我国对外传播能力的提升包括以下四个方面:

——对外传播意识的增强。具有对外传播意识是提高传播能力的第一步,它意味着清楚相关工作与对外传播之间的关系,明白对外传播的基本特点以及对外传播和对内宣传之间的区别。

——传播主体的多样化。很多外国人对于中国有着政府过于强大而压制民间力量的刻板印象,如果我们可以有更加丰富多样的主题参与到国际传播的过程当中去,相互合作形成合力,传播出不同侧面的真实中国形象,就能提高我国的对外传播能力。

——传播客体定位的精确化。对外传播的"外"是一个很广阔的概念,各个国家文化背景不同、政治体制各异,哪怕是在一个国家内部,各个阶层的需求和对问题的看法都是不同的。分众化的传媒已经成为现代大众传媒的趋势,也就要求我们可以精确地定位我们不同的受众,精确地将不同的内容推送给他们。[1]

——新手段、新方式、新形式的利用。技术、方式和工具等是影响对外传播效果的重要因素,传播手段的不断进步是能力提升的重要前提。最早我国的电视国际传播是以"出国片"的形式进行的,也就是把国内的电视新闻或者专题片配上外文解说,航寄给有合作关系的外国电视台,供它们选用。[2]

---

[1] 储殷、马洋:《"一带一路"视野下的对外传播转型》,《国际传播》2016年第4期。
[2] 张长明:《传播中国:二十年电视外宣亲历》,人民出版社,2011,第7页。

因此，能够推动传播主体多样化、客体定位精确化和推进新手段新方式利用的相关制度，都是可以推动对外传播能力提升的制度。

在中国共产党的领导下，我国在建构对外传播制度方面已经有诸多探索。本报告将从历史演变和现实两个方面介绍相关制度的沿革和现状。历史方面着重梳理新中国成立以来相关制度的变化，现状层面则着重介绍当前的相关制度，特别是十八大、十九大以来我国在制度层面的新举措。

一 历史演变①

（一）抗日战争至20世纪50年代

早在新中国成立之前，1937年12月，周恩来在武汉成立并领导的中共中央长江局当中，就下设了国际宣传组，时任组长为王炳南。随着武汉失守，周恩来在重庆成立并领导中共中央南方局，下设依然有对外宣传组，后更名为外事组。当然，这并不是以国家为主体的对外宣传，而是以党派的名义进行的。这种模式还包括1944年在延安成立的中央军委外事组，这个组的职责是和在延安的美军观察组发展关系。1947年，周恩来又以原南方外事组成员和原北平军调部人员为基础成立了中共中央外事组，叶剑英为主任，王炳南为副主任，统一负责我党和当时解放区的对外工作。

新中国成立之后，我党领导的对外宣传从政党性质转变为国家性质，机构设置更加规范化。1949年10月，中央人民政府政务院设立了新闻总署，当时的新华社就在新闻总署的管辖之下。与其他宣传部门相比，新闻总署承担了对外宣传的使命。新闻局的首任局长是乔冠华，但是实际上日常工作的负责人是当时局内唯一的副局长刘尊棋。新闻局的主要工作包括：编发外语新闻稿；以"外文出版社"的名义进行外语图书发行；通过下设的《人民

---

① 关于对外宣传制度的详细梳理，参见姚遥：《新中国对外宣传史：构建现代中国的国际话语权》，清华大学出版社，2014。

中国》编辑部对外出版外语杂志;与在国内的外国记者保持联系,通过他们宣传新中国。

在基本制度层面,1949年12月10日,新中国政府颁布了《关于统一发布中央人民政府及其所属各机关的重要新闻的暂行办法》,这一办法吸收了包括美国在内的多国对外宣传的相关制度。

在这一时期,对外宣传中国的不仅仅有政府机构。1949年12月,周恩来主导成立了中国人民外交学会,学会仿照英国皇家国际事务学会的组织模式,目的在于与有影响力的国际政要、学者和艺术家等建立联系。宋庆龄领导的社会团体——中国福利会,以民间身份创立了英文刊物《中国建设》,强调以民间视角和文化特色、以客观的笔触展示中国。

1952年,在向苏联模式学习的浪潮当中,国际新闻局被改组为外文出版社,实际上是将原先统一的对外宣传管理进行了打散,只留下了外语书刊的编辑工作。对外文稿的编辑工作交给了新华社,管理外国记者的职能交给了外交部情报司——也就是后来的外交部新闻司。其实,外交部情报司早在1949年11月成立的时候,就已经有了管理国内外国记者的职能。1950年,外交部情报司公布了《外交部关于颁发外国记者登记证暂行条例》和《外国记者在华工作指南》。外交部认为,自己负责的是记者管理和对外宣传,而原新闻局只负责接待外国记者。此次改革之后,所有与外国记者有关的职能全部划归给了外交部情报司,情报司也在1955年更名为外交部新闻司。新闻司还组织过多次外国记者到全国考察,而且并不回避当时中国存在的问题。在日常的工作当中,外交部新闻司通常以电话的方式和记者保持联系,有重大的声明则通过报纸和广播对外发布消息。50年代后期,新闻司还设立了四处,专门负责驻外使馆的业务指导。这个时候,很多驻外使馆也都对外出版发行刊物,并且还通过直接沟通的方式与外国保持交流。

新闻局撤销之后,原本的对外宣传职能被分散,对外宣传开始出现"政出多门"的问题。为了解决这一问题,1958年,党中央成立了外事工作领导小组,同时在国务院成立外事办公室。外事工作领导小组统管各机构外事工作,并统一管理对外宣传工作。

（二）20世纪60年代

1960年，对外文化联络委员会联络了党政军各方面以及其他事业单位在内的对外宣传工作，使得各部门可以更好地通力合作。60年代初，新中国的对外宣传体系已经形成较为系统而复杂的行政体系，在国务院外事办公室的统筹协调之下，由对外文化联络委员会、中联部、中侨委等当政机关领导，对外报刊、对外广播及海外侨报等媒介执行该体制。虽然总体来讲，这个制度依然存在一些权限重叠的问题，但是总体来讲较为完善。

但是"文化大革命"的爆发使得这一制度被改变。1966年5月，各新闻媒体开始陷入瘫痪，中央广播局、新华社、人民日报社的工作都基本处于停滞状态。到1967年，外交部的相关工作也开始进入混乱，到当年的8月，外交工作基本恢复，但是宣传部门的工作依然处于停顿状态，相关机构的权力掌握在中央文革小组手中。

（三）20世纪70年代

1970年6月，工作早已停滞的中央侨委、对外文委、国务院外事办公室、中共中央外事小组政治部并入外交部。早在"文革"之初，这些部门都已经陷入了瘫痪，丧失了原有各自的职能。此次合并，让周恩来所领导的外事系统和中央文革小组负责的宣传部门之间形成了很大的矛盾。宣传媒体当中唯一的例外是外文出版发行事业局，由于当时负责外宣书刊的外文局归中联部领导，也就由周恩来负责。为了打开外交工作局面，周恩来特别重视具有民间性质的组织的作用。因此在70年代初期，国家体委在中美、中日关系的发展过程当中都发挥了重要作用。

从1972年开始，很多在"文革"初期被打倒的宣传部门的老干部开始回到原来的工作岗位，开始改变外宣媒体混乱的局面。1973年1月，中央广播局结束军管，一些外语节目开始复播。

1973年年底，邓小平开始代替重病的周恩来负责外事工作，包括1974

年邓小平在联合国特别大会上的发言都是极好的对外宣传。但是直到"四人帮"被打倒，宣传部门才陆续恢复正常工作，1977年中宣部恢复运行，并设立了专管对外宣传的对外宣传局。到1978年，各新闻单位基本都恢复正常工作，其中对外广播部分从广播事业局当中分离，成立了中国国际广播电台，北京电视台更名为中央电视台，中新社也恢复了编制。"文革"带来的外宣工作的混乱局面得以逐步恢复。

（四）20世纪80年代

虽然在"文革"当中陷入混乱的各外宣部门得以恢复，但是原来负责统筹协调的中央文委、国务院外事办公室等部门出于特殊的历史原因已经被撤销。中联部下设的对外宣传局也不可能统筹协调所有对外宣传工作。在胡耀邦的主持之下，1980年4月，中央正式成立对外宣传小组，协调对外宣传的所有机构。这个机构并不是一个实体部门，而是一种决策机构或者机制，也不负责具体执行。1986年，中共中央发布了《关于加强和改进对外宣传工作的意见》，成为80年代关于对外宣传的重要文件，并以学习这个文件为契机，中宣部和中央对外宣传小组在北京联合召开了全国对外宣传工作会议，为当时的对外宣传工作定下基调。

但是在1988年的机构改革当中，对外宣传小组被裁撤。这一决定与当年机构裁撤的浪潮有关，与对外宣传小组的非实体性质有关，也与宣传机构长久以来的分工重复有关。其后果就是我国的对外宣传工作再度出现协调统筹不力的情况。

（五）20世纪90年代至21世纪初

为了改变对外宣传工作协调不力的情况，1990年3月，中央对外宣传小组得以恢复，并且有了独立的编制和预算，成为实体机构。1991年，对外宣传小组也进入国务院系统，成为国务院新闻办公室，在负责对内宣传协调的同时，也负责对外介绍中国。

1993年，中央电视台成立了海外节目中心，该中心是在原有的电视

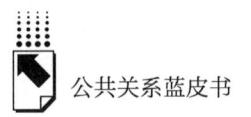

对外宣传能力的基础上进行的整合。这一整合适应了当时电视媒体的飞速发展的需求，通过电视直播、建立合作伙伴关系等方式对外进行电视宣传。

到20世纪初，各种对外宣传的相关制度开始建立，这些制度到现今依然延续下来并发挥重要作用。先是2003年新闻发言人制度开始普遍建立，又在2006年通过《北京奥运会及其筹备期间外国记者在华采访规定》，放宽了外国记者在华采访的限制。2008年，《中华人民共和国政府信息公开条例》正式实施，而放宽记者采访限制的政策也通过《中华人民共和国外国常驻新闻机构和外国记者采访条例》长期固定下来。

二 发展现状

2018年是中国改革开放40周年，与40年前相比，中国已经从一个国际社会、国际规则的被动跟随者，转变为规则制定的参与者；中国的对外开放的主要工作，已经开始由"引进来"为主变为"走出去"为主。在这种变化的大背景下，我国的对外传播能力的建设就显得尤为重要。

现今我国的对外传播制度主要分为以传递信息为主的"大众媒体传播"和以面对面传播为主的"直接传播"两个方面，这也是本报告的基本框架；当然，对于对外传播全局有着整体影响、横跨"大众媒体传播"和"直接传播"两个领域的培训制度也会在本报告中有单独论述。具体逻辑见表1。

表1 我国现今对外传播能力发展制度

通过大众媒体的信息传播	外宣旗舰媒体的打造	对外传播能力培训制度
	新媒体方式的运用	
	商业媒体的发展	
	新闻发言人制度的发展	
面对面的直接传播	中央部委和官方组织的直接传播	
	地方政府与城市的对外传播	

（一）大众媒体传播及相关制度

媒体是我国对外传播的重要渠道，媒体的发展直接决定了我国的对外传播能力。可以说，从新中国成立以来，为了适应时代发展的需要，我国的媒体制度经历了多次改革，其目标就是满足对外传播的需求，提高自身能力。而近年以来，随着互联网等一系列新技术的兴起和国际传播形势的变化，我国的媒体制度再度做出调整。

1. 打造外宣"旗舰媒体"

互联网技术的发展给媒体带来了更多的传播渠道和传播方式，因此不同媒体相互融合的"融媒体"概念开始流行起来，包括 CNN 和 BBC 在内的国际知名媒体都在进行融媒体变革。湖南广播电视台的熊英认为，融媒体的特点包括以下三个层次：第一，媒介融合是新媒体时代的一种新型运营方式，在多种媒体的融合贯通下产生了不同的媒介传播形式。第二，媒体和信息接收者之间的关系发生了深刻的变化，信息接受者从原来被动地接受媒体信息转变为主动选择媒体信息，受信息多元的影响，受众加大了对媒体的不信任。第三，多种媒介的融合，使得信息传播出现讲故事的形式。①

而之前我国的对外宣传媒体则是条块分割明显，自己利用自己的平台渠道和新闻资源，自己产出自己的新闻。国家行政学院社会和文化教研部高级经济师郭全中在评价这种新闻媒体格局时说："我国的外宣资源长期以来是分而治之的，主要由中国国际广播电台（负责广播部分）、央视六大频道（负责电视部分）、中国日报社（报纸）、国家外文局、人民日报社、新华社、中国新闻社等组成。这种分而治之的外宣格局是基于和适应旧传播格局的，但是随着互联网技术的快速发展以及媒体融合的进一步深化，这种条块分割的外宣格局就弊端重重：一是我国的外宣资金投入不够，且这种'撒胡椒面'式的投入方式导致外部资源小、散、弱，既难以形成合力又大大

---

① 熊英：《浅析融媒背景下的电视新闻传播——以 CGTN 新闻报道为例》，《新闻传播》2018 年第 4 期。

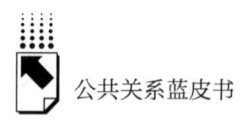

地浪费了有限的资源;二是各家媒体都被严格限定在原有的媒介形态下,远远不能适应媒体融合大趋势的要求……三是更缺乏用户量数以亿计的互联网外宣平台。我国目前虽然已经有了微信、新浪微博等互联网巨型平台,但是由于其一方面是民营企业,长期没有纳入外宣布局中来,另一方面这些互联网平台的用户以国内用户为主,难以发挥像 Facebook 和 Twitter 这样的国际化互联网平台的作用。"① 为了解决这些问题,很多专家学者开始呼吁将负责外宣的媒体进行整合,打造外宣"旗舰媒体"。

为解决这些问题、提升我国对外传播能力,2017 年 1 月 1 日,中国国际电视台(中国环球电视网,英文简称 CGTN)正式开播。CGTN 旗下包括了原来央视的英语新闻频道(CCTV NEWS)、英语纪录片频道(CCTV-9 英文版)和西班牙语、法语、阿拉伯语、俄语国际频道等六个外语频道。中央电视台新闻中心副主任、外语频道总监江和平认为,CGTN 不再按照惯有思维去建设一个传统电视台,而是直接按照融合传播理念打造一个全新的融媒体传播机构。②

进一步,2018 年 3 月,中共中央印发了《深化党和国家机构改革方案》,并发出通知,组建中央广播电视总台,撤销中央电视台(中国国际电视台)、中央人民广播电台、中国国际广播电台建制。这再次标志着中央级别对外传播媒体进行了融合,不断推动各种传播手段的综合利用,也给予外国受众不同的媒介选择,提高我国的对外传播能力。

但是,正如上文所论述的,机构的建设只是制度建设的一部分,另一部分则是软性的相关机制、制度的建设。不可否认的是,我国原有的对外宣传制度,存在着体制僵化、管理落后等问题。相对僵化的管理机制可能引起一系列问题:从新闻产出上来讲,僵化的机制会限制一系列新想法、新方式的运用,条块化的管理和层层报批的机制与现代新闻追求快速、追求时效的基本要求相违背,阻碍了我们对外传播能力的建设;从内部管理的角度来讲,

---

① 郭全中:《从 CGTN 开播谈改进外宣工作》,《传媒》2017 年第 1 期。
② 江和平:《新时代新战略新探索 CGTN 重新定义融合传播》,《电视研究》2018 年第 1 期。

僵化的机制容易在分配制度上缺乏相应的激励机制,"干多干少一个样,干与不干一个样",不利于内部活力的激发;从人才吸引角度来讲,僵化的制度会束缚有理想、有能力的对外传播人才施展才能,不利于吸引人才做好对外传播工作。① 因此,在完成媒体融合的机构建设之后,我国对外宣传媒体的相关体制机制必须进一步理顺,从各个方面使之与机构自身和对外传播的需求相适应。这些工作我们刚刚起步,需要不断推进下去。

2. 新媒体在对外传播当中的应用

如上文所述,互联网等新技术推动了当下媒体格局的重大变革。互联网让人们获取信息更加迅速、简便,同时有着更强的互动性,进而给了用户更大的选择空间,可以自行选择自己想要收看的新闻节目。极大的方便性和可选择性改变了观众收看新闻的习惯,这造成了权力开始向观众转移,传统媒体不得不进行新媒体转型。这一趋势是全球性的,国际知名媒体很早就开始了这方面的应对工作,正如时任英国广播公司总裁的汤普森在2006年就曾经表示,"要确保英国广播公司取得持续的成功,唯一的方法就是追随和连接未来的受众,否则,英国广播公司将最终永远失去一代人"。

对于互联网在对外传播当中的作用,我国的认识并不落后。早在1997年,在全国对外宣传工作会上,时任中央外宣办主任曾建徽首次强调了国际互联网的重要作用;② 1999年2月26日,在全国对外宣传工作会议上,江泽民总书记首次强调了网络媒体在对外传播中的战略意义。③ 而发展到今日,我国主要的外宣媒体,更是以更加丰富多样的形式拥抱新媒体。

从传播平台上来讲,对外宣媒体的网站建设最先进行,1995~2000年,中国日报网、央视网、中国网、新华网、国际在线、人民网相继开通,通过外语进行对外传播。④ 随后,随着互联网技术的不断进步,CGTN等外宣媒

---

① 参见郭全中《从CGTN开播谈改进外宣工作》,《传媒》2017年第1期。
② 曾建徽:《融冰·架桥·突围:曾建徽论对外宣传》(上册),五洲传播出版社,2006,第157页。
③ 《江泽民在全国对外宣传工作会议上的讲话》,新华社电,1999年2月26日。
④ 参见姚遥《新中国对外宣传史:构建现代中国的国际话语权》,清华大学出版社,2014,第409页。

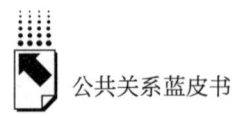

体开始使用视频、手机 App 等多种新媒体方式,在展示方式上集合传统的新闻节目和文字稿件。① 新华社、人民日报社、CGTN 等多家外宣媒体也都在 Facebook、Twitter、Youtube 等国外知名社交媒体上注册了自己的账号,利用国际新媒体平台进行对外宣传。从形式上来讲,文字、图片、长短视频已经是各家媒体通用的传播形式,CGTN 等媒体更是利用直播、连线等更加丰富多彩的形式进行对外传播。各家媒体也不拘泥于门户之见,以效果为导向,着重利用各种有效平台进行对外传播,例如新华社就利用 Facebook 的直播平台进行全英文直播,CGTN 也利用 Youtube 的直播平台传播自己的新闻。

总体来讲,我国的对外宣传媒体已经采用各种新媒体技术及融合技术进行对外传播,总体来讲丰富了传播手段和渠道,提高了我国对外传播能力,但是我国对外宣传媒体对于新媒体的运用仍有不足。首先,我国对外宣传媒体的互动性较差。笔者对比了《人民日报》、CGTN 等我国媒体和 BBC News 的社交媒体账号,发现虽然我国外宣媒体账号的关注量和国际知名媒体比有一定的差距,但是更大的差距在"点赞"、"评论"和"转发"等互动上。互动性较差体现出的是我国媒体的传播效果仍然需要提高。其次,我国对外宣传媒体发布内容的新闻性较差。我国对外宣传媒体发布具有时效的"硬新闻"的关注度和互动度都不高,因此为了获得关注和好评,就不得不发布一些介绍中国文化、中国旅游等"软新闻"的内容。虽然这些"软新闻"的内容传播效果很好,但是这并不能弥补在"硬新闻"传播上的缺憾,外国读者并没有将我国的对外传播媒体当作重要国际新闻和突发事件等可信的新闻来源。② 最后,新闻内容的生产仍需加强。平台建立起来自然是重要的一步,但是平台发布的内容也很重要,而我国对外宣传媒体对外发布的内容在数量、质量等方面依然有待提高。以 CGTN 为例,其旗下各语种电视台中,只有英语频道力量最强,可以做到全天发布新闻。而法语、西班牙语等其他频道只能在部分时间发布新闻,其他时段则是以纪录片、电视剧等内容

---

① 参见李宇《CGTN 与 BBC 国际频道新闻 APP 对比分析》,《南方电视学刊》2017 年第 3 期。
② 参见郭璐瑶《论人民日报 facebook 账号对外传播的成果、问题与改进策略》,《传媒》2017 年第 9 期。

进行对外传播。

3. 商业媒体的发展

商业媒体是国内媒体的重要组成部分，近年以来众多国内的商业媒体开始以各种形式走出国门。蓝海电视台在欧美等众多发达国家上星成功，播放中国商业媒体的电视节目，并向云平台开始转型；财新传媒在 Facebook 和 Twitter 等国际知名社交媒体上开设账号，开设了"财新国际（CaiXin Global）"的专门网站并有专门的杂志发售，手机 App 上也有专门的栏目；阿里巴巴旗下的 UC 在印度尼西亚风生水起，市场占有率稳居第一；四达时代已经成了整个非洲最大的有线电视服务提供商，他们不仅出售有线电视机顶盒，更提供频道信号，并开始向自制节目、影院建设、手机 App 等多方向复合发展。

中国商业媒体走出国门，丰富了我们对外传播的主体，打破了很多国家"中国媒体都是代表中国政府说谎"的刻板印象，它们在国际舆论场上出现本身，就已经推动了我国对外传播能力的提升。而商业媒体的发展离不开一系列制度的支持，首先是改革开放以来我国鼓励私营经济发展的大环境和大政策；其次，近年来我国政府在资金、政策和渠道等各方面对于商业媒体出海都给予了制度性的支持。可以说，在这些制度建设的推动之下，中国商业媒体的海外之路，未来可期。

但是这些商业媒体的发展也面临着各种风险。首先，这些商业媒体几乎都面临着转型的压力。媒体形态的变革是全球性的，即使是《纽约时报》等媒体巨头也面临着盈利模式转型的重大课题。我国出海的商业媒体，也需要不断创新自身的收入模式，提升自身的产品质量，保证自己在激烈的市场竞争当中不被淘汰。其次，我国商业媒体的主要海外市场，都是经济发展水平较低的国家和地区。这些地区的整体经济抗风险能力不高，在此经营的中国商业媒体也会受到当地经济波动的影响，例如如果非洲经济形势发生严重动荡，当地居民难以负担有线电视费用，就会对四达时代的收入造成重大影响。最后，很多国家政府和社会的法制化水平不高，在当地的中国商业媒体也会面临着难以预料的法律和政治风险，当地政局的变动和各种突发事件，

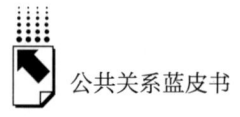

都会对我国商业媒体在当地的运营带来重大影响。

4. 新闻发布制度的不断发展

对于新闻发布制度，2016年的《公共关系蓝皮书》已经通过专题报告的形式进行了详细的梳理。本报告这里更加侧重于对2016年以来新闻发布制度的新变化，以及新闻发布制度对于对外传播的意义进行简要分析。

（1）我国新闻发布制度的发展近况

2016年至2018年，我国的新闻发布制度在广度和深度上不断拓展，内容不断丰富。

党的十八届三中全会提出，"推动新闻发布制度化"，国务院办公厅也在2013年和2014年分别发布了《关于进一步加强政府信息公开回应社会关切提升政府公信力》和《关于建立健全信息发布和政策解读机制的意见》等政策文件，这些政策文件为新闻发布制度的建设指明了方向。国务院新闻办网站显示，2016～2018年，全国各地各级政府、各部门，各级人大、司法机关，上至中央部委，下至普通县市，都在广泛建设新闻发布制度。并开始进一步推进各级党委、社会组织新闻发言制度的建立。[1] 2016年春季，国务院办公厅印发《2016年政务公开工作要点》，要点要求特别重大、重大突发事件发生后，应在24小时内举行新闻发布会，这也就完善了相关制度。

我国举办新闻发布会的机制也愈发常规化、机制化。从2017年11月3日开始，国务院新闻办还对中央和国家机关有关部门、地方（省级）部门召开的新闻发布会进行了统计，并按周在国务院新闻办网站发布。而国务院新闻办自身，从2017年1月至2018年9月举办的各种新闻发布会则多达167场，涉及社会经济生活的各个领域。

（2）新闻发布制度对于对外传播的意义

进行对外传播并不仅仅是外交部新闻发布会的专属职能。一方面，我国

---

[1] 参见国务院新闻办网站：http://www.scio.gov.cn/xwfbh/zdjs/index.htm，访问时间：2018年10月4日。

国内的外宣媒体需要各个部门提供的相关信息，这些信息是进行对外传播的基础素材；另一方面外国媒体关注的中国话题也并不限于中国外交，我国国内的经济发展、社会民生、环境保护等相关问题，都会引起他们的关注。以 2015 年开始的国新办每周五上午 10 点举办的例行国务院政策吹风会为例，在每次邀请的 30 余家媒体当中，境外媒体约占 2/3。国际知名媒体，如彭博社、华尔街日报社、日本共同社、路透社、日本 NHK 电视台等，都是例行政策吹风会的常客，也都积极提问。① 因此，整体新闻发布制度的建设，就是在提高我国的对外传播能力。

新闻发布制度对于我国对外传播有着重要的意义。首先，它为国内外媒体的报道提供了权威的信息来源。特别是对于国外媒体来说，他们对于国内的很多情况并不了解，因此对于信息的权威性有着很多的误解。有很多在中国工作的外国媒体分析师，甚至将《环球时报》发表的社论当作中国政府的官方态度。因此，新闻发布制度为国内外媒体提供了他们所急需的权威信息，减少了被曲解、被误读的可能性。其次，新闻发布制度还是我国政府各部门了解国内外媒体关切、提升自身能力的重要渠道。在新闻发布会中，我国政府不断与国内外媒体接触，了解他们的相关需求，并从他们的提问和报道当中得到相关反馈，从而可以不断提高我国的对外传播能力，推动自身建设。

但是，我国的新闻发布制度依然还有很多不足。首先，还有大量的相关机构未能建立例行新闻发布制度。即使在中央政府各部门当中，建立例行新闻发布制度的部门也不足一半。截至 2017 年 5 月 23 日，国新办进行考核的 77 个中央部门和单位中，有 29 个已建立例行新闻发布制度，48 个尚未建立。② 其次，很多地方的新闻发言人和相关的主管部门，在面对外媒之时，

---

① 周宇：《国新办落实国务院政策吹风会制度首年盘点》，转引自国务院新闻办网站：http://www.scio.gov.cn/xwfbh/zdjs/Document/1459580/1459580.htm，访问时间：2018 年 10 月 4 日。
② 吴姗、邵玉姿：《新闻发布 你例行了吗》，《人民日报》2017 年 5 月 25 日，转引自国务院新闻办网站：http://www.scio.gov.cn/xwfbh/zdjs/document/1553274/1553274.htm，访问时间：2018 年 10 月 4 日。

仍然有畏惧心态，凸显出思想认识仍需提高、体制机制仍需完善、相关能力急需增强等相关问题。

（二）对外直接传播及相关制度

除了通过大众媒体进行对外传播，我国的很多对外传播还是通过人员走出去进行面对面的直接传播。与通过大众媒体进行传播相比，面对面的直接传播虽然在广度上有所不及，但是可以给受众更加直接、更加深刻的感受。因此，直接传播一直是我国进行对外传播的重要手段。

很多对外直接传播活动都是以"交流"来命名的，这些活动当然也有着双向交流的特征，但是本报告主要侧重分析的是单向的对外传播，并更加注重分析哪些相关制度可以推动对外传播能力的提升。

1. 中央部委和半官方组织的直接传播

中央部委和半官方组织是我国进行对外直接传播的重要主体。在这一过程当中，一些制度的确立促进了我国对外传播能力的建设，但是依然有一些制度机制上的弊端对我们的能力建设产生了不好的影响。

（1）多个传播主体带来的成就与问题

如上文所述，中央部委和半官方组织是我国进行对外直接传播的重要主体。国务院新闻办、文化部等国家部委；孔子学院总部、对外友协等半官方组织，都组织了各种各样的相关活动，对外进行直接传播。

一方面来讲，主体的多元化有利于展示不同侧面的中国，特别是半官方组织具有民间特性，对于海外更有说服力。但是，这一机制也带来了一些问题。各机构之间虽然有着大致的分工，但是落实到具体的活动组织和策划中，则缺乏细致的区分、规划与安排。因此在外国人眼中，中国文化活动名目繁多，但是总体来讲重复性高，缺乏各自的特点。虽然每个机构都有着自己的品牌活动，但缺乏明确的分工造成了传播内容缺乏总体性的战略规划，传播的重点内容、重点国家和区域并不明确，也提高了资源投放重复造成浪费的相关风险。

因此，我们应该从基础的制度建设入手，确定各机构的主要工作方向、目标。对于工作规划和传播内容应相互协调和知晓，避免在形式上的过分重复和内容上的相互冲撞。要对我国在海外已有的相关机构和相关资源进行梳理，充分利用各使领馆、孔子学院和中国中心的已有资源，进行统筹设计与安排，避免重复投入与浪费。

（2）缺乏效果评估与反馈制度

对于一个相关活动的动议、准备与执行，我国各个机构都已经有了很多成熟的经验，并且已经将这些经验制度化、模式化。这种工作方式显然提高了我国的对外传播能力，但是也只进行了我们一个完整活动流程的一部分。在活动执行结束之后，我们还需要对传播的效果进行评估和反馈，总结相关成功的经验和仍存在的不足，修改我们的活动准备和执行流程当中的瑕疵，才能不断提高自身能力。

当然，我国各对外传播部门对于活动的结果也有相关的评估，评估的指标包括有多少人参加，有没有当地媒体的报道等等。但是，结果不是效果，"outcome"不是"effect"，有多少人参加并不意味着他们对于这个活动都给予好评。有多少人参加、有多少媒体报道等指标并不能帮助我们改进相关工作。

因此，我们应该完善相关活动的效果评估与反馈制度，对于效果评估等有难度的工作加大相关投入，建立和完善相关工具手段和评估体系，才能不断找到我们对外传播当中依然存在的不足，提高我们的对外传播能力。

2. 地方政府与城市的对外传播

除了中央部委和半官方组织外，地方政府和城市也是重要的对外传播主体。地方政府和城市通过对外交往和对外传播两条渠道，提升我们的对外传播能力。一方面，当下的世界格局发生了重大变化，各个国家的地方和城市已经成了国际社会中的重要行动者，同时也是国际舆论的重要引导者。很多城市通过结成城市联盟的方式，发出自己的声音。例如，当特朗普政府宣布退出《巴黎协定》之后，美国包括纽约、芝加哥、旧金山、华盛顿等重要城市在内的至少36座美国城市签署协议，继续坚持《巴黎协定》所设定的减排目标。中国城市和地方政府参与到这些联盟当中去，在这些平台上发出自己的声音，就在提高我们的对外传播能力。另一方面，在中国地方政府和城市对外交往的过程当中，不断学习外国的对外传播先进经验，优化自身相关的制度安排，提高自身的能力。①

地方政府和城市对外传播的制度安排主要分为三个部分：第一部分是中央政府与地方政府的权力划分制度；第二部分是地方政府与城市的内部管理制度；第三部分是地方政府与城市的对外交往制度机制。

(1) 中央政府与地方政府的权力划分制度

中央政府与地方政府在涉外事务上的权力划分，是地方政府和城市进行对外交往和对外传播的制度基础。地方外事工作授权有限一直是我国政府坚持的基本原则，但是一直缺乏全面、完善的法律文件对中央和地方的权力进行划分。这源于当年我国对外开放的程度不高，涉外事务不多。但是随着改革开放程度的逐渐加深和外部形势的变化，1996年，中共中央办公厅、国务院办公厅出台《关于地方外事工作的若干规定》的通知（中办发〔1996〕8号），2001年中共中央、国务院又出台了《关于全国外事管理工作的若干规定》（中发〔2001〕17号），这份文件被称为"中国外交外事的小宪法"，②并在外交部内设立外事管理司，管理国务院各部门和地方政府涉外事务。

(2) 地方政府与城市的内部管理制度

根据上海外国语大学张鹏博士的研究，地方政府和城市内具有对外交往或者传播职能的部门主要包括三大类：第一，直接管理地方外事的部门；第二，有连续开展对外关系需求的地方企事业部门；第三，设置在地方，主要依靠地方管理，但有服务国家对外关系战略意义的部门。③ 这些部门机构的设置可能经过多次调整，但是变化最大的还是这些机构的功能设置。以地方

---

① 张鹏：《中国对外关系开展中的地方参与研究》，上海外国语大学博士论文，2013。
② 张历历：《外交决策》，世界知识出版社，2007，第328页。
③ 张鹏：《中国对外关系开展中的地方参与研究》，上海外国语大学博士论文，2013。

外办为例,"1978年后的最初几年,中国开始与国际组织建立联系时,大力发展各种专门机构,它们实际上形成了对外交往的缓冲器"。到20世纪80年代末,"中国的对外交往开始迅速扩大,超出上述专门机构的范围"。"外国人蜂拥而至,使专门的'外事办'很难处理与之有关的全部事务"。① 在这里我们可以看到,外办的职能随着对外开放的深入发生了一次转变,从管理来华外国人相关事务,到管理当地的外事工作。而现在,很多地方部门的外事办公室,则开始负责主动对外传播,通过这种对外传播达到吸引旅游、促进投资等目的。

（3）地方政府与城市的对外交往制度机制

地方政府与城市进行对外交往也有着一系列的制度机制。在改革开放初期,各地方政府致力于建立友好城市关系,通过友好城市关系这种制度机制,推动自身的对外交往。根据对外友协统计,迄今为止,全国各地城市已建立了超过2200对友好城市。但是很多城市外交的研究者认为,这2200多对友好城市当中,1/3有着活跃的相互交往,1/3的交往并不活跃,而最后1/3的友好城市关系则沦为一纸空文。当然,地方政府也发现了问题所在,集中建立友好城市关系的热潮很快过去,地方政府和城市开始通过友好城市关系之下的一系列更为实质性的制度推动对外交流,例如：互访制度、文化和教育交流制度、经济合作机制等等。而近年来,如上文所述,地方政府城市则站上了更高的舞台,通过参与国际城市联盟,甚至组建国际城市联盟,推动对外交往。例如,扬州市政府就组织建立了"世界运河历史文化城市合作组织"。②

城市对外交往和对外传播也面临着一些机制上的问题。首先,地方政府和城市的对外交往、传播能力具有明显的地区差异。总体来讲,东部沿海地区的地方政府和城市的对外交往和传播意愿更强。西部地区受自身经济发展水平、对外交往便利程度和相关人才数量等各方面影响,对外交往能力和意

---

① 〔美〕傅高义：《邓小平时代》,冯克利译,生活·读书·新知三联书店,2013,第645页。
② 察哈尔报告：《扬州：以运河文化扎实推进城市外交》,第10页。

愿总体不如东部沿海地区。其次，许多城市和地方的对外交往和传播的内外机制并没有完全固定化、机制化，相关部门的工作重点常常受当地经济发展状况、上级领导重视方向等各种因素左右，对外交流和对外传播能力和意愿经常处于反复摇摆的不稳定状态当中。

（三）对外传播能力培训制度

培训制度不专属于大众媒体传播领域或者直接传播领域，但是通过各种各样的培训制度确实可以提高我们的对外传播能力。

报告中所指的培训，是专指针对对外传播能力方面的培训，这种培训的目标人群分为两种：一种是对外传播工作的专业从业者，他们是奋斗在对外传播一线的直接负责人，他们的专业素养、业务水平等相关能力直接决定了我国的对外传播能力。另一种是其他相关职能部门的负责人、领导干部。虽然他们并不直接负责对外传播相关工作，但是他们的工作与对外传播有着紧密的联系。对于这些领导干部来说，他们不仅需要提高自身的对外传播能力，还要有对外传播意识和较高对外传播素养。

就培训制度本身而言，我国已经建立一套较为完整的基本培训制度和平台。这包括机关、企事业单位的内部培训，领导干部任职前的岗前培训等等。所利用的平台很多是已有平台，包括机关、企事业单位内部的培训平台，各级党校和行政学院的培训平台以及和各高校合作的培训平台。例如，中国传媒大学和中国公共关系协会于2013年4月11日在中国传媒大学联合建立了"全国领导干部媒介素养培训基地"。基地承担了环保部、外交部等国家机关领导干部的培训工作，推动了我国对外传播能力的建设。

目前的问题在于，一方面，一些政府、企事业单位的工作人员对外传播的意识不足，他们当中一些人觉得对外传播和自己的工作没有任何关系，自己没有必要接受培训；另外一些人觉得对外传播和对内的宣传完全没有任何分别，对于如何开展相关工作已经心知肚明，不需要再接受培训；很多为相关人员提供培训的机构并非专门进行媒介素养和能力培训，因此在课程的设置方面可能将这一问题忽略。另一方面，则是相关培训本身的问题，培训的课程如何创新、培训的效果如何持续，如何激发学员的好奇心和提升对这一问题的重视程度？这些都要求我们的培训制度进一步完善。

形象声誉篇
Image Reputation

B.5
"中国发展道路"的国际影响力研究

郭晓科 于 凡[*]

摘 要： 中国当前已经成为全球第二大经济体、第一大国际贸易国，然而，中国的国际形象及其国际话语权是与实际国力不相称的，中国国家形象与实际情况存在巨大反差的现实局面并未被根本扭转。从国际媒体报道情况来看，外国政界、学界、媒体界都倾向于把它简单化为"政治威权主义+经济自由主义"，这种理解是一孔窥豹、盲人摸象。从发展轨迹来看，国际社会对中国发展道路的集中讨论肇始于2004年雷默提出的"北京共识"，以及随后学界讨论的"中国模式"。总体来讲，可以分为"萌芽阶段"、"升温阶段"和"深化阶段"，每个

---

[*] 郭晓科，中国传媒大学副教授，继续教育学部副学部长、媒介与公共事务研究院副院长；于凡，中国传媒大学媒介与公共事务研究院公共关系与战略传播研究所专职研究员。

阶段国际媒体对于"中国发展道路"的表述各不相同，理解的侧重点和关注点也不同。但总体来讲，"中国发展道路"的传播面越来越大，影响也越来越大。

关键词： 中国发展道路　对外传播　北京共识

中国当前已经成为全球第二大经济体、第一大国际贸易国，按照增长预期，中国未来将超过美国成为全球第一大经济体。然而，中国的国际形象及其国际话语权是与实际国力不相称的，中国的形象仍然很大程度上是在带有神秘色彩的东方主义框架内叙事，中国形象被"他塑"、中国国家形象与实际情况存在巨大反差的现实局面并未被根本扭转。

长期以来，我国官方和学界缺乏对于"中国发展道路"的国际化表述。国际社会对中国发展道路的集中讨论肇始于2004年雷默提出的"北京共识"，以及随后学界讨论的"中国模式"，从国际媒体报道情况来看，外国政界、学界、媒体界都倾向于把它简单化为"政治威权主义＋经济自由主义"，这种理解是一孔窥豹、盲人摸象，既无法揭示中国发展道路的本质，更无法解释中国在这条道路上经过数十年的发展取得的巨大成就。

总体而言，近年来中国的国际形象和中国发展道路的国际影响力不断上升。国家外文局等机构主持的"中国国家形象全球调查"（2013～2015）发现，就中国国家与国民形象而言，2014年，中国国家整体形象得分较2013年高出0.8分，2015年则比2014年高出0.3分，中国形象的国际认可度稳步提升。就对中国模式的认知而言，2013年调查显示，10%的民众认为自己国家的治理和发展应客观借鉴中国模式，9%的民众认为中国模式有望解决某些共同挑战；2014年，发展中国家认为中国模式"是融合了中国历史文化和现实国情需要的一种创新"的受访者比例由2013年的20%上升为34%。2015年，"坚持中国共产党的领导"、"国有经济占主体"被国际社

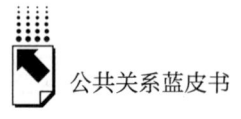

会视为中国模式的重要特征。

自2004年国际社会展开对"北京共识"的零星讨论以来,中国发展道路的国际影响力整体上处于上升趋势,根本原因在于过去十几年来中国经历了全球经济危机、中东北非颜色革命等一系列全球性事件而保持了政治稳定与经济高速增长,这势必引起国际社会的兴趣与讨论;此外,随着中国综合国力和全球影响力的快速提升,国际社会对中国发展道路的关注也随之增加。

国际舆论对中国发展道路的关注,从时间维度上经历了萌芽、升温、深化等三个阶段,如表1所示。

表1 中国发展道路的国际影响

阶段	表述(国际)	框架	影响范围
萌芽阶段 1990~2004年	中国模式	社会主义中国将向何处去	美国、英国、日本、加拿大等"资本主义阵营"发达国家
升温阶段 2004~2008年	北京共识 中国模式	"北京共识"挑起意识形态之争	美国、英国、澳大利亚、加拿大、日本等,以及印度、巴基斯坦、新加坡、中国香港等周边地区
深化阶段 2008年至今	中国方案 中国理念 全球治理 世界经济新秩序 一带一路 ……	中国的领导力	全球性影响

自20世纪90年代至2004年为萌芽阶段,在"东欧剧变"的历史背景下,中国保持了政治稳定和经济持续增长,国际社会在与其他社会主义国家相比较的前提下把中国当作社会主义国家经济转型的典范。自2004年雷默提出"北京共识"至2008年全球金融危机全面爆发为升温阶段,国际社会对中国发展道路的讨论主要是围绕"北京共识"展开。自2008年至今为深化阶段,全球金融危机意味着"华盛顿共识"的彻底破产,它不仅在东欧和拉美没有取得成功,甚至推动者也面临着深刻的危机,尽管中国的发展道路并不完美,但一方面中国更坚定地走自己的道路,另一方面中国对其他国

家也越来越具有吸引力。随着中国综合国力不断增强，中国在参与国际事务、建立国际新秩序方面发挥着越来越重要的领导作用，中国领导人在国际场合多次深入阐释中国发展道路，积极推进"一带一路"建设，倡导共商、共建、共享原则，世界各国对中国发展道路的认识不断深化，为中国发展道路注入了更多的内涵，赢得了更多的理解和支持。

在表述方式上，国际社会较少使用"中国发展道路"或"中国道路"，课题组使用 LexisNexis 英文报道数据库进行了全文检索，检索日期自 1994 年起截至 2015 年 12 月 31 日，研究发现，使用 China road（中国道路）或 China's development road（中国发展道路）来表述的相关英文报道仅 48 篇，使用 China way 表述的报道也寥寥无几，且大部分为《中国日报》（China Daily）、新华社对外英文报道等；与之形成对比的是，包含关键词"China model（中国模式）"的相关英文报道共 293 篇，包含关键词"Beijing consensus（北京共识）"的英文报道共 327 篇。国际社会对中国发展道路的表述方式在不同阶段也有所不同：在萌芽阶段更倾向于使用"China model（中国模式）"，在升温阶段更倾向于使用"Beijing consensus（北京共识）"和"China model（中国模式）"来共同表述"中国发展道路"，在深化阶段使用的表述方式更为丰富和具体，涉及内容更加广泛，涉及政治、经济、外交、文化、国防等多个层面。

从认识框架上，在萌芽阶段国际社会对于中国模式的关注焦点是讨论"社会主义中国将向何处去"，主流观点认为中国是社会主义国家实现经济转型的典范，主要关注的焦点是中国的经济改革模式；升温阶段的讨论主要围绕"北京共识"展开，由西方学者提出的"北京共识"，是"华盛顿共识"在东欧、拉美濒临破产的情况下，对中国发展道路的一种经验总结，"北京共识"不可避免地引起了意识形态之争；深化阶段国际对中国发展道路的认知框架可以归结为"领导力"，一方面伴随着全球金融危机全面爆发和中国综合国力与国际影响力不断增强，中国在国际事务、全球治理、建立全球经济新秩序、维护区域稳定等方面发挥着越来越重要的作用，另一方面随着中国经济增速放缓，世界各国对中国对内能否解决自身发展问题、对外能否肩负全球治理领导任务等问题也提出诸多质疑。

在影响范围上，萌芽阶段对中国发展道路的关注主要来自美国、英国、日本、加拿大等"资本主义阵营"发达国家，主要关注中国的经济转型。

升温阶段主要围绕"北京共识"和中国模式争论，世界各国媒体的报道量分布不均衡，报道量排名前10位的国家/地区依次为：美国、英国、印度、澳大利亚、加拿大、新加坡、中国香港、巴基斯坦、南非、日本，上述国家/地区对"中国发展道路"的报道占全球报道总量的77.4%，如果再加上中国内地（11.5%），上述11个地区对"中国发展道路"的报道量占全球报道总量的90%左右。其中，美国是关注度最高的国家，美国媒体的报道量甚至高达中国内地英文媒体报道量的两倍多（见表2）。

英国于2004年首次发表了雷默关于"北京共识"的论文，在英国主流媒体引起一定的反响，但时隔一年半后，美国媒体才开始关注。此后，美国主流媒体对"北京共识"的讨论不断升温，英国、澳大利亚、加拿大等发达国家对此关注度也相对较高；在亚洲，印度、日本的关注度高，但批评、质疑声音较多，而新加坡、韩国不仅关注度高，由于文化相似性，立场也比较正面。巴基斯坦和南非是发展中国家对此关注度较高的国家。

表2　各国/地区对"北京共识"与"中国模式"的英文媒体报道量（2004～2008）

序号	国家/地区	报道量（次）	百分比（%）	累积百分比（%）
1	美国	164	26.5	26.5
2	中国内地	71	11.5	37.9
3	英国	64	10.3	48.2
4	印度	58	9.4	57.6
5	澳大利亚	49	7.9	65.5
6	加拿大	32	5.2	70.6
7	新加坡	29	4.7	75.3
8	中国香港	26	4.2	79.5
9	巴基斯坦	21	3.4	82.9
10	南非	21	3.4	86.3
11	日本	16	2.6	88.9
12	其他	69	11.1	100
	合计	620	100.0	

注：表格中百分比数据保留至小数点后一位，数据加总后有些许统计误差。

由于检索外文报道的语种为英语,故上述统计肯定存在偏差,例如,上述统计中发现来自俄罗斯的报道仅 1 篇,主要是因为俄罗斯大多数媒体都是使用俄文,由语言的因素导致那些俄文报道没有被统计在内;统计发自韩国的报道仅 7 篇,也是由于韩国主要媒体都是使用韩文报道。实际上俄罗斯、韩国等国家对于"中国发展道路"给予了较多的关注。同样地,如果把中文的报道也统计在内,那么来自中国的报道将远超过其他任何国家。但是,由于英语是全球最通用的语言,英语在某种程度上处于"语言霸权"的地位,因此,"中国发展道路"的国际影响力,很大程度上仍然取决于其在英语世界的影响力。其他语种的新闻报道或学术论文很难产生较大的国际影响,例如,中国学者近年来以论文、论著的形式发表了大量有关"中国发展道路"的研究成果,其中张维为、程恩富、胡鞍钢、崔之元、陈平等学者的研究和著作在国内拥有相当的影响力,但其对世界学术界的影响力仍然有限。而李世默用英文在《纽约时报》发表的报道以及演讲都是使用英语,当即引起强烈反响。

至于深化阶段,尤其是十八大以来,中国发展道路的内涵进一步丰富,中国的综合国力和国际影响力不断提升,世界各国对中国发展道路的关注从政治经济发展模式扩展到全方位,对中国发展道路关注的地域范围进一步扩大,总体而言,美国、欧洲、日本等发达国家和地区的关注度持续走高,与中国开展区域合作较多的国家和地区如"一带一路"沿线、东盟、非洲等区域对中国发展道路的关注度不断上升,了解进一步深入、具体和全面。

一 萌芽阶段:社会主义国家经济转型的典范

2004 年以前,境外媒体涉及中国道路的报道,往往是在报道朝鲜、古巴等社会主义国家或报道俄罗斯的转型时提及"中国模式"。这一阶段境外媒体的主流观点是把中国作为社会主义国家成功开始转型(主要是经济转型)的典范,对中国模式的描述是"经济改革与威权政治的结合",把中国的道路定义为"走市场经济道路的社会主义国家"。20 世纪 90 年代初,媒体的主要关注点是中国的经济改革和市场经济道路，到了21世纪初，媒体也开始关注中国政治改革的动向。

总体来说，境外媒体这一时期对中国模式的报道处于萌芽阶段，其历史背景是发生"东欧剧变"前后，中国经历了政治风波并保持了政治基本稳定，坚持走社会主义市场经济道路，坚持改革开放，并成功地实现了长达20年的经济高速增长，这不得不令世界为之侧目。境外媒体一般是把中国作为成功地实现了社会主义国家经济繁荣的案例，与朝鲜、古巴、俄罗斯等国家进行比较，在报道时将中国模式简单化地等同于"走市场经济道路的社会主义"，或"经济改革与威权政治相结合"，缺乏对中国模式的深度阐释和理解。

在LexisNexis数据库中，这一阶段涉及中国模式的英文报道共有39篇，分别来自美国（16篇）、中国（10篇）、英国（4篇）、日本（3篇）、加拿大（2篇），以及非洲、澳大利亚、俄罗斯、韩国等地各1篇。

1994年6月27日，加拿大《环球邮报》（The Globe and Mail）的一篇报道是样本中最早提及中国模式的文章，在谈到中俄关系时，文章指出：中国的经济改革模式是一种把经济自由化和政治独裁化相结合的模式，对俄罗斯的民族主义者和保守主义者有特别的吸引力，他们认为（中国模式）比西方给出的药方更合适。

1995年5月3日，美国有线新闻（CNN）的报道《朝鲜的经济图景尚不明朗》在开头提到：朝鲜希望获得西方的投资，因此它可能会效仿中国模式转型为市场经济。

1996年2月29日，美国《纽约时报》（The New York Times）的报道《卡斯特罗的中国模式》指出：在卡斯特罗看来，中国为社会主义国家的延续找到了非常好的解决方案，一方面开放市场经济，吸引大量外资，同时残酷地限制政治自由。卡斯特罗多次谈到，要避免苏联戈尔巴乔夫犯下的错误——经济改革和政治自由化导致了苏联的垮台。

1996年4月29日，美国《华盛顿邮报》（The Washington Post）在报道中俄两国领导人会晤的新闻时说：许多俄罗斯人都声称钦佩"中国模式"，它意味着经济改革与威权政治的结合。

《莫斯科时报》（*The Moscow Times*）于2001年3月12日刊发的特稿《来自远东的一封信：中国模式的经验》中指出：市场经济已经在共产主义中国站住脚，你可以从星巴克咖啡店、公交车身雅虎的广告、外国香水店等找到这个国家经济繁荣的证据。为什么俄罗斯看不到同样的繁荣景象？自苏共垮台以来，俄罗斯的休克疗法不仅没有成功实现经济转型，反而导致社会处于无政府状态，腐败犯罪盛行。

美国《新闻周刊》（*News Week*）于2003年11月24日刊发一篇文章《中国的经验》，文章认为：中国模式为中东等发展中国家提供了最好的出路——从经济改革开始。在过去的二十年里，中国已成为世界上增长最快的经济体之一。她不断改善教育和医疗服务，在科技领域也进展迅速。近年来，中国已经开始从经济改革转向政治改革：建立现代法律体系，在地方试行选举。尽管政府试图控制媒体，但中国已约有7000万网民。一些话题仍然是禁忌，但在媒体、电视谈话节目和大学里有真正的关于公共政策的辩论。高级政府官员们愿意倾听批评的声音，例如，当外界指责中国政府掩盖"非典"疫情时，他们很快承认了问题。

中国领导人在20世纪80年代就多次阐释了对中国发展道路的看法，例如：邓小平在中共十二大开幕式讲话时指出"照抄照搬别国经验、别国模式行不通"，要"走自己的道路"。邓小平1988年5月在会见莫桑比克客人时说："世界上的问题不可能都用一个模式解决。中国有中国自己的模式。"① 然而纵观1994年至2004年的英文报道，我国新华社、《中国日报》等英文媒体没能够系统地、完整地向外界阐述中国发展道路或中国模式的定义和内涵。在新华社的样本中有一篇报道涉及"中国模式"，联合国贸发会议（UNCTAD）秘书长在接受新华社记者采访时说，中国是发展中国家实现经济发展的楷模，中国通过改革开放政策，经济在过去二十年保持了接近10%的增长速度。这篇报道发表于1999年9月2日。

---

① 《邓小平文选》第3卷，人民出版社，1993，第261页。

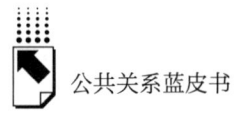

二 升温阶段:"华盛顿共识"破产后的另一条路

"北京共识"是由西方人乔舒亚·雷默提出的,是与"华盛顿共识"针锋相对的,是"华盛顿共识"在拉美等国相继破产后,西方学者经过反思、总结,为发展中国家发展提供的另一条发展思路。与此前关于"中国模式"、社会主义国家经济转型的描述不同,"北京共识"不仅涉及经济发展模式,也被西方认为是"可能成为华盛顿意识形态的制衡",仅从字面上来看,"北京共识"就是与"华盛顿共识"针锋相对的概念,因此美国对此抱有戒心在所难免,尽管中国官方明确表示不希望推销"北京共识"并与"华盛顿共识"开展意识形态之争,并尽量避免在官方文件、主流媒体上使用这个词。

(一)"华盛顿共识"破产与"北京共识"的提出

华盛顿共识(Washington Consensus)是1989年出现的、针对拉美国家和东欧转轨国家的、新自由主义的政治经济理论,美国著名学者诺姆·乔姆斯基在他的著作《新自由主义和全球秩序》中指出"新自由主义的华盛顿共识指的是以市场经济为导向的一系列理论,它们由美国政府及其控制的国际经济组织所制定,并由它们通过各种方式进行实施"。然而,历史证明,华盛顿共识无论在俄罗斯、东欧,还是在拉美国家,都没有给这些国家和地区带来经济繁荣与社会稳定,反而造成了严重的经济和政治治理危机。

"北京共识"就是雷默在"华盛顿共识"濒临破产时提出的。他的文章于2004年5月在英国外交政策中心发表之后,并没有立即在媒体上引发轩然大波,尤其是美国媒体反应冷淡,几无报道,LexisNexis数据库中2004年全年全球英文媒体有关"北京共识"的报道仅5篇,有关"中国模式"的报道仅3篇。

此段时间涉及"北京共识"的寥寥几篇报道基本来自英国具有世界影响力的主流媒体,如《泰晤士报》、《卫报》等。2004年5月22日,英国

《泰晤士报》（*The Times*）在对印度政局的报道中说，印度总理辛格博士和他的顾问团从中国的复兴中学到了很多：他们放弃了美式的自由市场经济风格，转而拥抱"北京共识"的发展模式，这种国进民进、城乡统筹发展的混合经济模式，使得不少城市中产阶级从改革中获益。

2004年8月，英国《卫报》周刊（*Guardian Weekly*）刊发了一篇文章，专门就"北京共识"展开分析和讨论，文章称：有二重唱在为中国的经济奇迹唱赞歌，一面是全球资本巨头、跨国公司渴望开发中国廉价的、无工会组织的劳动力；另一面是一群由中偏左的政客、学者和评论家组成的人，希望北京能成为华盛顿的意识形态的制衡。文章较为详细地引述了雷默提出的"北京共识"的主要观点，但文章最后评论说，尽管很多国家在观察中国，但他们是否愿意或能够追随中国的脚步，现在还不明朗。中国经济的体量和政治结构是独特的，此外，中国增长的很多特质是其他国家难以效仿的。

2004年9月11日，英国《卫报》发表了另一篇文章《2020：中国将如何得到整个世界》，文章引述了雷默提出的"北京共识"，雷默认为北京发展的驱动力不是"取悦于银行家，而是基于对公平和高质量增长的需求"。文章评述说，西方观察家一般把注意力集中在中国的经济总量、军事等硬实力方面，但忽视了这个国家软实力的显著提升——它的价值观对世界的塑造能力。

一年半后，美国《纽约时报》首次在报道中提及"北京共识"，自此，对"北京共识"的争论逐渐升温。报道称：许多发展中国家对"华盛顿共识"已经不抱幻想，他们对学习中国有强烈的兴趣。然而，中国官方否认想要推销"北京共识"并与"华盛顿共识"竞争，报道引述时任中国外交部新闻发言人刘建超的话说："尽管很多人都在讨论北京共识，但我们不想把它作为模式推销给其他国家。"

2005年6月21日，《澳洲经济评论》刊文说，这星期人民网上最热门文章是《怎样看待"华盛顿共识"与"北京共识"》①，这篇文章以吴树青

---

① 该文参见田泓：《怎样看待"华盛顿共识"与"北京共识"——听京沪经济学家吴树青与程恩富的对话》，人民网，http://politics.people.com.cn/GB/30178/3473026.html，访问时间：2018年8月30日。

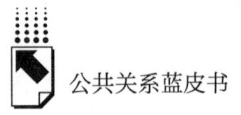

和程恩富两位经济学家对话的形式,阐释了中国学者对北京共识的认识——"华盛顿共识"是有意识有组织出台的,是在新自由主义的基础上形成的共识;而"北京共识"则是由中国改革开放的成功引发的、由国际舆论提出的一种观点。这是报道样本中境外媒体首次大篇幅报道中国学者的观点,而在此之前外媒关于中国模式或北京共识的报道,几乎听不到中国人的声音。但是,由于媒体立场不同,对这场辩论的报道角度和解读也不同,人民网比较客观、准确、完整地记录了这场辩论,而《澳洲经济评论》虽然也对辩论内容做了大量的直接引述,但在报道中说,《人民日报》长期以来被视为政府的喉舌,并引述程恩富的话"中央领导人建议对新自由主义开展研究和批判",并评论说这给予了他们研究(这一问题)的官方许可。

(二)对国际秩序的挑战

2006年以来,日本、加拿大、美国等发达国家陆续加入讨论"北京共识"及其全球影响力的阵营,此阶段的中国发展道路,在国际上被冠以"北京共识"展开讨论,国际社会对"北京共识"带来的全球权力平衡和对国际新秩序的深刻影响表现出警惕的态度。

2006年1月5日,《日本时报》(The Japan Times)发表一篇题为"美中意识形态斗争升温"的报道,文章指出,雷默认为中国最终将超越美国,美国的霸权将举步维艰;"华盛顿共识"体现了历史终结论的傲慢,而"北京共识"以经济建设为中心,强调稳定、发展与改革,因此"北京共识"对发展中国家更具吸引力,它足够灵活,体现了中国古代的哲学观,不刻意区分理论与实践,就像毛泽东所说的"摸着石头过河"。①

2006年3月4日,加拿大《环球邮报》撰文称:中国的全球影响力已经因其经济繁荣而日益增强,这将引发全球权力平衡的深远改变。其非凡的增长有助于合法化的一种新的治理模式,有时被称为"北京共识"。该文将"北京共识"与"华盛顿共识"进行对比,指出"北京共识"具有以下特

---

① 注:实际上"摸着石头过河"是邓小平的理论,此处应为该文作者笔误。

点：追求经济快速增长，以科技现代化为目标，国家主导发展，国家干预经济，对社会收紧政治控制以维持社会稳定，以及尊重国家主权，不干涉他国内部事务。

2006年4月7日，美国《纽约时报》引述中国学者的话说，我们对过去二十年的发展是有共识的，但对未来我们将往哪里去没有共识。文章说，中国经济增长保持迅猛势头，但下一步却有很大的不确定性，即：如何消除日益扩大的贫富差距，减少不时爆发的农村抗议，处理地方腐败和降低环境污染。

2006年4月起，西方主流媒体对以"北京共识"为标志的"中国模式"展开一轮较为密集的批评，一种论调是中国威胁论，另一种是中国崩溃论。

持中国威胁论的观点认为，尽管中国官方一直回避使用"北京共识"，但无法掩盖的事实是中国正在变得日益好斗，中国的崛起挑战的是美国的核心战略资源——世界秩序。

例如，2006年4月20日，美国《国际先驱导报》发表题为"和平崛起？美国赌不起！"的文章称：中国领导人一贯希望对外传递"和平崛起"的理念，对于聪明人来说：别相信它！北京过去一直回避明确使用"北京共识"的说法，但韬光养晦的外交姿态无法掩盖一个事实，那就是中国正在变得日益强大和好斗，一个新世界秩序正在形成。华盛顿误以为中国的崛起仅仅是军事方面的，但事实远非如此，北京挑战的是美国的核心权力资源——国际秩序。中国人的"天下"观念将各个国家置于一个基于规则的体系里，虽然各国不是严格平等，但要受到规则的约束。对于美国来说，则失去全球霸权的空间。

2007年1月5日，美国《华盛顿邮报》刊文《中国导弹的信号》（China's Missile Message）称：尽管中国一贯对外宣称要和平崛起，但由于中国已经对世界产生令人不安的负面影响。由于中国缺乏法治，中国政府缺乏透明度和问责制度，中国的崛起将对全球权力带来巨大挑战。美国应采取行动使中国在诸如能源安全、气候变化、人权等问题上承担大国责任，美国

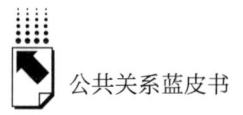

应该加强领导,敦促中国遵守国际规则。对于中国来说,政治透明、依法治国才刚刚起步,因此美国有权帮助中国朝着正确的方向发展。也许我们应该终止讨论中国的和平崛起以及"北京共识"对"华盛顿共识"的挑战,唯一的共识应该是植根于对中国崛起的清晰认识,对美国加强领导地位的紧迫感。

"北京共识"与"华盛顿共识"相比是"去意识形态化"的,而这一点在西方人眼中,恰好是对以美国为首的西方意识形态的巨大挑战。2006年11月2日,《国际先驱论坛报》发表了文章《新的两极世界:中国与美国》(The New Bipolar World: China vs. America),文章说,如果华盛顿共识是意识形态干涉主义者,那么北京共识看起来是去意识形态化的,它倡导和平、发展与贸易,它只在乎石油与原材料,一点也不关心他国的政治和经济模式。2008年8月24日,《华盛顿邮报》发表了一篇"历史终结论"提出者福山的文章,文中谈及"北京共识"时说,它是专制政府与市场经济的混合体,在很多发展中国家很流行,并且有很好的存在理由:国家领导人只管负责赚钱,而不受民主和人权的制约。

在外交关系上,中国政府一贯坚持求同存异、互不干涉内政的基本原则,以对非关系为例,中国对非洲的援助和经济交往不附加任何政治条件,这与西方国家以意识形态和政治制度划线形成了鲜明对比。此间,中非关系也成为欧美日等地媒体批评的焦点,批评中国在非洲没有原则、不择手段、搞新殖民主义的观点甚嚣尘上。2006年10月30日,加拿大媒体《埃德蒙顿杂志》(*Edmonton Journal*)撰文称,中国正在非洲扩大影响力,例如帮助苏丹独裁政府在达尔富尔问题上免受联合国制裁,一些非洲国家将"北京共识"视为替代"华盛顿共识"的发展模式,不幸的是,中国的成功是非洲发展的障碍:中国的崛起抬高了非洲原材料的价格,压低了制成品的价格。尽管非洲的劳动力便宜,但其道路、港口等基础设施远远不够。

2006年11月2日,《国际先驱论坛报》发表了张维为的文章《中国模式的魅力》(The Allure of the Chinese Model),文章说,许多参加中非首脑会议的非洲领导人并不只是被援助和贸易的机会所吸引，他们也是为中国的发展模式所吸引。文章进而总结了中国模式的特点，如以人为本、不断实验、渐进改革等。这是首次在外国主流媒体上发表全面、完整、系统阐释中国模式的文章。

2007年2月9日，《日本时报》刊文称：中国以不同于西方的方式对待非洲国家，例如北京一直不愿意批评苏丹政府在达尔富尔的大屠杀，以此来换取石油。中国强调经济优先，被称为"北京共识"，在非洲拥有大量的拥护者。但越来越多的人认为，中国是非洲最新的殖民主义者。南非的一位官员认为中国在非洲大量倾销廉价商品，造成当地工人失业。

2007年末，南非媒体连续刊发多篇文章讨论中国模式。2007年10月26日，南非《水星报》(The Mercury)刊文《中国龙在非洲》(The Chinese Dragon in Africa)称，没有什么地方比在非洲更能找到中国崛起的证据。"北京共识"宣称尊重国家主权与不干涉国内事务，在非洲精英中反响强烈。此外，中国模式的吸引力在于不挑战一党专制的情况下实现经济快速增长，这对很多独裁者来说极具吸引力。

"中国崩溃论"与"中国威胁论"是一对孪生姐妹，在威胁论抬头时，崩溃论总会如影随形。2006年8月12日，《澳洲经济评论》撰文称：中国学者认为"北京共识"表明西方的民主和表达自由并不是经济成功的必要条件。但中国的模式有很大缺陷，例如中国政府征用农民土地直接卖给开发商从中获利，而农民却没有因改革而获益，因此这种发展模式不可持续。

（三）新的发展范式和价值观

与美国、日本等国的批评形成对比的是，"亚洲四小龙"之韩国、新加坡对"北京共识"投来了更多赞许的目光，认为中国的崛起为全球树立了社会经济发展新范式，并定义新的价值观——以中华文明为基础的亚洲价值观。2008年3月7日，《韩国先驱报》(The Korea Herald)撰文说：中国的成功正在为"北京共识"打广告，这是一种与以市场驱动与政治民主为发展前提的"华盛顿共识"相对立的社会经济发展模式。更重要的是，北京正在为亚洲定义新的价值观,在"和谐世界"的理念下,中国正在致力于恢复中华文明的影响力。

2008年6月25日,新加坡《海峡时报》刊文说,中国的崛起可能会塑造国际事务的新范式。文章介绍,新生的"北京共识"包括以下属性:对内以威权领导国家,由技术专家承担治理职能,强调社会集体利益大于个人利益,对外重申国家主权和不干涉内政的原则,支持自由市场贸易,倡导区域国际合作。

当然,新加坡对"北京共识"仍然持谨慎态度,2008年7月3日,新加坡《海峡时报》刊文说,中国内部尚未就中国如何向前发展达成共识,所以谈中国模式还为之过早,但也有人认为确实存在"北京共识",即威权政治与自由市场经济资本主义的结合。

总之,自2004年雷默提出"北京共识"至2008年全球金融危机全面爆发,这一阶段国际社会对中国发展道路的讨论主要集中在"北京共识"——一种在"华盛顿共识"濒临破产阶段由西方人提出的、对中国经验进行总结的理念,北京共识为发展中国家提供了"华盛顿共识"之外的另一种选择和另一条道路。西方对于"北京共识"的共识是"威权政治与自由市场经济资本主义的结合",显然这并不是中国发展道路的真谛。

美国、日本等国将"北京共识"看作对西方主流意识形态和国际秩序的一种威胁和挑战,同时也有不同的声音认为,中国可能为全球治理秩序和价值观带来新的可能性。

三 深化阶段:中国崛起的必然结果

2008年,以次贷危机为标志的金融危机发轫于美国华尔街,进而迅速波及全球金融市场,引发了一场旷日持久的全球金融危机。而中国却在很大程度上避免了美国金融危机的直接冲击,保持了国内金融秩序稳定和经济增长。国际舆论认为,全球金融危机为"北京共识"制造了难得的历史机遇,"华盛顿共识"不仅在东欧和拉美没有取得成功,甚至它的推动者也面临着深刻的危机,尽管中国的发展模式并不完美,但一方面中国更坚定地走自己的道路,另一方面对其他国家也越来越具有吸引力,这是中国崛起的必然结果。

(一)"北京共识"取代"华盛顿共识"

金融危机全面爆发后,国际舆论对"华盛顿共识"一片哀歌,甚至有观点认为金融危机标志着"华盛顿共识"的彻底破产并被"北京共识"所取代,尽管他们对于中国发展道路的认识还是比较片面、简单化的。

2008年10月4日,《澳洲金融评论报》(Australian Financial Review)刊文说,当华尔街的金融霸权开始崩溃和美国经济开始走向衰落时,中国显得有些幸灾乐祸。中国知道自身并不完美,它的发展模式存在缺陷,但华尔街的崩溃使得北京更自由地走自己的道路。文章说,中国的政策制定者乐于引述"北京共识"相对于"华盛顿共识"的成功,前者强调政府主导的资本主义,后者倡导开放市场、自由经济、自由贸易和民主。我们可能还不能断言"北京共识"是发展中国家的正确道路,但"华盛顿共识"在东欧和拉美的表现几乎都不及格。而且,现在"华盛顿共识"的推动者也面临着经济的崩溃。

2008年10月23日,新加坡《海峡时报》刊文称:当前波及全球的金融危机标志着"华盛顿共识"的破产并被"北京共识"所取代。尽管学术界还存在争议,但目前的金融危机有利于"北京共识"。这篇文章还详细介绍了雷默提出的"北京共识"的核心观点。

2009年4月23日,《韩国先驱报》刊文《北京共识的崛起》称,尽管中国经常说自己缺乏软实力,但它的经济理念和政治治理理念已经越来越流行。在对金融危机的应对上,奥巴马政府也清晰地转向政府干预,这是北京政府过去20年里一直倡导的。美国的政策摆向"北京共识":将经济发展作为执政的首要目标,国家应积极引导经济增长以保持国家稳定。(评价政治制度的优劣)重要的不是国家的政治制度的性质,而是它在何种程度上改善了民生。在外交层面,以国家利益为目的而展开国际合作。外交和经济的现实主义,反映的是美国乔治·布什时期所推崇的新保守主义①的萎缩。

2009年4月27日,《韩国先驱报》再次刊文《北京共识的新世界秩序》,文章提到,肇始于美国的金融风暴席卷全球,就其波及范围和严重程度而言被认为是自"大萧条"以来最严重的危机。在此背景下,人们把注意力投向"北京共识"。作为一种新的发展模式,"北京共识"有三个支柱:不以民主化为前提的市场改革,并且在改革中更加强调国家政府的引导角色;在发展的过程中强调公平与和谐;强调独立自主与自力更生,以避免外资过度干预发展的决策。"北京共识"是中国崛起的自然产物,尽管中国强调"和平崛起",但中国由于其规模和增长潜力,依然被认为是对美国霸权的挑战。谈及北京共识对世界秩序的影响,文章说,首先,北京共识将有助于恢复国家在自由经济秩序中的作用;其次,北京共识在自由经济秩序框架内发挥多样化作用,而不是破坏它;最后,中国将在自由经济体中发挥负责任的大国作用。

日本媒体更多地从国际关系角度,把"北京共识"作为以中国为中心的发展中国家外交合作框架。2008年11月17日,日本《日经周刊》(*The Nikkei Weekly*)刊文称:今年3月,"北京共识"展现出在发展中国家日益增长的影响力,这是一个以中国为中心的发展中国家外交合作框架。当中国处理西藏暴乱引发西方外交批评时,中国外交部的一名高级官员说,超过110个国家表示理解和支持中国政府的行为。

出于对"北京共识"的好奇心,美国以及其他国家在讨论"北京共识"时开始引述中国学者的一些观点。例如,2009年4月23日,《华盛顿邮报》刊文称,中国利用全球金融危机扩大自身影响,文章引述清华大学崔之元教授的话说:"北京共识很有可能取代华盛顿共识。自从金融危机以来,全球对美国的经济模式失去了信心。"还引述中国社科院程恩富教授对北京共识的定义:国有资本在经济中保持宰制性地位,采用渐进式改革而非"休克

---

① 新保守主义作为一种政治哲学,发端于20世纪60年代,在乔治·布什时代达到顶峰,其核心思想是:反对政府干预社会生活;自由民主与专制水火不容,美国及其价值观至高无上,美国应肩负"领导世界"的责任,反对暴政。

疗法",国家在对外贸市场开放的同时要保持自力更生,经济改革优先于政治改革和社会改革。

值得一提的是,中国官员较少在国际场合公开讨论"北京共识",而中国驻英国大使刘晓明却是为数不多的一位。2012年12月10日,英国《电讯报》(The Telegraph)刊发了刘晓明大使的署名文章,文章称,8年前一位美国学者试图用"北京共识"来解释中国的增长,但他的故事没有讲完。今年我有幸参加了中共的十八大,让我感到整个中国社会将在"中国共识"的蓝图下走向更美好的明天。文章将中国共识总结为以下五个方面:科学发展、改革开放、稳定和谐、和平发展、中国特色。

(二)批评者的声音

当然,金融危机爆发之初,国际舆论中伴随着对中国模式赞扬之声的,也不乏对中国发展道路的批评声音,一方面对中国保持繁荣和稳定表示羡慕,另一方面还在批评中国政治改革止步不前,事实上这种论调一直都有,"北京共识"刚提出时,西方批评者就以"威权资本主义"一语概之。

2008年12月29日,新加坡《海峡时报》刊文称,资本主义经济与共产主义政治被认为是中国自1978年以来保持繁荣和稳定的关键因素,但政治改革滞后的负面影响正在暴露,文章列举了中国在民主、自由、人权等方面的成绩很差,文章最后说,中国很多知识分子认为,中国过去三十年的政治改革与其骄人的经济改革成就是不适应的。

2009年1月26日,英国《泰晤士报》刊文称,西方知识分子希望找到一种不同于当前欧美资本主义的发展模式,很多人对"北京共识"充满信心,认为它可以避免混乱、腐败与缺乏决断力。但事实上中国模式也存在上述问题,并长期被忽视。中国的故事还未结束,中国也终将崛起,但它需要一种不同的发展模式,这种"威权资本主义"已经走到尽头。

2010年2月5日,《澳洲人报》(The Australian)引述一位美国外交官的话说:自金融危机爆发以来,发展中国家对倡导民主和自由经济的"华盛顿共识"已无兴趣。无论我走到世界任何地方,政府官员和企业家都在谈论"北京共识"——中国通往繁荣之路。西方必须寻找与我们的政治价值观相适应的、新的资本主义模式，要么我们改变自己，要么我们走向失败。

2010年8月20日，以色列《耶路撒冷邮报》（Jerusalem Post）刊文称：我们不应该期待那一天——随着中国从全球经济力量逐渐演变成一个政治和军事力量，其执政方式和外交将不可避免地发生变化——事实上，这已经开始了。当旧的"华盛顿共识"彻底被金融危机打垮，所谓的"北京共识"已经开始赢得广泛的崇拜者。文章对中国影响力扩大表示忧虑，文章最后说，正如中国一向忽视人权，中国不太可能与犹太国家共享价值观，在紫禁城内也不可能有亲以色列的游说者。也许有一天以色列总理上任后的第一次出访就是飞往北京，回望过去，他的前任们都是去见奥巴马。

中国在经济发展方面取得的成就是有目共睹的。面对"北京共识"在国际的影响力不断扩大和升温，一些国家开始从西方人自己对"中国模式与北京共识"的理解"政治上的威权主义＋经济上的资本主义"入手，从政治民主上展开批评。

2010年8月30日，《华盛顿邮报》刊文《北京共识的危险》（The Danger of a Beijing Consensus），作者警告美国不要从中国的复兴中吸取错误的教训，最危险的莫过于独裁主义。文章谈到，美国很多商业和政治精英都公开表示对中国的国家资本主义的羡慕，一些有影响力的知识分子也提出在全球金融危机下，"北京共识"应该取代"华盛顿共识"。然而这些观点显然是错的，因为中央计划经济只适用于从贫穷的农业社会走向工业社会的阶段，当前中国人均GDP只有3600美元，20世纪80年代韩国经历这个阶段时，转向了民主政治和自由资本主义。文章提到，随着中国经济的发展，人们也将对政治自由提出更高的要求。文章最后说，美国可以尊重中国但不必模仿它，独裁者是容易让人艳羡的，尤其是在远距离旁观的情况下，而自由市场和自由社会看起来是混乱和低效的，尤其是近距离置身其中。到目前为止，世界上最好的模式就是民主资本主义。

2010年11月8日，日本《日经周刊》刊文《中国崛起挑战民主》

(*China's Rise Challenges Democracy*),文章称,随着中国成为全球第二大经济体,中国政府对外施压的外交风格可能取代以往的"韬光养晦",中国政府对内也是十分强硬,例如上海有 18000 户家庭不得不为世博会搬家,一些居民抗议但无济于事。文章称,与中国相比,尊重民主决策的过程稍显缓慢,但冷战的结束和苏联的解体昭显了民主与资本主义结合的优势,然而二十年后,中国的一党专制资本主义成了"北京共识"的样本。

2011 年 2 月 15 日,澳大利亚《悉尼先驱晨报》(*Sydney Morning Herald*)刊文《中国不会走开罗的道路》(*China won't Take the Cairo Route*),文章指出,自邓小平提出"精神文明与物质文明两手抓"以来,中共一直收紧对互联网言论的控制,避免出现"开罗式"的街头暴力革命。但是,中国在经济高速增长的同时,也面临越来越多的社会不公、系统性腐败等问题,对于中国未来的道路,"北京共识"最大的笑话就是在北京还未形成共识。

2011 年 9 月 6 日,澳大利亚《广告家》(*The Advertiser*)刊文称,因中国经济的成功而引发对"北京共识"的讨论,其真正的杀伤力在于它否定了一个西方主流的观点:自由的市场将导致自由的政府。文章还分析了中国当前面临的困境,在冰山表面之下,结构性紧张和发展不平衡正在撕裂这个社会,中国面临的巨大挑战是:如何顺利过渡到基于国内消费的更可持续的增长模式,如何解决根深蒂固的腐败、环境恶化、社会矛盾突出以及通货膨胀。

在西方价值观受到挑战的情况下,"历史终结论"的提出者福山撰文《历史的未来》(*Future of History*),为西方民主制度辩护,并强调中国模式的不可复制性。2012 年 1 月 6 日,《澳洲金融评论》刊发了这篇文章,文章称民主虽然不是最好的,但至少是最不坏的制度。作者说,现在对自由、民主最大的挑战来自中国,中国是威权政府和市场化经济的结合体。中国继承了两千多年的高效行政系统,从苏联式的中央集权计划经济转为充满活力的开放经济,并且体现了惊人的政治能力——坦率地说,比最近美国领导人处理宏观经济的能力要高得多。许多人现在倾慕中国体制,不只是因为其经济

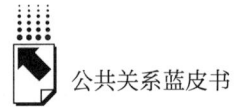

成就,还因为该国能够及时做出宏大而复杂的决策,这与近些年美国和欧洲令人气恼的决策无能现象形成鲜明对照。但是,这一模式不可能真正成为东亚以外世界其他地区的替代性方案。首先,这一模式具有文化独特性:中国政府基于历史悠久的德性统治、公务员考试(科举制)、重视教育和对技术官僚的推崇。鲜有发展中国家能奢望仿效;即使那些有条件仿效的国家,例如新加坡和韩国(至少是在早期),也本来就已经属于中华文化圈。中国人自己也在怀疑他们的模式可否推广——所谓的"北京共识"是西方人的发明,而不是中国人自己的。

事实上,正如中国国家主席习近平在莫斯科国际关系学院发表演讲时所说的,"鞋子合不合脚,自己穿着才知道。一个国家的发展道路合不合适,只有这个国家的人民才最有发言权"。[①] 正如中国一贯的立场,任何发展模式都不可能完全适用于其他国家,中国无意于推销"北京共识",当每一个国家都提出一个所谓的"共识",实际上就不是"共识",或者说一定有"共识"的话,就是要走适合自己国情的发展道路。

(三)全球影响力与日俱增

然而,无论批评者如何批评和挑拨,支持者对"北京共识"和中国模式抱有极大的热情,尤其是亚洲周边国家以及非洲发展中国家,它们希望从中国发展道路中汲取营养,实现国家稳定和经济发展。

阿富汗作为中国的邻邦,常年处于战乱,每年有大量平民伤亡,2014年6月,即将卸任的时任阿富汗总统卡尔扎伊在访华期间接受记者采访时说:"如果阿富汗有机会重新选择的话,一定会走中国式的发展道路。因为它行动高效,决策果断,以结果为导向,是一个很好的模式,为所有人带来积极的结果。"

---

① 引自习近平2013年3月23日在俄罗斯访问期间在莫斯科国际关系学院的演讲,转引自:郭凤海:《"鞋子论"是民主实践论、制度论》,新华网,http://news.xinhuanet.com/politics/2015-06/08/c_127888925.htm,访问时间:2018年9月8日。

巴基斯坦是我国周边发展中国家中对中国发展道路的报道较多的国家之一，尽管中巴两国在政治制度、宗教信仰、文化等方面有巨大差异，但巴基斯坦政府和人民对中国能够在短短几十年内迅速崛起给予高度评价。时任巴基斯坦驻华大使马苏德·汗于2012年接受媒体采访时说：中国发展模式尽管有其特殊性并主要适用于中国，但依然拥有许多普遍的、全球性的维度可供其他发展中国家借鉴。看着中国史无前例的成长和中国经济稳定上升的曲线，世界各国领导人，尤其是发展中国家的领导者提出这样的疑问：中国发展模式能否被复制或是适应他国经济，来加快发展从而满足他国人民的需求？他们频繁问到中国成功的秘诀。我认为，根植于孔子、老子和孙子的教诲的中国传统价值体系与现代经济体系的结合，创造了一个经济增长与发展的新模式。

尽管西方媒体不断批评中国在非洲搞"新殖民主义"，但非洲对此有着清醒的认识。2012年5月13日，津巴布韦媒体《先驱报》（The Herald）刊文《中国在非洲大陆的角色》，文章称，一位非洲领导人说："与附加政治条件的'华盛顿共识'式的援助相比，中国的游戏规则是清晰的，他们说，如果你给我矿，我就给你修路。他们完全是透明的。"中国与非洲的合作有着悠久的历史，并且合作正在深入。是否愿意与中国坐下来接受北京共识，或者发展有中国参与的非洲共识，这些都取决于非洲。

2012年8月30日，巴基斯坦《论坛快报》（The Express Tribune）刊文《中国在非洲影响力日益扩大》（China's Growing Influence in Africa），文章称中国对非洲的援助是无条件的，通常用于基础设施项目建设，对当地的经济改善和生活改善具有重要影响。"北京共识"相对于"华盛顿共识"在非洲大陆更具吸引力。

党的十八大以来，中国发展道路及其核心理念逐渐被世界各国政界、学界所接受，具有代表性的是，"历史终结论"提出者福山于2011年和2014年相继出版了《政治秩序的起源：从前人类时代到法国大革命》和《政治秩序和政治衰败：从工业革命到民主的全球化》（2014年）两本书，其中都有较大篇幅讨论"中国模式",应该说,他的思想很大程度上受到了中国发展道路的启发,他认为实现民主的前提是"秩序"和"法治",如果超前跨越,则可能带来灾难性后果,拉美等国家在尚未实现秩序和法治之下的民主,被实践证明是劣质的民主。他在访华期间接受《中国青年报》记者采访时说:中国是第一个有能力并且能够以客观的方式来管理国民的国家。这是一个很大的成就,中国应该为此骄傲。每个国家都自然地不会照搬某一个已有的模式,它们会发展自己的模式。所以我肯定中国未来的模式将会按照有自己特色的道路发展。①

自中国提出"一带一路"倡议以来,中国发展道路的国际影响力进一步凸显。用德国前驻华大使施明贤的话来说:该计划具有很高的象征性意义,也非常具有中国特色,它具有包容性:任何有意愿的国家都可以参与该计划的发展和实施,这其中尤其蕴含着对欧洲的重大机遇。② 据统计,迄今海外媒体有关"一带一路"的英文报道多达 2000 余篇,美国、欧洲等海外智库发布了数十篇专门研究"一带一路"的报告,从多个角度进行分析和研究,如欧盟战略安全研究所发布的《中国的选择:新丝绸之路》等。

但是不容置疑的是,中国将在全球治理方面发挥越来越重要的积极作用,中国也有必要在全球治理方面增强话语权和主导权,因为归根结底来说中国是全球化的受益者,中国的经济高速增长离不开一个开放、和平的外部环境,封闭和贸易壁垒不符合中国的核心利益,因此中国有必要在全球治理体系中提出"中国方案"。随着中国综合国力的进一步增强,中国发展道路将越来越具有说服力和吸引力,全球治理的"中国方案"也越来越具有全球影响力。

---

① 陈婧、高四维:《中国将会按照自己的道路发展——专访美国斯坦福大学教授弗朗西斯·福山》,《中国青年报》2015 年 11 月 4 日第 10 版。
② 《德国前驻华大使施明贤:欧洲不应错失"一带一路"机遇》,参考消息网,2016 年 10 月 5 日,转引自德国经济新闻网站 10 月 3 日的报道,参见参考消息网,http://www.cankaoxiaoxi.com/finance/20161005/1329575.shtml,访问时间 2018 年 9 月 3 日。

B.6
中国在推动全球化进程中的国际形象

吴 飞 洪长晖*

摘 要： 全球化已然是触手可及的现实，正展现出其无远弗届的力量。身处新时代的中国，正以全新的姿态参与其中，并日益扮演更为重要的角色，在各种规则制定和竞争博弈中实现了话语权的移转，努力践行着"构建人类命运共同体"的历史使命。与此现实对应，中国国际形象也正面临着重塑与改写，然而出于各方面原因，中国的国际形象却不如人意，并且迁延变化。因此，如何从软实力构建的目标导向，塑造与在世界舞台上的中国形影相称的国际形象，就是一个紧迫而严峻的课题。

关键词： 全球化 国际形象 认知

习近平总书记曾在一次讲话中指出："当今世界是开放的世界，当今中国是开放的中国。中国和世界的关系正在发生历史性变化，中国需要更好地了解世界，世界需要更好地了解中国。"[①] 随着中国综合国力的不断增强，昔日的"东亚病夫"正日益走向世界舞台的中央，在备受关注的同时，也

---

* 吴飞，浙江大学特聘教授，宁波理工传播与设计学院院长，公共外交与战略传播研究中心主任；洪长晖，博士，浙江传媒学院副教授，研究方向为传媒与现代性、国际传播。
① 《习近平致中国国际电视台（中国环球电视网）开播的贺信》，《人民日报》2017年1月1日。

积极主动地发出自己的声音,讲述自己的故事,展现真实、立体、全面的中国。

从国家的层面,尽管诸多理论家坚持国家在全球化世界中依然是最重要的权力系统和功能单位,可是在纵向视野里国家的地位和效能都受到前所未有的挑战则是一个普遍共识。齐格蒙特·鲍曼就指出,一个国家主权要由"军队"、"经济"和"文化"三条腿来支撑,而跨国公司对国家主权的破坏,可以说就是从打断主权国家"经济"这条腿开始的。① 以这样的视角反观中国,则称得上喜忧参半。

一方面,中国本身即发展中国家,同时又积极参与发展中国家的共同进步,使得中国在第三世界国家中拥有了巨大的声望和影响力。如2017年7月BBC发布的全球民调显示,尼日利亚、肯尼亚等非洲国家对中国印象最积极,其中尼日利亚民众对华好感度高达83%。而2018年2月美国智库大西洋理事会(Atlantic Council of United States)也在其报告中指出,中国凭借其成功的对非政策和从不在合作中夹带政治意图的务实做法,已成为在非洲最具影响力的大国。不过该报告同时指出,近距离考察中国创新生态系统之后,可发现存在重大缺陷、难度和漏洞。事实上,不同的全球创新指数显示,中国尚未达到全球秩序的顶峰。例如,2017年康奈尔大学/欧洲工商管理学院/世界知识产权组织创新指数将中国排在第22位,2017年彭博创新指数将中国排在第21位,世界经济论坛全球竞争力指数创新"支柱"将中国列为2017年的第30位。②

另一方面,出于政治理念与制度、经济发展水平与前景等各方面的差异,国际舆论对中国的评价仍然不太乐观,这其中有中国发展中存在的真实

---

① 〔美〕齐格蒙特·鲍曼:《全球化:人类的后果》,郭国良、徐建华译,商务印书馆,2013,第13页。
② The Global Innovation Sweepstakes:A Quest to Win the Future,June 26,2018,http://www.atlanticcouncil.org/publications/reports/the-global-innovation-sweepstakes-a-quest-to-win-the-future.

问题①，但也有认知偏见，甚至是恶意的抹黑和歪曲的问题。如英国调查机构高博思安（GlobeScan）最新发布的2016～2017年数据分析结果显示，在被调查的19个国家中，位属西方国家行列的仅有俄罗斯、希腊两国对中国印象偏积极，而加拿大、美国、英国、法国、德国、西班牙、土耳其等国均对中国持负面评价。由是可见，在无远弗届的全球化进程中，世界格局正在深刻变化、大国关系重新调整的时代下，国际社会对处于民族伟大复兴新时代的中国，呈现复杂多元的心态和应对之势。

一 全球化时代的中国

全球化理论家罗兰·罗伯森提出，"作为一个概念，全球化既指世界的压缩（compression），又指认为世界是一个整体的意识的增强"。② 以经济作为核心动力的全球化，正在涵盖和重塑世界以及生活于这个世界中的每一个人，与此相伴的是，风险与不确定性也随之无限增大。难怪安东尼·吉登斯会说，"全球化可能不是一个特别具有吸引力或者华丽的辞藻。但是，世纪末的任何一个想要理解我们将来的人绝对不能忽视它"。③ 吉登斯或许还是有点保守，他当时可能没有料到，21世纪之初，全球化的力量就已然如水银泻地、无处不至。

鲍曼在论述民族国家被超国家力量侵蚀时说，"其理由并未被完全理解；即使理由知道了，它也不能被确切地预言；而且即便它被预言，也

---

① 英国东安吉利亚大学于2015年完成过一项实验，以测量国民的诚实程度。研究者对受试者说，你如果抛硬币得到正面，就可以得到30块钱奖励，如果是背面就没有。但我们不看测试，你凭诚信报结果给我们就行，我们只管发钱！按照统计学原理，胜负概率应该都趋于50%才对。如果哪一组调查对象赢钱的概率偏离了50%，就说明他们存在一定程度的作弊可能。对15个国家国民的调查结果显示，有大约70%的中国人的获胜率都"不自然"，不诚实的嫌疑最大。而最诚实的是英国人，不诚实的比例仅占3.4%。
② 〔美〕罗兰·罗伯森：《全球化：社会理论与全球文化》，梁光严译，上海人民出版社，2000，第1页。
③ 〔英〕安东尼·吉登斯：《失控的世界：全球化如何重塑我们的生活》，罗红云译，江西人民出版社，2001，第2页。

不能防止它发生"。① 不过，对全球化理论持强烈质疑态度的贾斯汀·罗森伯格显然不这么认为，他在《质疑全球化理论》中就对吉登斯建基于"时空分延"的现代性与全球化理论予以尖锐批评。罗森伯格也绝非"独自一人在战斗"，相关的理论家都一致辩称，即便全球化进程不可避免，民族国家依然在其中扮演重要角色，甚至比以往更重要。当然，也还有一些学者居于类乎"调停者"的立场，他们认为全球化与逆全球化很可能是并行不悖的"双向运动"，由此引发的关键议题则为在全球化进程中，政府力量是有实体性的国家边界，而市场力量则是超国家边界的，两者之间存在动态不平衡，欲求全球化的和谐则必须要这两股力量的平衡。

如果搁置上述争论来看中国作为国家个体，则必须承认近年来中国在全球化中国家力量正日益彰显，成为全球治理体系的积极倡导者。所谓全球治理，指的是通过具有约束力的国际规制（regimes）解决全球性的冲突、生态、人权、移民、毒品、走私、传染病等问题，以维持正常的国际政治经济秩序。"② "一带一路"倡议正是着眼于政治、经济和文化的三个支撑点，寻求"共商、共建、共享"的全球治理新理念，显示的是全球化时代中国作为国家主体为世界贡献的新智慧与新方案。

回到吉登斯对于全球化的论述，我们完全可以同意，"全球化在许多方面不仅是新的，而且是革命性的……全球化是政治的、技术的、文化的以及经济的全球化"（省略号为引者所加）。③ 在这样革命性的历史转折点，无论是中国企业（品牌），还是作为行为主体的国家，无论是在经济层面，还是在政治文化层面，中国都可以也正在发挥更为积极主导的作用。

---

① 〔美〕齐格蒙特·鲍曼：《全球化：人类的后果》，郭国良、徐建华译，商务印书馆，2013，第57页。
② 俞可平主编《全球化：全球治理》，社会科学文献出版社，2003，第13页。
③ 〔英〕安东尼·吉登斯：《失控的世界：全球化如何重塑我们的生活》，罗红云译，江西人民出版社，2001，第6页。

加强全球治理、推进全球治理体制变革不仅事关应对各种全球性挑战，而且事关给国际秩序和国际体系"定规则、定方向"；不仅事关对"发展制高点"的争夺，而且事关各国在国际秩序和国际体系"长远制度性安排"中的地位和作用。① 在这样明晰的认识与定位下，全球化时代的中国正意气风发地以全新形象展现在全球格局中。

二 国际形象与全球认知

所谓国际形象，通常意义上是指一个国家在国际范围内开展交往的过程中，自身所展示的被对方国家（包括其社会公众）所理解、认知和评价的政治、经济、文化等多方面。从建构论的视角看，国际形象的实现和感知包括自塑和他塑两个方面。自党的十九大以来，中国的对外传播就肩负着更为复杂艰巨的任务，国际传播能力的建设成为重中之重的现实课题。新时代的中国，需要向世界展示好"四个大国形象"：中国历史底蕴深厚、各民族多元一体、文化多样和谐的文明大国形象；政治清明、经济发展、文化繁荣、社会稳定、人民团结、山河秀美的东方大国形象；坚持和平发展、促进共同发展、维护国际公平正义、为人类做出贡献的负责任大国形象；对外更加开放、更加具有亲和力、充满希望、充满活力的社会主义大国形象。②

笔者曾经撰文指出，国家形象和软实力建设是一项相当复杂和漫长的系统工程，是一项自觉的公民工程。③ 每一个中国公民，都是中国国际形象的建构者和传播者，尤其是当他或她处于国际交往环境中更是如此。像最近发生在瑞典的中国游客酒店事件，无论其中的是非曲直为何，我们都得意识到涉事的每一位中国人所发出的声音，已经不再仅仅代表他（她）本人，而

---

① 陈向阳：《习近平总书记的全球治理思想》，《前线》2017 年第 6 期。
② 《习近平新闻思想讲义（2018 年版）》，人民出版社、学习出版社，2018，第 150 页。
③ 吴飞：《构建有效的国际传播策略——从传播主体的多元化谈起》，《对外传播》2014 年第 2 期。

是会被投射到整个中国人群体上。换而言之，这些都是中国国际形象的点滴建构和传播。

认知，是指人对某种实体所持有的认识和知觉。因此，认知是人们"认为是事实的东西"，而不是事实本身。所以，每个人所持有的认知也是各不相同的。日本学者丸山真男在《日本的思想》中分析说，人们拥有的"形象"，本来即"自身为适应环境而创造的一种润滑油"，随着生活范围的扩大，这种形象也逐渐发展，变成了有别于实际存在的"魔幻"而独行的，并创造出了新的现实。此时，真实和"魔幻"出现混合，"产生了不再坚持本我、反之让自己的言行适应自己的形象的事态"。他称之为"新的形式的自我异化"。①

曾因提出"北京共识"而声名鹊起的乔舒亚·库珀·雷默（Joshua Cooper Ramo）在他的一本著作中指出，正在迅速崛起的中国在国家形象方面的最大问题，不是简单的其国家形象的"好"或"坏"问题，而在于中国人对自我形象的认识与其他国家对中国的看法大相径庭。雷默分析说，在过去近30年中，中国发生了巨大的变化，但"中国形象"没有跟上诸多变迁的步伐。其他国家对中国的看法还停留在以前那些陈腐的观念中，存在着固执的偏见和一味的恐惧②。事实上，此后的调查结果从不同角度都支持了乔舒亚·库珀·雷默的基本判断：有关"中国形象"，内外之间存在巨大差异。

2011年11月，北京大学关世杰教授利用BAV相同的研究设计结构（使用可靠可信、令人愉悦、有领导力、充满活力、颇具魅力、坚定不移、不断发展、有创新力等维度，测量不同国家的民众对中国国家形象的认识）。调查结果如表1所示。

---

① 〔日〕近藤诚一：《日美舆论战——一个日本外交官的驻美手记》，刘莉生译，新华出版社，2007，第34页。
② 〔美〕乔舒亚·库珀·雷默：《中国形象——外国学者眼里的中国》，沈晓雷等译，社会科学文献出版社，2008，第7~8页。

表1 美、德、俄、印四国民众眼中的中国形象

国别	喜欢原因	计数	百分比	国别	喜欢原因	计数	百分比
美国	社会稳定	84	23.4	德国	社会稳定	45	11.3
	环境优美	87	24.2		环境优美	139	34.8
	灿烂文化	199	55.6		灿烂文化	276	69.2
	政治民主	21	5.8		政治民主	48	12.0
	经济发达	109	30.4		经济发达	114	28.6
	和平外交	82	22.8		和平外交	50	12.5
	公民素质高	154	42.9		公民素质高	89	22.3
	其他	75	20.9		其他	37	9.3
国别	喜欢原因	计数	百分比	国别	喜欢原因	计数	百分比
俄罗斯	社会稳定	98	30.1	印度	社会稳定	138	39.0
	环境优美	191	58.6		环境优美	146	41.2
	灿烂文化	247	75.8		灿烂文化	136	38.4
	政治民主	46	14.1		政治民主	115	32.5
	经济发达	156	47.9		经济发达	168	47.5
	和平外交	82	25.2		和平外交	112	31.6
	公民素质高	161	49.4		公民素质高	121	24.2
	其他	44	13.5		其他	24	6.8

资料来源：关世杰：《美、德、俄、印民众眼中的中国国家形象问卷调查分析》（上、下），《对外大传播》2012年第12期。本表根据关世杰教授所发表的论文提供的数据改编而成。

新媒体时代传播生态已然发生翻天覆地的变化，这也意味着在国际形象的建构与传播过程中，除了以往倚重的大众传播渠道之外，各种社交媒体所形成的民间舆论场也变得愈发重要起来。社交媒体日益成为民众获取新闻信息的主渠道，这已然是社会共识。除此之外，不容忽视的是，正是社交媒体的存在，为网络民意的表达乃至话语抗争提供了潜能。一个最明显的例子是巴西里约热内卢奥运会期间，尽管英国BBC对中国奥运代表团的报道依然有着突出的偏见，可是在BBC的Facebook账号上有大量的互动（其中包括123条评论），而超过半数的评论则公开指责了BBC，认为BBC的报道反华、具有偏见、狭隘排外、对中国歧视，也有网友对其报道感到羞愧。一些

批评BBC的评论还得到了众多网友的点赞和支持。①

此前已经有相关研究表明，社交媒体的信息供给更多的是对原发信息（主要还是来自机构媒体）的重复与评论。然而，用户由于媒介接触习惯的改变，依然将更多的注意力转向社交媒体，这也正是韦路等人的研究指出的，除非（美国）公众在日常媒介接触中能够更多和更有针对性地获取有关中国的知识，否则他们对中国的认知不会有太大的改变。②

社交媒体是怎样在纷繁纠缠中塑造或传递国际形象？值得进一步探究其作用机制。与此同时，媒体深度融合的全球态势，也呼唤着传统的信息渠道重组再生或流程再造。习近平总书记多次在不同场合提到，讲故事是国际传播的最佳方式。而讲好中国故事，最为关键的是谁来讲、讲什么和如何讲的问题。2014年11月，习近平在中央外事工作会议的讲话中指出，当前和今后一个时期，我国对外工作的一个重要内容，是要争取世界各国对中国梦的理解和支持，中国梦是和平、发展、合作、共赢的梦。或许可以理解为这是对"讲什么"的回答，而如何讲则当然要追求真实、生动、鲜活，呈现一个立体多彩的中国。2018年8月的全国宣传思想工作会议上，习近平又提出要把握大势，区分对象，精准施策，主动宣介新时代中国特色社会主义思想，才能让世界更好地了解中国。而这一使命，在新媒体时代就需要由新型主流传媒所构建的媒体矩阵来实现。

近年来，中国中央级媒体一方面不断优化组合，先是组建中国国际电视台（中国环球电视网CGTN），随后又重组中央广播电视总台，使得整体国际传播能力进一步优化；一方面又主动出击，在国外社交媒体上开设账号，并且都取得了相当不错的影响力。表2显示了三大央级媒体的推特账号情况（统计时间为2017年1月）。

---

① 毕建录：《社交媒体在国家对外传播中的作用》，《青年记者》2016年11月上。
② 韦路、吴飞、丁方舟：《新媒体，新中国？网络使用与美国人的中国形象认知》，《新闻与传播研究》2013年第7期。

表2 中国央媒推特账号粉丝数

单位：百万

媒体名称（Twitter账号）	国家	粉丝数量
新华社（@XHNews）	中国	6.2
人民日报（@PDChina）	中国	2.28
CCTV（@CCTV）	中国	0.131

一个国家的国际形象还涉及认知层面的问题，即别国是怎么看待你的，别国的媒体是如何呈现你的，以及别国民众是如何认识你的，而这三者之间又有着内在的复杂关联。中国在国际形象传递过程中也偏向于别国政府层面的认知，在民众的交流互认方面虽然有不少卓有成效的动作，但距离国际形象"他塑"的整体目标还相去甚远。英国BBC曾经拍过一部纪录片《中国人要来了》（*The Chinese Are Coming*），对中国在非洲、拉美的不少做法做出批评，而其中的各种声音呈现则完全借助于普通民众，这样的处理方式非常值得我们学习。

不可否认，戴着有色眼镜看中国的西方媒体不是个案，仅在2016年杭州召开G20峰会期间，西方主流媒体就以其固有的报道框架试图影响全球对中国的认知。如表3所示。

表3 G20期间西方主流媒体（推特账号）对中国的报道

框架主题	数量	呈现强度	负面	中立	正面	传播效果
人权问题	3	2	3	0	0	200.3
城市形象	9	1.6	3	3	3	140.3
会议议题	4	1.8	1	3	0	95.3
中国角色	8	1.4	6	3	2	83.3
中外关系	8	2.1	4	4	0	229.5

资料来源：霍捷、陈斌《全球议题和本土框架：社交媒体时代的中国国家形象》，http://media.people.com.cn/n1/2018/0126/c416773-29789294.html，访问时间：2018年10月4日。

即便如此，也不意味着对于西方媒体我们无从下手。一方面，对于西方媒体与其对抗，毋宁引导，例如同是BBC，就曾经拍过有关中国春节的纪录片，比较客观地呈现了中国各地的过年习俗，受到广泛关注。其中中国媒体和地方政府的引导与配合功不可没。另一方面，要善于运用西方媒体的运作逻辑，使其能成为我们的发声平台。在这一方面，中国历任领导人做出了很好的表率。仅就2015年而言，习近平总书记就在国外媒体上发表署名文章7篇，接受外国媒体专访2次，在重大国际会议上发表重要讲话14次。不仅占据和实现了话语权，而且很好地向世界讲述了中国故事，传递了中国声音，从而也有助于各国民众形成客观、立体的中国国际形象认知。

三 关系处理与提升策略

中国的崛起，无疑会改变世界的权力格局，必然会引发相关利益方尤其是美国这一当今世界的霸主的强烈反应。2018年以来，美国政府加大对中国的打压力度，在发动贸易战的同时，在军事、外交和文化等多个层面施展其硬实力与软实力。2018年10月4日，美国副总统迈克·彭斯（Mike Pence）就对中国的政策发表讲话。在讲话中，迈克·彭斯指责中国说："在过去的17年里，中国的国内生产总值（GDP）增长了9倍，它已成为世界第二大经济体。这一成功在很大程度上是由美国在中国的投资所推动的。而中国共产党却采用了一系列与自由和公平贸易相悖的政策手段，例如关税、配额、货币操纵、强制技术转让、知识产权盗窃，以及像发糖果一样随意发放产业补贴。这些政策为北京奠定了制造业的基础，却以牺牲其竞争对手，特别是美利坚合众国的利益为代价。"[1]

当下的传播生态为国际传播的开拓提供了多种可能性，前所未有的挑战也相伴而生。放眼全球，任何信息的传播都可以做到同步共振，这在传统媒体时代几乎是不可想象的。与此相应，观念之冲突、文化之差异，也远非传统时代所能想象，这些冲突与差异显著而激烈，人与人之间、地区与地区之

---

① 资料来源：美国大使馆。

间、国与国之间，理解、误解甚至刻意的曲解同在。时间与空间格局的碎裂和重构，使得国际传播愈发突破地缘政治的传统边界。

如何在这个媒介技术日新月异的时代，增进全球范围内的理解？如何在这个全球化无远弗届的世界，建构更有效和弹性的国际传播策略，实现跨文化传播的整体想象？费孝通先生曾经指出，面对今天这种"信息爆炸"、形形色色"异文化"纷至沓来的时代，我们需认真思考怎么办？全盘接受、盲目排斥都不是好的办法，我们应该用一种理智的、稳健的，不是轻率的、情绪化的心态来"欣赏"它。要知道，不论哪种文明，都不是完美无缺的，都有精华和糟粕，所以对涌进来的异文化我们既要"理解"，又要有所"选择"。这就是费孝通先生所说的"各美其美、美人之美、美美与共，天下大同"。我们认为，中国在国际传播战略和国际形象构建上应当考虑以下几组对应关系。

（一）官与民——传播主体的多元化

瑞典的社会人类学家弗里德曼（Jonathan Friedman）发现："已出现一套全球性的阶级制度，由顶尖外交官、国家领袖、诸如联合国等国际组织的助理官员和代表所组成的国际精英。他们打打高尔夫球、喝喝鸡尾酒，已然成为一种文化上的共犯。这个精英团体与艺术品交易者，还有直接涉入媒介再与事件、生产世界的形象（producing images of the world），以及为世界生产形象（producing images for the world）的文化产业重要人物多有重叠。"[①]

国际传播的行为主体不仅是政府，方式也不仅仅是简单地拍摄宣传片等传统手段。每一个中国公民都是中国形象的建构者。当我们以一个文明的、有教养的形象和气质出现在外国人面前，尊重他人的风俗和习惯，我们也才会赢得应有的尊重。人们常说，爱国情浓时，多在国门外。这种爱国情怀不是虚幻的，更贯注在我们的行动中，那么，我们就不妨从端正自己的行为习

---

① Friedman, J, *Cultural Identity and Global Process*, London: Sage, 1994, pp. 205 – 206.

惯做起，当好自己的"国家形象大使"①。

在《世界是平的》一书作者弗里德曼所称的全球化"3.0"时代，传播的时间与空间结构改变了，国际舆论场的格局亦被重塑了，传统的以国家为主的区域性单元舆论场逐渐成为全球传播舆论场的分场。在这种复杂的舆论环境中，民间舆论场越来越具有巨大的影响。我国不仅在NGO发展水平、媒体国际传播能力上存在单项不足，在四方面的综合运用上也尚显生涩。相反，西方部分国家和媒体，在运用这一手法达到其目的方面却是行家里手。②

从历史上进行国际传播的效果评估来看，在意识形态输出层面，民间媒体的效果好于官方媒体。早在1964年，美国第28届外交委员会就在一份报告中指出，"有些外交政策的目标是能够直接针对外国人民而不是它们的政府。通过应用现代新闻媒介，今天有可能联系外国中的大部分人或其有影响的一部分人，一向他们报道，影响他们的态度，有时甚至诱导他们向我们设想的行动方面发展。这部分人反过来就能够对他们的政府施加明显的，甚至是断然的压力"。③ 这一历史经验也适用于在我国的对外传播，一些西方受众对我国官方媒体的报道比较反感，而私营资本背景的新闻媒体，甚至是那些独立个人所传播的信息，容易被外国受众接受。

（二）新与旧——传播渠道的多形态化

美国皮尤研究中心（Pew Research Center）2018年初发布了一份在38个国家进行的公众调查报告（由Amy Mirchell，Katie Simmons，Katerina Eva Matsa和Laura Silver完成）。报告显示，在全球范围内，公众对新闻客观性和中立性原则的认可仍是共识，但各个国家的新闻媒体在各国公众中留下了

---

① 陈家兴：《人民时评：在国外，每个人都是"国家形象大使"》，人民网，http://opinion.people.com.cn/GB/40604/4618161.html，访问时间：2018年10月10日。
② 梁益畅：《国际传播的三个维度》，《中国记者》2010年第4期。
③ 〔美〕赫伯特·席勒：《新闻工具与美国帝国》，《国际新闻界》1979年第1期；关世杰：《跨文化交流学》，北京大学出版社，1995，第397~398页。

差别巨大的印象。调查还显示,利用互联网获取新闻正成为全球公众获取新闻的重要手段,其中年轻人(18~29岁)则更多地是通过在线媒体获得新闻信息的。①

在新媒体时代,网络和手机正在逐步取代传统媒体,成为全球公众获取信息的关键渠道,因而在新型国际关系中扮演重要角色。如何有效利用新媒体工具打造有利的国际形象,也成了各国政府或政要的关注焦点。特朗普就常将个人决策和各种评论在推特账号率先发布,成为美国历任总统中最善于使用社交媒体的一位,以致赢得了"推特治国"的头衔。

在以资助鼓励网民或直接以网民身份建设"民间"网站方面,中国离以美国为代表的西方发达国家还有较大差距,事实上,作为官方主流网站的有益补充,一些公益性、公共性网站,如获2010年第94届普利策新闻奖的美国公共利益新闻网(Center for Propublica)和中国学子创办的Anti-cnn等往往能够突破"官方"报道视角,在国家形象传播等特殊情境中显示出强大的生命力和影响力。②

(三)显与隐——传播方法的柔性化

中国媒体在对外传播过程中饱受诟病的一点就是宣传味太重,并且因此形成了"坏孩子印象"。然而,如果我们将眼光投向全球,并从一种更为宽广的视野来审视,就可以发现对于国家形象的塑造和国家文化的宣传,可以说在在皆是,只不过许多国家(或组织)忌讳"宣传"的表达而已,而以"公共外交"的概念取而代之。2003年1月,美国成立了"全球传播办公室"(The Office of Global Communication, OGC),其主要目的是"协调海外传播策略",传达"清晰而有力的信息"、"整合美国总统的理念以及美国的政策和价值观",从而"防止误解与冲突",更好地保证"国际受众的知情权",为美国赢得支持。不仅仅是美国,法国、英国、澳大利亚、德国和韩

---

① 资料来源:http://www.pewglobal.org/2018/01/11/publics-globally-want-unbiased-news-coverage-but-are-divided-on-whether-their-news-media-deliver/.
② 林敏:《议程融合视域下国家形象的网络传播》,《当代传播》2011年第6期。

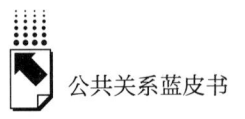

国等发达国家都有类似的国家品牌传播机构,他们都以更为柔性、灵活的方式进行对外传播。

经典的传播研究已经表明,要想宣传致效,一种比较可行的方法是将宣传内容或理念隐匿于有意味的故事文本中,让对象在无意识间获得相关的信息,实现宣传意图。同样,国际传播也要更多地通过双向的互动与沟通来实现,而不是以刚硬、显性的宣传手段,后者在大多数情况下会适得其反,激起对象的逆反心理。

更多强调交互式的参与沟通,以对话取代独语,以沟通取代灌输,一方面能够有效地了解他国公众的真实看法和态度,另一方面也有助于信息传递的完整性和有效性,不至于在他国公众中郢书燕说、鸡同鸭讲。

(四)硬与软——传播战略的双重布局

美国学者约瑟夫·奈曾认为:"实力,一定程度上是改变他人行为以达到你的目的的能力……基本上有三种方式可以做到:威胁(大棒)、交易(胡萝卜)和吸引(软实力)。"[1]。中国的国际形象塑造过程中,硬实力和软实力当是交错纵横的两手。中国的经济发展速度和可持续性,以及科技创新能力代表着中国的硬实力。

但是中国在软实力构成的三要素——文化、价值观和政策——的建设方面都存在严重不足。在文化上,门对对中国文化当中所具有的正能量潜力、具有广泛吸引力的元素未能完全表述清楚,这些元素本可以作用于世界未来健康发展。众多学者都指出,中华传统文化中的"天人合一"、"己所不欲勿施于人"、"民为上"、"克己奉公"等价值观念,都是中华文明奉献给当代世界的智慧,有助于解决当下人类面临的共同问题。以中国为核心的古代东亚的"天下体系"治理模式对于现代社会也意义非凡,然而无论是上述理论或思想的系统化,还是主动对外传播方面,都处于乏善可陈的尴尬境地。是以有学者指出:"中国政府虽然提出了文化多样性的主张,但未提出

---

[1] Joseph S. Nye, Jr. , "Think Again: Soft Power", *Foreign Policy* , 1 March (2006): 1.

如何建立国际文化秩序的问题,因而缺乏相应的政策和机制建设,限制了中国传统文化优势的发挥"①。在价值观上,长期以来对所谓"普世价值"的敏感与审慎,反倒置自身于被动,未能借力打力,以这些价值观和理念来建构与传播中国声音。而在政策安排上,由于这是软实力构成三要素中最具有灵活性和可控性的部分,我们本可以更有进取、更有作为,然而这些年来一直没有建立强大的智库群,使得在整个国际传播语境和国际形象展示过程中,中国仍处于"摸着石头过河"的自发试验状态,负责软实力建构的各个部门,缺少整体观和协同作战能力,有时不仅不能百川归海,反倒会南辕北辙、彼此抵消。另外,出于历史与现实的原因,非政府组织和民间社会力量在当下中国一直处于不完善、不发达的边缘弱势状况,迄今为止中国的软实力依然是由政府主导,这种"许褚上阵"的直接面对,其副作用显而易见。一言以蔽之,对照软实力构成三要素,可以明白中国的国际形象何以至此,可以明白中国的软实力建设任重道远。

四 结语

国际传播与国际形象塑造的最理想之境,当然是能够化解国际社会中冲突各方的戾气,求同存异,共建和谐的国际舆论环境。霍布斯在《论公民》中指出,和平和合作比暴力和普遍的竞争对自我保存更为有利。因此人类必须摆脱他在《利维坦》当中所描述的"自然状态"、进入文明社会,人类社会意味着国家的产生,就是必须寻求一种凌驾于个人之上的强权力量,来平衡个人的天赋权利,将之转换为社会状态中的人的自由,实现秩序和安全。这就必然要求是从自然的状态过渡到人为的社会。②

汤姆·布鲁诺倡议要发展和平传播。他认为,和平传播不仅是关于国

---

① 唐彦林:《美国对中国在非洲软权力的评估及启示》,《西亚非洲》2010年第5期。
② 李伟:《洛克和霍布斯自由主义思想比较》,《井冈山师范学院学报》(哲社版)2004年12月。

家、文化或群体之间的传播研究,还包括了群体之间或群体内部的个人间的传播研究,它还涉及移情作为互动的本质的研究。和平传播本身包括发生在大脑中的和谐——紧张的个人内部交流模式,还指个人对内的"平静心态"①。

和平传播的基础是"推己及人",是"己所不欲,勿施于人"。在传播当中违背这一原则的做法,如"单边主义"、"种族主义"、"地方民族主义"乃至"大汉族主义"都会造成文明冲突,人类宝贵的文化遗产也许会在冲突之中永远消失。

在国际传播的舆论场上,应该允许不同的观念和价值。如果真要有一种价值观可以超越其他各种价值,那就是"和平"。

这当然使得全球时代的人们共同期待:一个和平中国,一个和平世界。

---

① 〔美〕汤姆·布鲁诺:《和平传播:跨文化关怀的道德规范》,载〔美〕拉里·萨默瓦、理查德·波特主编《文化模式与传播方式:跨文化交流文集》,麻争旗等译,北京广播学院出版社,2003,第508~517页。

B.7 2017~2018年中国共产党的国际形象研究报告

于运全 张有凤*

摘　要： 十八大以来，尤其是随着中国共产党十九大的胜利召开，国际社会对党的关注度前所未有，我党成为世界关注的焦点和中心。在这一轮新的中共研究热和报道热中，外界对党的国际形象的认知发生了深刻的变化，"全面从严治党"成为党最突出的国际形象。我们应借此好形势，着力讲好中国共产党的故事，主动塑造我党的新形象，借党代会等党内重大活动，宣介党的新面貌，建立涉党工作对外话语体系，做大做强自有智库品牌，提升中国国际舆论引导力，维护党的良好形象。

关键词： 中国共产党　国际形象　塑造

2017年10月25日，习近平总书记在新一届中央政治局常委与中外记者见面时强调："中国共产党是世界上最大的政党。大就要有大的样子。"这从一个侧面说明，党的形象建设被提升到了越来越重要的地位。本报告通过研究境外媒体报道、国际智库报告、国际民意调查等渠道中的涉我党形象，力求展示外界眼中的新时代中共形象。

---

* 于运全，当代中国与世界研究院副主任，研究员、博士，研究方向为国际传播；张有凤，当代中国与世界研究院助理研究员、博士，研究方向为战略学。

一 国际社会对中共的关注度和认知度有了深刻变化

(一)对中国共产党的关注度前所未有

十八大以来,境外媒体对中国共产党的报道总量整体呈上升趋势,重要会议是报道高峰。2017年下半年外媒涉党英文报道量,达到历年来的最高值。党的十九大召开前一个月,外媒报道数量增至3409篇,且英文报道量开始高于中文并维持至年末。10月,十九大召开,外媒中英文报道总量激增至12005篇,其中,英文报道量为7382篇,中文报道量为4623,成为当年报道量最多的月份,如图1所示。

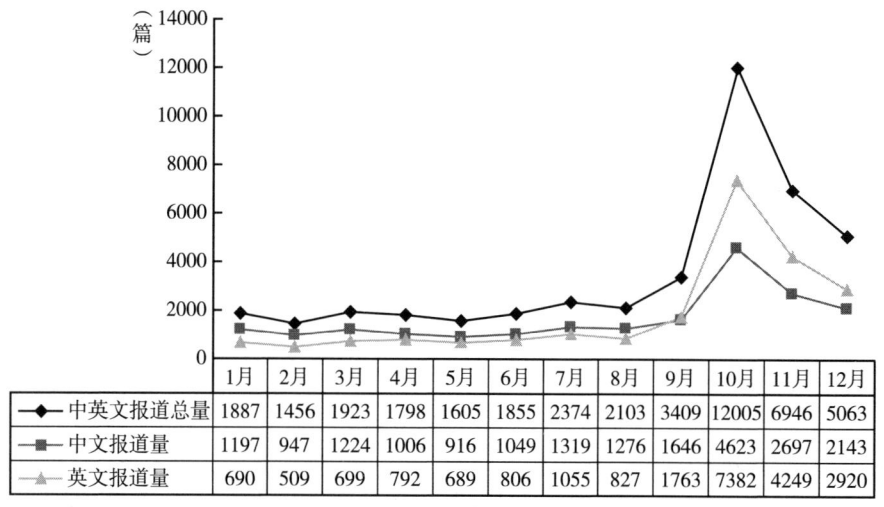

图1 2017年外媒涉党中英文报道趋势

图1表明,党的重要会议、重大活动是吸引外媒关注党的信息的主要因素,境外对党的十九大的关注度达到前所未有的程度,就西方媒体而言,它们更关注党的接班人、十九大常委会的人选以及如何推进全面从严治党与反腐等。在谷歌首页搜索关键词"19th communist party congress",搜索世界主

流媒体对中国十九大的报道，对中国持续和高度关注的《纽约时报》的舆论影响力排在最前列，布鲁金斯、《南华早报》、《外交杂志》、《卫报》、《今日中国》、《经济学家》、《时代周刊》分别居第二至第八名。由于《纽约时报》有一支资深驻华记者以及国际问题研究专家和学者队伍，因此，其报道的内容相对质量较高，态度也较为平和，评析也较为深刻，在一定程度上主导着西方媒体的舆论导向。西方媒体国际公共广播电台、《华盛顿邮报》、CNN等第一时间进行了评论和跟进，产生了很大的影响力。

（二）国际社会对中国共产党的认知有了深刻的变化

1. 国际社会对中国共产党的执政理念有了新的认识

近期出版的《中国CEO：习近平的崛起》、《中国进入习近平时代》、《习近平时代的中国》、《习近平治下的中国》等专著，肯定了中共的执政理念和执政路线，认为中共高层虽有分歧但根本目标一致，中共正以循序渐进方式进行政治体制改革，中国政治精英来源趋于多元化。其中，克里·布朗在《中国CEO：习近平的崛起》一书中提出，习近平在2013年年底提出的"中国梦"是中共的美好愿望，把党和人民的理想联系在一起，"中国梦"就是人民的梦，它的核心是让人民过上美好幸福的生活。中共的这一愿景是其实施统治的关键要素，也是合法执政的主要源泉。世界各国政党也为习近平治国理念和执政方略点赞。德国前总理、德国社会民主党前主席格哈德·施罗德，美国前国务卿、美国共和党党员亨利·基辛格，柬埔寨首相、柬埔寨人民党主席洪森，乌兹别克斯坦共和国总统、乌兹别克斯坦自由民主党党员米尔济约耶夫对于《习近平治国理政》一书中关于"中国梦"、国家治理、深化改革、依法治国、反腐败以及中国走和平发展道路的论述都表示赞同，肯定了中华民族伟大复兴梦想以及一个开放、稳定、富裕的中国，符合世界人民的利益。

2. 对中国共产党的集体领导体制和从严治党有了新的认识

十九大以来，西方学者、智库、媒体更加关注中共的党内制度改革、中共核心领导班子的选人用人制度等，并能够客观评价中共的集体领导体制的

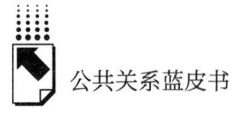

优势。如《中国新一代领导人》、《习近平时代的中国政治：重新评估中国集体领导体系》、《中国政治发展：中美视角比较》、《中国的政治体系》、《跟随领导者》等著述，对中共集体领导体制、决策体制等有了客观公正的评价。如李成撰写的《习近平时代的中国政治：重新评估中国集体领导体系》一书，针对西方学者对领导人以及中共集体领导体制的一些误判进行了辨析。世界各国政党对中共全面从严治党给予高度肯定。巴基斯坦人民党旁遮普省中央党部主席卡马尔·扎曼·凯拉、西班牙人民党参议院党团领袖何塞·曼努埃尔·巴雷罗、土耳其爱国党副主席索内尔·波拉特等认为，中国共产党的反腐将进一步增强党和政府的凝聚力和领导力，中国共产党是当今世界最有效率的政党之一。

3. 对中国共产党的改革战略有了新的认识

西方主流政党、智库、学界、媒体等对中共许多战略都有不同的意见甚至负面的评价。但对中共实行的改革战略则予以充分肯定，并且有比较深入的认识。比如境外近期出版的《中国治理之困惑：一党执政体制下推行政治透明和民主参与》、《习治时期中国内政外交政策及挑战》、《中国如何摆脱贫困陷阱》、《中国新兴的中产阶级：超越经济转型》、《习近平时代的中国社会主义法治改革》等都探讨中国崛起的内在动力，认为改革战略是中国崛起的关键原因。各国政党普遍认为，中国共产党带领人民坚持走改革开放的道路，为世界提供了独具特色的中国经验。埃及共产党总书记萨拉赫·阿兹利认为，中国共产党在带领中国人民实现富强的道路上发挥了中流砥柱作用。

4. 对中共的领导能力和执政经验有了新的认识

近几十年来，西方社会在发展中也遇到种种困境与危机，加之发展中国家学习西方的种种不适，越来越多的国家将注意力转向中国。中国为什么能迅速崛起？这成为国际社会越来越关注的问题。在这个问题上，国际社会开始正视中共坚强的领导能力，他们认为，中共的坚强领导是中国经济发展的核心原因。中共的成功执政经验与中国发展模式值得其他国家借鉴尤其是发展中国家学习。他们还深入研究借鉴中共的治党治国经验、中国模式、中国道路，越来越理性对待中国特色的发展道路和经验。他们认为：中国与其他政党相比，更具有成效且着眼长远发展。十九大将"中国共产党领导是中国特色社会主义最本质的特征"写入宪法总纲，对此，海外各界人士认为，"中国共产党领导"是中国特色社会主义制度最大的优势，它确保中国各项事业始终沿着正确方向前进。俄罗斯高等经济学院教授、中国问题专家阿列克谢·马斯洛夫说：在宪法中充实坚持和加强中国共产党全面领导内容，有利于在各层面强化党的领导意识，增强队伍团结，为实现中华民族伟大复兴的中国梦凝聚共识、形成合力。《菲律宾每日问询者报》报道，菲执政党欲派党员学习中共执政党的建设理念与思想。

（三）国际社会对中共的国际形象的定位和认知有了新的变化

近几十年来，随着中俄等国家的迅速崛起和国际影响力的迅速提升，西方国家感到巨大的压力与恐慌，尤其是中国的软实力在许多领域甚至超过了传统西方大国，使得后者越来越感到"不适应"、"不舒服"、"不习惯"，西方主流媒体开始对中共的形象进行刻意抹黑，并贴上各种标签。如有的渲染所谓的"中国模式"就是中共推行的"国家资本主义"；有的渲染中共是最富有最有权的"权贵阶层"的代表，有的则渲染中共对互联网严格控制和打压，可以称之为"专制"的"网络集权党"。这些带有偏见的西方学者、智库与媒体利用贴标签的方式对中共近年来不断提升的国际形象横加指责，企图抹黑中共形象。然而这些歪曲事实的论调在中国迅速崛起的事实面前不堪一击。在中国共产党的领导下，党和国家事业正在全面开创新局面，国际社会不得不重新审视中共的形象。

尤其是随着党的十九大的召开，国外舆论对中共的国际形象认知产生了深刻的变化。作为2017年"中国最重要的政治事件"和首次"全球性"大会，十九大的召开也受到国际主要智库和专家学者的高度关注。全球重点媒体涉十九大的深度报道中，几乎都引用或反映了智库机构及专家学者的研究成果。整体来看，国际智库专家以更加理性、正面的态度关心、解读党的十九大，期待新时代的中国在以习近平同志为核心的党中央的坚强领导下，继续为推动构建人类命运共同体做出更大贡献。他们普遍认为，中共十九大将为中国未来发展指明方向，习近平具有高瞻远瞩的战略眼光，将带动中国发展到更高的水平；十九大报告反映出习近平决心要打造出一条迥异于西方模式的中国发展道路，并为那些"在保持独立的前提下努力加快发展步伐的国家和民族"提供成功的范例，中国方案有望成为举世公认的准则；十九大修订党章将为实现2020年目标注入新动力。

2017年11月30日至12月5日，中国共产党与世界高层对话会也在北京召开，来自世界各国的近200个政党参加了会议。这是至今为止世界最大规模的政党大会，展现了中国政党智慧，充分体现了中国共产党的强大吸引力和号召力，对中国共产党的国际形象产生了深刻的影响。这次全球政党大会让各国政党得以深入了解中国共产党，中国执政经验赢得世界认同。菲律宾民主人民力量党总裁皮门特尔说"中国共产党在领导国家发展方面做出了有目共睹的巨大贡献，是包括菲律宾民主人民力量党在内的世界各国执政党学习的榜样"。坦桑尼亚革命党总书记基纳纳表示，中国共产党的治党理政经验对广大发展中国家具有重要启示意义，值得非洲政党认真学习。在韩国檀国大学教授金珍镐看来，中国共产党一贯强调实事求是，是学习和创新能力很强的政党。埃及祖国未来党副总书记艾哈迈德·卡拉姆表示，中国从一个经济落后的国家跃升为全球第二大经济体，体现了中国共产党的正确领导和中国人民的团结一致。巴西六大政党领导人出席了对话会，一致认为习近平总书记所提倡议，以及十九大对新时代的论断及各项战略部署会对巴西各政党产生重要影响。巴基斯坦穆盟（谢）党主席特使纳迪姆·卡姆兰认为，中国扶贫模式将成为世界各国的榜样，巴基斯坦可在改善民生方面学习借鉴中国经验。

不仅西方的主流媒体、智库、学界、各国政党等对中国共产党的认知有了深刻的变化，海外的民调也证明了中国共产党形象的改变。"全面从严治党"成为党最突出的国际形象。在10500个海外样本中，海外受访者对中国共产党的第一印象就是"全面从严治党"，其次是"具有很强的组织动员能力"和"具有高度凝聚力"，最后是"反腐成效显著"。发展中国家对中国共产党"得到民众支持"以及"学习和创新能力"的认可度明显超过发达国家。如图2①所示。

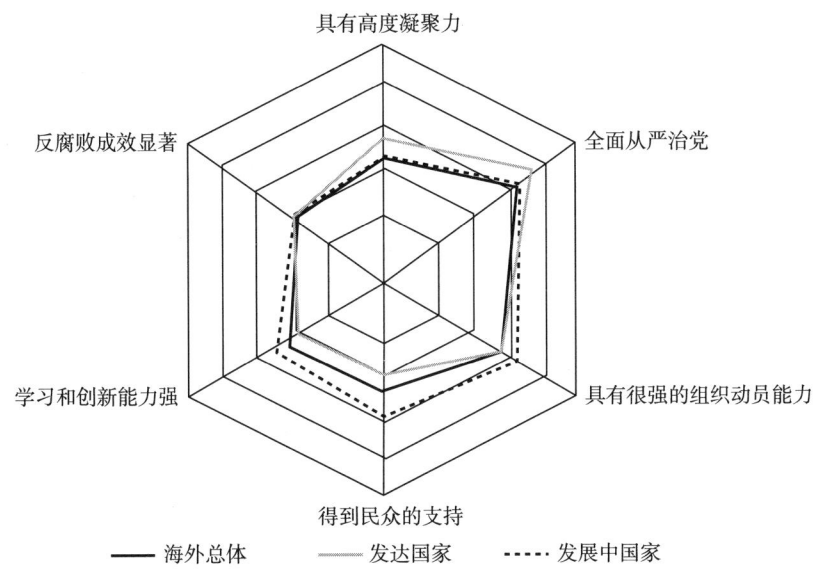

图 2　中国执政党的国际形象

二　国际社会对中共的国际形象认知变化的原因分析

（一）中国改革开放取得的巨大成就让国际社会重新理性认知中共

按照西方人的思维逻辑，中国市场经济的发展和全球化的深入，必然推动中国政治向西方民主化方向发展。然而这样的预言不但没有成为现实，相反，在中国共产党的领导下，改革开放的成功使中国一跃而成为世界第二大

---

① 中国外文局对外传播研究中心传播战略研究室：《中国国家形象全球调查报告2016～2017》，对外传播研究中心，2017，第11页。

经济体，7亿多人因此摆脱贫困，中国走上了一条与西方完全不同的中国特色社会主义道路，中国式精英领导成为大国管理的一种选择，中国方案为世界发展难题提供解决方案。

十九大的召开，更让世界看到了一个不同凡响的中国。国际社会在惊叹、艳羡之余，不断提出"中国共产党为什么能"的疑问，他们不得不进行深刻反思，跳出西方思维模式，来重新思考和认知中国共产党。西方主要大国随着与中共接触的增多，政界、学界、商界、主流媒体对中共的认知出现分化，部分与中国合作较多的商界人士能够逐渐客观地看待中共，他们更加认可中共的执政能力和中国经济崛起的奇迹。学界则往往更能从研究的角度，客观看待和分析中共在中国迅速崛起和中国改革进程中所起的重要作用。印尼国民民主党主席苏里亚·巴罗则表示，"中国发展进入一个新时代，中国政府努力减少贫困人口，为绝大多数老百姓的利益服务，让世界印象深刻，今天的中国，无论从哪个方面衡量，都已经成为一个新的世界大国。"联合国粮农组织经济与社会发展署负责人乔莫·桑德拉姆接受记者采访时表示："中国经验值得学习，我们也希望中国将经验推广到世界，帮助更多国家摆脱贫困。目前中国通过'南南合作'项目向更多国家和地区成功输送经验，协助120多个发展中国家实施了千年发展目标。中国在尼日利亚、乌干达、蒙古国等很多国家的成功合作就是例证。中国还敞开大门，对来自发展中国家的人员进行培训，以便更好地推广中国经验，为在世界范围内达到减贫目标继续做出贡献。"

（二）党的十九大胜利召开促进了中共的国际形象塑造

西方社会对十九大的意义和影响的看法是积极而肯定的，这对中共的国际形象的营造有重要的作用。一是肯定中共制定的中国未来发展路线及政策。俄罗斯《星火》周刊报道，中共十九大应该会回答中国面临的许多问题。党的最高领导机关将确定未来至少五年内中国的路线和政策，即决定中国下一步如何走。大会还有一个任务是展示团结和稳定、共同推动改革，实现每个人的"中国梦"。二是认为中国政治走向对世界格局具有"里程碑式"深远影响。新加坡《联合早报》报道,中共十九大的一个重要问题是中国的政治走向,这不仅对中国,也对今后的世界格局具有深远意义。中国领导人的历史使命就是要在新的基础上建立大国自信,中国有信心为全球性难题提出"中国方案",再次引领世界潮流。香港《南华早报》英文网报道,五年来中国领导人已经为中国的未来以及中国在世界的定位制定了方针和策略。中共十九大不仅对中国具有深远意义,对世界政治格局也会产生里程碑式的影响。三是肯定"两个一百年目标"着眼改善民生、描绘发展蓝图。香港《南华早报》英文网登载香港政府中央政策组前首席顾问邵善波的文章认为,"两个一百年"目标从政治高度为中国今后30年发展描绘了一幅清晰蓝图。放眼全球,找不到第二个政党在制定和推行雄图伟略方面能与中共相比较。在着眼公众利益方面,中国领导人的战略重心已不再是追求以GDP为指标的经济增长,而是追求内涵更为丰富的全面发展,包括更好的环境质量、更公平的社会结构以及更高的治理成效。其中,消除极端贫困是战略重心的核心工作。

(三)互联网和社交媒体等新媒体对中共国际形象的影响越来越大

据不完全统计,目前有700多家境外媒体常驻中国,对中国进行持续跟踪报道。在十九大和"两会"等重大会议期间,境外的记者媒体来华采访达到顶峰。这些记者在中国发出的声音很大程度上影响着中国国际形象的演变。与此同时,随着互联网的快速发展,尤其是"脸谱"、"推特"等社交媒体的广泛普及,中国国际形象的塑造越来越受这些新媒体的影响。此外,随着社交媒体的快速发展,微信、微博等自媒体在设置议题和舆论引导上的作用越来越重要。很多热点话题首先在新媒体上出现和发酵,然后传统媒体才跟进报道。党的十九大前后,各类"消息人士"、"分析人士"、"独立人士"以及所谓的"匿名消息"、"内部消息"非常活跃。一些原本荒诞的说法经多轮传播后,莫名其妙多了些"可信度",这些猜测性报道主要集中于领导人换届选举、中央各部委及省部级领导人事变动、中共出台的重要政策

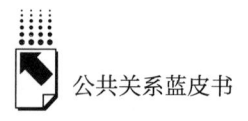

和中国未来走向。这些新媒体在未来的中共国际形象的塑造中的地位会越来越重要。

（四）国际国内的联动性对中共形象的塑造存在不确定性

随着中国实力的不断增长，中国日益走近世界舞台的中心，中国在世界扮演的角色越来越受到关注，加之互联网的快速发展，特别是微博、"脸谱"、"推特"等社交媒体的快速普及，中共国际形象的演变越来越多地受到国内外两种因素互动的影响。长期以来，中国共产党被西方媒体妖魔化。特别是针对"文革"、1989年政治风波，西方媒体更是以意识形态划界，将中国共产党歪曲为"专治"、"极权"的政党。发生西藏3·14事件与新疆7·5事件以后，西方媒体更是利用其话语霸权，歪曲事实，诽谤中共"镇压"少数民族，让外界增添了诸多猜想和疑惑，严重影响中共形象的塑造。因此，在国内发生任何突发事件时，都会第一时间在国际社会得到反应，国际社会的反应也会在第一时间反向传导到国内。特别是一些反华势力，通过各种方式内外联动，不断放大中国国内的不满情绪和不稳定因素，在国际上制造声势，推波助澜，往往将一些个别事件渲染成普遍性问题，使中共的国际形象不断受到损害，造成长期负面影响。

三 塑造中共国际形象的措施与建议

良好的国际形象不仅有利于开展对外国际合作，还会直接影响中国国内稳定与发展。中共作为最大发展中国家的执政党，不仅带领中国人民开创出一条不同于西方的中国特色社会主义道路，而且还获得了国际社会的普遍认可和赞誉。当前，如何更有效地提升中国共产党的国际形象成了重大而紧迫的时代命题。

（一）讲好中国共产党的故事，主动塑造我党的新形象

在对外传播中，要通过讲述好中国共产党全心全意为人民服务的生动实

践，向国际社会展示一个为民谋利、敢于担当、从严治党、清正廉洁的政党形象。一是要加强主动宣传，系统宣传我党的执政理念和执政模式，宣传我党敢于进行理论创新，在实践中形成一套中国特色社会主义理论，塑造我党开拓创新的良好形象；二是系统宣传在中国共产党的领导下，中国取得的举世瞩目的巨大成就、中国为世界做出的巨大贡献，塑造我党始终对人民负责、始终为人民谋利的务实进取的党的形象；三是宣介我党自身强大的组织力量、严格的组织纪律、强大的凝聚力和号召力，有效领导社会各阶层的能力，塑造我党始终以民族复兴为己任、有历史担当的国际形象；四是宣介我党的政党体制有利于"集中力量办大事"的制度优势以及包容开放、能够化解外部冲击的柔韧性和灵活性，塑造我党与时俱进、善于学习的良好形象。

（二）借党代会等重大活动展示我党的新面貌

在党代会、全国"两会"等重要会议期间，外媒加强对我党各项工作的关注和报道之际，宜大力宣传我党各项工作取得的重要成果及影响，从而加强境外媒体及海外受众对我党的全面深入了解。长久以来，我党在西方媒体的固有印象中充满"神秘感"。十九大期间，国家通过举行专题新闻发布会、"党代表通道"、中外记者见面会、组织集体采访、开放各代表团讨论以及组织记者外出采访等活动，积极引导境外舆论，取得了较为明显的效果。宜总结好这次做法的经验，进一步阐释十八大以来在上述方面的重要改革方案及重大成果，同时加强我党的对外宣传，以增强外媒对我党工作的全面、深入了解。

（三）加强新闻发布与舆论引导工作

积极回应外界关切，有效压缩猜测空间。借助新媒体发布信息，做好记者服务工作。新媒体快速发展，正在前所未有的影响力考验执政党的执政能力。新媒体环境下，传播者与受众界限模糊，传播范围覆盖全民，传播呈"爆发式"扩散，传播方式呈现交互性，传播内容直接影响受众者。因此，

要充分利用新媒体的优势，采用大众容易接受的方式直接进行平台交流与互动，了解受众的需求与反应，第一时间传递党的声音，让新媒体真正发挥主力军的作用。

（四）进一步加强舆情与受众调查研究

根据十八大以来党的工作的境外舆情分析可以看出，部分外媒对我党工作存在误解并发表相关负面信息，对我党形象造成不良影响。因此，我们应加强对境外媒体、学界、智库、政党对我党形象认知的跟踪与研判，深入分析其深层次原因、传播范围、影响深度，及时发现问题；密切关注外界对十九大以来党的重大活动、重大事件的舆情报道，展示我党的积极正面的形象；大力宣传我党制度建设与改革的决心与重大举措，维护党的公道正派、清正廉洁的良好形象。

（五）构建对外话语体系，提升国际舆论引导力

研究发现，在外媒总体施压、质疑为主基调的议题设置下，每次党代会之前的几个月里，不少持有意识形态偏见的西方媒体刻意挑起敏感话题，炒作负面舆论，散布不实言论，各种"匿名消息"、"内幕消息"乃至谣言，都争相填补各类信息空白。这说明我们涉党工作的国际舆论引导力和对外话语体系建设需加强。一是加强涉党议题设置，主动释放权威信息，压缩外媒猜测的空间。二是增加对驻华记者的信息提供，多安排一些官方权威人士主动发声，及时回应外媒关切。三是积极联系境外涉华、涉党专家和学者，加强交流研讨，让他们能全面客观地看待党的建设。四是做强自己的智库品牌，培养一批党工作方面的专家学者团队，提高舆论引导能力。

参考文献

Jonathan R. Stromseth, Edmund J. Malesky, Dimitar D. Gueorguiev, *China's Governance*

Puzzle: *Enabling Transparency and Participation in a Single-Party State*, Cambridge Press, 2017.

Kerry Brown, *CEO*, *China*: *The Rise of Xi Jinping*, I. B. Tauris, 2016.

Paolo Urio , *China Reclaims World Power Status*: *Putting an End to the World America Made"*, *Contemporary China Series*, Routledge, 2018.

姜加林:《世界视角下的中国道路》,《求是》2012年第11期。

寇立研、曾蕊蕊:《十九大与党的国际形象塑造》,《对外传播》2017年第7期。

于运全:《中国共产党国际形象研究》,外文出版社,2014。

袁鲁霞、孙敬鑫:《不断升温的海外中共研究热》,《对外传播》2012年第10期。

中国外文局对外传播研究中心传播战略研究室：《中国国家形象全球调查报告2016~2017》,2017。

B.8
中国军队在遂行海外非战争军事行动中的国际形象塑造

杨宇军 李宝丰 李 蔚*

摘 要: 军队国际形象是国家形象的重要组成部分,是军事软实力的重要体现。国家和军队的国际形象直接关系国际社会对一个国家和军队行动合法性、正义性的判断及认同,进而关系国家目标和军事目的的最终实现①。研究军队国际形象需要综合军队硬实力和软实力两个方面的影响。近年来,我军在参与国际维和、远海护航、人道主义救援、海外撤侨、联演联训联赛等海外非战争军事行动中积极塑造良好国际形象。本文拟对中国军队近年来在遂行海外非战争军事行动中国际形象塑造所取得的相关成绩、经验和不足进行系统梳理,为相关领域的研究提供素材支撑。

关键词: 中国军队 国际形象塑造 海外非战争军事行动

20世纪90年代以来,全球化迅猛发展,世界各国依存程度越来越高,国家安全内涵日益丰富,对国际战略格局产生重大影响。在国际上执行非战

---

* 杨宇军,国防部原新闻事务局局长,中国传媒大学媒介与公共事务研究院院长;李宝丰,中国传媒大学媒介与公共事务研究院科研办公室副主任;李蔚,原中国国际广播电台记者。
① 钱立勇:《美国舆论中的新中国军队形象流变与成因探析》,《新闻与传播研究》2013年第8期。

争军事任务，应对危机、遏制战争，最大限度地维护和平稳定，有效维护国家战略利益，已经逐渐成为中国军队在新的历史时期的一项重要使命，是多样化军事任务的重要组成部分。①

在积极参与海外非战争军事行动的过程中，中国军队丰富了与其他国家的多层次军事与安全合作，进一步增进了互信、深化了战略关系，逐步树立起"威武之师、文明之师、和平之师"大国军队的良好形象。

一 海外非战争军事行动在军队国际形象塑造中的地位作用

军队形象是指军队在公众中形成的总体印象，既包括每支军队自身的外在特点及其官兵的行为表现，更包括一支军队所拥有的精神气质和作风养成。② 军队塑造良好的国际形象需要经历长期的探索、研究、实践的过程。中国军队成立 90 多年来，其国际形象在不同的时代背景之下呈现着不同的特点。特别是近 20 年来，海外非战争军事行动逐渐成为中国军队展示自己的重要国际舞台。

（一）中国军队塑造国际形象的历史回顾

中国军队非常重视国际形象的塑造。早在 1936 年，中国共产党就邀请美国记者斯诺到陕甘宁边区采访完成了纪实报道作品《西行漫记》，向国际社会宣传了中国共产党和红军的政策主张和斗争历程。抗日战争时期，中国共产党多次邀请外国记者赴延安参观采访、座谈交流，并且通过与美军延安观察组的深度座谈交流，使美方更客观地了解共产党和八路军的抗日斗争实践。解放战争时期，中央灵活运用媒体手段发声，在向国内民众介绍解放军的作战情况的同时也向国际社会传递中国党和军队的声音。渡江战役期间，

---

① 罗援：《中国应尽快制定涉外非战争军事行动法》，《中国青年报》2010 年 4 月 2 日。
② 吴谦、邓觅：《提升话语权塑造我军良好国际形象》，《解放军报》2018 年 3 月 2 日。

英国军舰"紫石英"号进入长江,向解放军开炮并造成人员伤亡。中央军委作战部部长李涛以中国人民解放军总部发言人的名义发表声明,既表达了我军对此事的态度立场,又提出了我发展对外关系的基本方针,为制定新中国外交政策做了初步探索。

新中国成立后,由于西方对华长期封锁包围,我军与西方国家缺少交流与沟通,导致国际社会存在着不少误解误读。从1949年至20世纪70年代初的"红祸"和"好战分子"的形象,到20世纪末的"地区安全威胁"、"军力落后"并存的形象,而如今则是"毁誉参半、未来走向不确定"的大国军队形象。①

中国军队的国际形象随着时代的变迁而流变,在形象塑造方面也逐渐积累了一系列宝贵经验。党的十八大以来,随着我国经济地位的不断提升以及我军战斗力的逐步增强,中国军队的一举一动更加吸引国际社会的目光。良好的军队国际形象所创造出来的政治价值、经济价值、文化价值在历史上是前所未有的②。中国军队渴望与国际沟通交流,塑造与综合国力相匹配的国际形象的意愿空前强烈。

(二)中国军队国际形象塑造的外部环境

近年来,国际形势复杂多变,一些西方国家对我国的快速发展心存疑虑、处处围堵设限,并且利用"西强我弱"的舆论态势,反复炒作"中国威胁"、"中国崩溃"等论调。与此同时,"中国军事威胁论"、"中国军力落后论"等极端言论不绝于耳,这种"极化"印象造成我军形象在国际传播中被广泛"误读"。

环球智库Global Eyes监测系统显示,自深化国防和军队改革以来,海外主流媒体及社交媒体(Facebook和Twitter)涉军报道或信息共计超过11

---

① 钱立勇:《美国舆论中的新中国军队形象流变与成因探析》,《新闻与传播研究》2013年第8期。
② 李庆帆:《我军形象塑造国内研究评述》,《军事交通学院学报》,第19卷第10期,2017年10月。

万条。2016年1月1日至12月31日，国际舆论对中国军队的关注度较为平稳，涉军舆情热点呈现点多面广的特点，仅在个别月份由于涉军热点和国际形势变化，涉军信息明显增加；随着军改逐步深入，自2017年1月起，国际舆论对中国军队的关注度持续上升，既有炒作"中国军事威胁论"、"南海威胁论"的负面论调，也有对中国军队积极开展国际军事合作的关注和讨论。[1]

逐步健全的信息发布制度、日益活跃的媒体外交和人文交流活动、越来越广泛深入的公共外交举措等，都在助力中国军队与世界建立起畅通的沟通渠道，树立良好正面的国际形象。尤其是在海外非战争军事行动领域，中国军队积极履行国际责任和义务，通过多种方式向相关国家和地区民众提供救助和保护等服务，塑造了可亲、可敬、可爱的中国军人印象。

（三）海外非战争军事行动正在成为中国军队塑造良好国际形象的舞台

"非战争军事行动"的概念最早由美军于20世纪90年代初率先提出，用来指导诸军兵种按照规范的战术原则和程序行动，为美国的国家安全和战略利益服务[2]。然而，美军国际形象的好坏主要还是由战争决定的，比如海湾战争、阿富汗战争、伊拉克战争、叙利亚战争等等，海外非战争军事行动只是塑造美军形象的辅助和补充手段。

对于多数国家来说，海外非战争军事行动往往基于国际视野，需要与相关国家军队和公众开展交流合作，是塑造军队良好国际形象最直接、最有效、最有说服力的路径。如今，海外非战争军事行动已成为参与国军队在和平时期遂行行动的主要形态之一，是相关国家参与全球安全治理、展现本国军队形象的重要舞台。

德国就是一个例子。"二战"以后，德国进行了彻底的改造，"永不再

---

[1] 环球网智库：《军改以来我军国际舆论形象变化》，http://mil.huanqiu.com/observation/2017-08/11173116.html，最后访问日期，2018年10月27日。
[2] 汤君、赵文杰：《美军非战争军事行动解读》，《科技信息》2012年第6期。

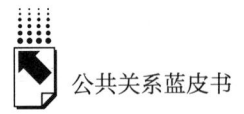

战"成了德意志民族的共识。德国通过积极参与国际维和、反恐行动、救援救灾等非战争军事行动,向世界宣示了其核心定位是国家防御和联盟防御,走的是"和平"专守防御军事道路。①

与美军常年陷于海外作战形成鲜明对比的是,开展海外非战争军事行动是中国军事力量海外运用的主要方式,包括国际维和、海上护航、撤侨护侨、联合军演、国际救援等多种样式。习近平主席在庆祝中国人民解放军建军90周年大会上指出,"中国军队将一如既往开展国际军事交流合作,共同应对全球性安全挑战,积极履行同中国国际地位相称的责任和义务,为推动构建人类命运共同体积极贡献力量。"②

进入新时代以来,中国的海外非战争军事行动亮点频频。无论是索马里海域护航、也门撤侨,还是参加联合国维和行动、为运输叙利亚化学武器船只护航,一次次海外非战争军事行动展现了中国军队致力于维护国际和地区和平安全、积极提供国际公共产品的不懈努力,塑造了中国负责任大国的良好形象。

二 中国军队参与海外非战争军事行动的基本实践

党的十八大以来,中国军队适应新时代新特点,积极推进国际军事交流合作,其中海外非战争军事行动是中国军队开展国际交流合作的一种重要形式。国务院新闻办公室2015年发表的《中国的军事战略》国防白皮书强调:"随着国力不断增强,中国军队将加大参与国际维和、国际人道主义救援等行动的力度,在力所能及范围内承担更多国际责任和义务,提供更多公共安全产品,为维护世界和平、促进共同发展做出更大贡献"。③

---

① 王程:《德国联邦国防军非战争军事行动及启示》,《现代军事》2015年10期。
② 霍小光、张晓松:《庆祝中国人民解放军建军90周年大会在京隆重举行 习近平出席并发表重要讲话》,新华网,http://www.xinhuanet.com/politics/2017 - 08/01/c_1121415935.htm,最后访问时间:2018年10月27日。
③ 国务院新闻办公室:《中国的军事战略》国防白皮书,2015年。

近年来中国军队所参与的海外非战争军事行动主要包括以下几个方面。

（一）维护世界和平

近年来，中国积极参与海外非战争军事行动，既是适应自身战略利益不断拓展的必然选择，更是履行国际责任义务的重要举措[①]。其中，联合国维和行动是最具代表性的案例，也是参与时间最长、投入人力物力最多的海外非战争军事行动。

作为国际集体安全机制的核心，联合国是中国履行"负责任大国"国际承诺的最重要载体，也是传播和诠释"构建人类命运共同体"的重要政治平台[②]。目前，中国是全球维和贡献最多的十个国家之一，是联合国安理会常任理事国中提供维和人员最多的国家，已成为联合国维和第二大出资国，被国际社会视为维和行动的"关键因素和关键力量"。

2015年9月，习近平主席在纽约联合国维和峰会上宣布支持联合国改进和加强维和行动的多项措施，包括加入联合国维和能力待命机制、派遣更多人员参与维和、为各国培训维和人员、开展扫雷援助项目、向非盟提供无偿军事援助、向联合国非洲维和行动部署直升机分队、加强对联合国维和行动的资金支持等[③]。国防部发言人在2018年10月的国防部例行记者会上介绍，自1990年首次参加联合国维和行动以来，中国累计派出军事人员3.7万余人次。截至2018年10月，13名中国军人牺牲在维和一线。目前，中国军队共有2500余名官兵在联合国7个任务区及维和部执行维和任务。28年来，中国维和官兵累计新建、修复道路1.6万余公里，排除地雷及各类未爆炸物9800余枚；接诊病患者超过20万人次；运送各类物资器材135万

[①] 刘林智：《军事公共外交与中国军队国际形象塑造》，复旦大学研究生论文，2014。
[②] 胡二杰：《联合国维和行动与中国国家形象建设》，中国网，http://news.china.com.cn/world/2018-03/19/content_50722858_0.htm，最后访问时间：2018年10月27日。
[③] 蒋涛：《习近平维和峰会宣布系列举措彰显中国"和力量"》，中国新闻网，http://www.chinanews.com/gn/2015/09-29/7550706.shtml，最后访问时间：2018年10月27日。

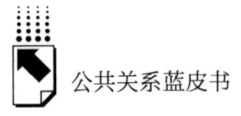

吨，运输总里程达 1300 万公里。①

瑞典斯德哥尔摩国际和平研究所发表的《中国日益扩大的维和作用：政策展望与建议》研究报告指出，"中国的维和部队是联合国任务部队中最专业、效率最高、训练最有素和最守纪律的队伍"，"中国在维和行动中保持的良好形象提高了联合国维和行动的效率并且加强了维和行动的合法性"。② 时任联合国秘书长潘基文评价："中国维和人员装备精良、训练有素、英勇顽强，联合国倚重中国的贡献。"③

与此同时，另一项中国军队参与的由联合国安理会授权开展的非战争军事任务也在有条不紊地推进并取得巨大的收获。

2005 年以来，亚丁湾、索马里海域海盗活动频发，对国际海上运输秩序和世界各国海上安全利益造成严重威胁。2008 年 12 月 20 日，中国外交部发言人刘建超宣布，根据联合国相关决议，中国政府决定派海军舰艇前往亚丁湾、索马里海域执行护航任务，与国际社会共同打击海盗。

这是中国海军成立以来首次赴中国海域之外的远洋执行非战争军事行动任务，意义非凡，被美国《时代》周刊形容为"600 年来中国首次以一种几乎不可能遭遇他国敌意的方式把军事力量投射到海外"④。

截至目前，中国海军已派出 30 批护航舰艇编队，从海盗手中成功解救了多艘船舶，并圆满完成 6700 多艘中外船舶护航任务。其中，将近一半为外籍船舶或世界粮食计划署的船舶。

护航任务的持续开展，促进了中国与相关国家在军事和安全领域的理解

---

① 楚亚楠、陈虹羽、祁蕊、许寰：《吴谦：中国将积极考虑应邀派遣更多类型维和人员》，中国军视网，http：//www.mod.gov.cn/jzhzt/node_49124.htm，最后访问时间：2018 年 10 月 27 日。
② Bates Gill and Chin-Hao Huang，China's Expanding Role in Peacekeeping：Prospects and Policy Implications［DB/OL］.http：//books.sipri.org/product_info＿b_product_id=393.
③ 熊争艳：《中国军队参与国际救援护航行动彰显大国"暖实力"》，新华网，http：//www.xinhuanet.com//politics/2015-01/07/c_1113913513.htm，最后访问时间：2010 年 10 月 27 日。
④ 刘林智：《军事公共外交与中国军队国际形象塑造》，复旦大学研究生论文，2014。

交流与合作，也有助于化解国家利益拓展进程中面临的军事安全领域的障碍。

（二）维护国家利益

随着中国综合国力和军事实力的增强，中国军队的海外行动也容易引发更多的关注、疑虑和非议。[①] 因此，中国军队维护中国公民和资产在海外安全和合法权益的任务就必须统筹国际国内各方面因素，将维护权益与维护形象有机结合起来。

2015年3月，也门局势急剧恶化。中国军队紧急派遣正在亚丁湾和索马里海域护航的海军军舰前往也门执行撤离中国公民的任务。中国海军不仅及时安全撤回了613名同胞，还对包括巴基斯坦、埃塞俄比亚、新加坡、波兰、意大利、德国、英国、爱尔兰、加拿大、日本等在内的15个国家的279名公民提供了撤离救助[②]。国际媒体和公众对于中国军队此次帮助外国进行撤侨行动给予了高度评价，认为这既凸显了中国海军实力，也体现了中国政府以人为本的执政理念，展现了中国是国际社会负责任的成员。英国《每日邮报》对此评论称，这是中国前所未有的举动，表现出中国正在更多地参与全球人道主义救援工作，中国的国际影响力也在愈发增强[③]。

海外撤侨等军事行动是中国军队保护国家海外合法利益，保障国民和华人华侨在海外的生命和财产安全的具体体现。这也是中国在海外军事存在合法性的有效诠释，有助于改善中国军队的国际形象，使得西方一些媒体和人士鼓吹的"中国在海外扩张军力是具有霸权野心"的说法不攻自破。

（三）开展人道主义救援

近年来，各国军队到境外实施人道主义救援的实践日渐增多，并注重在

[①] 刘琳：《"一带一路"沿线战略支点与军事外交建设》，《世界知识》2017年第15期。
[②] 赵成：《也门撤侨见证大国能力与担当》，《人民日报》2015年4月10日。
[③] 郑怡雯：《外媒评中国也门撤侨：既显示实力又避开风险，受助者国家感谢》，澎湃新闻网，https://www.thepaper.cn/newsDetail_forward_1317955，最后访问时间：2017年10月27日。

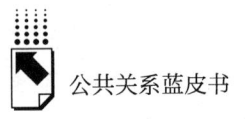

救援中展示国家和军队的良好形象、增进与外军的交流合作与理解信任。

由于近年来世界各国和地区在政治、经济领域发展不平衡之势有所扩大，相对落后的发展中国家面临着各种各样的治理问题。其中突出表现在公共卫生领域，一方面可供政府支配管理的公共卫生资源不断减少，大量医疗卫生人才流失，另一方面，基本的卫生条件难以得到保障，各种传染病继续给这些国家国民的生命健康带来严重威胁。联合国、世界卫生组织都在致力于加强各国在卫生领域的互助合作，努力提高全球治理水平，各国政府和人民也日益意识到在"地球大家庭"中开展卫生健康领域合作的重要性。①

与加强现代化建设的步伐相一致，近年来中国军队引进了更多的先进医疗设备，培养了一大批高素质医护人员，加之中国军队为人民服务的优良传统和独特的军事医疗体制，使得军队医疗系统成为中国执行国际人道主义医疗服务的突击队和生力军。其中，最为引人注目的就是中国海军"和平方舟"号医院船的投入使用。截至目前，和平方舟医院船已经服役十年，累计航程近20万海里，航时15000余小时，航迹远及37个国家，服务民众18万余人次，向世界打开了一扇了解中国的窗口，被誉为新时代中国的闪亮"名片"。

在国际人道主义医疗服务方面，2014年中国军队先后派出的500多名解放军医护人员援助西非国家抗击埃博拉疫情得到了国际社会的广泛赞誉。日本媒体《外交学者》评论，这是"解放军执行一项'新历史使命'的最好例子"②。中国军人撤离时，500多名医护人员零感染，中国共产党十九大代表、国防部参谋刘芳大校评价"不仅胆大，而且艺高"③。

近年频发于世界各地的自然灾害，给各国造成了巨大的人员和财产损失。中国军队积极履行国际人道主义义务，参与国际灾难救援活动。中国军

---

① 刘林智：《军事公共外交与中国军队国际形象塑造》，复旦大学研究生论文，2014。
② 香农·蒂耶兹、陈俊安：《日媒：中国军队积极抗击埃博拉 贡献显著受褒奖》，人民网—环球时报，http://world.people.com.cn/n/2014/1102/c1002-25956961.html，最后访问日期：2018年10月27日。
③ 《刘芳：中国军队到海外执行多样化军事行动越来越常态化》，新华网，2017年10月22日。

人不仅出现在抢救民众生命的火线，也活跃于灾后重建的战场。在马航MH370航班失联后，中国军队不仅派出舰机参与搜救，还调用了多颗卫星利用高技术手段进行搜寻。菲律宾遭受台风"海燕"袭击之时，正值中菲关系处于低谷，但中国依然主动派出军舰参与救灾。中国军队还成功完成了向马尔代夫紧急供水、老挝大坝决堤灾害医学救援等救援行动。

中国军队参与救援工作的深度不断增加，最初中国军队主要负责筹措运送救灾物资、重点提供后勤支援，此后中国军队人员直接进入受灾地区开展人员搜救和伤员治疗；同时参与广度空前扩大，每当别国发生重大自然灾害，中国军人都成为救援行动中不可缺少的一员。

三　中国军队在"海外非战争军事行动"中塑造国际形象的成功经验

相比美西方发达国家，中国无论是遂行海外非战争军事行动抑或是国际军事形象塑造起步都相对较晚。但二十多年来中国军队已经取得长足进步，遂行非战争军事行动在一定程度上改善了中国军队的国际形象，其成功经验值得认真梳理总结。

（一）坚守"维护世界和平、构建人类命运共同体"的使命初心

近年来，随着国际形势和国际力量对比的发展变化，人类生存发展的命运越来越紧密地联系在一起。无论是局部战争、地区冲突、恐怖主义威胁，还是气候变化、环境污染、粮食危机、金融动荡，都离不开各国的共同努力和协调发展，没有哪一个国家能够独善其身。尤其是全球和地区性大国，应该担负应有的责任，从维护地区和平稳定和人民幸福安宁生活的角度出发，努力化解危机、转危为机[①]。

在美西方"中国军事威胁论"甚嚣尘上之时，我们一方面需要加大对

---

① 刘林智：《军事公共外交与中国军队国际形象塑造》，复旦大学研究生论文，2014。

外传播的力度,讲好中国军队的故事,传播好中国军队的声音;另一方面,我们更需要通过实实在在的军事行动驳斥某些人士的错误主张和无端指责。通过执行各类海外非战争军事行动,中国军队得以与其他国家公众开展接触交流,让外国人有机会客观、全面、直接、真实地认识中国军人。中国军队也可以实际行动向国际社会证明,中国根本不是国际秩序的破坏者,更不是世界和平的威胁者,而中国军队的发展正是维护世界和平力量的增长[1]。

中国军队正是由于坚定不移地在奉行维护世界和平这一基本原则的基础上遂行海外非战争军事任务,才能在国际上获得越来越多的支持和肯定。

(二)恪守合法、守法的组织原则

与人类历经几千年的战争相比,非战争军事行动是新生事物,是各国公认的国际法和国际准则在维护国际安全秩序中积极作用的体现,是联合国在冷战后致力于实现世界和平的国际机构地位的体现,也是各国力争在法律基础上化解国际矛盾与纷争的共同意愿的体现[2]。因此,每一项海外非战争军事行动都必须以合法为前提,只有在合法基础上才能寻求各国利益的最大公约数。

一方面,应出师有据。对于军队在何种情况下才能执行非战争军事行动,必须要有明确的法律规定与合法授权职能。另一方面,应有法可依。对于执行海外非战争军事行动的部队,必须要有国际法、国际条约或者协议作为保障,才能与他国或国际组织开展合作。只有这样,才能保证海外非战争军事行动的顺利开展,有效保护任务部队官兵的合法权益[3]。

一直以来,中国所参与的各项海外非战争军事行动都符合国际法和相关准则(如联合国宪章、哈马舍尔德原则等),并且是在有关组织、国家和地区的授权下开展的。反之,不仅不利于促进和维护冲突地区的和平稳定,而且与中国一贯奉行的"不干涉别国内政"原则相违背,严重损害中国多年

---

[1] 顾俊:《军事力量海外运用的国家利益分析》,《学理论》2016年第11期。
[2] 张世哲:《加强我军非战争军事行动的法律保障研究》,《传承》2015年第2期。
[3] 张世哲:《加强我军非战争军事行动的法律保障研究》,《传承》2015年第2期。

来树立的国际形象①。比如,2008年12月起,中国向亚丁湾、索马里海域首次派遣海军舰艇编队,这项任务就是经过联合国安理会正式授权并应索马里联邦过渡政府邀请实施的。

(三)采用国际化、专业化的交流方式

我军国际形象的传播面对的是全世界的受众,这些受众来自不同的民族和国家,拥有不同的文化和价值观。文化差异导致的形象误解客观存在,这就要求我们在建构中国军队形象的过程中要注意与其他国家展开说明和对话,着力做好增信释疑的工作,争取赢得他们的理解。

近年来,随着中国军队走出去的频率越来越高,我们与世界接轨的程度也越来越高。注重运用国际化、专业化的交流方式优化了我们在全球化语境下的传播和交往效果,提升了国际形象。

首先,主动对外发布信息。在亚丁湾索马里海域护航、海外撤侨、和平方舟、和平列车等重大海外非战争军事行动前,中国军队都以专题发布会、发言人谈话及答问等形式主动介绍情况、回应关切。而在任务执行的过程中,中国军队也根据任务进展情况通过主动通报、接受媒体采访等方式,展示了"开放、自信、友好、和平"的形象。

其次,提升国际交流对话效益。海外非战争军事行动往往长途跋涉,途经不同的国家和地区,有时还需与不同国家的军队联合完成行动。近年来,中国军队积极拓展各种类型的军事交往方式,丰富了交往的层次,提升了开放自信的国际形象。高层拜会、参观座谈、联演联训、文体竞赛、甲板招待会等都是各国军队在国际舞台上惯用的交往方式,中国军队在执行海外任务的过程中也越来越自如地使用这些国际化的交流形式和语言。

再次,促进军民文化传播交流。习近平主席曾勉励中国军人,"当好传递友谊的使者,为促进世界和平作出应有贡献"、"护航官兵是穿着军装的外交官"等等。军队国际形象的塑造不仅仅涉及与外军的关系,还要同媒

---

① 胡二杰:《联合国维和行动与中国国家形象建设》,《公共外交季刊》2017年第3期。

体、民众、其他社会组织等打交道。近年来,中国军队越来越重视在执行非战争军事行动过程中与外国军民开展多样化的文化交流,介绍中国与中国军队,传播友谊、增进互信。比如舰艇开放、文化周、军乐节等,都是让国外民众以及当地的华人华侨了解中国和中国军队的宝贵机会。

(四)坚持机制化、常态化的运行策略

近年来,随着自然灾害的频发和恐怖活动的猖獗,越来越多的国家派遣军事力量在全球范围内实施多种样式、不同规模的非战争军事行动;同时多国军队也开展了非战争军事行动中常态化建设课题的研究探索,包括如何进一步加强国际合作、更好地开展军地间协同、更顺畅地实施平战间转换等[1]。完善机制化、常态化建设有利于中国军队规范、有序、高质量地完成海外非战争军事行动,并将其带来的正面影响进一步扩大和深化,从而全面提升中国军队的国际形象。

首先,加强指挥机构的顶层设计。2016年初,为进一步加强军队对外交流与合作的统筹谋划和组织实施,在原国防部外事办公室基础上,调整组建了国际军事合作办公室,这成为中央军委的十五个机关职能部门之一。同年,国防部新闻发言人宣布军队成立海外行动处,隶属联合参谋部作战局,负责筹划、准备与实施军队担负的海外非战争军事行动任务。它的主要职能包括:对海外军事行动的统筹规划、协调组织、建立军地协调机制,参与国际交流合作等。此前,中国国防部在2001年就成立了维和事务办公室,以便更好地统筹管理和协调组织军队维和行动。

其次,实现非战争军事行动常态化。随着海外利益增多,中国军队国际护航、人道救援、联合军演以及撤侨等海外任务日益增加,中国军队海外非战争军事行动已成常态,主要的表现是有序接替、长期遂行。陆军已经连续28年派部队承担联合国维和行动,海军先后派出30批舰艇编队执行护航行

---

[1] 韩彪、司凯、褚维松:《对外军非战争军事行动常态化思考》,《工程兵学术》2015年第4期。

动，军队多次参加紧急国际灾难救助、搜寻等行动，并多次执行海外撤侨、护送化武等任务①。

再次，完善应急处置救援机制。2018年7月26日，国防部新闻发言人在国防部例行记者会上宣布，应老挝国防部请求，经习主席和中央军委批准，正在老挝万象参加"和平列车-2018"人道主义医学救援联合演训暨医疗服务活动的中国人民解放军医疗队紧急参与老挝南部阿速坡省水坝溃堤事故的抢险救灾工作，这也是首个抵达老挝灾区的外军救援队。近年来，随着中国军队走出国门日渐增多，在执行既定任务时出现突发情况，需要中国军队应急救援的行动越来越多。2014年12月，正在印度洋执行任务的海军"长兴岛"船赶赴马尔代夫，利用自带海水淡化装置为当地民众提供淡水；2017年5月，海军舰艇编队在斯里兰卡访问期间，派出医疗分队深入斯里兰卡受灾严重的乌都瓦拉地区进行医疗救援。

这些行动都是临危受命，中国军队从容不迫，迅速、准确、到位地圆满完成，得到了受援国以及国际舆论的广泛赞誉。一方面展现了中国军队一流的军事素养，另一方面又充分展示了中国的大国担当。

四 存在的问题与对策

中国军队遂行海外非战争军事行动不过短短二十多年的时间。尽管取得了长足进步，在一定程度上改善了中国军队的国际形象，但仍存在一些问题，可提升空间依然很大。

（一）应进一步完善通过海外非战争军事行动塑造国际形象的战略筹划

自"非战争军事行动"的概念被提出，美国、俄罗斯、法国等世界军事强国就根据本国军队海外的任务重点，逐步加强政策理论、法律法规、体

---

① 廖世宁：《"海上丝路"安全形势及对涉外企业影响》，《军事文摘》2015年第17期。

制机制等方面的建设。

美国是"非战争军事行动"概念的提出者,在相应的机制体系建设上一直处于领先地位,美国陆、海、空各军种都非常重视体制机制的发展建设和条令条例的制定完善。如1995年6月,美参联会正式颁布了《非战争军事行动》联合条令文件,涵盖领域既包括非战争军事行动的目的、类型、样式、实施范围、实施原则、组织计划、情报保障、指挥控制等方面,也包括多国协调、与民间及非政府组织的联络、教学与训练、后备力量动员以及后勤与法律等事务。这些文件的颁布既顺应了美军在后海湾战争时期执行海外行动的现实需要,也体现了美军海外非战争军事行动理论研究已经从概念阶段向实践阶段发展并日趋成熟和完善。进入21世纪以后,美参联会又制定下发《联合作战纲要》,规定在战略、战役、战术层次上以战争行动的方式组织非战争军事行动,从条令层面使得非战争行动的组织实施更加完善有序。①

从公开报道看,中国军队在这一方面往往"事后总结多,事前主动部署不足",仍需完善体系化的机制建设。故而中国军队在执行任务的过程中,仍然较为拘束,状态偏向被动,不利于改变西方歪曲我军形象的舆论氛围。

因此在公共关系领域,中国军队应大力做好海外非战争军事行动的顶层设计。一方面在法律规章层面为行动提供更强有力的政策支撑,另一方面在筹划行动时要注重主动设置议题、组织公关活动,让国际社会对中国军队有更加直观的认识和了解。这些都可以赢得外国民众对中国军队的好感,为中国军队塑造国际形象最大限度争取国际话语空间,创造有利的舆论环境。

(二) 应进一步明确在海外非战争军事行动中塑造国际形象的任务要求

军队在海外执行非战争军事行动是塑造国际形象的绝佳舞台。公开资料

---

① 郭真:《试论美军非战争军事行动的特点及其启示》,《海军工程大学学报(综合版)》2010年第2期。

显示，目前，我军在任务完成的评价体系中并没有明确将塑造国际军事形象纳入其中。军队塑造国际形象与新闻报道的质量和数量有关联，同时应该注意到，军队国际形象的塑造是一个全方位的系统化工程，要求我们建立一个与之匹配的多层次多维度的评价体系。

在今后的行动中，可将国际形象塑造的内容纳入遂行海外非战争军事行动的任务主体本身，进行更加全面的研究和实践。同时，应该在执行任务的官兵中树立起这样的意识，即每一个人都代表着中国军队，所有官兵都应该具备随时能够接受采访、亲近民众的能力，成为中国军队的名片。

（三）应进一步提升执行海外非战争军事行动官兵的媒介素养和传播手段

从新闻传播的角度来看，目前我军在海外执行非战争军事行动的过程中，普遍存在以下问题：接受中国媒体采访多，接受境外媒体采访少；领导接受采访多，普通士兵接受采访少；官兵走出去的机会多，但能够直接流利使用外语与外界沟通的人员少。要解决以上问题，除了上文提到的，加强战略规划和任务意识以外，还需要我们深入地研究不同地区不同媒体对中国军队执行海外非战争军事行动的关注点和兴趣点，加大官兵语言沟通能力、新闻媒介素养的培养力度，让他们在走出去的过程中可以从容应对。

从传播手段的角度来看，目前我军在执行海外非战争军事行动的过程中，仍然以传统媒体的使用为主，对新媒体的运用不够充分。传播的理念受传统军队"宣传"风格的影响较大，缺乏国际化视角、国际化语言。此外，在媒体的传播上往往是"部队抵达时热闹非凡"，而"部队离开后却悄无声息"，对后续影响的报道跟进不够甚至缺位。

B.9
新时期北京城市国际形象：
历史方位与行动路线

欧亚 王寅*

摘　要： 2014年2月26日，习近平总书记就做好北京发展和管理工作发表了重要意见，指出北京要明确城市战略定位，坚持和强化首都全国政治中心、文化中心、国际交往中心、科技创新中心的核心功能，深入实施人文北京、科技北京、绿色北京战略，努力把北京建设成为国际一流的和谐宜居之都。新时期的北京城市战略定位赋予了北京城市形象新的内涵，也为其国际传播提出了新的目标与任务。北京通过外宣、外事两条主线的协调、配合，已经形成了全方位、多层次的对外传播体系与人文交流机制。在继承历史经验和资源的基础上，北京需要进一步整合资源、拓宽思路，推动北京城市国际形象的建设与传播，更好地提升北京国际竞争力，为北京建设国际一流的和谐之都创造良好的国际舆论环境。

关键词： 和谐宜居之都　国际交往　人文交流　信息传播

2014年2月26日，习近平总书记就做好北京发展和管理工作发表了重要意见。他指出，北京要明确城市战略定位，坚持和强化首都全国政治中

---

* 欧亚，外交学院外交学与外事管理系副教授，北京对外交流与外事管理研究基地研究员；王寅，外交学院2018级研究生。

心、文化中心、国际交往中心、科技创新中心的核心功能，深入实施人文北京、科技北京、绿色北京战略，努力把北京建设成为国际一流的和谐宜居之都。四年以来，北京将"四个中心"建设作为工作中心，并于2017年9月29日正式发布《北京城市总体规划（2016年~2035年）》，在第一章第一节明确了北京城市战略定位是全国政治中心、文化中心、国际交往中心、科技创新中心。[1]

北京城市战略定位赋予了北京城市形象新的内涵，也为北京城市形象的国际传播提出了新的目标与任务。随着中国国家实力的不断提升，根植于北京城市治理与发展的内在逻辑，北京需要在继承历史经验和资源的基础上，进一步整合资源、拓宽思路，推动新时期北京城市国际形象的建设与传播，更好地提升北京国际竞争力，以服务于北京四个中心建设，为北京建设国际一流的和谐之都创造良好的国际舆论环境。

一 新时期北京城市国际形象的建设：历史资源与现实基础

作为中国首都，北京城市国际形象不仅反映了北京的国际化程度，某种程度上也是中国国家形象的缩影。北京是国际公众认识和了解中国最重要的窗口。北京城市形象的国际传播，首先要明确城市国际形象的定位，即我们预期向国际社会传递的北京形象"是什么"，本质上，这关乎对习近平总书记所提出的"建设一个什么样的首都，怎样建设首都"这一问题的思考、认同、把握与行动。

新中国成立后，北京先后进行了1953年、1958年、1973年、1983年、1993年、2004年版城市总体规划编制工作。从1983年版规划开始，北京反思城市发展中的弊病，重视北京的"首都功能"，首次提出北京是"中国的

---

[1] 《北京新版总规落实"四个中心定位"》，http://www.bjnews.com.cn/feature/2018/02/23/476715.html，2018年10月28日。

政治中心和文化中心";1993年《北京城市总体规划》进一步提出:"北京是我们伟大社会主义祖国的首都,是全国的政治中心和文化中心,是世界著名的古都和现代国际城市",北京将积极参与全球竞争、跻身世界级城市序列作为北京的战略发展目标,展现了北京领先于全国其他城市的国际意识。以科学发展为导向,2004年版总体规划在"首都"和"城市"中寻求平衡,将北京城市发展的目标定位于:国家首都、世界城市、文化名城和宜居城市。①2008年,北京成功举办奥运会后,提出了建设"人文北京、科技北京、绿色北京"的战略任务,并以"三个北京"行动计划为基础,提出建设世界城市的战略目标。

2014年2月以来,习近平总书记视察北京工作,先后发表了2次重要讲话,深刻阐述了"建设一个什么样的首都,怎样建设首都"这一重大课题。学习、贯彻、落实习总书记视察北京重要讲话精神,北京不断凝聚首都建设发展共识,历时三年,于2017年发布了《北京城市总体规划(2016年~2035年)》,明确了北京是全国政治中心、文化中心、国际交往中心、科技创新中心的城市战略定位,具有里程碑式的意义。②

新一版总体规划提出了2020年、2035年和2050年三步走发展目标:2020年争取建设国际一流的和谐宜居之都取得重大进展,率先全面建成小康社会,疏解非首都功能取得明显成效,"大城市病"等突出问题得到缓解,首都功能明显增强,初步形成京津冀协同发展、互利共赢的新局面;2035年初步建成国际一流的和谐宜居之都,"大城市病"治理取得显著成效,首都功能更加优化,城市综合竞争力进入世界前列,京津冀世界级城市群的构架基本形成;2050年全面建成更高水平的国际一流的和谐宜居之都,成为富强民主文明和谐美丽的社会主义现代化强国首都、更加具有全球影响力的大国首都、超大城市可持续发展的典范,建成以首都为核心、生态环境

---

① 陈功:《北京城市战略定位的由来和评价》,http://www.sohu.com/a/30873924_129574,2018年10月28日。
② 《北京:首都城市战略定位》,http://www.sjzdaily.com.cn/specialchl/2015-01/13/content_2370576.htm,2018年10月28日。

良好、经济文化发达、社会和谐稳定的世界级城市群。①

北京建设国际一流的和谐宜居之都，与之对应的城市形象关键词应该包括和谐、绿色、善治、富有历史传统与文化内涵、国际化。北京的历史文化资源，以及改革开放四十年来城市发展和所达到的国际化水平是北京向国际社会传播这一多元、丰富城市形象的现实基础。

北京是传统文化与现代文明交汇融合的历史文化名城。北京拥有故宫、长城、周口店北京猿人遗迹、颐和园、天坛等五处世界文化遗产，60处国家级重点文物保护单位，以及荣宝斋木版水印技艺、北京抖空竹、景泰蓝工艺、同仁堂中医药文化等13项国家非物质文化遗产；中关村科技园区构成了充满活力的高科技产业带，北京CBD地区是跨国公司地区总部和国际性金融机构的聚集地，集中展现了首都现代化新城区和国际化大都市风貌；国家大剧院、鸟巢、水立方、中央电视台新台址等现代建筑同故宫、长城、天坛等传统建筑交相辉映，成为北京的新地标。北京市民文化活动丰富多彩。2017年，北京围绕"歌唱北京"、"舞动北京"、"艺韵北京"、"戏聚北京"、"影像北京"、"阅读北京"六大板块，举办各类文化活动2.2万场，3000万人次参与。②

北京已经成为具有很高国际知名度和影响力的一线国际城市。根据全球化与世界级城市研究小组与网络（Globalization and World Cities Study Group and Network，GaWC）的排名，2010年北京位于全球城市排名的第三档Alpha，2012年上升为第二档Alpha+，2016年北京排名在第一档Alpha++纽约和伦敦这两个城市之后，是仅次于新加坡、中国香港、巴黎这三个城市的Alpha+城市。③ 作为全球资本、技术、人才和信息的流动中心，北京在国际政治交往、经济交往、科学技术以及文化信息交流等方面取得了长足的进步。

---

① 《北京城市总体规划》（2016~2035），http://www.bjghw.gov.cn/web/ztgh/ztgh002.html，2018年10月20日。
② 《北京市2017年举办文化活动2.2万场》，http://www.xinhuanet.com/ent/2018-01/02/c_1122195472.htm，2018年10月28日。
③ GaWC世界城市评级，http://www.lboro.ac.uk/gawc/gawcworlds.html，2018年10月28日。

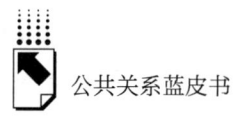

北京现有170个外国驻华大使馆、29家国际组织驻华机构，还与世界上114个国家和地区的150多个城市开展了友好往来。来自45个国家的234家新闻机构的500余名记者驻扎北京，进行新闻报道和信息传播。借助2008年召开第29届夏季奥林匹克运动会的契机，北京完善和提升了提供国际服务的硬件设备和软件基础，也进一步培养了北京市民的国际意识，承办的国际体育赛事和国际会议逐年增多。根据国际大会与会议协会（ICCA）发布的数据，2017年度北京接待高规格国际会议的数量为81个，位居亚太城市第六位、中国第一。北京还将通过雁栖湖国际会都和国家会议中心的改造提升、北京大兴国际机场建设等硬件设备的升级，以及服务保障水平等软件方面的提升，进一步推动国际交往中心建设，服务于国家外交外事的工作大局。

在对外经济交往方面，截至2017年，北京市总部企业累计达4007家，其中，外资总部562家，占总量的14%，财富世界500强企业56家，占总上榜企业的11%，累计认定跨国公司地区总部168家，境外世界500强企业设立的跨国公司地区总部67家，近7成国外500强企业在京投资或设立代表机构。2017年1~11月，新设外商投资企业1192家，同比增长23.9%。实际利用外资243.3亿美元，同比增长87.1%，超额完成年度指标。服务业实际利用外资232亿美元，占全市实际利用外资的95.4%；服务业扩大开放的六大重点领域新设外商投资企业904家，实际利用外资178亿美元，占全市实际利用外资的73.5%，由2016年的38.6%提高到73.5%。①

在科技创新对外交流方面，2017年在京外资总部企业280家，外资研发机构548家，累计认定北京市国际科技合作基地393家，在医疗、人工智能、材料基因等领域的技术进步达到了国际领先水平，科技与文化、经济融合发展的态势良好，北京建设全球首个联合国教科文组织"国际创意与可

---

① 《2017年市政府重点工作情况汇编》，http://zhengwu.beijing.gov.cn/zwzt/ZWZT/CSZL/GJJWZX/t1504110.html，2018年10月26日。

持续发展中心","设计之都"的国际影响力进一步提升。① 北京认定 6 批 393 家国际科技合作基地,基地单位与 53 个国家的 595 家机构开展合作,签署跨国科技合作协议 338 个。搭建国际技术转移协作网络,截至 2017 年底,共吸纳全球 40 多个国家的 400 余家机构组成全球创新合作网络,聘请国际委员 200 余位,促进国际与国内企业技术对接 8000 多项次,达成合作意向近 1000 项,促成技术成果落地 460 余项,实现了项目和人才的顺畅流动。中关村示范区企业累计发布国际标准 307 项。2017 年上半年,国际专利申请量 1969 件,万人发明专利拥有量超过 90 件,居全国首位。②

在教育领域,2017 年,北京市中外合作办学机构和项目累计达到 143 个。北京市高校和中小学的外国留学生达 12 万人次左右。接受外国留学生学校数量进一步增加,高校 91 所,中小学 284 所。在旅游领域,截至 2017 年 11 月,接待入境游客总数约 364 万人次,出入境外籍人员 626.1 万人次,首都国际机场旅客吞吐量 8766.6 万人次,2017 年前三季度通过旅行社组织出境旅游的游客为 387 万人次。在卫生领域,北京市派出的援几内亚医疗队开展中几对口医院合作项目。截至 2017 年底,已累计进行理论培训 44 学时、操作培训 208 学时,组织专业学术报告 6 次,培训几方医务人员 110 余人次;几内亚医务人员来华进修项目正式启动,第一批几内亚优秀医务人员已开始在京学习。2017 年北京市与捷克、丹麦和土耳其等国有关方面签署卫生合作协议 7 项;与新加坡等国有关机构开展合作,推动中医医疗、养生保健讲座等中医药服务"走出去"。③

综上所述,北京展开了高层次、全方位的国际政治、经济、科技及文化传播活动,北京自身的城市建设发展和国际化水平,为传播北京丰富、多元的国际形象奠定了基础。

---

① 《2017 年市政府重点工作情况汇编》,http://zhengwu.beijing.gov.cn/zwzt/ZWZT/CSZL/GJJWZX/t1504110.html,2018 年 10 月 26 日。
② 《2017 年市政府重点工作情况汇编》,http://zhengwu.beijing.gov.cn/zwzt/ZWZT/CSZL/GJJWZX/t1504110.html,2018 年 10 月 26 日。
③ 《2017 年市政府重点工作情况汇编》,http://zhengwu.beijing.gov.cn/zwzt/ZWZT/CSZL/GJJWZX/t1504110.html,2018 年 10 月 26 日。

公共关系蓝皮书

二 新时期北京打造城市国际形象的实践及特点

以北京市政府为主导,通过外宣和外事两条战线的协调、配合,以及北京市旅游发展委员会、北京市科学技术协会等市政府机构针对对口领域展开的对外传播交往活动,北京市人民对外友好协会等民间团体的积极参与,北京基本形成了全方位、多层次的对外传播体系与人文交流机制。

从传播媒体上,北京通过地方外宣媒体、中央媒体以及驻京外国媒体等大众传播渠道和新媒体渠道,进行有关北京的新闻传播和信息沟通工作。北京市建立了完善的新闻发布机制、领先全国的新闻发言人制度,1991年成立的市政府新闻办公室设立了媒体服务处,受理中外记者采访要求,并通过Newsletter新闻快报的形式,向记者提供新闻线索,为记者采访提供便利,积极进行有关北京的舆情引导。① 北京通过《今日北京》和《北京周报》面向国际受众报道有关北京的信息。北京市政府以及这两家媒体都在社交媒体Facebook、Twitter上开设了账号,通过多种渠道传播有关北京的信息。2017年9月6日,在北京市政府侨办和市政府新闻办的推动下,成立了"海外华文媒体助力北京创新发展合作机构",以促进北京媒体与海外华文媒体的紧密合作,为海外华文媒体提供高质量的北京资讯,并发挥海外华文媒体的特殊优势,弘扬中华优秀文化,向世界说明、宣传北京。②

从传播平台上,北京市充分发挥友好城市的主渠道作用,通过同友好城市在文化、科技、体育和交通等多个领域的交流,全面展示北京的"首都风范、古都风韵和时代风貌"。其中代表性的活动如"2018年友好城市官员汉语培训班","欢动北京"国际青少年文化艺术交流周,与荷兰阿姆斯特

---

① 王惠:《打造首都形象 传递中国声音——北京城市公共关系研究》,《中国公共关系发展报告2016》,第208~222页。
② "海外华文媒体助力北京创新发展合作机构"在京成立,http://zfxxgk.beijing.gov.cn/110043/bmdt52/2017-09/10/content_093f4b967a6c40ae894c72cbf711a2c0.shtml,2018年10月20日。

丹市签署智慧城市战略合作备忘录、推动建立长期交流合作机制,并与捷克布拉格市开展国际冰球项目合作,与新西兰惠灵顿市举办"首都杯"足球友谊赛,与韩国首尔、俄罗斯莫斯科市互派代表团开展垒球、体操和羽毛球等项目交流,发挥了友好城市的联结和带动作用,更有针对性地传播和推广北京的国际形象。①

从传播方式来看,举办大型国际性节庆活动是提升北京国际形象的重要方式。北京经过多年的发展,已经形成了多个具有国际知名度和影响力的国际节庆活动,例如中国(北京)国际服务贸易交易会、北京国际电影节、北京国际设计周、北京国际音乐节、相约北京联欢活动、"水立方杯"中文歌曲大赛等重大文化节事活动,并带动文化创意产品和服务交易,不断扩大北京文化品牌活动的国际影响力。北京还在境外组织了多场北京文化周、魅力北京、北京之夜、欢乐春节等人文交流活动,让更多外国公众感受到北京文化、中华文化的独特魅力。

2014年以来,围绕"四个中心"建设的需求,配合国家"一带一路"战略,北京城市形象的国际传播在以下方面有所作为,形成了较为鲜明的特色。

(一)服务主场外交,展现大国首都风范

党的十八大以来,中国走出了一条"具有中国特色、中国气派、中国风格的大国外交之路,为维护国家主权和人民利益、为服务国内改革开放大局发挥了重要作用,取得了历史性的成就"。② 北京市服务、保障国家重大外交外事活动,向国际社会展示我国改革开放和现代化建设成就,展现了大国首都风范。

2017年,北京协助中央单位接待党宾国宾团组208个,安排参观考察

---

① 《2017年市政府重点工作情况汇编》,http://zhengwu.beijing.gov.cn/zwzt/ZWZT/CSZL/GJJWZX/t1504110.html,2018年10月20日。
② 王毅:《2018年中国外交大幕已拉开 有四大主场外交》,http://www.china.com.cn/lianghui/news/2018-03/08/content_50682277.shtml,2018年10月28日。

活动共 252 场次、2270 人次。北京接连承担了数场我国最高级别的主场外交活动。2017 年 5 月，首届"一带一路"国际合作高峰论在北京举办，这是我国首次以"一带一路"建设为主题举办的最高规格的国际论坛。在论坛筹备过程中，北京做到了"不兴师动众、不大兴土木，不停产、不停工、不放假，不采取交通限行措施，总之是不扰民"，① 体现了北京超大城市较高的运行水平。2017 年 11 月 30 日至 12 月 3 日，中国共产党与世界政党高层对话会在京召开，来自 120 多个国家近 300 个政党及政治组织的领导人，深入探讨人类社会未来发展方向和现实问题的应对之道，并通过《北京倡议》，汇聚起构建人类命运共同体的强大力量。② 2018 年 9 月，第七届中非合作论坛在京召开，此次峰会主题为"合作共赢，携手构建更加紧密的中非命运共同体"，习近平强调，中非要携起手来，共同打造责任共担、合作共赢、幸福共享、文化共兴、安全共筑、和谐共生的中非命运共同体。北京服务于国家规格最高的主场外交活动，体现了北京政治中心的地位，也通过达到国际先进水平的硬件基础和国际一流的服务水平，展现了泱泱大国的首都形象。

（二）服务"一带一路"建设，以人文交流为纽带，打造多元文化形象

截至 2017 年底，北京市企业在"一带一路"沿线 31 个国家有投资，累计直接投资额约为 22.4 亿美元，投资项目 24 个，涵盖能源资源、农业和贸易等领域。③ "一带一路"建设的合作重点包括政策沟通、设施联通、贸易畅通、资金融通和民心相通五大支柱。北京市通过教育、文化、科技、媒体传播等多个领域的人文交流，促进"一带一路"沿线国家和城市对"一

---

① 武红利：《北京友城增至 55 个"朋友圈"遍布全球》，http：//www.xinhuanet.com/fortune/2018 - 01/28/c_ 1122327043.htm，2018 年 10 月 26 日。
② 侯露露：《中国共产党与世界政党高层对话会拉开序幕》，http：//dangjian.people.com.cn/n1/2017/1130/c117092 - 29676233.html，2018 年 10 月 26 日。
③ 《2017 年市政府重点工作情况汇编》，http：//zhengwu.beijing.gov.cn/zwzt/ZWZT/CSZL/GJJWZX/t1504110.html，2018 年 10 月 20 日。

带一路"相关政策、项目的了解,建立良好的国际舆论环境,推进"一带一路"的顺利实施。

在教育领域,北京市设立了全国首个市级"一带一路"国家人才培养基地,包括北大、清华、外交学院在内的 26 所在京高校成为"一带一路"国家人才培养基地项目校。这些高校将重点支持"一带一路"沿线国家高端人才、教育管理专门人才、高端技术技能人才来京学习。[1]

在文化交流方面,北京市 20 余家企业被国家认定为年度文化出口重点企业。北京设立北京文化艺术基金,计划 5 年投入 5 亿元,重点支持"一带一路"题材的舞台艺术作品和符合"一带一路"国家外交战略的传播交流推广。[2] 2018 年举行的第十三届北京文化创意产业博览会设置了第三届"一带一路"沿线国家特色文化展区,40 多个国家参展,展示了民俗风情、旅游资源、特色文化。

北京中医药文化的推广和品牌建设也是北京参与一带一路建设的着力点。配合"一带一路"国际合作高峰论坛,北京中医药大学承办了"感知中医世界行"国际记者中医体验活动,来自阿富汗、毛里求斯等 39 个国家的 42 名媒体记者参加了活动,扩大了中医药和中国文化在"一带一路"沿线国家的影响力。[3] 北京还计划推进实施欧洲中医药发展促进中心、北京中医医院新加坡明医馆等重点项目,打造"北京中医"国际品牌,广泛地惠及当地人民。[4]

在科技对外交流方面,北京引导中关村示范区企业在"一带一路"沿线国家布局,推动 40 家国内外创新孵化机构共同发起成立"北京一带一路

---

[1] 施剑松:《北京:设"一带一路"国家人才培养基地》,https://www.sinoss.net/2017/0829/77662.html,2018 年 10 月 28 日。

[2] 《北京着力打造"4 个平台"参与"一带一路"建设》,http://sl.china.com.cn/2017/0712/21909.shtml,2018 年 10 月 28 日。

[3] 《"感知中医世界行"之走进北京中医药大学——35 国主流媒体首次齐聚一堂体验中医药文化魅力,关注中医药国际化进一步发展》,http://www.bucm.edu.cn/xxxw/37627.htm,2018 年 10 月 28 日。

[4] 殷呈悦:《"一带一路"北京三年行动计划发布"四个平台"助力"一带一路"》,http://bj.people.com.cn/n2/2018/1025/c82840-32202802.html,2018 年 10 月 28 日。

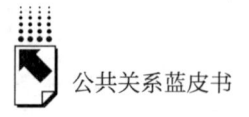

国际孵化联合体"，成员涉及15个"一带一路"国家，探索联合孵化、跨境加速的互利共赢新模式，建设一批中外合作、具有鲜明行业特色的"一带一路"北京创新园。①

在媒体传播方面，北京广播电视配合"一带一路"国际合作高峰论坛的报道，发起了大型新闻活动"照亮整个天堂——一带一路"，沿"一带一路"路线分七条路线穿越亚洲、欧洲、非洲和大洋洲，途经俄罗斯、哈萨克斯坦、波兰、德国等21个国家，报道"一带一路"沿线国家与中国之间在"政策交流"方面取得的成就。② 2017年，由北京市人民政府新闻办公室指导，北京外语广播策划组织了"'看北京'——'一带一路'沿线国家媒体参访北京"系列活动，吸引了来自"一带一路"沿线30多个国家的80多名外国记者参加。记者先后参观了中华世纪坛冰场、参加了翠微小学冰雪课，走进北京亦庄经济技术开发区的北汽新能源蓝谷研发中心，游览杨梅竹斜街和北京坊建筑集群，参加北京电台参观座谈，采访北京市宣武师范学校附属第一小学，感受北京市在文化保护、科技创新、教育改革、环境治理等方面的发展与进步。③

此外，北京市友协发挥民间组织的独特优势和作用，同中国驻外使领馆合作，广泛联系中国友协、北京市科学技术协会、北京市志愿服务联合会、中关村一带一路产业促进会等民间组织，主办了宣传一带一路的多种文化交流活动，例如中国－斯里兰卡青少年'一带一路'绘画展，于巴基斯坦和菲律宾举办的2018"北京一带一路文化之旅"、"一带一路在黎巴嫩：北京至贝鲁特"系列活动。2018年10月21日，以"一带一路与民生合作"为主题，北京市民间组织交流协会联合北京市科学技术协会、北京市志愿服务联合会、中关村一带一路产业促进会等多家单位共同主办了2018"NGO北

---

① 《2017年市政府重点工作情况汇编》，http：//zhengwu.beijing.gov.cn/zwzt/ZWZT/CSZL/KJCXZX/t1504109.htm，2018年10月28日。
② 李丹丹、王军：《北京电视台启动"一带一路"大型新闻报道 将赴21国采访》，http：//www.bjnews.com.cn/news/2017/05/05/442366.html，2018年10月28日。
③ "'一带一路'沿线国家媒体记者参访北京"系列活动，http：//www.am774.com/activity/kanbeijing.shtml，2018年10月28日。

京国际对话会"。共有来自33个国家,以及国内和北京市20多个民间组织的代表200余人参加对话会。对话会发布了《NGO北京国际对话会倡议书》,还举办了《"一带一路"与民生合作》主题图片展以及"国粹风华——第六届海内外京昆戏曲品鉴活动暨第三届京剧体验日活动",向与会的中外代表展示了中华民族优秀传统文化。①

(三)以冬奥会为契机,弘扬奥运精神,讲好北京故事

2008年,北京成功举办了第29届夏季奥林匹克运动会。2015年,北京又再次取得2022年冬季奥运会的主办权,成为全球第一个既举办了夏季奥运会又即将举办冬季奥运会的城市。举办全球瞩目的重大体育赛事,是北京提升国际地位、传播国际形象的最佳机会。

根据习近平总书记提出的"3亿人参与冰雪运动"的宏伟目标,北京制定实施相关意见及配套规划,组建冰球和花样滑冰等16支专业运动队。打造40项市级和106项区级冰雪活动,特别是北京青少年冰球联赛,共有130支队伍2000多名队员参赛,成为亚洲地区规模最大的青少年冰球赛事。北京市属公园"冰雪游园会"和冬季阳光体育大会、千名志愿者冬奥知识普及与培训活动的举办,调动了市民参与冰雪运动的热情,助力冬奥会的准备与预热。

北京与国际奥委会、国际残奥会和国际冬季单项体育联合会等国际组织密切合作,及时沟通情况,加强工作交流;做好国际奥委会主席巴赫等来访接待工作,举办和参加一系列国际重要体育会议和赛事,做好人才培养工作,锻炼筹办队伍,积累比赛经验。围绕冬奥会的传播推广工作持续发力。在韩国平昌冬奥会闭幕式上,北京上演了主题为"2022相约北京"的8分钟节目。8分钟的演出"用世界的语境讲中国故事",不仅展现了熊猫、中

---

① 《搭建民间对话平台 推动共建"一带一路"——2018"NGO北京国际对话会"成功举办》,http://www.bjyx.org.cn/portal/yxportal/articl.php?portal_id=12&column_id=70&content_id=1814&search=1&search_key=%D2%BB%B4%F8%D2%BB%C2%B7&pages=2,2018年10月20日。

国结、中国龙等独特的文化符号，还选取了中国桥梁、"中国天眼"、大飞机等新时期中国科技进步和发展成果的典型代表，在世界观众面前展现了充满人文色彩、现代感十足的中国国家形象，充分表达"2022，北京见"的核心理念和中国热情。①"北京8分钟"总导演张艺谋表示，演出设计在跨文化交流的理念指导下，坚持从受众的角度思考问题，是让世界公众看懂并理解演出文化内涵的关键举措。"北京8分钟"表演放弃了"恢宏壮阔""千人擂鼓"等大场面人海战术，加入了新技术等创意元素，表演求精，突出了个性化、情感化和技术化。②

北京举办了一系列以冬奥会为主题的文化传播活动。北京国际体育电影周是2008年奥运会为中国和北京留下的重要文化遗产之一。体育电影周不仅在冬奥会宣传中发挥了积极作用，也已经成为促进世界了解中国、推动中外体育影视文化合作的平台。有关冬奥会的优秀影视宣传作品不仅可以很好地向公众介绍冬奥会是什么，还将作为纪录北京冬奥会的珍贵历史资料，成为北京城市文化身份的一部分。举办冬博会是北京在申办2022年冬奥会时对国际社会做出的承诺。从2016年至2018年，经过三年努力，冬奥会立足于举办"国际化程度高、权威性强、群众参与度高的冰雪产业盛会，已逐步成为北京冬季运动产业会展的一个新品牌"。③

2018年，北京冬奥组委新闻宣传部在法兰克福做了专场推介会，详细介绍了筹办工作总体计划、场馆和基础设施建设、竞赛组织和服务保障、全面普及冰雪运动、开展国际交流合作等情况。④

北京对冬奥会的筹备和传播工作赢得了国际社会的肯定和赞誉。国际奥

---

① 《2022，北京见！张艺谋团队独家揭秘2018"北京8分钟"》，新华社，http://xw.xinhuanet.com/news/detail/573320/，访问日期：2018年10月20日。
② 《张艺谋："北京8分钟"不用人海环境成最大挑战》，腾讯体育，http://sports.qq.com/a/20180116/028266.htm，2018年10月20日。
③ 《2018国际冬季运动（北京）博览会发布会在京召开》，http://sports.163.com/18/0409/18/DEVIJIAC00059500.html，2018年10月28日。
④ 北京冬奥会在德国法兰克福作专场推介，http://zhengwu.beijing.gov.cn/zwzt/dah/bxyw/t1562999.htm，2018年10月26日。

委会协调委员会主席小萨马兰奇对 2022 年冬奥会北京赛区场馆建设情况进行考察时表示:"一个地方希望获得什么样的国际评价?是不断新建设施,给人以巨富的印象,还是以合理负责的方式行事,让外界看到这里的人们充满智慧?我认为北京是后者,因为北京正在筹办一届充满智慧的冬奥会,不仅会留下良好的基础设施遗产,也将给市民留下许多无形的遗产。"[①]

三 一步提升北京城市国际形象的建议

综上所述,北京具备传播多元、丰富的城市国际形象的基础,也通过各类主体、围绕多个主题展开了高层次、全方位的对外信息传播和文化交流活动,推动了北京城市国际形象的建构和传播。

但是,北京城市的国际形象本质上是一种主观印象,是国际公众对北京的认知与评价。从传播的角度看,城市形象是主观见之于客观的信息处理过程,经由大众传播、人际传播以及个人经历、环境等多种因素共同作用而形成,取决于国际公众对从各种渠道所获取的有关城市信息的接触、加工、理解和记忆。[②] 部分国际公众通过到北京的旅游、投资、留学等方式,能够直接经历和感受北京,更多的国际公众是通过人际关系网络的"口口相传"或大众媒体及新媒体等媒体渠道,通过北京在境外举办的各类文化活动间接获取的有关信息,形成对北京的印象。

对政府管理部门来说,北京城市形象的塑造和传播是一个系统工程,要在政府管理部门的主导下,对有利于形成北京城市形象的各种资源和要素实行优化配置和系列整合,将多种传播方式、传播手段整合起来,基于统一的目标,进行一致、可信的传播,并通过有效渠道抵达国际公众,以影响国际

---

① 吴东:《北京正在筹办一届充满智慧的冬奥会》,http://zhengwu.beijing.gov.cn/zwzt/dah/bxyw/t1561917.htm,2018 年 10 月 26 日。
② 参见钱志鸿、陈田:《发达国家基于形象的城市发展战略》,《城市问题》2005 年第 1 期;菲利普·科特勒等:《地方营销》(翁瑾、张惠俊译),上海财经大学出版社,2008,第 131 页。

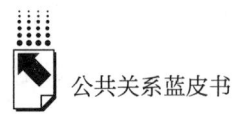

受众对北京的认知、态度和行为。换言之,北京应该向形象传播的更高阶段:城市品牌迈进。北京似可建立一个跨部门的、更综合的协调委员会,负责城市品牌传播工作,提高城市形象传播的专业性、一致性和连续性。这一协调委员会还可协调、统筹北京市属机构对外宣传部门的工作,充分发挥他们在各自专业领域的优势与资源,提高其对外传播交流的能力,形成合力效应。

其次,建立对城市国际形象进行监测与评估的长效机制。这既包括针对国际受众的问卷调查和访谈,也包括对国主流媒体的报道监测,也可以通过来京投资、旅游、留学等客观指标的变化情况得以反映。按"以我为主"进行的传播活动往往从城市所预期建立的形象目标出发,缺少对国际受众既有的认知与态度倾向的了解与把握,而这两者之间或许存在一定的差距甚至鸿沟。科学的监测与评估所提供的数据与信息,能够为北京城市形象传播提供行动方位,也能够为各种传播交流活动的切实效果提供判断依据,更好地推进工作。

最后,更充分地挖掘新媒体传播渠道的潜力。理论上,新媒体是双向的、互动的传播模式,通过新媒体发布信息成本较低、抵达受众范围更广。鉴于国际公众,尤其是西方发达国家的公众接触信息的首要媒体渠道往往是国际知名媒体和本国主流媒体,通过中国对外传播媒体获取相关信息的概率较低,充分利用新媒体,或可以打通传统媒体环境下北京同国际受众之间存在的"最后一公里"难题。北京意识到新媒体平台的重要作用,但并未真正发挥新媒体的作用。以北京外宣媒体《今日北京》为例,虽然《今日北京》在推特上注册了账号"Beijing Today",但仅有610名粉丝关注,影响力微乎其微。北京在利用新媒体渠道方面有非常大的增长空间。

随着北京"四个中心"建设工作,尤其是国际交往中心建设工作的进一步推进,北京城市国际形象的建设与传播也将面临不断更新的任务和目标,北京需要从机制和方法上有所突破,通过更为专业、科学的方法,发掘潜力,协调资源,塑造国际一流的和谐宜居之都形象。

B.10 中国城市品牌的运营与思考

——杭州样本解读

何春晖*

摘　要： 在全球化和移动互联网时代，提升城市国际影响力的有效途径就是城市品牌化和城市营销。城市影响力的本质在于人性关怀和人文观照。城市国际影响力的提升，是通过共建共享的城市协同治理来达成受众与城市价值同频共振的。全球化和移动互联网时代的城市国际影响力提升，就是以城市价值（原生价值或创新价值）为战略思维，以"互联网+"为能力基础，以新媒体为重要工具，以打造数据助力、体验驱动的城市价值生态体系为主要诉求，通过参与、互动、共创、共享的机制来达成城市顾客的价值，全方位构建城市价值生产和传播。本报告回顾杭州十年城市品牌的总体发展和典型案例，思考城市品牌传播管理的策略和路径及其未来展望。

关键词： 城市体验　城市品牌　城市营销

引　言

2018年9月5日上午，为庆祝杭州首个"杭州国际日"，以"促合作创

---

* 何春晖，浙江大学副教授，经济与文化研究中心主任，中国新闻史学会公共关系分会（PRSC）副会长，浙江省形象设计协会副会长，杭州市城市品牌促进会副会长。

新，建世界名城"为主题的2018年"杭州国际日"活动盛大开幕。来自29个国家和地区的一百余位外籍友人参加大会，并有360位中外嘉宾在现场见证。2018年4月27日杭州市第十三届人民代表大会常务委员会第十一次会议通过了《关于设立"杭州国际日"的决定》，这个条例将每年的9月5日，也就是G20杭州峰会的闭幕日，设立为"杭州国际日"。以立法形式明确规定一个城市的国际化行动，这在中国的城市中是首次。其实，今天的"杭州国际日"来源于10年前的"杭州国际体验日"活动，后者至今已连续成功举办了11届。杭州国际体验日是杭州十年来城市品牌营销三大标志性传播事件之一。

在全球化和城市化加速的环境下，全球资源、市场、生存和发展空间与机会的合作与竞争影响城市的未来发展，在全球化和移动互联时代，城市间的竞争日益激烈，而城市跳出发展模式千篇一律的窠臼，进而在消费者心中占有一席之地，则造就了城市品牌营销的必然趋势。新时期的杭州提出要打造"独特韵味、别样精彩"的世界名城，这既是对传统"东方品质之城"定位的品牌升级，也是杭州塑造国际化城市品牌并推动传播的根本性要求。本文通过对杭州十年城市品牌的营销观察、个案分析，反思城市品牌传播管理的策略和路径及其未来展望。

一 基本背景：杭州城市品牌的确立与发展

（一）杭州城市品牌确立的背景

杭州历史悠久，是华夏文明的发祥地之一，有2200年建城史，5000年良渚文明，8000年跨湖桥文化史，是中国著名的七大古都之一。"上有天堂，下有苏杭"，杭州自古就有"人间天堂"的美誉。在G20峰会落户杭州时，习总书记向全球推介说杭州是"历史文化名城，创新活力之都"。

论城市高楼大厦和高架大道，杭州可能永远比不上北京、上海，但论城市的背街小巷，杭州绝不逊色。杭州老宅古巷，蕴涵着城市的文化因子，散发着城市的历史雄风，承载着城市的繁荣兴旺，见证着城市的沧桑变化。杭州城市文化之"根"，渗透在背街小巷里，深埋在老宅古院中。杭州的街坊里弄总能给你别样的愉悦和欣喜，钱江两岸的高楼大厦和梦想小镇的创客群里，同样能带来无限的惊喜。G20拥抱杭州，第22届亚运会落户杭州自有其理。在跨入21世纪后，在快速城市化和城市产业的更新换代中，杭州始终在追索城市发展之魂。由西湖时代迈向钱塘江时代的过程中，杭州融合了西湖文化的精致柔美和钱塘江文化的大气开放，正在构筑全新的城市定位和城市品牌。

杭州的城市形象建设起步较早，在历届政府的努力下，从最早的城市外立面，城市景观的小打小闹，发展到城市背街小巷的内里建设，直到从人文精神提炼的高度去统领杭州城市形象建设，直至以城市品牌为统帅、以人为本的城市营销的四部曲。从20世纪90年代开始，杭州开始有了城市品牌的意识，杭州的各行各业为其勾勒了丰富多彩的形象口号和品牌定位。在城市定位和城市口号的不断磨合中，在城市发展定位的不断更替中，浓缩提炼出更准确的城市品牌定位。

表1 杭州城市定位及品牌口号梳理

时间（年份）	城市定位	时间（年份）	城市品牌定位
1953	风景疗休养为主城市	1999	游在杭州、学在杭州、住在杭州、创业在杭州
1956	以重工业为主的综合性城市	2000	美食天堂
1960	中外闻名的风景城市	2001	爱情之都　女装之都
1979	全国重点风景旅游城市	2002	会展之都　天堂硅谷
1983	国家历史文化名城和全国重点风景旅游城市	2005	中国茶都动漫之都
1993	国际风景旅游城市和国家级历史文化名城	2006	东方休闲之都
2001	国际性风景文化旅游城市和国家级历史文化名城	2007	生活品质之城
2007	国际风景旅游城市和全国历史文化名城，长三角重要中心城市	2012	东方品质之城

（二）"生活品质之城"品牌口号的由来

城市定位是引领城市发展的核心，决定着一个城市的发展取向和发展模式。确定城市定位既要着眼时代发展要求和未来发展趋势，也要立足现实条件和自身比较优势。"以提升人民群众生活品质为重点"作为杭州市"十一五"发展指导思想的重要内容，被写入"十一五"规划《建议》和《纲要》中。中共杭州市委通过召开专家座谈会、行业座谈会、来杭人员座谈会，听取群众意见。在专家和市民共同探讨中，"生活品质"的发展理念得到了广泛的认同，成为日后城市品牌的核心内涵。为了集思广益增进传播效果，2006年10月杭州向全国征集城市品牌名称共4620个。各界专家的评审和大众评议历时半年，在2007年1月杭州第十次党代会上，①"生活品质之城"被最终确立为城市品牌。中共杭州市委和政府发布了《关于"生活品质之城"城市品牌研究推广和管理工作的若干意见》（2007年1月5日）和《关于推进城市品牌、行业品牌、企业品牌互动的实施意见》（2007年12月14日），市委办公厅和市政府办公厅印发《杭州打造"生活品质之城"城市品牌2008行动计划》的通知。

杭州市委十届四次全会，从世界眼光、战略的角度，在全球的维度对杭州的"世界坐标"做了更完善的表述：中国特色、时代特点、杭州特征，覆盖城乡、全民共享，与世界名城相媲美的"生活品质之城"。杭州提出了"生活品质之城"的五大内涵，即"经济生活品质、社会生活品质、文化生活品质、环境生活品质、政治生活品质"。在经济、政治、文化、社会和环境等各个领域的建设中，实现城市品牌与行业品牌、企业品牌以及各项事业的良性互动、互促共进，提升城市综合竞争力；用"生活品质之城"城市品牌统领工作品牌，把以人为本、以民为先的理念融贯到城市建设和管理的

---

① 《王国平书记在中国共产党杭州市第十次代表大会上的报告》，http://www.hz2hs.com.cn/news/201308/20130828100620141.htm。

工作中去，使生活品质成为各项工作的出发点和落脚点；用"生活品质之城"城市品牌来彰显城市个性，展示亲和力与创造力相统一的城市魅力，使杭州"人间天堂"的美誉得到新的充实和发展。2012年2月，杭州第十一次党代会上，市委市政府为推进杭州城市国际化进程，将"生活品质之城"优化表述为"东方品质之城"。

杭州的城市品牌从自然形成的"人间天堂"到定位清晰的"生活品质之城"，经历了从自发到自主，由分散到整体，从宣传到整合品牌营销的过程。"生活品质之城"作为城市发展的总体目标和总体品牌，是在新时期对"人间天堂"品牌的进一步延伸发展，为杭州的城市品牌建设和城市营销活动指明了方向，树立了杭州城市各方的共同价值和共同目标。

（三）打造杭州城市品牌营销的体验子品牌支撑

杭州开展"生活品质点评"系列活动已有14年历史。经过几年的持续推进，已组织了多种城市品牌活动：生活品质市民体验日，生活品质国际体验日，生活品质行业点评，生活品质视觉点评（摄影大赛），生活品质全民饮茶日，生活品质总点评发布等等。一个城市做一个品牌传播规划并不难，推出一个城市品牌的口号和LOGO更不难，可贵的是城市制定了城市品牌的传播规划并能持之以恒地坚守执行，而且在围绕传播核心内涵的同时还能与时俱进，不断创新传播营销的路径和方式，通过多角度、多途径、多领域、全方位的交流、点评、发布、体验等形式，向市民、游客和国际人士，全面展示杭州建设"东方品质之城"的丰硕成果和城市风采。通过几年的努力，杭州市城市品牌营销已经培植了若干标志性的城市活动品牌。即杭州市民体验日、杭州国际体验日和杭州生活品质总点评。下文将重点解读G20后杭州三大标志性品牌传播活动。

（四）杭州城市品牌与城市国际化

城市国际化是杭州近十年来城市发展的一个重要方向。2008年，杭州市委提出《杭州城市发展六大战略》，指出"城市国际化"是城市发展六大战略之一,并且要以国际化提升城市化、工业化、信息化和市场化。2012年,杭州提出将城市国际化作为推动城市发展的两大主抓手之一。2013年,杭州市委指出要"围绕推进国际重要的旅游休闲中心建设,形成提升城市国际化水平的体制机制"[①],对具有东方品质、杭州特色的国际化资源进行综合发掘,根据国际惯例的国际化导向进行营销推广,为国际化生活创业创造良好环境,到2017年城市国际化水平和程度有明显提升,打造便捷高效的政务环境、接轨国际的商务环境、公平诚信的市场环境和良好的知识产权保护环境,营造国际化的制度环境、语言环境。由此可见,城市国际化的本质亦是指向城市生活品质的全面提升,其为杭州城市品牌的塑造和营销注入了与时俱进的新内涵,也制定了新目标。

2014年11月15日,习近平出席在澳大利亚布里斯班举行的G20峰会,发表题为《推动创新发展实现联动增长》的重要讲话,宣布中国将举办2016年G20峰会。2015年2月,杭州成功获得2016年G20峰会举办权。G20峰会的到来,成为杭州城市发展的重大机遇和杭州城市国际化发展的重要"窗口期",从而加快推动杭州全面提升城市国际化水平,加快现代化建设的进程。

2016年5月,《杭州市加快推进城市国际化行动纲要(2015～2017年)》出台,围绕打造世界级城市群和世界名城的战略要求,提出从更广的国际视野、以更加开放的姿态主动融入全球化,到2017年初步建成具有浓郁东方特色的现代化、国际化大都市,成为长三角世界级城市群中的明星城市。2016年7月,杭州市委全体会议中发展了杭州的城市国际化发展目标——"独特韵味、别样精彩"的世界名城,其中包含八个分目标——打造具有全球影响力的"互联网+"创新创业中心、打造国际会议目的地城市、打造国际重要的旅游休闲中心、打造东方文化国际交流重要城市、形成

---

① 《中共杭州市委关于学习贯彻党的十八届三中全会精神全面深化重点领域关键环节改革的决定》。

一流生态宜居环境、形成亚太地区重要国际门户枢纽、形成现代城市治理体系以及形成区域协同发展新格局。① 2018年4月27日杭州市第十三届人民代表大会常务委员会第十一次会议通过了《关于设立"杭州国际日"的决定》，将每年的9月5日，设立为"杭州国际日"，作为全国第一部地方政府推进城市国际化的工作立法，标志着杭州建设独具韵味、别样精彩的世界名城的国际化传播向前又迈出了坚实的一步。

（五）G20峰会期间杭州城市品牌的传播

杭州国际化的具体目标为其城市品牌在G20峰会筹备和举办过程中的传播活动指明了方向。自2015年11月习近平在土耳其宣布中国杭州将于2016年承办G20峰会起，杭州就积极开展城市品牌传播工作，在海内外主流媒体、知名外国商会会刊、重要机场等投放G20专题宣传内容，多渠道全方位展示杭州的城市形象。杭州城市形象宣传片也在G20筹备和举办期间推出，《G20杭州再出发》、《喜欢你在一起》、《最忆是杭州》由央视制作。2016年8月，G20相关宣传片相继在海外亮相。G20杭州城市形象宣传片《韵味杭州》于8月8日在BBC电视台首播，短短30秒的视频，向全球展示了最精美的杭州。杭州旅游动画宣传片《欢迎来G20杭州》于同一日在BBC登录播出，这也是BBC首次与城市旅游合作推出的动画宣传片。G20宣传片《相约浙江》于8月12日首登CNBC，共播出1个月，预计影响3.03亿欧美用户。

2016年9月4日晚，G20峰会文艺晚会"最忆是杭州"在西湖举行，由著名导演张艺谋执导，是国内首次在户外的水上舞台举办大型交响音乐会。关于这场演出，总导演张艺谋给出的关键词是：西湖元素、杭州特色、江南韵味、中国气派和世界大同。晚会既有《春江花月夜》《高山流水》这样极富中国古典韵味的曲目，也有《欢乐颂》《天鹅湖》等西方经典，还有《梁祝》《采茶舞曲》等融合了杭州本地文化元素的节目。这场50多分钟的

---

① 《中共杭州市委关于全面提升杭州城市国际化水平的若干意见》，2016年7月。

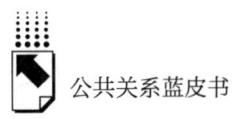

艺术盛宴，在网上播出后大获好评，网友纷纷表示"要被杭州美哭了"。中评社报道称这场演出"向世界传递着人类共通的情感力量，传达着融合共处的美好愿景，更传递着中国的文化自信"。

G20峰会期间，杭州旅游形象推广中心推出了一批既有趣新颖又体现杭州文化特色的宣传品，以满足海内外宾客的需求。与商务印书馆合作的精品全英文旅游图书《杭州一瞥》，编印的精品线路手册《三十种韵味·别样精彩》以及《杭州故事》，成功地展示了杭州历史文化的精髓，杭州英文宣传册 Experience Hangzhou、《韵味杭州》英文版向世界讲述杭州故事。城市礼品不仅在文化上契合杭州的城市特色，还全方位地展示传播了杭州的产业和企业品牌的形象。

饮食是城市元素的重要组成部分，在餐饮设计中传达杭州元素也是G20峰会召开期间城市品牌传播的重要手段。中方精心准备的国宴随着G20峰会受到大家关注。除去极具地域特色的杭帮菜举世瞩目外，名为"西湖盛宴"的G20国宴餐具亦令人惊艳。整套餐具创作灵感来源于西子湖畔的水与自然景观，以绿色为主色调，寓意绿色发展的理念，图案为西湖十景，展示悠久的杭州城市文化底蕴，而骨质瓷的质地又体现了欧洲文化的元素，间接折射出杭州历史与现代交融的城市特质。

作为G20峰会的举办城市，杭州的城市特质与发展方向，已经升级成为一种生活和发展模式，能够代表中国甚至世界未来的发展方向，在峰会筹备过程中，杭州积极传播城市特质，推出引领世界未来发展的"中国模式的杭州样本"，真正把"生活品质之城"的风范亮出来。

二 后G20时代杭州城市品牌塑造与传播的经典案例解读"东方品质之城"

——三大标志性品牌活动再观

杭州在近十年的城市营销过程中，围绕着"生活品质之城"的城市品牌定位,构建了系列城市品牌活动:生活品质市民体验日,生活品质国际体验日,生活品质行业点评,生活品质视觉点评(摄影大赛),生活品质全民饮茶日,生活品质总点评发布等。这其中,杭州生活品质总点评、杭州市民体验日和杭州国际体验日是杭州三大标志性品牌活动,皆已开展十年有余。在 G20 峰会之后,城市品牌传播营销创新管理更有特色,解读如下。

(一)杭州生活品质总点评:让国际性的品质生活样本面向世界

【案例简介】

围绕"让我们生活得更好"理念,以"品质生活,品位杭州"为主题,以生活品质行业点评活动为主线,以组织有关特色行业对话交流活动为载体,杭州生活品质总点评按"休闲"、"舒适"、"平安"、"健康"、"便利"、"文娱"、"美丽"、"数字"、"学习"九大生活序列分别开展生活理念、生活方式、生活文化以及相关生活产品的对话,通过"九大生活"行业点评组和行业推荐,以及市民参与投票,产生代表杭州生活品质的年度代表人物、现象、区块、活动等。在每年的 6 月,杭州生活品质总点评结果公开发布。

杭州生活品质总点评活动由杭州生活品质研讨组群、城市品牌促进会、市委宣传部、市发展研究中心、杭报集团、杭州文广集团等共同举办。每年邀请 300 多位各界嘉宾参与,以展览、体验、点评、互动交流等形式,展示和发布代表杭州过去一年生活品质的现象、人物、区块、活动,使在场嘉宾亲身感受品质生活、幸福和谐的杭州魅力。杭州生活品质总点评自 2005 年开始启动,至今已 13 年。该活动是引导杭州特色产业的示范点、方便杭州旅游休闲的导游图、传播杭州城市文化的新载体、展示杭州品质生活的金橱窗、成为杭州城市生活的指南针,是发展"东方品质之城"城市品牌最具标志性的项目。

表2　杭州生活品质总点评发布会（2006～2018年）

内容 \ 年度	2006	2007	2008	2009
十大人物	王旭烽；孙云；安峰；吴海燕；张铭；李琳；茅威涛；庞颖；费建明	生活品质研讨群体；陈妙林、凌平；王澍、郭羽；李月元、民工合唱团；李味琦；叶春华、孙志敏；仲向平；朱燕燕；杭州网义工分会、林国庆；郑贤胜	杭州市决策咨询委员会；宋建明、吴忠泉；金津、陆镜清；杭州市公安局交警支队；李大鹏、俞德坤、鲍大妈聊天室；鲁兹·克拉夫特；丁云川；程俊、周保尔、周华松兄弟；"老杭州"志愿者服务队、交通91.8爱心车队	毛昭晰、王旭烽、曹增节、费建明、黄志耀、杭州市旅游形象推广中心；上城区劳动路社区"民间庭改办"；王水福、庞小伟、崔巍、田宁、宋雅丹、蔡旭昶、杭州市下城区打铁关社区"和事佬"协会
十大区块	LOFT49；杨公堤景区；宋城、杭州数字娱乐产业园；南山路艺术休闲特色街区；浙江省农业高科技示范园区；第六空间[艺术生活广场]；清河坊历史文化特色街区；梅家坞茶文化村	环西湖特色街区；西溪国家湿地公园；西湖创意谷；民工学堂、下沙白杨街道邻里社区；数字电视网络、"e家人"社区事务综合管理系统、淘宝网；沿运河健身带、大关游泳健身中心、舒适堡健身美容中心；上城区小营巷、下城区新桃源；湖滨公园；杭州惠民医院；西湖景区交通集散体系、庆春路交通体系	红楼（杭州城市建设陈列馆）；湖滨旅游商贸特色街区；达利丝绸工业园、中国美术学院象山校区；运河天地创意产业园、运河慢行带；西溪花园、劳动路69号；拱墅区人民法院人民调解室、余杭区中泰乡；杭州外来劳动力服务中心、小河直街历史文化街区；老年大学、下城区社区学院、青少年学生第二课堂；西湖志愿者假日旅游队景区服务点	白马湖生态创意城、和谐杭州示范区；市民公园免费单车服务点；华润万家；杭州日报《市民议事广场》栏目；淘宝网、19楼；印象西湖、杭州图书馆新馆；杭州市阳光工艺大舞台创业园、杭州大学生创业俱乐部；杭州大厦购物中心、杭州后街；紫阳街道上羊市街社区公共服务工作站、闸弄口街道居家养老服务中心
十大活动	中国杭州千岛湖秀水节；中国杭州丝绸·女装万里行；中国（杭州）西湖国际茶文化博览会；中国杭州国际烟花大会；中国	"生活品质"全国研讨会、杭州城市品牌征集发布活动；2006杭州世界休闲博览会、"中国最佳旅游城市"创建活动；中国国际动漫节；"蒲公英行动"；市民卡工程、"大脚小脚"	杭州城市标志全球征集活动、三评"西湖十景"；中山路、白马湖区块创意设计活动；中国杰出女装设计师发现计划、打造全国文化创意产业中心系列活动；推出公共自行车交通系统、	杭州生活品质行业点评活动、全民饮茶日、中国丝绸日；免费单车环保出行体验活动；杭产家电企业抱团进社区活动；光复路148号厕所分配纠纷妥善解决；杭州200家企业承诺"2009年不裁员"；全球十大网商评选

续表

内容＼年度	2006	2007	2008	2009
十大活动	（杭州）美食节；中国国际动漫节；西湖论剑、中国网商大会；环西湖休闲锻炼活动；黄龙洞民俗活动	俱乐部"；西湖徒步大会、"毅行"；背街小巷改造工程；人文大讲堂、吴山庙会；工会就业绿色通道、姐妹帮扶工程；"五纵六路"交通改造、"文明行路"劝导活动	地铁一期开工；背街小巷与庭院改善工程、危旧房改善工程；建德"以奖代补"举措推行；留守儿童夏令营、外来务工人员爱心年夜饭；漕舫船征集活动、首届富春江运动节；民工诗会；西湖小鸳鸯守护活动	活动；金海岸系列演出、"生活大参考"共建美好家庭系列活动；杭州市万名大学生创业实训工程、西湖创意市集；杭州市民卡跨地区联网；交通管理服务站进社区
时间	2006年5月13日	2007年5月20日	2008年5月31日	2009年5月16日
地点	杭州LOFT49	中国美术学院象山校区	萧山经济技术开发区达利丝绸工业园	第六空间凡尔赛宫
参与人数	200人	200人	300人	300人

内容＼年度	2010	2011	2012	2013
十大人物	黄炳元；杭州市老科技工作者协会、大关小学少先队大队部；毛戈平；刘晓芳；赖声川、沈寅弟；杭州市投资项目审批代办员；褚树青；杨星；杭州爱乐乐团	麦家；湖滨晴雨工作室；夏达；俞回春；浙江中南建设集团有限公司；金德意；屠燕治；胡忠英；网络律师团；罗红英	杭商群体；王澍；吴斌、吴菊萍；朱学军；陈捷；许素华；席挺军、加布里尼·阿托贝利（Gabriele Altobelli）；刘颖；戴宁；章程	芦俊，文明劝导志愿者；余杭公安微博团队；吴建荣、流潋紫；乐居合作社杭网义工；张剑萍；邵中国；天堂伞设计团队；何军；美国专家Curtis Roy Evans（中文名：文逍帆）
十大区块	杭网议事厅；天子岭生态公园；白马湖生态创意城；爱心斑马线；南宋御街·中山路；金色年华·金家岭退休生活中心；市民之家；万松讲堂；阿里巴巴集团；天目琴行	长城影视（集团）公司；良渚文化村"村民公约"；杭州国动动画产业基地；杭州数字图书馆；桐庐横村镇阳山畈村；新中东河；中国茶叶博物馆；大兜路美食街；萧山区法律援助夜市；凤凰·创意国际园区	运河学习长廊；西湖文化景观；都市快报；黄龙法治商圈；杭州油漆有限公司；建德市大慈岩镇双泉村；杭州社会资源国际旅游访问点；市旅委；杭帮菜博物馆；六公园湖畔开心长廊	中国杭州低碳科技馆；运河水上巴士；"智慧医疗"服务平台；浙江卫视《中国好声音》；江干区福星家院居家养老照料中心；四季开中河高架；滨江区"新杭州人文化家园"；杭州工美艺术博物馆群；浙江图书馆；圣奥慈善基金会

续表

内容＼年度	2010	2011	2012	2013
十大活动	市政府常务会议网上直播；垃圾清洁直运和垃圾分类；2009第五届中国国际动漫节；公交车礼让行人；意大利生活文化交流周活动；律师进社区；杭州食品质量安全指数研讨发布活动；都市快报"公共朗读"系列活动；琅琅书声暖玉树活动；2009杭州·西湖现代音乐节	《东方》央视一套热播；我们圆桌会；《梦回金沙城》入围奥斯卡；西湖读书节；"富春山居"美丽乡村创建排污权交易立法启动；《富春山居图》两岸合璧；杭州荣获"中国休闲美食之都"称号；杭州市"首届十大金牌和事佬"评选；首届中国杭州西溪花朝节、云门舞集西湖公演	"生活与发展"国际会议；墨舞西湖；安吉路实验学校义卖筹集爱心基金；杭州"和事佬"调解标准体系发布；杭州市企业社会责任评估活动；首届杭州市十大民间环保人物评选活动；杭州——意大利生活文化交流活动（中国杭州日活动）；市消保委开通微博消费投诉；2011年亚洲"食学"论坛；东坡路社区地书表演	杭州生态社区项目；杭州地铁1号线开通；交通杭州App服务活动；话剧《活着》全国热演；居家养老服务的"杭州标准"；城区"美化家园工程"；关爱外来务工人员特别行动日；杭州荣获世界"工艺与民间艺术之都"称号；巴士之家活动；"三个100"大型公益活动
十大现象	网络民主促进民生；低碳生活引领潮流；创意产业渐入佳境；文明礼仪城市风尚；文化休闲时尚生活；情系社区温馨家园；创新服务以民为先；社会学习蔚然成风；天堂有情大爱无疆；音乐之声浸润街巷	杭产影视强势崛起；社会沟通我们参与；华丽动漫惊艳世界；书声琅琅心灵升华；美丽村庄城乡共建；绿色低碳和谐家园；博物馆藏城市记忆；杭帮美食香溢四海；民间力量化解矛盾；生活之美满城芬芳	我们价值融入生活；东方文化时尚演绎；最美现象传递真情；法德融合事美人和；体面劳动尊严人生；生产生态和谐相融；国际交流民间互动；政务微博亲民惠民；杭帮美食融汇古今；文化养老幸福晚年	美丽杭州社会参与；多元交通文明出行；网上服务提升品质；文艺品牌备受瞩目；居家养老贴心服务；城市彩化装扮生活；外来人员融合共建；工艺美术历久弥新；兴趣社群传播价值；民间慈善爱心传递
时间	2010年6月19日	2011年6月18日	2012年6月9日	2013年6月29日
地点	杭州文广大楼第一演播室	良渚文化村	中国杭帮菜博物馆	中南卡通技术中心大楼
参与人数	200人	300人	200人	300人

续表

年度\内容	2014	2015	2016
十大人物	生活品质研讨组群；宋建明；田宁；杭网义工联盟、城市品牌网群；杭商群体；吴海燕、王澍；鲍倩（鲍大妈聊天室）；邵中国、Curtis Roy EVANS（中文名：文逍帆）；芦俊	竺福江；杭州公交纵火案见义勇为群体、富阳好人；邓飞；张汉东；项建标；裘加林；丁丰；黄严；孙亚青；天天开心读书会	马云、范渊、廖杰远、芦俊；张平；同在蓝天下·运动医学服务中心、孙杨、陈水琴、孔胜东、陈文英风格工作室、鲍大妈聊天室；庞学铨、李虹；朱学军法官调解工作室、沈寅弟
十大区块	上城区"生活品质国际体验区"；新西湖、南宋御街·中山路、桐庐富春江镇；淘宝城、爱心斑马线；我们圆桌会、湖滨晴雨工作室；杭州高新区（滨江）；西溪创意产业园；良渚文化村、上城区上羊市街社区；阳光工艺大舞台创业园；运河游步道慢行系统	万事利集团；智慧树服务社区；杭州青年公益社会组织服务中心；中国（杭州）跨境贸易电子商务产业园；梦想小镇；中国智慧健康谷；杭州发布；建德新叶古村；泗洲宋代造纸遗址；木马剧场	特色小镇；杭州生态优化和水系沟通工程；杭州公共自行车系统；我们圆桌会、"湖滨晴雨"工作室；城市绿色健身游步道；特色物产系列；礼让行人的杭州斑马线、杭州图书馆；良渚文化村、小营街道红巷广场、丁兰街道；西湖、西溪、运河、湘湖等景点修复和发展；平安社区
十大活动	杭州市民体验日、杭州生活品质总点评活动；西溪湿地综保工程、背街小巷改善工程；市民卡工程；都市快报"最美"系列报道、"我们的价值观"主题实践活动；城市品牌、城市标志征集活动、律师进社区；和谐劳动关系创建活动、万名大学生创业实训工程；印象西湖山水实景演出；下城"66810 为民服务"、"和事佬"系列活动；留守儿童夏令营、"一杯水"公益行动；公共自行车、垃圾清洁直运	宋城千古情；寻找美丽活动；首届公益创投洽谈展演；中国（杭州）跨境电子商务综合试验区获批；自强学堂系列活动；杭州智慧医疗 App 上线；西湖之声"西湖微笑·杭州味道"；掌上文化礼堂；运河申遗成功；杭州之声·我们读诗	市民卡工程；生活品质总点评发布会；国际（杭州）毅行大会、排舞；国大师带徒授艺、浙江大学宋画研究；"最美"系列报道；上城区"三社联动"推动社区治理创新；西湖景点免费开放、印象西湖山水实景演出；杭州文化创意产业园；中国国际动漫节；杭州市十大金牌和事佬评选活动
十大现象	生活品质理念深入人心；山水城市构建都市美学；智慧城市创领生活方式；最美现象外化人文精神；复合主体凝聚我们力量；和谐创业引领经济品质；文化创意演绎东方价值；社区服务打响民生品牌；弱势关爱彰显城市情怀；低碳行动创造宜居生活	工匠精神凸显极致产品理念；爱心奉献彰显城市温暖指数；公益事业专业化平台化发展；跨境电商推进城市国际化进程；社群创业创新社会发展形态；智慧医疗方便市民就医问诊；微信平台展现杭州特色人文；民俗民宿留住城市乡愁记忆；活态保护激发文化遗产活力；民间力量丰富文化生态空间	众创空间推进互联网创业；生态循环打造美丽新样本；社会治理彰显东方式智慧；全民健身掀起体验型运动；遗产活化守望江南之文脉；爱心奉献传播文明正能量；社区服务提升市民宜居性；休闲杭州带动特色深度游；文化创意撬动产业大发展；平安生活构筑城市防火墙

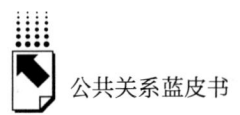

续表

年度 内容	2014	2015	2016
时间	2014年4月19日	2015年6月6日	2016年6月18日
地点	中国扇博物馆广场	金都富春山居·网球中心	浙江音乐学院
参与人数	300人	300人	

年度 内容	2017	2018
十大人物	蔡华、丁列明、Eric 范大勇、支付宝城市服务团队、多米尼克（Domonik）、礼为奇、陈敏、姜青青、方志达、吴伟强、Tim、罗睿绮、杭州市亮灯监管中心工程管理科	袁海琴、黄伟舜、郑小林、陈立群、夏烈、管平潮、王雁春、黄亚洲、卢文丽、孔永高、罗才军、卓永岳杭州市大数据管理服务中心
十大区块		一江双城新核心、建德航空小镇、中国（杭州）人工智能小镇、弯弯托管中心、中国网络作家村、博采传媒"呼呼录音机"、杭燃优家、新坝公厕公共卫生服务综合体、滨江区教育局、拱墅区教育局、颐和·乐龄惠老服务街区、随园嘉树社区
十大活动	都市快报"在岗创业"模式、杭州创意设计中心集聚文创产业、浙江西湖高等研究院成立、杭州移动4G用户突破750万、《韵味杭州》英文版成为峰会指定用书、十一年"西湖读书节"、"十竹斋"木版水印技艺进校园、东梓关村成"网红"、龙坞小水源地保护、G20"小青荷"展现杭州魅力、杭州"夜十景"评选	下姜村及周边地区乡村振兴发展规划启动、科大讯飞浙江总部落户萧山、"最美物业人"评选、知名网络作家杭州行、第六届大运河国际诗歌节、杭州市不动产登记改革跑出全国最快速度、西湖风景名胜区公厕提升工程、开展学后托管服务列入杭州市十大民生实事、70周岁以上老人在杭可免费乘坐公交地铁
十大现象	创业服务激发创新活力、"双创"之都吸引人才流入、移动支付打造智慧生活、国际语言讲好杭州故事、书香杭州温暖城市气质、传统文化延续城乡文脉、乡村再生重塑生活之美、多元参与深化城市治理、志愿服务绘就最美西湖、夜之杭州演绎别样精彩	拥江发展重塑城市空间、"三生融合"推进乡村振兴、人工智能产业显山露水、最美现象成为城市风景、杭州构建网络文学重镇、多媒体融合悦读进万户、数据多跑路群众少跑腿、厕所革命凸显人性服务、教育"双晚"试水获得好评、关爱老人夕阳更美更红
时间	2017年6月3日	2018年5月12日
地点	杭州创意设计中心微立方	良渚梦栖小镇
参与人数	300人	300人

【案例分析】

1. 主题一以贯之，发布持之以恒

杭州生活品质总点评以"让我们生活得更好"为主题，自2005年初次发布以来，一贯坚持杭州的优势特点，洞察城市的未来发展，在各界专家等推荐、评选中，产生年度十大生活现象、人物、区块、活动，向世人全面展示杭州这座"生活品质之城"之美丽画卷。每年的总点评活动是杭州城市品牌网络最具标志性的重大活动，一方面总结提炼一年来杭州城市建设和社会发展成就，一方面积极传播杭州城市品牌和生活品质理念。

2. 入选对象更贴近生活，内容更具时代性、国际范

入选的对象、区块、活动、现象非常贴近生活，点评内容更具时代性和国际范。在G20峰会确定在杭州召开后，2016年的总点评以杭州特色和国际视野相融合的视角，推动杭州建设成为世界名城。评选所产生的年度十大生活现象、人物、区块、活动充分展示了科技与文化、休闲与生态、社会与公益相融合的城市特色，把城市历史与现实共融的独特风貌展现得淋漓尽致。

3. 推荐注重参与性，表达更具故事性

"互动"是总点评活动入选推荐环节的突出特点。推荐采取"线上线下"的平台，邀请四界代表融入推荐环节，通过邮件、微信、组建讨论群等多种形式，在线上线下进行交流讨论和推荐。在3个月时间内，以微信公众号连续推送音视频，图文并茂地传播和推广参与点评的现象、区块、活动、人物。微信公众号持续的转发和点击，形成传播的圈层效应、涟漪效应，通过市民投票、微信点击、专家评审等环节，甄选出十大年度现象、人物、区块、活动。

为避免单纯的信息罗列和平铺直叙，对点评对象运用故事化的手法娓娓道来，精美的VCR匹配"好看"的简介。让公众从一个个生动的故事里读到杭州这一座以"美"为魂的城市的"精致和谐、大气开放"。这种故事性的简介+哲理性的点评表达，正契合了点评活动理性和感性、源于生活和引领生活相结合的标准。

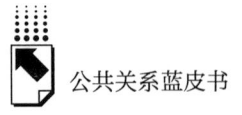

4. 线上线下互动，360度立体传播网

借助立体交叉传播网络，总点评活动形成传统媒体与新媒体、网群媒体与主流媒体、新媒体与嘉宾之间的三维互动的传播网。在主流媒体传播的基础上，增进嘉宾、观众的现场互动和交流，在更大的范围内进行直播和发布活动。这种综合传播模式既是对城市品牌网群和文化的一次再传播，也是展示网群在新时期媒体环境中多层次、立体式传播模式的新突破。

5. 杭州故事，国际表达

以"独特韵味、别样精彩的世界名城"为核心，总点评综合了"创新活力之城""历史文化名城""生态文明之都""东方品质之城"四大方向，将杭州城市独特韵味和现代国际交流相融合，用国际化语言讲好杭州故事，评选产生年度十大现象、人物、事件，展示杭州城市历史与现实交融的独特韵味。总点评故事在表达上更注重故事性，成功示范了用国际语言讲好杭州故事，对现象、人物、事件进行生动阐述，彰显杭州这座城市的独特韵味、别样精彩。

（二）杭州市民体验日：借力峰会，体验征集更具国际视野

【案例简介】

杭州市民体验日是一年一度杭州城市生活文化的集中展示日，也是市民切身体验杭州城市品牌建设的节庆日。杭州市民体验日正式启动源于2008年，这是杭州城市品牌促进会同有关部门、行业协会、社会团体等共同举办的城市文化活动。每年体验主题围绕"品味生活，品质杭州"展开，体验日每年二月份启动，四月开幕。在全市及都市圈范围征集80个品质体验点，将体验点组合成体验活动线路，免费集中开放，并伴随优惠活动和丰富的互动参与，吸引杭州市民参与体验活动。同时开展最热体验点、最佳体验线路等评选活动。

2008年至2018年，杭州市民体验日共推出了520个最具品质体验点和80个金城标体验点，生活品质体验活动已经吸引805万人次参与，成为长

三角最具影响力的城市文化体验活动。参与者可以全方位地直观体验到杭州在经济、政治、文化、社会、生态文明建设等方面取得的成就。借此机会，城市文化理念从专业领域走向大众参与，从学术研究进入社会生活。

2018年8月"杭州体验日暨八·一七稻米节"在杭州黄龙体育场准时启动。因南派三叔《盗墓笔记》而兴起的"稻米节"的近万名粉丝，从全国各地浩荡而来。一座可容纳七八千人的体育馆人山人海，借着杭州城市品牌的年度标志性活动——2018'杭州市民体验日，充满热情和期待的粉丝们以踏点打卡的方式，把心目中的杭州圣地尽情游览了一圈。正是因为有着众多的杭州行业品牌与其城市品牌互动并发挥落地支撑的作用，"生活品质之城"才可以如此"美丽华贵"，才可以如此经久不衰。一个文艺IP对接上城市品牌这样一个大舞台，其价值认知和感召力就达到了新的高度。

【案例分析】

1. 全面布局，建立长效发展的体验模式

经过十年的发展和经验积累，杭州市民体验日在组织评选、筹办活动、运作项目和传播推广方面均形成了独特的长效发展的体验模式。在总体组织上，活动围绕构建"一个总平台，多个运作主体，多个体验圈层，不同体验时段"的立体体验目标，推动活动集中化和常态化有机结合，实现由单个社团自主操作与项目平台运作及其事业链构建的转型。如环保主题体验，运河文化主题体验，美丽乡村、运动休闲主题体验，以及智慧生活创意园区主题体验等活动，都由不同层级的政府部门、行业协会、文化单位等牵头举办。

2. 多维联动，共建共享

为提高活动的丰富程度、扩大影响，体验日活动积极邀请社会各组织共同参与。在体验点的征集和活动的策划和体验人群的组织上，不断探索、不断创新优化。现已形成主题工作小组，围绕体验主题内容，联动（若干）对应社群（主体），共同策划、设计，培养一个消费群体，建构了有分有合、各方参与的良性互动的社会化运作的共建共享的体验方式。

3. 集中组织，推动社群化的参与模式

参与体验的人群是体验日活动整体升级的主体。为增进主流市民群体的参与，自2013年始，体验日着手构筑体验社群，更注重社群在社交领域的传播效果，助力体验社群在体验过程中进行对外传播，使体验活动的专业化程度大大提高。同时依托现有资源，建设体验点社群、丰富体验形式，发动社群通过各种媒体对体验内容进行点评、建议、创作等，逐步推动体验活动从集中到常态，从泛泛推广到精准传播的模式转变。积累了诸多社群体验团资源，真正实现了社群化参与模式。

4. 交叉体验，形成互动的体验网模式

2010年，活动首次加入杭州都市圈县市与杭州中心城区的交互体验，让杭州市民"走出去"，也把周边县市居民"引进来"。经过五年的发展、磨合，都市圈体验活动已从早期单一的风景旅游式体验扩展到统筹城乡共同发展的深度合作，逐步由你、我，形成了"我们"观念。在"规划共绘、交通共联、市场共构、产业共兴、品牌共推、环境共建、社会共享"总体目标下，初步形成了都市圈之间县市间的交互体验，创造了互动交错的体验网模式。如德清参加了富阳的乡村经济转型体验，海宁市民赴德清体验交流美丽乡村建设。这种大杭州范围内的交流互动，使体验日活动在都市圈的影响力进一步扩大。

5. 策划先行：内容新颖，兼顾形式创新

新颖的传播内容和创新的传播方式是保证传播效果的关键。要让年复一年的体验日在市民心目中有新鲜感，必须策划先行，每年体验的主题和形式是重中之重。

启动仪式是体验日活动的传播焦点，是集聚展示体验活动理念的重要载体。启动仪式在组织上更加灵活、广泛，内容也更加多样、丰富。比如2015年市民体验日首次打造一"会"一"集"，即"杭州体验"年度发布会+"杭州体验·集"集装箱体验活动，探索以集中化、体验式的生活文化展示展览活动推动启动仪式的社会化运作。将生活化、趣味性、科技性的体验内容和相关活动集中在启动仪式现场，形成了一个大型公共文化体验区块，为体验日的转型升级进行了有益的创新和实践。

传播形式的创新是保证传播效果的另一驾马车。每一届的体验日的传播方式都是独特的，比如2014年体验日以"我们的大运河，世界的大运河"为主题，展开"舌尖、足尖、指尖上的运河"主题体验，将体验日、运河文化、运河申遗三重主题有机结合，共建传播热点。不用于以往纪实性时政化的风格，此次体验宣传片风格更轻松活泼，并借助海报、体验明信片、宣传片更好融合和演绎了体验日的关键词。

6. 传播方式：从大众传播走向社群传播的创新

从总体的传播趋势上看，体验日的传播方式从广泛的社会传播逐步向以社群为单位、更为精准的分众传播方式转型。活动以"体验师"和自媒体建设为突破口，使体验日活动有了更为有效的传播。一是以"体验导师"构建具有影响力和运作力的社群体系和传播窗口，形成了"体验导师""体验师""体验义工"三位一体的体验场域。二是以自媒体建设推动社群圈媒体传播。通过微信平台联结形成一个个社群圈的传播，自2014年开始，在"杭州城市体验"（订阅号）公众号和"杭州体验"（服务号）微信平台，融入了体验报名、体验互动、体验评价等功能。微信发布内容融入杭州城市的地方特色和文化特点，打造一个具有杭州气质、地域黏性的公共文化生活服务空间。

7. 立足"杭州体验"，引领城市营销创新升级

经过十年的探索与实践，体验日项目组已逐步实现"体验活动的主题化，操作团队的合作化，体验队伍的分类化"的目标。搭建了一个以"城市品牌促进会→体验分会→若干个1+x主题体验组织"为基本构架的体验组织体系。塑造"杭州体验"强势品牌，是杭州城市品牌营销转型升级的重头戏。在整体构建上围绕"三化一中心"推动项目事业的转型升级，即通过活动组织的社群化、项目运作的品牌化、体验产品的社会化来进一步提升"杭州体验"的组织模式和传播效应。构建一个具有造血功能的事业共同体，推动社会效应和经济效益的良性互动。比如2018年"杭州体验日

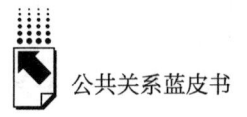

暨八·一七稻米节"的成功举办是城市体验营销的有益创新。锻造了杭州大IP+主题IP的共创共建共享共赢的营销模式。一个文艺IP对接上城市品牌这样一个大舞台，其价值认知和感召力达到了新的高度。

（三）杭州国际体验日：国际联动的文化体验营销

【案例简介】

2008年"杭州国际体验日"活动正式启动，至今已有11个年头。杭州国际体验日以"让我们生活得更好"为理念，每年根据历史文化名城、创新活力之城、生态文明之都、东方品质之城四大主线，以东西方生活文化对话交流为主题，整合杭州特色产业资源以及城区、景区、街区、社区资源，共推出上百个国际体验点和体验项目。活动邀请外国驻沪领事、国际文化团体、外国企业家、国际艺术家、外籍高管、国际媒体以及在杭国际友人等嘉宾代表进行交流体验。10年来，已有40多个国家3000多位国际嘉宾，参与了杭州品质生活、城市治理、公共服务、街巷风情、民俗文化、社区生活、餐饮休闲、创新创业、小镇园区等100多个专题的体验交流。活动已成为国际友人走近杭州、了解杭州的重要窗口，成为展现杭州城市魅力的重要平台，也为杭州市民搭建了了解世界各地的生活文化礼仪风俗的平台。

国际体验日内容主要包括：东西方生活文化主题体验活动、东西方城市对话活动、艺术家驻站计划、HOMESTAY居家体验以及费城"杭州日"等多个活动项目。以"东西方生活文化交融"为主题，策划实施对话法兰西、意大利、美利坚等年度交流活动；唱响"双城记"，开展与世界名城对话交流的活动，达到了传播杭州城市品牌的目的。国际友人深度接触生活化的城市体验，感受杭州的文化品位和风土人情。活动兼容杭州东方品质，并包国际时尚气息，从体验建立对话，由对话引领合作，以合作促进双赢，有效促进杭州融合东西方生活文化、成为国际生活文化交流体验中心，同时推进城市国际化、提高城市知名度、提升城市美誉度。

2018年的9月5日，"杭州国际日"作为国际体验日的升级版本盛大开幕，来自 29 个国家的 90 位国际嘉宾将参与"驻沪领事杭州行"活动，体验杭州独具韵味的生活文化风情。本次"驻沪领事杭州行"活动是 2018 杭州国际日系列活动之一。此次体验的主题是"传统与现代：传承中的杭州"，外宾们来到西泠印社、中国丝绸博物馆以及楼外楼，体验金石篆刻、丝绸工艺、杭帮美食等杭州传统特色内容如何在现代工艺与设计的加载下更具风味与活力；来到阿里巴巴，体验与交流最新的互联网应用，探讨互联网如何更好地为城市的经济产业以及生活内容服务。借此杭州国际日活动开展期间，杭州面向在杭生活的外籍人士也特别推出了"杭州通·国际卡"以及"杭州国际社区"服务平台，"为杭州读一首诗"国际读诗活动、西班牙摄影师拍杭州、艺术家驻站计划、HOMESTAY 居家体验等多个项目。

【案例分析】

1. 打造东西方文化相融合的启动仪式

打造一个既有东方色彩又具有国际格调的标志性活动，是国际体验日近年来不断探索和提升的方向。自 2011 年起，杭州国际体验日以启动仪式为核心，结合杭州特色文化，尝试将启动仪式活动打造成为东西方生活文化碰撞交流、融会贯通的大舞台。

2015 年国际体验日启动仪式因地制宜，融合上城区"南宋文化"特色，与南宋斗茶会相结合，以整个五柳巷文化历史、文化街区为载体，通过传统文化艺术演绎、民居生活体验等方式将东方的生活文化以世界的语言呈现出来，综合展示了杭州的人文风貌、文化特征以及生活方式、优势产业等，为国际了解杭州提供一个快速、直观、感性的"导读"窗口。

2. 策划杭州生活文化特色的主题体验

"生活化"的体验设计一直以来是杭州国际体验日的核心要素。外国友人已不满足于走马观花地欣赏这座城市表面的风情，渴望更深入地感受这座城传统与现代、东方与西方、文化与经济高度融合的精气神。经过多年精心策划梳理，现已形成主题式的东西方生活文化体验设计的精彩体验路线，包括南宋茶文化体验、运河文化体验、传统工艺体验、社区生活体验、街巷风情体验、城市设计艺术体验、湘湖文化体验和杭州乡村体验。活动以东西方文化差异为纽带，在体验过程中重点交流与展示了杭州生活方式、文化习俗以及邻里关系。文化源于生活，又体现在生活，通过主题式的体验对话和设计，加强东西方生活文化的沟通交流，让"东方品质之城、幸福和谐杭州"在国际上获得认同感。

3. 推动国际性交流项目的社会参与

民间机构、行业、企业积极搭建平台、寻找途径，以项目和活动为支点，加深杭州与国际城市之间的交流与合作。为了更好地整合国际性活动资源，国际体验日在坚持政府引导的基础上，进一步推动与国际社群的互动，发挥了企业和社会团体的主体作用。

一是联动国际社群开展常态体验，联系了法语联盟、德中协会、意大利Eblu Communication摄影工作社、意大利西北联合会、Hangzhou Expact等民间机构，陆续开展了法国文化周、意大利摄影周、杭州教育专题体验交流、摄影家Homestay体验等，既丰富国际日活动内容，又提升了国际人群的参与度，及对杭州城市发展的宝贵建议。

二是拓展国际渠道开展国际交流，活动联动中国摄影家协会、意大利摄影家协会、欧洲塞浦路斯摄影协会、杭州摄影艺术家协会、杭州市摄影艺术学会等开展了"他视野，我的城"国际摄影师拍杭州活动，通过活动推动国际日"走出去"，开展意大利米兰杭州生活文化周、米兰世博会"杭州日"、杭州遇见西雅图等活动，为国际双城生活文化体验积累了有益探索和成效。

三是建立国际体验点并对外展示。活动联合市旅游形象推广中心，在"社会资源旅游国际访问点"和"体验点"之间进一步挑选了一批国际体验点，在内容互动、接待交流等方面引领示范，为G20体验接待服务率先试演，提升国际日及系列活动的影响力。

4. 构建具有国际传播力的营销网络

为进一步拓展活动在国际城市间的传播和交流，国际体验日的传播除了延续国内外主流媒体的宣传报道、合作外，还拓展微信公众号的传播延伸。

主要体现在：

一是借力发力注重事件营销。2015年，结合G20落户杭州"超级事件"，活动启动了"国际体验点评选"的预热活动，邀请最具品质体验点及金城标体验点参与活动，网群与各参与单位的公众号一起发力，粉丝关注量得到了较大的提升。"他视野，我的城"的摄影师招募计划更是得到了诸多国际社群机构的集体关注和转发，达到了传播倍增效应。

二是精心策划与外媒的传播合作。与《That's 杭州》、Hangzhou Weekly、《上海Daily》海外华文媒体等对接、合作，并开通报名通道，使国际体验日活动在杭、沪两地的外国人交流圈中有了更广泛的传播参与。

三是加强自身传播的国际化运营。除开设了国际日专题网站外，微信公众号也实现了国际日中英文同步上线，让外国嘉宾可以即时互动。活动标识设计也更加国际化，在所有传播途径使用了微信公众号二维码，国际化传播理念和与时俱进的新媒体传播手段，进一步增强了国际友人对杭州城市的认知和好感，大大提升了这座有爱、有温度的城市的国际影响力和城市美誉度。

三　后G20时代杭州城市品牌传播展望

2016年杭州G20峰会给予了杭州一个特殊亮相机遇，向全中国乃至全世界传播杭州的城市品牌。而G20过后，杭州将迎来2018年世界短道游泳锦标赛、2022年亚运会等国际性事件，杭州在"独特韵味，别样精彩"世界名城的建设道路上任重道远。如何在推进杭州城市国际化进程中，通过政府的引领、全民的参与、基于城市品牌的城市传播管理达成社会共识？这迫切需要进一步的城市管理的机制创新。在全球化和移动互联网时代，如何通过360度的城市传播管理，争取海外主流媒体的传播声量能与本土传播的声量匹配，这些都是杭州城市品牌在后G20时代的整合营销传播中需要认真探索和考虑的。

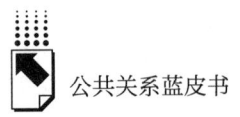

（一）接轨国家形象战略，讲好杭州故事

近年来，随着中国经济的快速增长、综合国力的不断提高、国际地位的进一步提升，中国在国际上拥有了越来越多的话语权，对国家形象的国际传播越来越重视。如何构建国际大国形象已经成为中国十分重视的战略问题，为此国家出台多方政策重塑国家形象。G20峰会虽然为杭州带来了一定的国际知名度，但与北京、上海等国际大都市相比，仍然有较大差距。在这种背景下，积极依托国家形象战略，寻找国际接轨点，依靠国家的政策力量比单纯的城市形象传播具有更好的传播效果。例如近年来国家提出了"一带一路""数字中国"等战略，杭州要积极抓住这些机遇，将杭州深厚的人文历史底蕴和创新活力结合，讲好传统与时尚、科技与文化、数字与人文的杭州好故事，向世界展示一个既有深厚历史文化底蕴又有创新活力的国际城市形象。

（二）构建360度的城市品牌整合营销传播理念

整合营销原是市场营销中的一个概念，指的是通过使用各种不同的传播手段，发挥不同传播工具的优势，实现组织的营销目标。城市形象的传播并不是单纯的城市外观、城市景色、城市建筑的传播，而是一套系统的工程，政府应整合各部门资源，充分发挥服务者的角色，围绕"一个声音"，有计划、有步骤地对城市的各个方面开展协调一致的整合营销传播活动。

（三）运用基于大数据的精准和有效传播

移动互联网的出现推动了传播技术的创新，也给城市管理者提供了一个巨大的数据库。基于移动互联网应用的大数据技术，能全面记录和动态追踪每一个个体目标消费者的行为轨迹，从而通过数据挖掘和关联分析，得到目标消费者的精准画像。大数据还能预判目标消费者在特定时间和场景下的消费，根据消费者已有的消费记录预测消费者的关联"消费需求"。通过与特定移动设备持有者的身份匹配，保证品牌传播过程的精准可控。城市品牌需要调整自己的传播战略,把握移动互联网时代下的精准传播策略,建立完整且可持续的城市品牌传播管理生态圈。

(四)探索城市品牌管理模式的创新

"未来的营销是品牌的战争",城市的营销也不例外,而品牌管理模式是实施品牌战略的核心内容。城市面临的重要现实问题是如何依托城市的特色,促进有效创新,建立科学的品牌管理模式。一般品牌存在于消费者、市场、产品和企业之间,要围绕品牌与四者的关系研究管理模式,城市品牌管理模式的创新也要从这四方面来考虑。在城市品牌与市场关系上,要坚定新时期杭州"独特韵味,别样精彩"的世界名城城市定位。在品牌和消费者的关系中,在坚持共享共建的价值基础上,以对更多城市利益相关者的价值承诺来调动其对城市品牌塑造传播的积极性。在品牌和产品的关系上,创新城市品牌文化,根据消费者需求不断开发出有市场竞争力的城市产品,完善相关服务。最后,评估和传播品牌对城市的价值,规范评价体系,帮助政府和市民树立城市品牌价值观念。

(五)以城市民间外交促动城际传播

城市愈发成为国际关系中活跃的行为主体,是国际化和全球都市兴起的结果。同时,城市的外交职能得以丰富,城市外交进而成为新兴的外交形式。与致力于捍卫国家利益和执行对外政策的国家外交相比,城市外交包含着寻求管理多样化的城际国际利益、提升社会团结、拓展城市发展空间等目的,尤其是全球化快速发展的时期,绝大多数城市面临着多样化族群、环境、文化等共同挑战和其产生的外交问题,需要通过外交的手段来为城市的安全繁荣和可持续发展营造良好氛围[1]。城市外交的过程也是城市品牌的传播过程,尤其可以通过城市的民间外交,传递城市品牌价值,探讨交流城市管理经验,谋求城市之间的利益共享。而"品牌化"也有助于在城市外交

---

[1] 赵可金、陈维:《城市外交:探寻全球都市的外交角色》,《外交评论》2013年第6期。

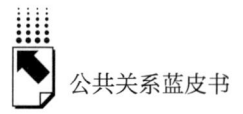

中塑造城市形象，帮助城市赢得信任和尊重，提升人们对城市品质和竞争力的期待。在城市外交中可以以城市品牌价值为诉求，联动城市行业、企业品牌为载体，以城际全方位的体验交流为手段，达成城际互动互晓、合作共赢。

参考文献

陈柳钦：《城市形象的内涵、定位及其有效传播》，《湖南城市学院学报》2011年第1期。

常江：《作为IP的中国——概念、形象、叙事》，http：//news.china.com.cn/txt/2017-04/19/content_ 40650144.htm

何春晖：《城市品牌国际化传播中的讲故事模型探索》，《对外传播》2018年第6期。

黄灿灿：《人民日报社"中央厨房"解读》，《新闻论坛》2016年第1期。

刘波：《全球化时代城市外交的地方经验——以北京为例》，《西部学刊》2017年第4期。

章伟良：《杭州城市国际化进程中对外传播格局的构建》，《对外传播》2015年第11期。

赵可金：《中国城市外交的若干理论问题》，《国际展望》2016年第1期。

赵可金、陈维：《城市外交：探寻全球都市的外交角色》，《外交评论》2013年第6期。

刘彦平：《中国城市营销发展报告（2016）》，中国社会科学出版社，2017。

B.11 中国民众国际形象研究报告（2018）

于运全 张楠*

摘　要： 本报告重点关注中国民众的国际形象传播问题，通过辨析国家形象与国民形象的概念界定与相互关系，分析在民意调查、媒体报道、影视文学作品和人际传播中的中国国民形象，探讨当前中国民众国际形象塑造与传播中存在的主要问题，并提出相应的对策建议。

关键词： 国家形象　国民形象　中国

习近平总书记在党的十九大报告中指出："世界正处于大发展大变革大调整时期，和平与发展仍然是时代主题。"一方面，当前世界格局正在发生深刻变革，世界多极化、经济全球化、社会信息化、文化多样化深入发展，世界面临的不稳定性、不确定性也日益突出；另一方面，中国国内的改革发展进程正在稳步前进，风景这边独好，尤其是党的十八大以来，内政外交各领域出现崭新局面，中国特色社会主义进入新时代。

2018年是中国改革开放40周年。40年来，中国不仅实现了自身的飞跃发展，也积极展现了大国担当，将中国经济发展红利与世界共享，为人类和平与发展做出了中国贡献。中国日益走近世界舞台中央，国际社会对中国的关注达到了前所未有的高度。站在全球"聚光灯"下，中国形象和中国人形象问题日益成为外界关注焦点，中国国家形象和国民形象的塑造

---

* 于运全，当代中国与世界研究院研究员；张楠，当代中国与世界研究院副研究员。

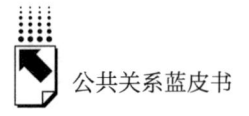

与传播也面临着重要机遇与挑战。本报告重点关注中国民众的国际形象传播问题，通过辨析国家形象与国民形象的概念界定与相互关系，分析在民意调查、媒体报道、影视文学作品和人际传播中的中国国民形象，探讨当前中国民众国际形象塑造与传播中存在的主要问题，并提出相应的对策建议。

一 国民形象是人格化的国家形象

国家形象一般指国际公众对一国在整体上和具体的不同领域、不同维度上的定位、认知与评价。大体上，国家形象可以分为整体形象和局部形象两大类。整体形象是国际公众对一国的整体印象与评价，往往体现在他国对该国的战略定位、各种类型的国家排名、民调中的好感度等方面。局部形象则是国际公众对一国不同领域形象的认知与评价，可以进一步分为政治形象、经济形象、文化形象、社会形象、国民形象等具体形象。

其中，国民形象主要指国际公众对一国国民的身体素质、精神风貌、性格特征、文化水平和文明程度等方面的印象与评价。评价的对象不仅包括该国的国内民众，也包括该国的出境游客、海外留学生和务工人员、侨民等境外群体。评价的形式可以是通过民意调查报告、媒体报道以及影视文学作品等载体来实现。可以说，国民形象是人格化的国家形象。

总体而言，整体形象与局部形象、不同类型的局部形象之间是互相促进、互相影响、相辅相成的有机统一体，如良好的文化形象有助于带动对该国相关文化产品和企业的认同。又如，良好的国家形象有助于增进国际社会对该国民众的尊重与认可，其国民形象就易于偏向积极正面；反过来，一国民众在国际上的良好表现和赢得的赞誉也有助于提升国家声誉和整体形象。但同时也需要注意，由于一国不同领域可能存在发展或传播的不均衡等情况，局部形象与整体形象之间、不同类型的局部形象之间也可能会出现不完全一致的现象，如一国经济实力雄厚，经济形象获得认可，却不一定有同样良好的文化形象或社会形象，反之亦然。

一国的国民形象与其国家形象息息相关，往往随着国家形象的发展演变而变化。作为世界四大文明古国之一，中国的国家形象在漫长的历史进程中经历了不断的演变、丰富和发展。从秦汉以来奠定的"大一统"形象，到唐宋时期的国力强盛、经济繁荣、文教昌盛的东方文明大国形象，又到晚清之后屡次被列强打败被迫签署不平等条约的没落弱国形象，再到中华人民共和国成立特别是改革开放以来在世界舞台上所呈现的独立、和平、发展、合作、负责的大国形象，中国的国家形象在不同的历史时期呈现各自的特征。相应地，中国民众的国际形象也在不断发展变化当中。西方对中国和中国人形象的关注最早可以从《马可·波罗游记》问世算起，至今已经有7个多世纪的历史[①]。中国人的形象既曾有国家强盛时期的文明礼教、勤劳富足的形象，也曾有没落时期的愚昧自大、"东亚病夫"形象，更有当代的勤劳敬业、开放包容形象。随着中国特色社会主义昂首迈入新时代，中国人民也在全面建设小康社会的前进道路上，将崭新的精神面貌和国民形象展现在世人面前。

二　中国民众国际形象的多元图景

国民形象属于一种主观认知与评价，是对一国国民客观真实状况的主观反映，在很大程度上受到传媒、舆论、价值取向和意识形态等因素的影响，并随热点事件、突发事件可能会出现较大起伏变化，出现"沉默的螺旋"效应，最终呈现出来的是一种多元而复杂的国民形象图景。在全球化背景下，国民形象的呈现渠道十分广泛，在国际民意调查、主流媒体报道、影视文学作品和人际传播中均有体现。

（一）国际民意调查中的中国国民形象

国际民意调查是直观、科学地衡量和评估一国国民形象的重要方式。为

---

① 参见周宁《西方的中国形象史：问题与领域》，《东南学术》2005年第1期。

准确把握全球受众对中国国家形象的认知情况，当代中国与世界研究院（原中国外文局对外传播研究中心）自2011年起连续开展中国国家形象全球调查，已成为国内重要的国家形象自主调研品牌。其中，海外受众对中国国民形象的认知与评价已成为每年中国国家形象全球调查的一项重要内容。通过调查发现，海外受众对中国国民形象的评价集中在神秘、理性、勤劳敬业等方面。

在2013年调查中，中国人的形象在11个被评价国家居民中名列第5，半数以上的外国人愿意和中国人打交道。海外民众认为中国人神秘、理性、创新、温顺并且很幸福。各个国家对中国人的认知略有差异：印度民众认为对中国人最了解，而俄罗斯民众则认为中国人最神秘；巴西民众认为中国人理性、守旧、有个性；南非民众认为中国人最具创新性；英国民众认为中国人最温顺；印度民众认为中国人最幸福，美国民众认为中国人较不幸。

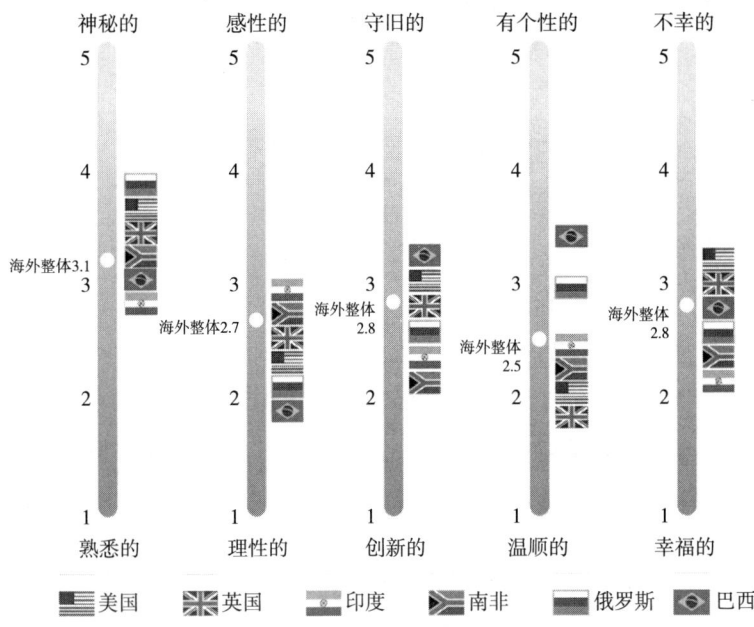

图1　2013年中国国家形象全球调查中的中国国民形象

资料来源：《中国国家形象全球调查报告2013》。

在2014年调查中，海外民众认为中国人神秘、理性、有个性并且很幸福。各个国家对中国人的认知略有差异：巴西民众认为对中国人最了解，而南非民众则认为中国人最神秘；俄罗斯民众认为中国人理性、创新且十分幸福；日本民众认为中国人感性、守旧、有个性但较不幸；英国民众认为中国人最温顺。

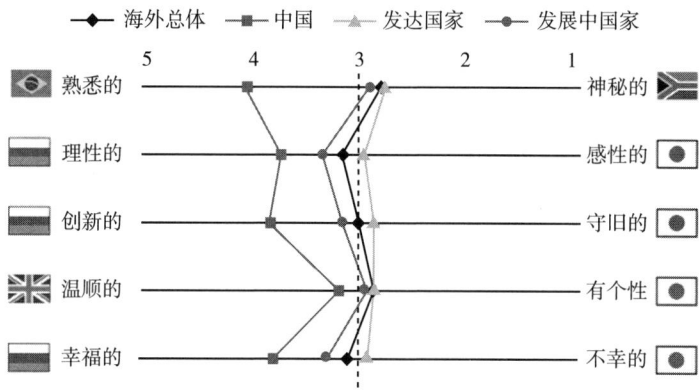

图2　2014年中国国家形象全球调查中的中国国民形象

资料来源：《中国国家形象全球调查报告2014》。

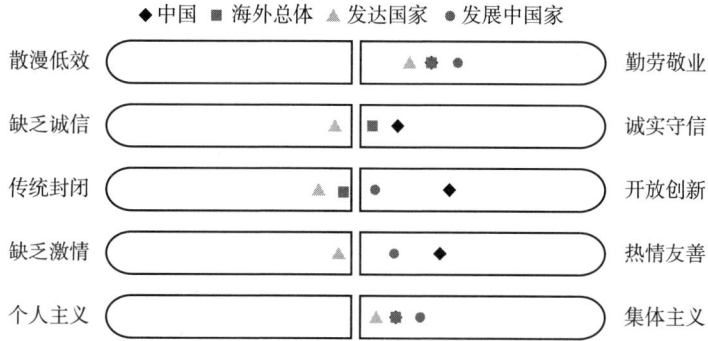

图3　2015年中国国家形象全球调查中的中国国民形象

资料来源：《中国国家形象全球调查报告2015》。

在2015年调查中，全球受访者对中国国民的印象普遍是正面积极的。相较于发达国家而言，发展中国家对中国国民有更好的印象。在海外受访者中，认为中国国民勤劳敬业的受访者最多，其次是集体主义、热情友善和诚实守信。发达国家有一定数量的受访者认为中国国民偏向传统封闭，缺乏开放创新。

在2016～2017年调查中，海外受访者对中国国民的印象普遍积极正面。相较于发达国家而言，发展中国家对中国国民有更好的印象。与2015年调查结果一致，认为中国国民勤劳敬业的海外受访者比例最高，其次是集体主义、热情友善和诚信谦虚。部分海外受访者尤其是发达国家受访者仍旧认为中国国民偏向传统保守，缺乏开放创新。

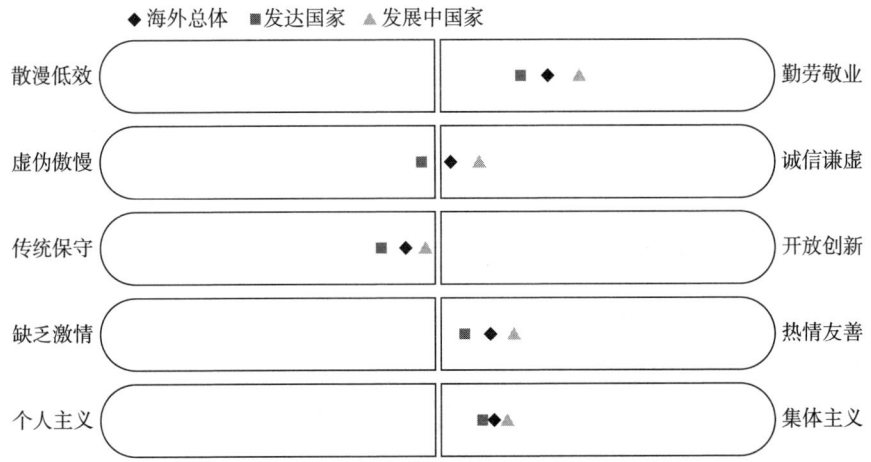

图4　2016～2017年中国国家形象全球调查中的中国国民形象

资料来源：《中国国家形象全球调查报告2016～2017》。

（二）主流媒体报道中的中国国民形象

近年来，随着中国综合实力和国家整体形象的不断提升，中外经贸流通、人员往来、文化交流等日益频繁，西方主流媒体和受众有了更多的机会与可能去接触和了解一个真实、全面、立体的中国与中国人，以往受意识形态、文化传统、思维模式差异的影响而对中国和中国人的印象不尽客观或有所偏差的情况正在有所好转，中国民众在国际主流媒体报道中的形象正在不断改善。

近期有学者对美国主流媒体《纽约时报》、《华盛顿邮报》、《时代》周刊等三大报刊在 2018 年 3 月至 5 月间涉及在美华人的文章进行分析发现,相关报道从学生、学者、雇员、商人和艺术家等不同群体角度,呈现了在美各个领域的华人适应力强、不可或缺、聪慧节俭、为世界不同群体的联结和交流做贡献的形象。这与美国排华时期主流报刊中的华人形象形成了鲜明的对照。虽然也有极少数涉及了美国华人餐馆要求餐前付账受到顾客的投诉、有关巴菲特的纪念品被华人追捧等事件,但大多是就事论事,而非对华人本身的攻讦和批评。这和从 19 世纪中期到 20 世纪中期的美国排华运动中的情况截然不同。① 华人在美国主流报刊中的形象日趋正面。

2011 年 3 月东日本大地震发生后,中国作为日本一衣带水的邻邦,从政府到民间都对此次灾害事件密切关注并迅速做出反应,中国政府及时向日本重灾区派出国际救援队并连夜运送救灾物资,广大的中国民众以及在日本的华人华侨与中国留学生等也积极发表慰问,为灾区祈福,踊跃捐资捐物,有些甚至直接奔赴灾区协助开展救援活动。2011 年 8 月 26 日,宫城县境内的松岛迎来了灾后首批来自中国的民间旅游团,日本的 NHK、TBS 等主流媒体均在第一时间就此事做了相关报道②;另据日本当地媒体消息,2011 年 9 月,中国游客持"银联卡"在日本的总消费金额超过 55 亿日元,刷新了"3·11 日本大地震"发生前的历史最高纪录③。中国民间旅游团与游客以旅游消费的形式支援了日本的灾后重建工作。中日民众在大地震面前的善意互动加上媒体的传播,使得两国民间感情迅速升温,一时间在媒体和互联网上,日本民众对中国政府和人民的支援充满了诚挚的谢意,中日网民的相互评论中也充满了善意,甚至在震后 5 周年的 2016 年 3 月 11 日,日本驻华大

---

① 杨博:《美国主流报刊中趋于正面的华人形象》,《青年记者》2018 年第 16 期。
② 《凤凰网旅游跟随震后首批中国游客探访日本宫城县》,凤凰网,http://fashion.ifeng.com/travel/world/detail_ 2011_ 08/29/8753456_ 0. shtml,访问时间:2018 年 9 月 15 日。
③ 《中国游客 9 月银联卡日本消费创新高》,证券时报网,http://kuaixun.stcn.com/content/2011-10/08/content_ 3618015. htm,访问时间:2018 年 9 月 15 日。

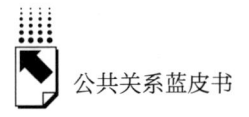

使馆还以驻华大使木寺昌人的名义在《环球时报》刊登广告，题为"感谢中国！日本东北地区欢迎您！"通过媒体的传播，中日两国国民感情、中国和中国人民在日本的形象都得到了提升。

（三）影视文学作品中的中国国民形象

影视文学作品是向国际公众展示中国国民形象的重要传播载体。影视文学作品往往取材广泛，贴近生活，内容丰富，形式多样，加之光环闪耀的明星效应、现代科技打造的视听盛宴以及便捷的社交网络分享与互动，容易在海外受众尤其是海外青少年群体中以大众喜闻乐见的形式潜移默化地传播、流行开来。近年来，西方影视文学作品中的中国元素、中国面孔越来越多，中国影视文学作品的出口量也逐年上升，向国际受众展示了更加真实、鲜活而多元的中国国民形象。

在好莱坞早期影像作品中，中国人的形象往往与"黄祸""丑陋"等负面标签相关联；20世纪70年代以后，以李小龙的《精武门》《龙争虎斗》、成龙的《尖峰时刻》、周润发的《卧虎藏龙》等经典作品为代表的动作、武侠电影带来的"中国功夫"风一定程度上修正了西方受众眼中"羸弱""怯懦"的中国人形象，曾经的"东亚病夫"变身"功夫之王"；再到2008年北京奥运会，来自各行各业、各族各界的7万多名国内外志愿者在赛场内外提供志愿服务，志愿者的微笑成了北京最好的名片，自此普通中国人开始日益频繁地走入西方公众视野，而日渐富裕起来的中国人在好莱坞影片中的形象也逐渐大为改观。随着中国国内电影市场的票房一再飙升，中国元素在好莱坞备受青睐。科幻电影《阿凡达》曾到张家界取景，灾难电影《2012》将拯救人类的诺亚方舟设定为中国制造，荣获多项奥斯卡奖项的《地心引力》中主角最终重返地球是依靠中国天宫空间站和神舟飞船，最近的科幻动作巨制《环太平洋：雷霆再起》中甚至直接融入大量中文台词……越来越多的中国元素、中国面孔、中国企业出现在好莱坞的主流电影中，展现出更加正面、积极的中国和中国人形象。

与此同时，中国影视行业也正在稳定繁荣地发展起来，大量展现中国传统文化、讲述现代中国人故事的优秀影视剧出口海外,将中国文化与当代中国人形象在世界传播开来。2017年中国国产电影海外票房和销售收入42.53亿元,比上年38.25亿元增长11.19%;《战狼2》在北美、东南亚、澳洲、欧洲的30个海外国家和地区同步上映,向世界展现热血坚毅的中国军人形象,最终海外总票房760万美元,创造了年度华语片海外发行的票房纪录。[①] 2015年,中国电视剧进口额2.95亿元,进口数量126部,出口额3.77亿元,出口数量381部,出口额数年来首次超过进口额(2012~2016年中国电视出口情况参见图5、图6)[②];海外热播的古装剧《甄嬛传》《琅琊榜》为中国古代文化和中国古装明星赢得众多国际粉丝;都市情感剧《媳妇的美好时代》呈现了当代中国都市家庭关系及现代年轻人的婚恋观,在非洲等地掀起收视热潮;犯罪题材电视剧《如果蜗牛有爱情》受到海外粉丝热捧,对中国警察的海外形象塑造产生积极影响;反腐电视剧《人民的名义》展现了当代中国检察官维护公平正义和法制统一的形象,在海外推出后迅速成为文化热点,受到BBC、CNBC、Quartz、《联合早报》等海外媒体及网友的极力推荐。

文学作品中塑造的中国民众形象在其读者群体中也颇有影响力。美国女作家赛珍珠(Pearl S. Buck)出版的长篇小说《大地》塑造了一系列勤劳朴实的中国农民的形象,在20世纪上半叶有力地改变了不少西方读者眼中的中国和中国人印象;美国华人女作家严歌苓创作的小说和剧本中以对东西方文化魅力的独特阐释,丰富、生动地展现了包括底层人物和女性人物在内的中国人形象;澳大利亚籍华裔欧阳昱(Ouyang Yu)在其所著《澳大利亚小说中的中国人,1888~1988》[③]中,细致分析了百年来澳洲小说中的中国人形象变迁。中国文学作品也在持续发力。如今,文学IP化正大行其道,现象级IP的打造更是为中国文学,特别是网络文学的海外传播提供了强大助力。自2016年以来,中国网络文学在海外的传播成为网文界乃至整个文

---

① 《2017中国电影"走出去"交出亮眼成绩单》,《中国电影报》2018年1月12日。
② 资料来源:国家统计局网站,www.stats.gov.cn。
③ Ouyang Yu, *Chinese in Australian Fiction, 1888-1988*, New York: Cambria Press, 2008.

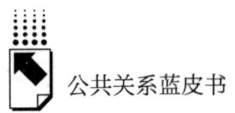

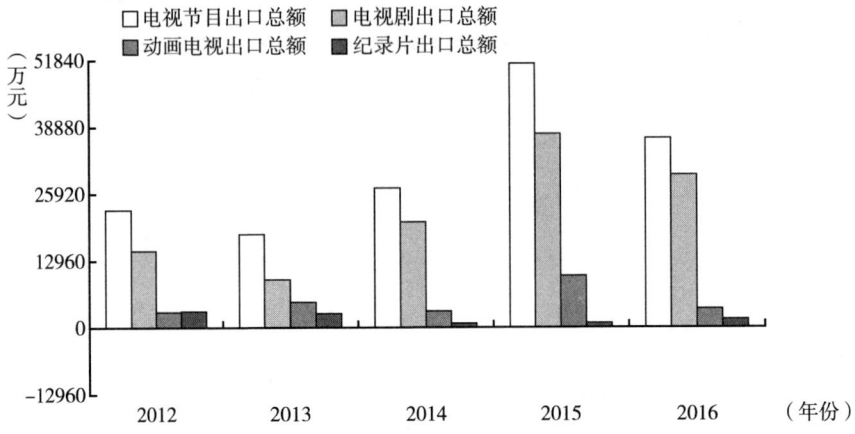

图5 2012～2016年中国电视出口总额

资料来源：国家统计局网站，www.stats.gov.cn。

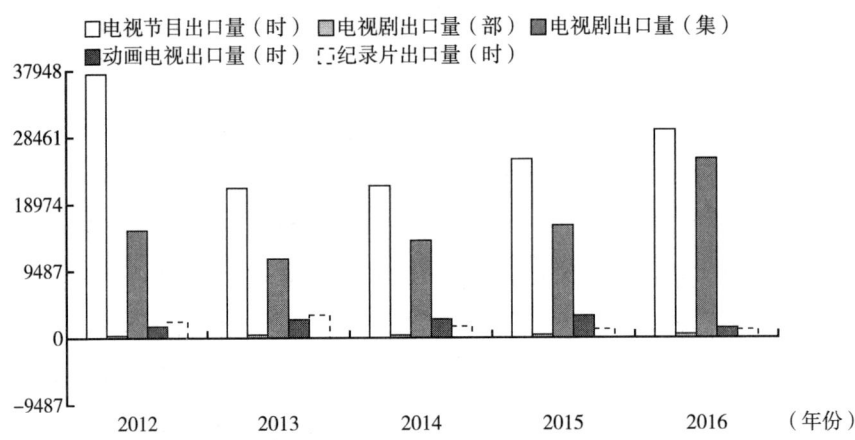

图6 2012～2016年中国电视出口量

资料来源：国家统计局网站，www.stats.gov.cn。

界的一个热点话题，"网文出海"已经成为一种全球性文化现象。据三家最大的网络文学翻译网站Wuxia World、Gravity Tales、Volaro Translation 2017年6月统计数据，三家合计月活跃读者数（月独立IP）已达550万，已经翻译和正在翻译的中国网络小说接近百部。在东南亚地区，中国网络小说更是早就成为深具影响力的外来流行文化，每年以百部左右的速度进行创作和翻译。① 2017年，阅文集团开设起点国际频道，中国网络文学全球化迈入新阶段。IP文化产业已成为讲述中国故事、传播中国优秀传统文化、塑造当代中国国民形象的最新"网红"模式。

（四）出境中国人形象

出境中国人主要包括出境游客、留学生、务工和商务人员、华人华侨等群体。近年来，随着出境游逐渐成为许多中国人休闲度假的热门选择，中国出境游客的形象也开始颇为受到外界关注。走出国门的中国游客，不仅为目的地国家和地区带来可观的消费、投资、就业等机会，也在接受着世界各地民众的观察、审视与评价，其一言一行、一举一动不仅反映了个人的精神风貌和文化素养，自身也是中国在海外"行走的代言人"，对中国国家形象和国民形象都会产生一定的影响。

在2018年"十一"黄金周期间，中国国内游客超过7亿人次，出境旅游约700万人次，双双刷新了纪录。② 另据有关统计，2017年中国公民出境旅游突破1.3亿人次，花费达1152.9亿美元，保持了世界第一大出境旅游客源国地位。③ 如此庞大并持续增长的中国出境游客群体，一方面在自身休闲度假、增长见闻的同时，也给海外目的地带来经济、就业等机遇，实现了主客"双赢"；另一方面，海外不文明行为时有发生，给中国出境游客的形象带来负面影响。

2015年3月至8月，针对外国人对中国游客海外不文明行为的认知情况，中国旅游研究院联合中国国际广播电台在海外23个国家和地区开展了

---

① 邵燕君：《中国网络文学何以走红海外》，《人民日报》2017年8月17日。
② 《让人民在改革发展中更有获得感——当前中国改革发展述评之三》，新华网，http://www.xinhuanet.com/fortune/2018-10/10/c_1123539375.htm，访问时间：2018年8月25日。
③ 参见《中国游客中国名片，消费升级品质旅游——2017年中国出境旅游大数据报告》，中国旅游研究院、携程旅游集团，2018年3月。

中国游客海外形象调查①，发现中国游客在乱扔垃圾、闯红灯、围观起哄等方面的不文明行为最为外国人所诟病（见图7）；在外国人眼中，中国游客的这些不文明行为主要是由文化差异、自身文明意识差以及生活习惯方面的差异等因素造成的（见图8）；外国人认为中国游客选择海外旅游目的地的最主要因素是景点的吸引力，包括目的地的自然风光、历史遗迹和风土人情等，但对生态观光和漂流探险类旅游不太关注；中国游客在海外旅行中最喜欢当地特色文化风情、购物和拍照留念，偏好在中低档餐厅就餐，较少关注小吃和放松项目；同时报告也指出，外国人对中国游客在整体上持积极欢迎态度，反对限制中国游客人数，并对中国向上的经济形势和中国游客购买力表示期待。

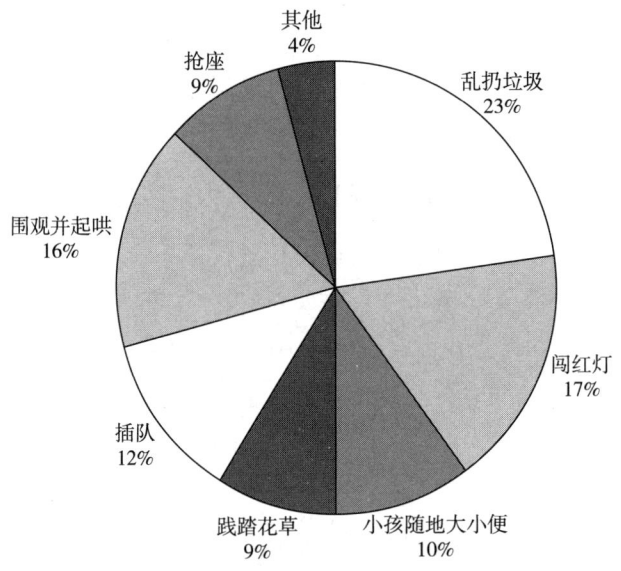

图7 外国人对中国游客海外不文明行为的整体认知

资料来源：《中国游客海外形象全球调查报告》。

---

① 参见《中国游客海外形象全球调查报告》，中国旅游研究院、中国国际广播电台，2015年12月。

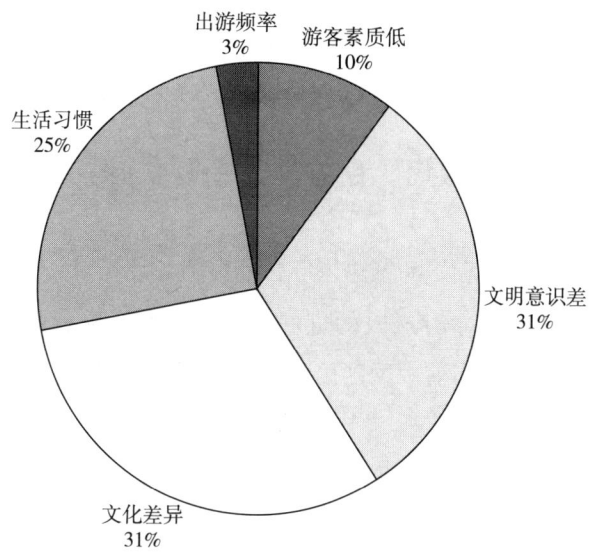

图 8　外国人对中国游客海外不文明行为影响因素的认知

资料来源:《中国游客海外形象全球调查报告》。

随着"文明出游""我即中国"等自律意识的不断增强,越来越多的中国出境游客能够有意识地做到在旅行中遵守当地法律法规,尊重当地风俗习惯,保护当地文化生态环境,展现高素质的中国国民形象;出境旅游呈现"消费升级、品质旅游"的特征与趋势;选择升级型、个性化的旅游产品,深度体验目的地的游客占比提升;出国目的也从观光购物转向享受海外优质生活环境和服务;① 越来越多文明出游的中国游客受到海外当地民众的欢迎和认可。同时也要看到,受生活习惯差异、中国旅游所处发展阶段等现实因素影响,中国游客在海外旅游中的确存在不文明行为,加之海外媒体的推波助澜,中国出境游客的国际形象受到负面影响。实际上,各国游客都存在类似的不文明行为。例如,欧洲酒店业举行的一次全球游客评选中,就将法国人评为"最差游客",并指出英国游客"嘈杂兼粗

---

① 《中国游客中国名片,消费升级品质旅游——2017年中国出境旅游大数据报告》,中国旅游研究院、携程旅游集团,2018年3月。

鲁"等。但是，由于中国游客在国际市场上仍属于相对新鲜的面孔，因而更易受到关注。①

三 协同推进、合力提升新时代国民形象

近年来，中国重视和不断推进国际传播能力建设，对外传播和国家形象塑造工作取得了一系列卓有成效的进展，中国国家形象和国民形象稳步提升。但是客观地来看，当前中国国民形象与中国发展成就和新时代发展阶段尚不匹配，中国国家形象传播工作面临着诸多困难，存在着不少问题与不足之处，中国国家形象和国民形象的塑造与传播还有较大提升空间。

国民整体素质有待进一步提升。打铁还需自身硬，塑造良好的中国民众国际形象，首先需要提升自身国民素质。第六次全国人口普查主要数据公报显示，同2000年第五次全国人口普查相比，每10万人中具有大学文化程度的由3611人上升为8930人；文盲人口减少3千万余人，文盲率由6.72%下降为4.08%。② 中国国民文化水平已经有了明显提升，但是国民素质教育和自律意识还有待进一步加强。党的十九大报告明确指出，要坚持社会主义核心价值体系，培育和践行社会主义核心价值观。党和政府相继出台《公民道德建设实施纲要》《培育和践行社会主义核心价值观行动方案》《中国公民出境旅游文明行为指南》《国家旅游局关于旅游不文明行为记录管理暂行办法》等各项指导性规范和举措来加强精神文明建设，切实提高国民素质，促进社会主义精神文明和物质文明协调发展，进而推动中国国民形象与经济发展成就和新时代发展阶段相适应。每一位公民也应从我做起，从小事做起，自身文明素质提高的一小步，最终将汇聚成国民素质提升的一大步，使中国人真正成为礼仪之邦、文明之邦的代言。

在跨文化传播方面，东西方文化差异依然是中国国民形象对外传播的重

---

① 尹婕：《理性看待中国游客形象》，《人民日报》（海外版）2016年5月7日。
② 《2010年第六次全国人口普查主要数据公报（第1号）》，国家统计局，2011年4月28日。

大障碍。国民形象尽管是基于本体的客观情况，却是受众心中一种主观的、感性的认知，不可避免会受到文化传统、思维习惯、价值观念、意识形态、个人情感和文化水平等方面的影响，也会受到媒体报道、公众舆论以及形象展现形式、到达范围、传播能力等传播渠道方面的影响。长期以来，西方主流媒体为展现"客观报道""政治中立"的新闻理念，往往在报道中兼顾正面和负面信息，甚至信奉"坏消息才是好新闻"的新闻价值标准，对待报道对象惯于从问题角度进行思考和审视，同样地在报道中国议题时，难免关注甚至放大中国和中国人在发展过程中的问题与不足，并且凭借其在国际话语体系格局中的优势地位，使得国际受众长期接触到的中国新闻都是偏于负面信息，而对中国人民的当代发展成就和国际贡献认知不足。一些西方智库对中国和中国人心存偏见和戒备，借助其较高的研究水平、标榜公正客观的研究立场、与政府和传媒的密切关系，将其生产出的与中国和中国人相关的概念、标签、论调和判断等思想散播开来，影响国际公众对中国及中国人的态度与形象认知，如美国《外交政策》杂志近期质疑中国出境游客是"北京的最新式经济武器"的论调等①。当下，这些仍是中国国民形象跨文化传播中面临的现实问题。

中国自身的国际传播能力还有待进一步提高。目前，在话语体系建设方面，中国的对外话语产能不足，不少时候还存在"有理说不出""说了传不开"的情况。在"发声""讲故事"的具体方式方法上，成就报道多、问题分析少，正面展示多、侧面和负面内容少，官方报道多、民间关注少等现象较为突出，对媒体报道的公信力带来消极影响。在国民形象传播方面，"他塑"的声音大，影响力强，而"自塑"的声音小，且效果有限，导致中国国民形象塑造的主导权并不完全掌握在自己手中。在新媒体传播方面，利用新媒体对外传播国民形象的力度不够。无论是西方发达国家还是中国，网民用户越来越多，互联网普及率越来越高。中国互联网络信息中心（CNNIC）

---

① 尼辛·科克：《出境游客，北京最新经济武器?》，乔恒译，《环球时报》2018年9月28日。该文为美国《外交政策》9月26日文章，原题为《中国游客是北京的最新式经济武器》。

最新发布的第 42 次《中国互联网络发展状况统计报告》[①] 显示，截至 2018 年 6 月，中国网民规模超过 8 亿，互联网普惠化成果显著。但是，有意识地针对中国国民形象的对外传播，特别是在社交媒体平台等新媒体传播方面的力度亟待进一步加大。

中国国民形象传播面临的问题还在于国民形象、国家形象与国家本体的"共同演进"过程带来国民形象、国家形象塑造与传播的复杂性[②]。"共同演进"（Co-evolution）的概念最早来源于生物学，指不同物种相互作用引发的进化是双方共同的作用。后来被用到社会学和经济学中，指不同参与主体存在相互反馈机制，一个参与者的变化会通过另一个参与者的适应而改变其演化轨迹，后者的变化又会进一步制约或促进前者的变化。2011 年美国前国务卿基辛格出版《论中国》（On China）一书，将"co-evolution"的概念引入中美关系分析，强调美国和中国作为世界前两大经济体，二者关系不应该是零和博弈，应该谋求"共同演进"的关系。国家本体是不断变化的，因而基于国家本体的国家形象是具有流动性的。在中国国家形象和国民形象传播过程中，作为形象根基的中国国家本体始终在不断发展变化。随着中国特色社会主义进入新时代，中国自身综合国力不断提升，内政外交治理成绩斐然，同时全面推进中国特色大国外交，实施共建"一带一路"倡议，发起创办亚洲基础设施投资银行，设立丝路基金，倡导构建人类命运共同体，促进全球治理体系变革，为世界和平与发展做出了新的重大贡献。然而，由于形象认知往往滞后于本体的建设发展，加之中国在高速发展过程中，也出现和积累了不少问题，中国的发展成就尚未完全展现在世人面前，但中国发展中的问题却在西方媒体的报道中被放大、被误解甚至被歪曲，由此，中国本身发展中的问题转化为国家和国民形象方面的问题。在这种情况下，构建一个反映新时代特征、体现新时代风貌、匹配新时代发展阶段，与中国所做国际贡献相称、与新时代发展阶段相匹配的中国国家和国民形象，其困难性与

[①] 中国互联网络信息中心：第 42 次《中国互联网络发展状况统计报告》，2018 年 7 月。
[②] 于运全：《共同演进：新时代中国全球形象的塑造》，第二届中国形象与全球传播高端论坛主题演讲，2018 年 6 月 23 日。

复杂性显著增加。

习近平总书记在全国宣传思想工作会议上强调，要不断提升中华文化影响力，把握大势、区分对象、精准施策，主动宣介新时代中国特色社会主义思想，主动讲好中国共产党治国理政的故事、中国人民奋斗圆梦的故事、中国坚持和平发展合作共赢的故事，让世界更好地了解中国。这为新时代提升中国国家形象和国民形象提供了新思维和新进路。讲故事是开展国际传播、塑造国民形象的有效方式。要在努力提升国民整体素质的同时，进一步增强文化自信，正视中外文化差异，主动回应外界疑虑关切，把国家形象和国民形象塑造的主动权和话语权牢牢掌握在自己手里。着力加强国际传播能力建设，重视创新媒体传播方式，以国外受众易于听懂、便于理解、乐于接受的方式传递中国当代形象。积极主动讲好中国共产党人、中国人民和中国发展的故事，对外树立好坚守信仰、担当有为、服务人民的中国共产党人形象，勤劳敬业、诚信文明、开放包容的中国人形象，世界和平的建设者、全球发展的贡献者、国际秩序的维护者的国家形象。在新时代迈向现代化强国的历史进程中，通过各方共同努力，协同推进，使中国形象在国际社会愈加闪亮。

全球治理篇

Global Governance

B.12
贫困问题：中国脱贫致富经验

吴学兰*

摘　要： 作为全球最大的发展中国家，过去40年里，中国在脱贫方面取得了举世瞩目的成果，成为全球首个提前完成联合国千年发展目标中规定的脱贫任务的发展中国家。尤其是2015年以来，面对环境恶化、收入不均等挑战，中国清晰布局、得力执行，脱贫攻坚战不断取得阶段性胜利，逐步向5年内使7000万人口脱贫的目标迈进。中国在扶贫方面取得的成就创造了人类历史上的奇迹，也为全球减贫贡献了宝贵的"中国智慧"和"中国方案"。

关键词： 脱贫　千年发展目标　贫困率

---

* 吴学兰，新华社原高级编辑，著名时事评论员，中国传媒大学媒介与公共事务研究院高级研究员。

在世纪之交时，各国普遍对未来怀有美好向往。2000年9月，189个国家在联合国首脑会议上签署《联合国千年宣言》，通过了千年发展目标——各国立志在2015年之前将全球贫困水平降低一半（以1990年的水平为标准）。

不过，2008年开始的全球性金融危机打乱了不少国家发展的步伐，一些之前在脱贫方面有所建树的新兴市场出现了经济衰退，脱贫遭遇逆流。而中国在抗击金融风暴的过程中实现自身跨越式发展，不仅经济实现了跨越式发展，充当了世界经济增长的压舱石与推进器，在脱贫方面还成为第一个提前完成千年发展目标的发展中国家，即将收入少于1.25美元（每天）的贫困人口减少一半。根据此贫困线标准，中国的贫困人口从1990年的6.89亿减少至2011年的2.5亿，共减少了4.39亿[①]。2015年7月下旬，中国外交部与联合国驻华系统共同发布了《中国实施千年发展目标报告（2000~2015年）》，报告指出，中国提前完成了多个千年发展目标，受到联合国的肯定。

中国的发展不但降低了本国的贫困率，也为全球脱贫做出了贡献。中国作为世界上最大的发展中国家，有着庞大的人口基数，在全球目标的实现中是较大的影响因子，比如中国的减贫成果使东亚的极端贫困率在1990年至2015年降低了57%[②]。

尤其是在经济危机的过程中，中国成为全球经济增长的动力源，对世界经济增长的贡献率超过30%。中国通过贸易和投资帮助别国从衰退重回增长轨道，也帮助别国摆脱贫困。此外，中国在减少贫困人口，减少饥饿人口，推进卫生、教育、妇女权利等方面的成果，也为别国在脱贫方面提供了可以借鉴的"中国模式"。

---

① 《中国实施千年发展目标报告（2000~2015年）》，http://www.cn.undp.org/content/china/en/home/library/mdg/mdgs-report-2015-.html。

② 《千年发展目标报告2015》，http://www.un.org/millenniumgoals/2015_MDG_Report/pdf/MDG%202015%20rev%20（July%201).pdf。

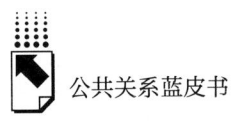
公共关系蓝皮书

一 四十年来脱贫成绩显著

改革开放以来,中国已经成功让7.14亿人摆脱贫困,这一数量约等于全球人口的8%。如此多人口脱离贫困线,是对全球减贫事业的伟大贡献。而在过去五年里,中国的脱贫工作更是取得了显著成果,共计6000多万贫困人口稳定脱贫,贫困发生率从10.2%降至不足4%①。

中国的大规模扶贫从1986年起步,此后到2000年,每年平均减少绝对贫困人口639万。这之后中国扶贫成果更加显著,2001年到2010年,在党和政府及社会各界的努力下,中国每年减少的贫困人口达673万。2012年以来每年减贫进一步增加到1300万人以上②。

(一)脱贫目标不断上调

中国的脱贫工作目标随着经济的发展不断演进。《中国农村扶贫开发纲要(2011~2020年)》(以下简称《纲要》)的颁布实施使中国扶贫事业有了质的变化,从原先的以解决温饱为主要任务的阶段转入巩固温饱成果,从只关注脱贫到脱贫致富兼顾,与此同时,改善生态环境、提高发展能力、缩小发展差距也在同步推进。"扶贫开发"渐渐成为媒体上的热词,也成为中国共产党、中国政府执政为民、以人为本这些执政新理念的具体表现。改革开放40年,扶贫开发是中国重要的发展成就,代表着中国在统筹城乡区域发展、保障和改善民生、缩小发展差距、促进全体人民共享改革发展成果方面取得了不俗的进展。

《纲要》设立的总体目标是"两不愁三保障",代表着在2020年前,不仅要保障农村贫困人口衣食无忧,还要让他们享受到义务教育、基本医疗和安全的住房。至于人均可支配收入这个重要指标,中国要做到:2010年,

---

① 《习近平:决胜全面建成小康社会夺取新时代中国特色社会主义伟大胜利——在中国共产党第十九次全国代表大会上的报告》,http://www.xinhuanet.com/politics/19cpcnc/2017-10/27/c_1121867529.htm。
② 数据来自国务院扶贫办主任刘永富,http://www.cpad.gov.cn/art/2017/10/10/art_2241_201.html。

贫困地区农民人均可支配收入的增长幅度高于全国平均水平，另一项重要指标——基本公共服务，则要接近全国平均水平。

近年来，中国不止一次大幅提高贫困标准，高度重视农村养老、低保、医疗、教育、农业和生态保护、农村基础设施建设和移民搬迁等工作，脱贫步伐进一步加快，扶贫成效非常显著。

中国很关注贫困农民的健康问题。为让农民看病没有后顾之忧，同时降低因病致贫、因病返贫的风险，中国通过农村新型合作医疗制度为农民提供了基本的医疗保险服务。这一巨大的农村医疗"网"铺开迅速、覆盖面广、成效显著。为帮助更多的贫困人口参加新型合作医疗，不少省份也根据当地情况，因地制宜地出台了对贫困人口参加"新农合"个人筹资部分进行补贴的政策。

和帮助脱贫同样重要的是防止人口返贫，在这方面中国的教育、医疗卫生、社会养老保障和基础设施等公共服务越来越完善，为脱贫人员持续提高生活水准提供了保障。尤其是在贫困地区的教育方面，政府加大了教育资金投入，以"希望工程"为名启动对贫困地区失学少年儿童的帮扶教育。"希望工程"的有效实施，不仅改变了一大批失学儿童的命运，还引起全社会对贫困农村少年儿童教育问题的重视，这既促进了基础教育的发展，又提高了未来的劳动力人口素质，让其有更强的能力摆脱贫困，从而实现良性循环。

以教育和基础性服务为抓手，中国脱贫工作经历了从救济式扶贫向开发式扶贫的转变，目前重点扶持贫困户增强自身脱贫能力，实行"输血"与"造血"并举，取得了良好的效果。

经过40年的发展，减贫已经不再是中国脱贫工作的最终目标，新时期这一领域的最终目标被定为彻底消除贫困。中国在《中华人民共和国国民经济和社会发展第十三个五年规划纲要》（2016~2020年）中制定了重要目标，希望在2020年之前消除极端贫困，实现农村贫困人口全部脱贫，完成贫困县整体脱贫及消除区域性整体贫困，实现全面建成小康社会的美好愿景。

（二）多方发力打好"攻坚战"

虽然中国的脱贫工作取得了举世瞩目的成就，但中国仍然是世界上最大的发展中国家。世界银行在2015年将贫困线上调至每天1.9美元,世界银行估计中国的贫困人数在世界上仍排名第三,当时仍有7000万多人口生活在贫困线以下,从绝对数量看,这仍是个巨大的数字,几乎相当于泰国、法国和英国的人口(见表1)。2015年10月,"减贫与发展论坛"在北京举行,出席论坛的习近平总书记指出,未来五年要让中国贫穷线下的7000多万人口"全部脱贫,不能有人掉队"[1]。并确定了到2020年现行"贫困线"下贫困人口全部脱贫、全部贫困县整体脱贫的目标,彻底让区域性整体贫困成为历史。

《中国扶贫开发报告(2017)》指出,要实现全国各地区如期脱贫这一宏伟目标,需要比以前更大的扶贫力度,还要创新扶贫举措。"深度贫困地区的特点及其致贫原因的特殊性、复杂性,要求结合各地实际,优化和完善现有精准扶贫方案,采取非常规的政策和举措,来帮助其实现脱贫目标。"[2]

制定"全部脱贫"目标三年以来,成功实现时间过半任务过半,目前全国还有3000万左右农村贫困人口需要脱贫。脱贫攻坚战正在取得决定性进展。

表1 世界各国人口排名(截至2018年3月)

排名	国家	人口数量	占世界人口比重(%)
	全球	7615442900	100
1	中国	1391800000	18.28
2	印度	1350400000	17.73
3	美国	328470000	4.31
20	泰国	68689000	0.9
21	法国	67206000	0.88
22	英国	65866000	0.86

资料来源:美国人口普查局-世界人口时钟[3]

---

[1] 《未来5年7000多万贫困人口全部脱贫——习近平主席讲话传递中国减贫新信号》,http://www.xinhuanet.com/politics/2015-10/16/c_1116851352.htm。
[2] 《中国扶贫开发报告(2017)》,https://www.pishu.com.cn/skwx_ps/bookdetail?SiteID=14&ID=9245078。
[3] 美国人口普查局,https://www.census.gov/popclock/。

实现农村贫困人口全部脱贫是当前脱贫攻坚战工作的重点。贫困地区农村居民人均可支配收入增长迅速，在过去16年中增加了近七倍。从2001年的1276元增加到2010年扶贫工作全面开展阶段的3273元。2014年，扶贫重点县农民的人均纯收入达到6088元，2017年贫困地区农村居民人均可支配收入进一步增加到9377元①（见图1）。

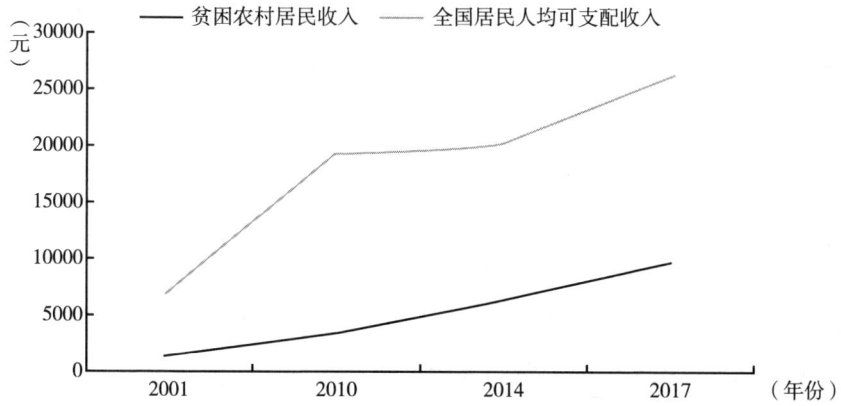

图1　2001~2017年贫困地区农村居民人均可支配收入与全国居民人均可支配收入
资料来源：国家统计局。

解决贫困县整体脱贫问题及解决区域性整体贫困问题标志着中国的脱贫工作已进入"啃硬骨头、攻坚拔寨"的关键阶段。减贫难度将比以往任何时候都要大。今后要确保贫困人口全部如期脱贫，且尽量不出现返贫，任务可谓艰巨。

二　解析中国"脱贫密码"

过去40年中，中国在脱贫方面取得了巨大进展，在一系列数字标注出的辉煌成就背后，隐藏着中国在实际工作中摸索而出、行之有效的"脱贫密码"。

---

① 《扶贫开发成就举世瞩目　脱贫攻坚取得决定性进展》，http：//www.gov.cn/shuju/2018-09/03/content_5318888.htm。

（一）中央重视脱贫工作，完成自上而下的制度设计

党的十九大明确把精准脱贫作为决胜全面建成小康社会必须打好的三大攻坚战之一，作出了新的部署。为实现全面建成小康社会的目标，在习近平总书记亲自部署督战的示范引领和党中央的领导下，脱贫攻坚四梁八柱顶层设计全面完成，建立起中央统筹、省负总责、市县落实，合力攻坚的完备制度体系，推进精准扶贫精准脱贫基本方略的实施。

中央统筹，是指中央主要负责制定脱贫领域的大政方针，出台政策举措，完善体制机制，规划重大工程项目，全局性重大问题和全国性共性问题由中央牵头解决；各地制定脱贫滚动规划和年度计划，由中央进行指导；有关的中央和国家机关必须按照工作职责，落实脱贫攻坚责任。省负总责，是指省级党委和政府担负本地区脱贫攻坚工作的总责，要确保责任制层层落实；22个贫困现象集中的中西部省份党政主要负责同志签署脱贫攻坚责任书。市县落实，指的是市级党委和政府负责对域内跨县扶贫项目进行协调，对脱贫目标任务完成等工作提供督促指导、进行监督检查；县级党委和政府肩负脱贫攻坚主体责任，负责制定具体的脱贫攻坚实施规划，对各类资源要素进行优化配置；在组织落实各项政策措施方面，县级党委和政府主要领导是第一责任人。与此同时，东西部协作、定点扶贫以及社会各界合力攻坚也得以强化。

在此基础上，从中央到地方逐级完善脱贫攻坚责任体系、政策体系、投入体系、动员体系、监督体系以及考核体系，增加扶贫专项金融资金投放，动员各方力量合力攻坚。并保证脱贫成果能获得全社会和人民群众的认可，在实践和历史的检验中做到真实可靠。

在中国的扶贫管理体系中，有一个不可或缺的组织载体——国务院扶贫开发领导小组。这种独立行事、规格较高、部门齐全、纵向设置的机构能最大限度地发挥政府资源的作用，有效调配社会力量，综合协调各方扶贫行动，建立高效的扶贫领域协同机制和协同运转的多元扶贫模式。

（二）中国经济保持中高速增长的势头，为脱贫工作的开展提供了动力

中国人一直讲"手里有粮，心里不慌"，对脱贫工作而言同样如此。中国经济的迅速发展，让政府能够调动更多的资源用于脱贫工作，完成"先富带后富"的任务。20世纪80年代初的农村改革激发了地方的经济活力，此前，多数贫困户的支柱性收入都是农业，一些贫困地区被国家划为先行先试的特区，获益于更加宽松的土地、税收、流通政策，这些地区的经济发展内生动力被有效激发，继而开始积极主动地自行发展。此后，改革开放逐步深化，随着农产品价格和市场体制改革的深入，结构调整、区域政策、惠农政策、专项扶贫、扩大社会动员等改革措施成功帮助贫困人口尽快脱贫，也保证他们不会轻易受到外力干扰而返贫。

过去40年，持续快速增长的经济是脱贫工作的最大动力。农业经济快速增长源于1980~1985年的农业经营制度改革，这个五年也是中国减贫人口数量最多的阶段；1985~2000年，中国经济持续增长，各项事业有了长足发展，就业数量大幅增长、基础设施建设飞速发展、公共服务日益完善……这都为缓解农村贫困提供了坚实的社会保障和经济基础，是大幅减少贫困人口的全方位举措。

2000~2010年，中国GDP一直保持8%以上的高速增长，中央财政收入也增加了5倍多，财政增长让中国农村贫困人口分享经济发展成果，并获得了更多的公共服务。尤其值得一提的是，即使在金融危机爆发后，中国经济依然保持中高速增长，这保障了农村社保体系全覆盖，让社保支撑起最贫困人口生活的底线，让中国扶贫开发事业的环境始终维持稳定。世界银行认为，中国贫困率显著降低是连续多年经济以超过6%的速度增长的结果[1]。

中国脱贫成就的背后是经济奇迹的支撑，联合国可持续发展目标行动办

---

[1] http://www.worldbank.org/en/country/china/overview.

公室主任图米称:"贫困不是结果,而是问题,经济发展能帮助人民脱贫,脱贫更建立在可持续的经济社会发展之上。中国的成绩令世人瞩目,我们期待着能持续性地见证这样的进步。"①

经济增长是摆脱贫困的有效途径。当然,在经济高速增长的同时要确保资源最优配置,让更多的人分享发展成果,才能避免收入分配差距不断扩大,避免相对贫困加剧。

(三)执行层面上的精准扶贫,为扶贫工作取得良好效果提供保障

虽然近年来经济发展面临国际和国内不利环境的双重挑战,但中国通过政府和社会多方面的努力,有效冲抵了经济增速放缓和减贫难度加大对脱贫进程的不利影响。继过去 30 多年创造出通过有效管理发展过程实现持续减贫的经验之后,中国眼下又在试验和探索在宏观经济环境不利条件下对剩余少量贫困人口进行精准脱贫攻坚的做法。

自 2013 年精准扶贫概念被提出以来,其内涵也在不断地丰富和深化。精准扶贫,要求扶贫政策和措施瞄准真正贫困的家庭和人员,分析其致贫的根本原因,从而制定有针对性的帮扶办法,消除根本的致贫因素,从而实现可持续脱贫的目标。2015 年,习近平总书记在贵州召开西部省份负责人座谈会时,提出扶贫的"六个精准",即扶持对象精准、项目安排精准、资金使用精准、措施到户精准、因村派人精准、脱贫成效精准。这"六个精准"概括了精准扶贫工作中的识别、帮扶、管理以及考核等各个层面的具体做法。

"精准扶贫"的工作,要把涉及的上千万贫困人口准确地标注出来,摸清底数,建档立卡。识别出来后,还要找出具体的致贫原因。由于每一个家庭的贫困情况都不太一样,因此要因户因人、有针对性地施策。

中国精准扶贫主要是由四个要素组成的,即扶贫主体精准、扶贫对象精

---

① 《联合国千年计划 全球脱贫工作中国功不可没》,http://www.xinhuanet.com/politics/2015-06/28/c_127959476.htm。

准、扶贫方法精准和扶贫绩效精准。精准的扶贫主体是确定精准过程的具体执行者；精准的对象即扶贫受益人群；扶贫方法精准是指确定受益人群的过程，通常是借助某种数理模型或相关机制实现；而扶贫绩效精准则是对扶贫项目或政策减贫效果的考核。

在精准确定扶贫主体和对象方面，从2013年起，中国开始建立全国性的扶贫信息系统，将所有现行标准之下的农村贫困家庭和人口的档案卡统一管理，根据贫困人口的脱贫状态对信息进行及时调整，保证结果准确。扶持对象分成几类，扶贫开发工作下沉到村、扶持到户，保障了扶贫资源的使用效率。两年后，中国继续在"精准"上发力——2015年底召开的中央扶贫开发工作会议，对"扶持谁"和"怎么扶"的问题进行了深入阐释，正式启动精准扶贫战略。

在精准选择扶贫方法和精准衡量绩效方面，中国有针对性地采取多种扶持措施，支持有劳动能力的贫困人口发展特色产业和转移就业，对自然条件环境恶劣导致贫困的地区采用异地扶贫搬迁的方式，在生态特别重要和脆弱的地区则兼顾生态保护需求和扶贫方法，对丧失劳动能力的贫困人口实施兜底性保障政策，对因病致贫、因病返贫的贫困人口则提供医疗救助保障。中国通过多管齐下的扶贫开发手段，真正做到了扶贫对象精准、方式精准、效果精准。

（四）中国的脱贫攻坚战取得骄人战绩，并将继续攻克脱贫工作中的难关

联合国开发计划署认为中国的快速发展既让人民获利，也使国家面临多重挑战。这些挑战包括环境恶化、收入不均等问题。例如仍有约1亿中国居民每天生活费低于1.25美元，且其中大多数人居住在西部农村地区[1]。这些地区位置偏远，对气候变化敏感度高，并严重缺乏基本基础设施和社会服务。

在脱贫工作推进了40年之后，目前从人口分布上看，贫困人口已经不

---

[1] United Nations Development Programme Human Development Reports，http：//hdr.undp.org/en/2018-update.

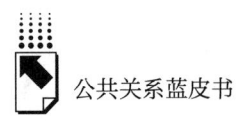

再集中在大规模特定地区,而是变得更加分散,尤其是分布在位置偏远和交通不便的地区,这些客观条件给扶贫工作带来更大的困难。此外,虽然随着进城务工和城市化进程,农村人口大规模向城市转移,帮助减少了贫困,特别是农村贫困大幅缓解,但许多剩余贫困人口缺少迁移的能力,尤其需要帮助,因此推进精准扶贫对于实现彻底消除贫困的目标非常重要。

西部农村,尤其是一些边疆民族地区,出于历史等原因,贫困发生率比较高,基础条件比较差,截止到2017年10月,据统计有6个省的贫困人口数量在300万以上,其中5个省的贫困发生率在10%以上[①]。

按照前几年的减贫进度,如果这些地方不加大力度,便很难完成任务。因此本着"不能有人掉队"的精神,这些深度贫困地区被定为脱贫支持重点,加大资金政策和工作投入力度。中央各个部门都要对深度贫困地区完成脱贫攻坚任务加大支持力度,省负总责解决辖区内深度贫困问题。

值得一提的是,这些地区不但面临贫困问题,也深受生态环境脆弱的困扰。在打赢这场脱贫攻坚战的所剩不多的时间内,生态脆弱地区的精准扶贫、精准脱贫任务依然艰巨,需要创新政策和制度,进一步加强生态扶贫工作。

三 "中国模式"为世界提供借鉴

脱贫是全球性问题,各国都在为达成这一目标努力。联合国成员国在2015年通过了2030年可持续发展议程,将全方位脱贫列为未来15年的首要目标。中国对这一个目标的实现扮演着至关重要的角色。

中国的脱贫工作从一开始就注重"可复制、可推广"经验的积累,通过多年的实践也摸索出扶贫脱贫的"中国模式",这是中国对全球脱贫事业的宝贵贡献。

---

① 《十八大以来脱贫攻坚成就》,http://www.cpad.gov.cn/art/2017/10/10/art_2241_201.html。

（一）"中国模式"的示范效应

中国是世界的一部分，中国的脱贫行动也是全球根除贫困活动的主要组成部分。联合国大会全球目标工作组称，"在一代人的时间里根除贫困是一个雄心勃勃的目标，也是一个可行的目标"。而要实现这个到 2030 年根除极端贫困的目标，离不开中国的贡献。

中国的脱贫成果一直在有力推动全球脱贫目标的实现。尤其从 2000 年以来，中国的绝对贫困化率已经从高于全球平均水平，到 2006 年后低于全球水平。在 2015 年时，全球的平均绝对贫困化率接近 10%，而中国已经降至不足 1%[①]。

改革开放 40 年来，中国政府主导的扶贫开发战略，尤其是近年来精准脱贫战略的实施，所提供的中国经验和中国方案对全球减贫事业弥足珍贵。世界银行 2018 年发布的《中国系统性国别诊断》指出"中国在快速经济增长和减少贫困方面取得了'史无前例的成就'"。与世界银行所提出的减贫战略及其支撑理论相比，中国精准扶贫的实践，一方面进一步充实和丰富了原来的"三支柱"减贫理论，另一方面发展了原来以实行增长战略和提升穷人利用经济增长所产生机会的能力为主要内容的扩大穷人机会的理论。

在"2017 减贫与发展高层论坛"上，联合国秘书长古特雷斯先生就中国减贫事业发来贺信，称"精准减贫方略是帮助最贫困人口、实现 2030 年可持续发展议程宏伟目标的唯一途径。中国已实现数亿人脱贫，中国的经验可以为其他发展中国家提供有益借鉴"[②]。

在其他发展中国家可借鉴的脱贫"中国模式"中，充分发挥基础设施和教育在脱贫中的拉动作用尤其重要。

中国在脱贫工作中高度重视基础设施建设，"要想富，先修路"在 30 多年前就已经成为社会共识。一些地区贫困的关键原因是道路、电力等经济

[①] Global Extreme Poverty, https://ourworldindata.org/extreme-poverty.
[②] 《扶贫开发成就举世瞩目脱贫攻坚取得决定性进展——改革开放 40 年经济社会发展成就系列报告》, http://www.stats.gov.cn/ztjc/ztfx/ggkf40n/201809/t20180903_1620407.html。

发展的基础设施严重缺失。在那些地区，贫困人口集中、连片出现，当地往往没有足够的能力自筹资金来改善基础设施。

有鉴于此，中国政府提醒交通、农业等相关部门集中投入资源用于贫困地区基础设施改造。在2011~2015年，交通运输部累计投入约5500亿元车购税资金用于集中连片特困地区的公路建设，同时带动全社会资金近两万亿元投入公路建设，取得了显著成效。到2015年底，中国的14个连片特困区包括1.1万个乡镇的通达率达99.97%，14.8万个建制村的通达率达99.63%[①]。随着基础设施的不断完善，城镇化的进程提速，也对农村脱贫起到了推动作用（见图2）。

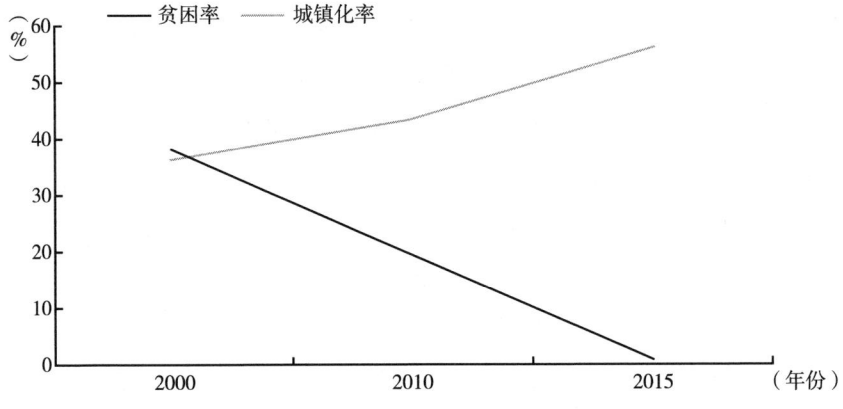

图2　2000~2015年中国的贫困率和城镇化率

资料来源：中华人民共和国国家统计局。

另外，中国还一直优先采取教育扶贫的方式，扶贫先扶"智"，通过促进贫困地区教育事业的发展，来激发贫困地区人口的内生动力，让贫困人口具备自我发展的能力和良好的素质。从国家纲领性扶贫政策到各地区因地制宜的扶贫发展规划，都把提高贫困地区人口综合素质作为推动贫困地区脱贫致富的重要路径。

---

① 《宣战2020——中国扶贫报告》，https://pit.ifeng.com/report/special/zgfpbg/chapter4.shtml。

（二）中国帮助其他国家摆脱贫困

中国的脱贫工作并不是独立完成的，在不少具体项目上都有国际合作的影子。一些国家的政府、非政府组织和企业，从资金、信息、技术以及管理经验等多个方面为中国扶贫事业助力。同样，中国也与其他国家进行合作，为其脱贫做出贡献。

中国已成为全球最具影响力的国家之一，拥有13亿多人口，是世界人口最多的国家。中国还是世界第二大经济体，业务遍及全球各个大陆，同时是非洲最大的贸易伙伴。通过贸易和投资，尤其是通过"一带一路"倡议的推进，中国进一步加紧了与亚非拉等广大新兴市场的联系，促进了这些地区国家的经济发展，创造出数以万计的就业岗位，客观上推动了这些国家的脱贫进程。在中国的带动下，在贫困现象最根深蒂固的非洲撒哈拉以南地区，极端贫困率出现了显著下降过程，那里的极端贫困率从2010年的49%，降到了2015年的33%①（见图3）。

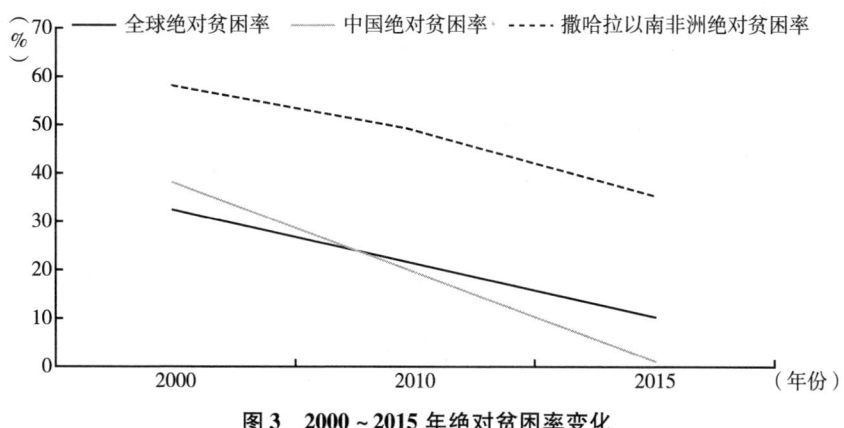

图3　2000~2015年绝对贫困率变化

资料来源：世界银行。

随着"一带一路"倡议的推进，在"设施联通"的项目下，中国与不少新兴市场国家在基础设施方面进行合作，为那些国家提供了水、电、铁路

---

① Global Extreme Poverty, https：//ourworldindata.org/extreme-poverty.

和港口等基础设施，这些设施有利于释放当地经济增长的潜力、提高收入、改善医疗卫生条件，从而为更广泛的脱贫创造条件。值得注意的是，非洲贫困率的下降正是当地经济发展的结果，该地区年经济增长速度从1990年到2000年的2.3%，提高到了2000年到2010年的5.7%，在此期间极端贫困率也下降了约10个百分点。与中国加强经济联系为非洲国家创造了更广阔的发展空间，也为这些国家进一步摆脱贫困创造了良好条件。

此外，中国的投资在以非洲为代表的新兴市场创造出数以万计的就业岗位，这些工作岗位对当地人摆脱贫困有重要的意义。国际会计师事务所安永发布的《非洲投资吸引力报告》显示，2005年以来，中国投资在非洲创造的就业岗位是美国投资的3倍多[1]。中国已经成为推动非洲国家创造就业岗位的重要贡献者。

中国公司在非洲的活动增加了当地的就业，并通过培训等方式，为当地的可持续发展提供不竭的动力。麦肯锡2017年发布了一份名为《龙狮共舞》的报告，该报告调查了包括埃塞俄比亚在内的8个非洲国家的1000多家中国公司的员工情况。报告显示，89%的员工都是非洲人。中国在非洲大陆创造了数百万个就业岗位，近三分之二的中国公司提供技能培训[2]。

中国为非洲脱贫做出的贡献也获得了当地人的认可。赞比亚作家丹比萨·莫约称："60%的非洲人口年龄在24岁以下，外国投资和创造就业是减少贫困和避免出现横扫阿拉伯国家的政治巨变的唯一途径。中国对资源的需求给非洲带来了急需的贸易和投资，也为非洲的出口创造了宽广的市场。这对追求经济快速发展的非洲来说，是很大的好处。"[3]

---

[1] 《非洲投资吸引力报告》，https://www.ey.com/Publication/vwLUAssets/ey-attractiveness-program-africa-2017-connectivity-redefined/$FILE/ey-attractiveness-program-africa－2017－connectivity-redefined.pdf。

[2] Dance of the lions and dragons，https://www.mckinsey.com/featured-insights/middle-east-and-africa/the-closest-look-yet-at-chinese-economic-engagement-in-africa。

[3] Beijing, a Boon for Africa，https://www.nytimes.com/2012/06/28/opinion/beijing-a-boon-for-africa.html。

B.13
环境问题：中国参与全球治理，推动解决气候变化问题

杜少中*

> **摘　要：** 气候变化日益严峻，加大力度减少温室气体排放、发展低碳经济已成为全球发展趋势。《巴黎协定》确立了2020年以后的气候变化全球治理体系，体现了最广泛的国际共识，是人类外交史上的重大突破。本文对近几年国内节能减排相关的政策、法规、取得的成效，以及气候变化国际谈判的过程做了梳理，论述中国积极参与全球治理、推动解决气候变化问题，展望未来中国在现代化建设"两个阶段"发展目标下，统筹国内国际两个大局，构建公平正义、共同发展的全球气候治理体系。
>
> **关键词：** 气候变化　巴黎协定　全球治理　国际合作　生态文明

一　全球气候变化治理背景

十九大报告指出，"气候变化等非传统安全威胁持续蔓延"，中国"引导应对气候变化国际合作，成为全球生态文明建设的重要参与者、贡献者、引领者"。全球环境与气候变化已成世界各国的共识，我国要加强国际合作，促进建设公平合理的气候变化治理制度。

---

* 杜少中，中国传媒大学媒介与公共事务研究院健康与环境传播研究所所长，北京市环保局原副局长、新闻发言人。

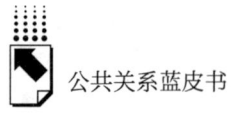

（一）气候变化是人类面临的重大挑战

气候变化对全球气候系统、经济社会造成严重影响。IPCC第五次报告指出自20世纪50年代以来，大气和海洋升温，雪量和冰量下降，海平面已出现上升，大气中二氧化碳、甲烷和一氧化二氮的浓度增加到了至少是过去80万年以来前所未有的高水平，人为因素导致气候变化的证据愈加确凿。2014～2016年全球平均温度连续突破三年最高纪录。2018年高温热浪席卷全球，北极圈气温更是超过30℃，连续三天平均气温打破历史最高温。① 我国气候条件复杂、生态环境脆弱，处于全球气候变化敏感区并受影响显著。② 近百年来（1909～2011年），我国陆地平均增温0.9℃～1.5℃，增温幅度高于全球水平。③ 极端天气气候事件发生频率增加，农业生产、重大工程建设和运营安全受到影响。

国际应对气候变化合作历经曲折。解决气候变化最根本的要求是改变生产和生活方式，摆脱依赖化石燃料，发展低碳经济。发达国家实现工业化过程中排放的温室气体是造成当前气候变化的主要原因，发达国家与发展中国家的历史责任不同，受影响程度以及应对能力存在差距，使得应对气候变化成了一个与社会正义、发展利益有关的国际博弈难题。1992年通过的《联合国气候变化框架公约》（以下简称《公约》），为国际合作应对气候变化提供了基本框架和法律依据。《公约》明确提出将大气中温室气体浓度稳定在气候系统免受人类活动因素造成的危险范围内，并建立了国际合作遵循的基本原则。《京都议定书》首次确定了2008～2012年第一承诺期内发达国家

---

① 袁于飞：《罕见，北极圈气温超过30℃　专家详解席卷全球的高温热浪》，《光明日报》2018年8月5日，http://news.gmw.cn/2018－08/05/content_30316855.htm，访问时间：2018年8月13日。
② 国家发展和改革委员会：《国家应对气候变化规划2014～2017》，2014年9月19日，http://www.ndrc.gov.cn/zcfb/zcfbtz/201411/W020141104584717807138.pdf，访问时间：2018年8月13日。
③ 《第三次气候变化国家评估报告》编写委员会：《第三次气候变化国家评估报告》，科学出版社，2015。

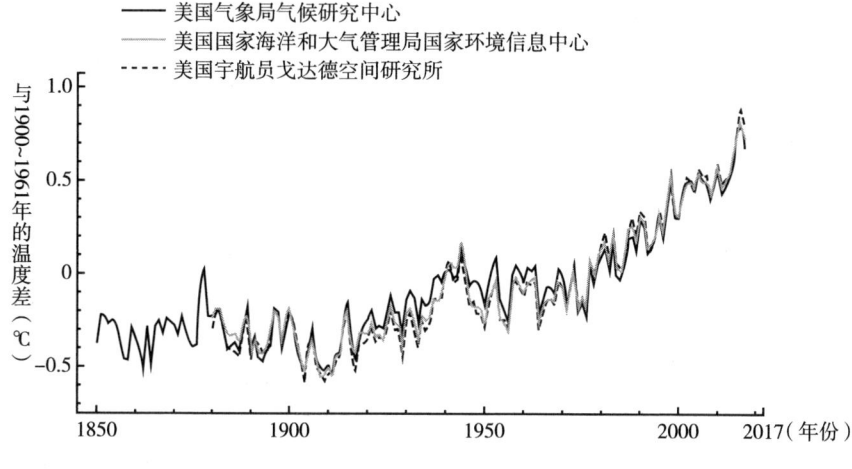

图 1　全球平均气温（1850～2017 年）

资料来源：英国气象局。

集体排放量每年在 1990 年水平上平均减少 5.2% 的量化减排指标，还确立了一系列市场机制为承担减排义务的缔约方提供履约灵活性，如排放贸易、联合履约和清洁发展机制。明确法律约束的减排目标，利用市场机制为发展中国家提供资金、技术支持无疑是《京都议定书》的重要创举。但是，从《京都协定书》的承诺审评机制的谈判进程和减排结果来看，《京都议定书》最终并未取得成功。美国拒绝核准《京都议定书》，加拿大、日本、新西兰及俄罗斯明确不参加《京都议定书》第二承诺期，而全球温室气体排放量仍然持续增长。

（二）中国积极推动《巴黎协定》达成与落实

《巴黎协定》确立并开启全球合作应对气候变化新机制。2015 年巴黎气候大会上达成的《巴黎协定》确立了在控制全球升温不超过 2℃ 目标的指引下，各缔约方国家自主贡献（NDC）提出各自目标和行动，并以全球定期盘点的方式不断提高承诺和行动力度的制度。从"自上而下"的强制碳预算分配到"自下而上"的自主减排承诺的模式，应对气候变化制度向务实合作、广泛参与方向发展。不到一年，近 200 个国家签署协定，《巴黎协

定》正式生效，成为历史上覆盖范围最广，生效最快的多边协议之一。《巴黎协定》的顺利达成重塑了在联合国体系下开展全球气候治理的信心，绿色低碳发展成为世界趋势。

中国在《巴黎协定》达成过程中积极发挥作用。2014~2016年中美多次发布《中美气候变化联合申明》，表达了双方加强双边协调与合作并推动可持续发展和向绿色、低碳、气候适应型经济转型的决心。巴黎气候大会期间，习近平主席出席开幕式并发表演讲，为《巴黎协定》的最后谈判阶段提供政治推动力。2016年G20协调会议上各国发表了首份气候变化问题声明，世界主要排放大国的积极表态无疑给《巴黎协定》早日签署注入一剂强心剂，国际社会在合作应对气候变化上政治共识达到前所未有的高度。

中国为《巴黎协定》落实贡献智慧和方案。落实《巴黎协定》还面临很多挑战，按照各国目前提交的"国家自主贡献"行动目标和方案，2100年全球升温将很可能达到3.0℃~3.2℃①，远远超出上升2℃的目标，能否建立有效的盘点机制，提高国家自主贡献的力度是后续全面落实巴黎协定的重要内容。此外，强化2020年前的承诺和行动力，解决2020年之前发达国家每年负责筹集1000美金的资金缺口等仍然是遗留问题。虽然美国宣布退出《巴黎协定》加剧了减排，资金，技术和领导力等发面的"缺口"②，但总的来说国际社会合作应对气候变化的决心和行动力没有改变。2017年波恩气候大会上，英国、法国等发达国家表示要进一步加大减排力度和出资力度，美国38个洲均表示继续履行美国在《巴黎协定》下的义务③。中国作为负责任的发展中大国，积极采取行动，努力推进巴黎协定的落实。2017年11月，在联合国气候大会波恩会议提出"搭桥方案"以平衡各方分歧，推动达成《巴黎协定》的具体细则。同时，我国还积极组织"中国角"主

---

① Nairobi, Kenya. "United Nations Environment Programme. The Emissions Gap Report 2016" UNEP, 2016.
② 王文涛、腾飞、朱松丽、南雁、刘燕华：《中国应对全球气候治理的绿色发展战略》，《中国人口·资源与环境》2018年第7期。
③ 何建坤：《〈巴黎协定〉后全球气候治理的形势与中国的引领作用》，《中国环境管理》2018年第1期。

题边会活动,向世界讲好中国故事,分享中国经验。2018 年的气候大会我国仍将为促进性对话发挥引领作用,进一步推动《巴黎协定》实施细则的相关文案。

(三)积极应对气候变化是我国生态文明建设的内在要求

党的十八大以来我国开展了一系列生态文明制度体系建设。十九大报告中明确提出"坚持人与自然和谐共生",更有"像对待生命一样对待生态环境"、"实行最严格的生态环境保护制度"等论述。生态文明建设处于压力叠加,负重前行的关键期,我们要坚定走生产发展,生活富裕,生态良好的文明发展道路。我国作为世界上最大的发展中国家,产业结构和能源结构尚未完成根本性转型,经济质量增长面临巨大挑战,积极应对气候变化,加快推进绿色低碳发展是实现我国转变经济发展方式,推进生态文明建设的内在要求。因此,我国要统筹国内、国际两方面工作,国内加强低碳经济转型,将国内成功经验和有效方案进行国际分享,国际上与各国家开展气候变化和绿色低碳发展领域务实合作,推进建立公平合理的全球气候治理体,同时以全球合作应对气候变化为契机进一步构建完善新型国际关系。

二 中国积极承担国际责任,推动落实减排承诺

为了更好承担应对气候变化的国际责任,我国作为发展中国家积极提出自身温室气体减排承诺,推动国内应对气候变化相关工作,从顶层政策设计、基础能力建设、经济发展方式及能源消费结构转型、市场机制推动低碳发展等多个领域开展了一系列行动并取得了显著成效,履行了应对气候变化的国际责任,发挥了应对气候变化的引领作用。

(一)加强顶层设计,夯实基础能力

1. 加强顶层设计

习近平生态文明思想为应对气候变化提供了思想指导。2012 年 11 月,

党的十八大提出"中国坚持共同但有区别的责任原则、公平原则、各自能力原则,同国际社会一道积极应对全球气候变化……积极开展碳排放权交易试点"。2017年10月,党的十九大提出"引导应对气候变化国际合作,成为全球生态文明建设的重要参与者、贡献者、引领者……建立健全绿色低碳循环发展的经济体系,构建清洁低碳、安全高效的能源体系,倡导简约适度、绿色低碳的生活方式"。2018年5月,全国生态环境大会确立了习近平生态文明思想。其中,习近平总书记在大会上"共谋全球生态文明建设,深度参与全球环境治理……实施积极应对气候变化国家战略,推动和引导建立公平合理、合作共赢的全球气候治理体系,彰显我国负责任大国形象,推动构建人类命运共同体"的表述,指明了我国应对气候变化的原则和目标。

中国系统全面地制定了应对气候变化的各类规划。为了推动应对气候变化的相关工作,我国先后制定了一系列规划,既有"十二五"、"十三五"等综合规划,也有《中国应对气候变化国家方案》、《生态文明体制改革总体方案》等专项设计。这些文件明确了"坚持减缓与适应并重,主动控制碳排放,落实减排承诺,增强适应气候变化能力,深度参与全球气候治理,为应对全球气候变化做出贡献"等应对气候变化的原则,提出了碳排放强度和总量控制等阶段目标,部署了各部门、各行业、各地区在应对气候变化领域的具体任务。

表1 中国应对气候变化主要规划汇总

时间	发布或批准主体	文件	主要内容
2007年6月	国务院	《中国应对气候变化国家方案》	明确到2010年中国应对气候变化的具体目标、基本原则、重点领域和政策措施
2007年6月	国家发改委等	《中国应对气候变化科技专项行动》	具体部署应对气候变化在科学技术领域的指导思想、重点任务和保障措施
2010年8月	国家发改委	《关于开展低碳省区和低碳城市试点工作的通知》	确定首批五省八市为低碳试点地区,明确试点地区具体任务和要求
2011年3月	全国人大	《第十二个五年规划纲要》	坚持减缓和适应并重,充分发挥技术进步的作用,完善体制机制和政策体系,提高应对气候变化能力

续表

时间	发布或批准主体	文件	主要内容
2011年8月	国务院	《"十二五"节能减排综合性工作方案》	明确到2015年能耗总量和强度目标和要求
2011年12月	国务院	《"十二五"控制温室气体排放工作方案》	明确到2015年控制温室气体排放的目标和要求
2013年11月	国家发改委等	《国家适应气候变化战略》	明确到2020年适应气候变化工作的指导思想和原则,提出适应目标、重点任务、区域格局和保障措施
2014年9月	国家发改委	《国家应对气候变化规划(2014~2020年)》	提出到2020年应对气候变化工作的指导思想、目标要求、政策导向、重点任务及保障措施,将减缓和适应气候变化要求融入经济社会发展各方面和全过程
2015年9月	中共中央、国务院	《生态文明体制改革总体方案》	完善应对气候变化方面的法律法规;深化碳排放权交易试点,逐步建立全国碳交易市场
2016年3月	全国人大	《第十三个五年规划纲要》	坚持减缓与适应并重,主动控制碳排放,落实减排承诺,增强适应气候变化能力,深度参与全球气候治理,为应对全球气候变化做出贡献
2016年10月	国务院	《"十三五"控制温室气体排放工作方案》	2020年单位GDP碳排放比2015年下降18%,碳排放总量得到有效控制;非二氧化碳温室气体排控力度进一步加大;碳汇能力显著增强;应对气候变化法律法规体系初步建立,低碳试点示范不断深化,公众低碳意识明显提升
2016年12月	国务院	《"十三五"节能减排综合工作方案》	明确到2020年能耗总量和强度目标和要求
2018年7月	中共中央、国务院	《关于全面加强生态环境保护 坚决打好污染防治攻坚战的意见》	确保完成2020年控制温室气体排放行动目标;扎实推进全国碳排放权交易市场建设,统筹深化低碳试点

资料来源:作者整理。

完善相关法律法规,为开展应对气候变化行动提供法律保障。近年来,中国制定或修订《环境保护法》、《可再生能源法》、《循环经济促进法》、《节约能源法》、《清洁生产促进法》等一系列相关法律,间接推动了国内应对气候变化行动。与此同时，我国的《应对气候变化法》和《碳排放权交易管理条例》立法工作正在稳步推进中。在地方层面，部分省、市人大也已经完成了应对气候变化的地方立法工作，比如《石家庄市低碳发展促进条例》、《南昌市低碳发展促进条例》均已于2016年7月、9月起施行，北京、重庆、深圳等碳交易试点地区也通过了碳排放交易市场方面的地方立法。

应对气候变化离不开管理体制的完善。国家层面上，为切实加强对应对气候变化和节能减排工作的领导，2007年6月国务院成立国家应对气候变化及节能减排工作领导小组（以下简称领导小组）作为国家应对气候变化和节能减排工作的议事协调机构，小组由国务院总理任组长。同年，组建了第一届国家应对气候变化专家委员会。此外，中国建立了国家发改委应对气候变化司作为领导小组的执行机构，负责研究气候变化问题的国际形势和主要国家动态，分析气候变化对我国经济社会发展的影响，提出总体对策建议。2018年，国家发改委应对气候变化和减排职责划转至新组建的生态环境部。此外，自2010年起，国家发改委先后批准了42个低碳试点省、市，多角度开展绿色低碳发展先行先试。地方层面上，多个省市建立了省、市级应对气候变化领导小组以及相关专项办公室，专门负责领导开展应对气候变化的工作。

2. 夯实基础能力

科技及政策研究能力有效提高应对气候变化技术水平和科学决策。为了提升研究能力，中国建立和完善了正司级国家应对气候变化战略研究和国际合作中心和中国气象局发展研究中心等研究机构。通过"863"、"973"等计划支持气候变化领域科学研究工作，我国取得了一批重大技术成果。中国气象局参与政府间气候变化专门委员会（IPCC）第五次评估报告编写工作；中国科学院开展"低阶煤清洁高效梯级利用"、"应对气候变化的碳收支认证及相关问题"等战略性先导科技专项研究；国家应对气候变化战略研究和国际合作中心出版了《中国应对气候变化的政策与行动年度报告》，《论全球气候治理》等政策研究成果。

统计核算和目标责任考核确保应对气候变化行动落到实处。统计核算标准方面，2007年国务院批转节能减排统计监测及考核实施方案和办法，完善能耗核算制度。2013年国家发改委印发《关于加强应对气候变化统计工作的意见》和首批十个行业的企业温室气体排放核算方法。七个碳排放权交易试点省市不断完善核算核查制度，国家林业局初步建成全国森林碳汇计量监测体系。目标责任考核方面，2014年8月国家发改委发布《单位国内生产总值二氧化碳排放降低目标责任考核评估办法》，开始考核省级政府碳排放目标落实结果。地方层面上，许多省、市也先后出台了多种考核、奖惩措施。

（二）转变经济发展方式，优化能源消费结构

1. 转变经济发展方式

传统产业转型升级和淘汰落后产能。在传统产业改造升级方面，国务院发布《中国制造2025》计划，国家发改委和工信部等有关部委发布《产业结构调整指导目录》、《工业转型升级计划（2011～2015年）》等，促进传统产业升级，提高能效，减少碳排放。在淘汰落后产能方面，2013年国务院印发《关于化解产能严重过剩矛盾的指导意见》，工信部多次发布淘汰落后产能目标任务通知。"十二五"期间，全国淘汰落后炼钢炼铁产能9000多万吨、水泥2.3亿吨、平板玻璃7600多万重量箱、电解铝100多万吨[①]。

扶持战略性新兴产业和加快发展服务业。国务院先后发布"十二五"、"十三五"国家战略性新兴产业发展规划，提出将新能源汽车、新能源和节能环保产业等绿色低碳产业发展成支柱产业，到2020年产值规模达到10万亿元以上的目标。2018年6月，国家发改委发起目标规模3000亿元的产业发展基金支持新能源汽车、新能源、节能环保等战略性新兴产业发展。服务

---

① 李克强：《2016年政府工作报告》，中国政府网，2016年3月5日，http://www.xinhuanet.com/finance/2016-03/05/c_128775704.htm，访问时间：2018年8月23日。

业方面，中国产业结构不断优化，服务业占比明显提高，为实现碳强度下降目标做出重要贡献。根据国家信息中心《中国共享经济发展年度报告（2018）》，2017年中国共享经济市场交易额约为49205亿元，参与共享经济活动人数超过7亿人，绿色低碳的生活方式逐渐成为主流。

2. 优化能源消费结构

优化能源消费结构和控制温室气体排放。中国开展能源改革，严格控制煤炭消费，推进化石能源清洁化利用和非化石能源发展，减少使用能源对气候变化的不利影响。"十二五"期间，中国煤炭消费量显著下降，化石能源清洁化利用和非化石能源利用取得明显进展，单位国内生产总值能耗下降18.4%，二氧化碳排放强度下降20%以上，超额完成规划目标。根据能源发展"十三五"规划，中国到2020年计划将煤炭消费总量控制在41亿吨以内，非化石能源消费比重提高到15%以上，单位国内生产总值二氧化碳排放比2015年下降18%左右。

（三）市场机制推动低碳发展

1. 碳排放权交易市场

七省市碳交易试点稳步推进。国家发改委2011年10月批准七省市展开碳交易试点后，深圳、上海、北京、广东、天津于2013年下半年相继开市交易，湖北和重庆也于2014年上半年展开试点。依据自身产业结构，以市场规模和效率为出发点，各试点地区市场分别设置了不同的纳入门槛和行业范围。其中，北京、深圳等以第三产业为主的城市排放总量小、纳入门槛低，覆盖主体多为服务行业的企事业单位；湖北、广东等省则以钢铁、水泥、化工、电力等高排放工业企业为主。截至2018年5月31日，试点碳交易市场一、二级现货累计成交2.3亿吨，成交额51.56亿元。①

全国碳排放交易体系顺利启动。从"十二五"规划纲要，到十八届三中、五中全会，以及《生态文明体制改革总体方案》都对我国的碳排放交易体系

---

① Slater, H.、De Boer, D.、王庶、钱国强：《2018中国碳价调查》，2018。

做了相应部署。为了贯彻落实党中央、国务院关于建立全国碳排放交易市场的决策部署，2017年12月，国家发改委印发《全国碳排放权交易市场建设方案》（简称《方案》），正式启动全国碳排放交易体系。依照《方案》，未来全国碳市场将分三个阶段推进，首先用一年左右时间进行能力建设，再用一年时间进行发电行业配额模拟交易，最后用一年进行深化、完善。

自愿减排市场成效显著。2012年国家发改委发布《温室气体自愿减排交易管理暂行办法》、《温室气体自愿减排项目审定与核证指南》对项目核证减排量从产生到交易的全过程进行系统规范，为中国核证减排量（CCER）交易奠定基础。截至目前，国内已有200个CCER减排方法学涉及16个领域，项目公示数超过2800个，已备案项目超过1300个，减排量备案项目约400个，已签发的减排量约7200万吨。林业碳汇作为中国核证减排量（CCER）的一种类型，具有绝对减排的独特优势和较大的发展潜力。根据中国自愿减排交易信息平台数据，截至2017年4月共有林业碳汇项目97个，项目备案15个，累计碳汇量达到209万吨/年[①]。以北京市场为例，截至2017年11月北京碳市场林业碳汇共成交33笔，成交量近8万吨，成交额近300万元。

2. 绿色金融工具

绿色金融助力应对气候变化的行动。近年来，我国包括碳金融在内的绿色金融体系发展迅速：各类碳交易、碳融资、碳支持类金融工具，在很大程度上活跃了碳市场交易，服务了履约企业的低碳投融资和风险管理等需要；国内绿色信贷、绿色债券、绿色基金、绿色PPP为绿色发展项目融资，并限制高污染高耗能项目发展，为应对气候变化类项目融资起到了支持作用；与此同时，绿色普惠金融创新也在公众消费层面积极发挥作用，推动应对气候变化行动。比如，北京环交所与蚂蚁金服展开全面合作，为支付宝碳账户提供技术支持；同时积极推出"绿行者"绿色出行奖励平台，通过整合多种资源致力打造人人低碳、人人受益，公众和企业共创低碳社会的普惠创新模式。

---

① 资料来源：中国自愿减排交易信息平台，http://cdm.ccchina.org.cn/ccer.aspx。

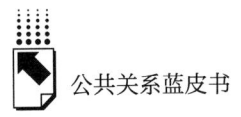
公共关系蓝皮书

三 中国引领国际气候谈判与合作

中国高度重视气候变化问题，不仅在国内采取诸多举措，推动落实减排承诺，而且一直以高度负责任的态度，加强与各国在气候变化领域的多层次对话与磋商，在气候变化国际谈判中发挥了积极、建设性作用，不断推动全球气候治理进程、引导应对气候国际合作。

（一）积极推动国际谈判

1. 建设性参与公约下谈判进程

巴黎协定达成以来，中国在气候谈判中的贡献。中国积极参与历次联合国气候变化谈判会议，为全球气候治理贡献中国智慧和方案。2015年11月，习近平主席出席联合国气候大会巴黎会议并发表《携手构建合作共赢、公平合理的气候变化治理机制》的主旨演讲，全面阐述了全球气候治理中国方案，有力促进了《巴黎协定》的一致达成。2016年11月，我国代表团参加了联合国气候大会马拉喀什会议，就国家自主贡献、适应度、透明度、全球盘点、遵守机制等各议题提交中国方案。2017年11月，在联合国气候大会波恩会议上，中国继续以高度负责任的态度积极参与国际谈判，推动落实《巴黎协定》的具体细则。

联合国气候变化框架公约下中国的贡献。截至2017年，《联合国气候变化框架公约》缔约方会议已经成功举办23次，为深化各国在气候变化领域的磋商对话，我国做出了以下贡献：一是积极打造多级部长级磋商平台，与南非、巴西、印度建立"基础四国"部长级磋商协调机制，与发展中国家建立"立场相近发展中国家"沟通机制，与欧盟、加拿大发起气候行动部长级会议机制。二是开展与小岛国、最不发达国家和非洲集团对话，促进发展中国家内部的意见交流，积极维护发展中国家权益。三是作为连接发达国家和发展中国家的沟通桥梁，我国主动协调两者关于融资、技术等操作性问题，化解双方的矛盾和分歧，维护各缔约方立场和利益诉求，促成各方均可接受的共识和行动方案,引导全球气候治理进程向前推进。

2. 广泛参与其他多边进程

积极参与其他多边领域的气候治理进程。2016年,我国推进了国际民航组织达成航空减排全球市场措施机制,推动《蒙特利尔议定书》缔约方达成了历史性的限控温室气体氢氟碳化物(HFCs)协议。2018年,我国积极参与海运温室气体的减排谈判,促进国际海事组织签署海运减排协议。同时,我国还在世界贸易组织、亚太经合组织、二十国集团、金砖国家、清洁能源部长级会议等作为对公约补充的有关场合开展对话,进一步加强与全球环境基金、联合国开发计划署、亚洲开发银行、世界银行等多边机构合作,积极参与相关国际会议与行动倡议,推动气候变化相关议题的讨论。

(二)加强国际交流与合作

1. 加强与发达国家的交流合作

中美两国推进应对气候变化双边机制。2013年4月,我国发布首份《中美气候变化联合声明》,与美国建立气候变化工作组,确定双方推进技术、研究、节能以及替代能源和可再生能源等领域合作方式。2014年2月,我国发布《中美气候变化联合声明》,表示双方会通过中美气候变化工作组积极交流关于减少温室气体和其他空气污染物排放的行动经验。2015年9月,中美两国领导人发表《中美元首气候变化联合声明》,提出了关于巴黎会议成果的共同愿景,为《巴黎协定》的达成奠定了坚实的基础。2016年4月,《中美元首气候变化联合声明》再次发布,中美两国宣布于4月22日共同签署《巴黎协定》,并鼓励公约其他缔约方采取同样行动,以使《巴黎协定》尽早生效。

中欧共同推进应对气候变化双边机制。在欧盟层面,2015年6月,我国发布《中欧气候变化联合声明》,强调从现在到2020年加速落实应对气候变化行动的重要性。在欧盟成员国层面,2009年中德两国签署《中德关于应对气候变化合作的谅解备忘录》,2014年6月发布《中英气候变化联合声明》，2015年11月发布《中法元首气候变化联合声明》。

积极落实其他国家的高层互访和双边机制。我国还与澳大利亚、新西兰、俄罗斯、韩国、巴西等多个国家举行气候变化双边会议，在巩固加强现有合作机制的同时，就各自气候政策行动交换意见，进一步促进气候变化双边合作。另外，我国也与加拿大、日本等多个国家在碳市场、能效、低碳城市、适应气候变化等领域进行交流，进一步深化双边务实合作。

2. 促进与发展中国家交流合作

深化气候变化南南合作。中国作为最大的发展中国家，在自身采取应对气候变化行动、实现可持续发展的同时，也在南南合作框架下向其他发展中国家提供力所能及的帮助。2011至2014年，我国累计支持2.7亿元人民币用于帮助发展中国家提高应对气候变化能力。① 2014年气候峰会上张高丽副总理宣布向联合国秘书长提供600万美元的资金支持以推动应对气候变化南南合作。② 2015年11月，习近平主席在气候变化巴黎大会上中国宣布设立200亿元人民币的中国气候变化南南合作基金。③ 2016年我国在南南合作中陆续启动"十百千项目"，即开设10个低碳示范区、开展100个减缓和适应气候变化项目及1000个应对气候变化培训名额的合作项目，帮助这些国家在发展低碳经济的同时提高应对气候变化的能力。自2011年以来，我国累计与30个发展中国家签署应对气候变化南南合作谅解备忘录，赠送清洁炉灶1万余台、太阳能光伏发电系统1.3万余套、节能空调2万余台、节能和太阳能灯120万余盏，帮助培训2000余名应对气候变化领域的官员和技

---

① 新华社：《中国应对全球气候变化的主要举措》，中国政府网，2015年11月30日，http://www.gov.cn/xinwen/2015-11/30/content_5018396.htm，访问时间：2018年8月26日。
② 张晓华、祁悦：《"后巴黎"全球气候治理形势展望与中国的角色》，《中国能源》2016年第38期。
③ 柴麒敏：《中国气候变化南南合作助推"一带一路"沿线发展中国家低碳发展》，中国碳交易网，2018年1月17日，http://www.tanjiaoyi.com/article-23681-1.html，访问时间：2018年9月3日。

术人员,范围覆盖 5 大洲的 120 多个国家①。

推动绿色"一带一路"建设。"一带一路"沿线国家多数都属于气候变化脆弱带和敏感区,气候变化产生的负面影响日渐显著。我国"一带一路"建设中应始终秉承生态文明建设的指导思想和绿色发展理念,把合作应对气候变化作为重要指导思想,打造先进能源技术和低碳基础设施的互联互通,满足"一带一路"沿线国家应对气候变化战略下的现实需求,提升其应对气候变化能力。绿色"一带一路"建设,是我国践行构建人类命运共同体,实现合作共赢、共同发展的全球治理新理念的重要行动。

四 展望

当前,我国处于全面建成小康社会的决胜期,需要强化低碳转型的目标导向和环境治理的协同对策,提高能源效率,进一步打好污染防治攻坚战。长期来看,中国应对气候变化要以习近平生态文明建设思想为指导,结合现代化建设"两个阶段"发展目标,统筹国内国际两个大局,把应对气候变化作为可持续发展的机遇,打造人类命运共同体,共谋全球生态文明建设。

2035 年前应对气候变化的工作。以建设 2035 年基本实现社会主义现代化目标,规划二氧化碳排放达峰的具体时间表以及峰值排放量控制目标,落实减排承诺。结合雾霾治理,实现生态环境根本好转,继续深化能源结构改革,促进可再生电力发展。加快统一全国碳市场的建设,构建以碳金融为代表的绿色金融服务体系。国际合作方面,继续巩固《巴黎协定》谈判阶段打下的良好基础,促进并引领 2018 年底卡托维斯气候大会取得积极进展,完成《巴黎协定》实施细则的相关谈判。

---

① 人民日报:《大国担当! 中国引领全球气候治理》,人民网,2018 年 6 月 13 日,http://cpc.people.com.cn/n1/2018/0613/c419242-30053638.html,访问时间:2018 年 9 月 3 日。

2035年后应对气候变化的工作。根据《巴黎协定》的后续实施,研究责任承担义务,制定2035~2050年温室气体低排放目标和低碳发展战略。到2050年建成社会主义现代化强国的同时,大力推进绿色低碳循环发展,采取有力行动应对气候变化,引领全球能源与经济的低碳化变革,全面形成绿色发展方式和生活方式。国际合作方面,继续深化国际交流与合作,通过南南合作、亚投行等平台凝聚"一带一路"沿线国家应对气候变化的共识,持续推进和平发展外交战略、构建合作共赢新型国际关系,为全球生态文明和可持续发展发挥积极引领作用。

创新实践篇

Innovative Practice

B.14
破壁与搭桥：国际公共关系视域下的中外人文交流

张 磊 阿希塔*

摘 要： 中外人文交流是中国对外交往的支柱之一。本文基于国际公共关系理论，梳理了21世纪以来中外人文交流机制建设的主要进程，根据传播说服范式、形象管理范式、关系对话范式总结了中外人文交流在营造舆论环境、塑造国家形象、促进民心相通等方面的重要意义。当前中外人文交流机制已成为中国国际公共关系建设的枢纽，然而仍有提升空间。本文借鉴国际公共关系研究的理论成果，以"对话范式"为引导，强调"以人为尺度、以对话为本体、以关

---

* 张磊，中国传媒大学国家传播创新研究中心研究员、博导，中外人文交流宣传研究中心执行主任；阿希塔，中国传媒大学传播研究院传播学专业2017级博士生。

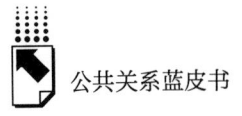

系为目标"三个原则,并就中外人文交流机制建设提出五条思考建议。

关键词: 中外人文交流　国际公共关系　对话范式

"智者筑桥,愚者筑墙。"2018年上映的好莱坞电影《黑豹》中,用了这样一句非洲谚语作为点睛之笔,也被认为是对美国总统特朗普上任之后一系列举措的讽刺。特朗普强调"美国优先",不仅退出多个国际性组织,与中国、加拿大、墨西哥等国进行贸易较量,而且打算在美墨边境上筑起一道阻隔移民的高墙。

与之相反,中国正在成为"新版全球化"的举旗者。习近平所提倡的"人类命运共同体"理念与"一带一路"倡议相辅相成,勾勒了新的全球共同发展蓝图。要想推动新的全球化进程,仅仅依靠政治交往和经贸往来是不能完成的,它还需要人与人、心与心、文化与文化之间的沟通与交流。本文聚焦中外人文交流的实践活动,基于国际公共关系理论视野进行观察,力图提出有参考性的总结与建议。

一　中外人文交流的开启

随着全球化不断深入,一方面,国际互动日益频繁,各国之间共同利益诉求不断增多,依赖性不断增强;而另一方面,国与国也存在着日益增多的利益矛盾与价值分歧。各国政府越来越意识到,要实现自身目标,达成与目标国家的合作双赢,远非单靠国家层面的外交活动可以实现的。要真正能在复杂的国际环境和多变的国际形势中一呼百应,对本国利益进行最大限度的争取,还需要在国际环境中打造良好国家形象,得到世界各国的理解、信任与支持,特别是要获得来自国际民众的了解、配合与合作。

近年来,随着中国经济乃至综合国力的不断增强,特别是自20世纪90

年代以来，中国经济迎来高速增长阶段，贫穷落后的基本国情逐渐得到改变，取而代之的是中国逐渐成长为一个世界性大国。中国人"挨打""挨饿"的两大历史性问题初步得以解决，然而"挨骂"的问题仍然存在，而有论者认为这是中国对外人文交流的能力还存在"短板"导致的。[①] 因此，在和平发展的道路上，如何利用现代政治手段处理国际关系，如何增强人文交流从而促进民心相通，成为中国打造负责任的国际新型大国道路上的一大重要课题。

在对外交往中，人文交流是一个重要的组成部分，它可以夯实中外关系的社会民意基础，是构建全球人类命运共同体的重要途径。人文交流与政治互信、经贸合作共同支撑起中国特色的大国外交体系。

中国与其他国家建立国家层面上的人文交流机制始于2000年，与俄罗斯共创"中俄教文卫体合作委员会"（后更名为中俄人文合作委员会），在此后的十几年中，中国先后与美国、英国、法国、印度尼西亚、南非、德国及欧盟等共八个国家和地区建立起人文交流磋商机制（简称"中外人文交流机制"）。近几年，中外人文交流工作获得了高度重视，被明确列入十九大报告的论述中。中办、国办于2017年12月印发了《关于加强和改进中外人文交流工作的若干意见》，强调："要以服务国家改革发展和对外战略为根本，以促进中外民心相通和文明互鉴为宗旨，创新高级别人文交流机制，改革各领域人文交流的内容、形式、工作机制，要将人文交流与合作理念融入对外交往各个领域。"这意味着人文交流工作在夯实民意基础、深化国际伙伴关系、促进双边贸易发展等方面的意义得到确认，也将人文交流提升到前所未有的高度。

除了中外人文交流机制的建设外，进入21世纪后，中国通过"文化走出去""媒体走出去""国际传播能力建设"等一系列举措，力图改善国际舆论环境，形成了一个外延广阔的实践光谱。同时，也催生了各有侧重的学术研究，力图通过学理解析来为实践提供指导。这些学术研究所涵盖的内涵

---

① 张殿军：《着力推进对外人文交流》，《学习时报》2016年11月17日第006版。

理论也形成了相互关联的系谱,从国际传播/对外传播到国家形象/国家品牌研究,从跨文化传播/跨文化交际到公共外交研究,而国际公共关系也成为一个引人瞩目的理论点。

中外人文交流与国际公共关系、公共外交、跨文化交往等概念下的实践活动,既有差异,也有异曲同工之处。通过已经成型的理论概念进行观照,可以对中外人文交流进行多维度审视,为之提出更具洞察力的建议方案。

本文主要聚焦于三个问题。第一,以国际公共关系为理论基点,如何理解中外人文交流?第二,在国际公共关系的视野下,当前的中外人文交流工作取得了哪些进展,又有哪些提升空间?第三,通过借鉴国际公关理论,可以为中外人文交流工作寻找什么样的建设性方案?

二 国际公共关系理论视野下的中外人文交流

国际公共关系将百年来日益成熟的公共关系理论与实践移植到国际关系领域,通过新形式、新角度、新渠道的实践活动为传统的外交提供辅助。

陈开和认为:"政府国际公共关系,即一个国家的政府在本国以外的地区所进行的公关活动。"① 他进一步分析了政府国际公共关系与外交活动的不同,认为它在主体上涵盖了外交部门之外的更多政府机构,而在客体上囊括了从外国政府到一般公众的多元对象。与之更相近的概念是"公共外交"。

本文认为,对国际公共关系下定义较为简易,而更重要的是,需要借鉴已经成型的公共关系理论,为之确立可靠的理论内涵。

公关理论发展多年,并且作为传播研究中最具有商业价值的领域,早已衍生出无数的理论。张依依对1975年至2006年间的公共关系研究进行历史比较分析,总结了三个理论范式的变迁:从"说服范式"到"管理范式"

---

① 陈开和:《试论政府国际公共关系》,《广告大观理论版》2006年第4期。

再到"关系/修辞范式"。① 有趣的是,"关系"在公共关系研究中是一个核心词,但中文中的"关系"一词含义是如此丰富,以至于现代公关研究中经常直接使用"guanxi"。中国的公共关系研究也形成了自己的发展道路。胡百精通过对中国公共关系研究的学术史梳理,指出了"古今中西"的多重交织,也总结了其留下的丰厚遗产。② 从早期的"形象说""传播说""关系说"之争,到后来的"公关生态论"③ 和"公关对话范式"④,都具有理论和实践的双重指导意义。

公关活动所面临的现实也为现有理论增添了三个时代特色。第一,大规模、突发性、公共性甚至是危机性事件,成为公关活动必然面临的状况。当代人类社会日益显现出"风险社会"的特征,"黑天鹅"似乎成为常态,也促使公关实践与理论聚焦于类似事件。第二,互联网、移动媒体、社交媒体的兴起,为公关活动带来了新的挑战,也形成了新的渠道与舞台。它带来了从操作策略到公关理念的全方位革新。第三,跨越地域、跨越疆界、跨越国境的公关活动更趋频繁。这也正是国际公共关系的兴起背景。

按照公共关系理论范式的兴替,我们可以从三个不同角度界定中外人文交流活动,分别是"传播说服范式""形象管理范式"和"关系对话范式"。

首先,从传播说服范式来看,中外人文交流有助于塑造良好的舆论环境。

随着国际局势的变化,中国在处理国际问题、开展国际交往时面临着新的机遇、问题与挑战,这就要求中国开展更丰富的传播活动。部分负面舆论状况尤其值得关注和改变,例如,西方部分国家还存在着对于中国的负面舆情,如"中国威胁论""中国崩溃论""中国专制论"等。这要求中国通过

---

① 张依依:《从"说服"到"管理"到"关系":1975~2006年公共关系理论与范式演变的历史比较分析》,《国际新闻界》2007年第12期。
② 胡百精:《中国公共关系30年的理论建设与思想遗产》,《国际新闻界》2014年第2期。
③ 陈先红、刘晓程:《专业主义的同构:生态学视野下新闻与公关的职业关系分析》,《新闻大学》2013年第2期。
④ 胡百精:《公共关系的"元理由"与对话范式》,《国际新闻界》2007年第12期。

传播与说服，讲明中国的状况，也传递中国的理念、道路和价值观。习近平指出，国际传播最好的方式就是"讲故事"。人文交流活动正是用一个个民众喜闻乐见"讲故事"的形式进行国际传播。中外人文交流强调讲故事，其实就是讲事实、讲形象、讲情感、讲道理，因为讲事实才能说服人，讲形象才能打动人，讲情感才能感染人，讲道理才能影响人。

其次，从形象管理范式来看，中外人文交流有助于提升中国的国家形象。

国家形象是一个国家在一个较长的历史时期内政治、经济、科技等方面的客观现实在他国公众心目中形成和建立起来的主观印象和总体评价。换言之，国家形象是一国对另一国家的整体观念或印象。国家形象在一定程度上也反映着一个国家所处的国际地位。良好的国际形象往往能为国际事务带来红利，达到事半功倍的效果。反之，如果一国国家形象在他国呈现负面评价较多，在各个领域开展国际合作只会四处碰壁，给开展国际合作交流带来重重阻力。正如傅立民在《论实力》中写道："良好的国家形象可以将巨大摩擦产生的成本降低到很小，而负面的国家形象则能使小冲突的成本放大好几倍。"① 在中外人文交流框架内的系列活动，如与民生相关的饮食文化、民间艺术、医药文化主题活动，参与人数众多，现场气氛热烈。这些活动让他国民众亲身走近中国文化，了解中国现状。无疑，这些活动是营造良好中国国家形象绝好的国际传播契机。可见，人文交流使国家形象扎根在民众心田，也使国家关系渗透到民众心底。良好的国家形象是国际公共关系的长期目标，中外人文交流机制正在为实现这一目标不断贡献力量。

最后，从关系对话范式来看，人文交流机制有助于促进国际民心相通。

国家间的关系说到底是人与人的关系，只有打动人心，才能实现其他领域的"感而遂通"②。目前，人文交流机制举办的活动涉及多个方面，中国

---

① 〔美〕傅立民:《论实力：治国方略与外交艺术》，清华大学出版社，2004。
② 邢丽菊:《何以人文：中外人文交流的意义》，《世界知识》2017 年 12 月。

和法国着力以教育、文化、科技、卫生、体育、旅游、青年等七大领域为重点，广泛开展形式多样、内容丰富的人文交流活动。如在2017年，驻法使馆文化处协助并参与支持了夏纳、阿瓦隆、图尔、巴黎十六区、十区政府等七个法国地方政府举办的"中国文化周"，支持并出席了波尔多中国中秋晚会等精彩纷呈的中国文化活动。随着近些年中法人文交流的不断深入，法国民众不再以猎奇的心态看待中国文化，而是希望认真地了解、客观地看待中国文化。中国艺术周的形式、档次、综合性、观众参与度和热情度都比以前大幅提高。可见，人文交流是推进民心相通的重要途径，国与国之间的距离不在于地理上的远近，而在于人与人、心与心之间的距离。

树立良好的国家形象，与其他国家建立良好的沟通机制，取得国际公众的支持与合作是中国和平发展的必由之路，而中外人文交流活动的主旨正在于此。

三 中外人文交流的国际公关成果

人文交流是推动双边和多边关系健康发展的重要力量，与政治互信、经贸合作共同构成中国特色大国外交的三大支柱。党中央、国务院对人文交流格外关注，回眼中外人文交流机制十几年的发展，自中国与俄罗斯建立"中俄教文卫体（人文）合作委员会"至今，我国先后又与美国、英国、欧盟、法国、印度尼西亚、南非和德国建立起了八大副总理级人文交流机制。中外高级别人文交流机制从"得未曾有"到"日益完善"，是党中央、国务院将中外人文交流提升至国家重要战略的现实体现。

中国与俄罗斯作为传统的友谊邻邦，是最早将两国人文交流工作机制化、常态化的双边国家。从2000年以来，"中俄人文合作委员会"分别在教育、体育、卫生等8个领域开展了一系列合作与交流活动，有效促进了两国在"全面战略协作伙伴关系"框架内的官方与民间交流。从"国与国"到"民与民"的系列人文交流活动，有效营造了中俄两国交往过程中的良好社会氛围，为两国在日趋纷杂的国际形势下展开全面战略协作提供了坚实基础，注入了新生力量。近几年，两国互办文化年、媒体交流年等活动使得中俄人文交流不断丰富，随着参与人数、参与范围的不断增长，"中俄人文合作委员会"的影响力不断提升。不仅如此，中俄间民间自发组织的交流活动亮点纷呈，相近相亲的民心民意正在成为促进两国协作发展的可靠力量。

中美作为世界最大的两个经济体，两国关系被喻为全世界最重要的双边关系之一。随着全球一体化发展步伐加快，两国在政治、经济、军事等领域的合作交流日益密切；而另一方面，在处理国际争端、争取本国利益面前，中美两国又拥有着各自的出发点与战略角度。也就是说，纷繁复杂的国际形势为中美大国外交迎来了机遇，也带来了挑战。从2010年5月建立"中美人文交流高层磋商机制"以来，人文交流成为推动两国双边关系发展的又一新动力。现如今，在该机制框架内合作的领域包括教育、科技、文化等七个领域。值得一提的是，习近平在2016年出访美国期间，亲自出席了第七轮中美人文交流高层磋商会议，该会议成果达158项，会议期间还合作举办了中美大学之间的智库论坛、天文合作高峰论坛等关联性活动，彰显了"中美人文交流高层磋商机制"的不断深化及日益广泛的社会影响力。

作为西方传统强国，英国与中国的文化交流历史长达数百年。21世纪以来，中英两国的人文交流合作正在被赋予新的内涵。2012年4月，中英两国政府达成《关于建立中英高级别人文交流机制的谅解备忘录》协议，标志着"中英高级别人文交流机制"正式建立。从机制建立到不断丰富发展的6年间，中英高级别人文交流机制共举行五次会议，并共同举办了一系列卓有成效的特色人文交流活动，其领域涵盖了教育、科技、文化等九大方面。如2015年双方举办"中英文化年"活动，当年春节期间，英国王室、政要纷纷参加中国农历新年庆祝活动，并在英国国内掀起了一股"中国文化热"。再如，在教育领域，英国是中国留学生主要出国留学的目的国之一，也是中国第一大教育项目合作伙伴。两国青年留学生数量与规模的不断增长，为两国在共同培养人才、建立研究队伍、广泛开展交流方面夯实了合作基础，可以说这一领域的人文交流具有巨大的潜力。

中国与欧盟各踞亚欧大陆两端,却同样设立了长远的发展目标。近年来随着中国"一带一路"建设的推进,中欧关系成了中国国际关系体系中极为重要的一环。2012年4月,中国与欧盟在欧盟总部共同签署协议,宣布建立"中欧高级别人文交流对话机制",目前在机制框架内进行的合作交流活动涵盖了教育、科技、媒体等六个领域,并开展多层次合作交流,如建立教育交流与合作平台,开展欧盟官员来华研修项目,举办2018旅游年等。这些活动架起了中欧近三十个国家民相亲心相通的桥梁,为中欧关系发展注入了新活力。

2014年3月,习近平在访问法国期间,与时任法国总统奥朗德促成了中法建立副总理级人文交流机制,推动了中法关系进入全面提速的新时期。同年9月,中法两国共同签署《联合宣言》,"中法高级别人文交流机制"正式启动。2017年11月,中法高级别人文交流机制第四次会议举行,会议肯定了机制建立以来取得的180余项成果,在会议期间,举办了首届CGTN法语大赛颁奖仪式、中法高层次应用型人才培养合作论坛、中法地方合作成果展等配套活动。

中国和印度尼西亚两国人民的文化交往历史悠久。早在公元7世纪时,唐朝高僧义净曾在苏门答腊居留多年,翻译了多部佛经。回眼当下,印尼作为"一带一路"沿线国家,其区位战略地位凸显,日趋活跃的两国文化交流为双方在国际经贸合作、政治互信、民众相互了解等方面发挥重要作用。2015年5月,中国同印度尼西亚共同启动副总理级人文交流机制,这也是中国同发展中国家建立的第一个人文交流机制。在中印尼副总理级人文交流机制不断发展的3年多时间里,双方在教育、卫生、科技、宗教等八个领域展开了全方位、多层次的务实合作。如2017年3月22日,北京外国语大学成立中国—印度尼西亚人文交流研究中心,该中心的成立是落实中国与发展中国家建立的首个高级别人文交流机制——中印尼副总理级人文交流机制的重要举措。[1]

---

[1] 柴葳:《中国—印度尼西亚人文交流研究中心落户北外》,《中国教育报》2017年3月23日第3版。

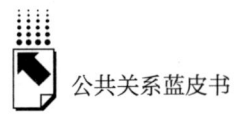

南非是非洲最重要的经济体之一，中南人文交流机制的建立意义十分重大。2017年4月，中国—南非高级别人文交流机制首次会议在南非行政首都茨瓦内召开。中国和南非同为金砖国家成员和重要的发展中大国，建立双边高级别人文交流机制意义非凡。南非也是中国首个与非洲建立政府间高级别人文交流机制的国家。该机制框架内展开的人文交流活动涵盖了教育、智库、旅游、民间友好等诸多领域。

中德高级别人文交流机制是目前中国八大人文交流机制中最为年轻的一个，其建立时间为2017年5月。该机制虽然建成时间较短，但已在教育、文化、媒体、体育、青年等五个领域展开了深入的人文交流活动。仅在机制首次会议期间，就举办了七项配套活动，其中既涉及教育（如中德留学历史纪念活动、未来职业教育合作研讨等），也涉及文化（如路德维希夫妇捐赠国际艺术作品精品展、德国电影回顾展），还使用了中德友好发展中的一个独特要素——足球（如中德足球合作成果展、青少年足球精英教练员培训班等），展现了多样性和丰富性。

通过以上梳理可以看出，中国与各国建立的人文交流机制，一方面体现出全球化发展日益加深，各国需要通过不断加深国际交流进而满足自我利益诉求。尤其对于大国而言，提升国际公共关系，提高国际政治互信、民众互信，提升国际话语权成为对外交往的重点方向。另一方面，中国开创性地建立开展人文交流与合作的磋商机制，也体现出中国政府着眼于长远利益，利用创新性举措，营建与世界各国人民一道和谐共处、深入互助、民心相通的政治氛围。这一举措意在通过民众层面的交流进而促进中外交流与对话，同时以合作共赢为原则，确立共同构建人类命运共同体的政治方向。对于中国的国际公共关系而言，它也提供了良好的基础。

四　中外人文交流机制建设的提升空间

八大中外人文交流机制从建立到不断丰富完善，其取得的成绩有目共睹，时代意义重大。机制内官方力量与民间力量共同着力，有效促进了中外民心相通、包容互鉴。但看到累累硕果的同时,我们也应该看到在机制践行过程中存在的问题,尤其是从国际公关理论的视野来看,它的发展还有较大的提升空间。

国际公共关系可以看作一般公共关系的延展。如前所述,在不同公关理论范式的演进中,"传播""管理""关系"等范式彼此补充又互相论争。胡百精则通过对西方和中国公关研究历史的梳理,借助格鲁尼格夫妇等人的理论,提出要"构建对话范式",力图弥合争议。他说:"对话是公关自诞生之日起便被赋予的根本使命。对话建构关系,修辞促进对话,对话完全可以统合所谓关系范式和修辞范式。更重要的是,对话从不回避权力和利益问题,并且关乎人类命运共同体的未来。"① 他进一步从本体论、认识论、方法论(策略体系)三方面阐释了这一范式。从本体论来说,公关涉及达成共识和分享价值,将"人"作为基准和尺度。从认识论上来说,公关观念的基本点应该是以对话构筑共同体,因而强调"双向""对话""共同体",而不是"单向""宣传"和形象建构。从方法论上来说,它可以发展出多级路径的公关策略体系,即"一级路径为事实对话和价值对话,所有公关手段皆依循这两个导向;事实层面的二级路径包括告知、叙事和转化;价值层面的二级路径包括契合、引领和结晶"。② 无独有偶,陈先红在"关系生态"的建构中,也注重道德价值、社区建构、双向对称等核心。③ 更值得注意的是,国际公共关系因为国族差异和意识形态分歧的普遍存在,更难以直接进行单向的宣传说服,而必须以对话的方式谋求建立长期互相理解的良好关系。

从这些原则出发,我们发现当前中外人文交流工作有三个方面需要改善,即建设重心偏高,尚未直达民心;活动偏仪式化,尚未形成常态对话;效果偏宏观,尚未春风化雨、建立良好关系。有鉴于此,我们需要在这三个方面进行反思。

---

① 胡百精:《公共关系的"元理由"与对话范式》,《国际新闻界》2007年第12期。
② 胡百精:《公共关系的"元理由"与对话范式》,《国际新闻界》2007年第12期。
③ 陈先红:《新媒介推动下公共关系理论范式的创新》,《国际关系学院学报》2006年第4期。

（一）以人为尺度：政府与非官方的平衡

目前中外人文交流机制内举办的活动多数为政府主导，民间力量参与度显然不足。近些年，由于中国崛起已成为国际社会公认的事实，"中国威胁论"有回潮趋势，这也使得那些由政府主导、意识形态色彩较为浓厚、采用宏大话语体系的文化交流活动极易被标签化、政治化甚至妖魔化。反观，一些"小而美"的民间话语恰恰成为中外人文交流的畅销品。对于人文交流还存在着系统性的认知偏差，这也是导致这一现象加剧的重要原因。有的观点将人文交流等同于文化交流，实际上二者虽有重合，但又有区别。人文交流的重点在于"人"，而不是"文化"。"国之交在于民相亲，民相亲在于心相通"，人文交流归根结底是人和人之间的交流。

（二）以对话为本体：常态化的共同体建构

八大机制中的活动往往与国家领导人出访、国际重要会议等重大外交活动绑定。这一段时间内人文交流活动集中展演，虽然在交流活动类型和数量上呈现丰裕姿态，但"大干快上、一哄而上"的特征较为明显，缺乏成建制的、有规划的、常态性的人文交流，这难免使得人文交流活动效果大打折扣，难以形成长久持续的影响力。如何构建常态性对话？我们可以在中国－欧盟文化艺术节的建设中得到启发，这一活动每年定期举办，推动中欧文化的双向传播，其特点正如中国驻欧盟使团公使王红坚所说"中国—欧盟文化艺术节组委会……积极打造中欧人文交流的常态化双向平台"。① 可以说，常态性的对话机制才能达到建立共同体的效果。另外，当前人文交流中存在一个值得反思的倾向，即有的外宣媒体和对外文化传播机构着急地向海外讲述中国故事、塑造中国形象，但忽略了倾听外国的声音。对话，从来是双向的交流，而不应是自说自话。

---

① 任彦：《第三届中国—欧盟文化艺术节闭幕　打造中欧人文交流常态化平台》，《人民日报》2017年12月13日21版。

(三)以关系为目标:追求和评估长期效果

中外人文交流应该以建立良好公众关系为目标。中外人文交流机制的设立,带动了一大批文化交流项目的实行,如孔子学院、文化年、媒体交流年、语言年、地方交流年、医疗合作、智库协作、大学生圆桌论坛等等,其数量的蓬勃发展和规格的不断提升取得了国际社会的认可与好评。这些活动的效果究竟如何?它们是否有效促进了人与人、民与民、国与国、文化与文化之间的良好关系?目前,关于这些问题还很难回答。因此,亟须建立科学、系统、权威的评估机制,从而探索中外人文交流机制在对外交往中的路线图和发展瓶颈。通过系统研究,了解人文交流目标群体的特点,创新开展效果评估,定期发布评估报告,建立中外人文交流与合作效果评估体系,以评促建,利用这些研究进一步为我国全面建设中外人文交流机制"提质增效"。

回到本文一开篇所提到的"墙与桥"的比喻,当前的中外人文交流工作已经走出墙外、走出国门,实现了正式的交往,但要在存在沟壑的双方之间搭建起真正双向互动的桥梁,还有漫长的过程。

五 中外人文交流机制未来发展建议

要建立双向的桥梁,需要全方位、系统性、长期化的努力。本文主要从国际公共关系视角出发,在建设策略方面提出五点建议。

(一)以高层外交为契机,使人文交流重心下移

高层出访与人文交流具有非常密切的关联。一方面,高层出访是推动人文交流的核心动力,也形成了人文交流的顶层设计;另一方面,人文交流可以为高层出访提供重要内容,使得国家形象深入民心。人文交流机制要以高层外交为契机,着力打造有针对性、具有国别特色的人文交流活动。人文交流机制要获得成功,就必须获得政府的高度重视、大力支持,而高层外交正为之注入最强动力;它也必须调动民间的丰富力量,使得媒体(既包括中

央外宣媒体也包括各地媒体)、学界(如各个大学对教育和青年交流的支持、智库之间的交流)、企业(如中国的跨国企业)、民间组织(如文化艺术团体等)积极参与。民间力量的参与可以以非官方的身份,使得人文交流重心下移,奠定更广泛、更普遍、更有效的合作基础。

(二)以常态交流为基础,营造人文交流的持续性氛围

自2000年第一个中外人文交流机制建立以来,中外共同开展了卓有成效的人文交流活动。从目前看主要有:一是领导人出访的配套活动,二是基于中国传统节日举办的庆祝活动,三是举办文化年、语言年、艺术周等人文交流活动。这些活动大多规模盛大,气氛热烈,使得外国民众对中国国家实力和国家形象有了宏观真切的感受。但大型活动也存在着资源耗费巨大、筹划时间较长、组织运营繁杂等缺点。从长远看,这些活动的持续性有所欠缺。要形成持久的国际传播影响力,中外人文交流活动还是要依靠长效机制,以常态化、日常化的人文交流为基础,形成民众身边的持续性人文交流氛围。

(三)以媒体交流为突破,打造人文交流的闪亮品牌

媒体是人们了解外部世界的窗口,也是沟通各国人民的桥梁。广泛开展媒体交流,形成共识,有利于正面客观报道对方国家的发展情况,也有利于客观公正报道涉及两国公共关系的事件,避免因翻译或文化差异而产生不实报道。另外,中外文化交流机制的品牌建设还有待加强,外宣媒体及利用海外舆论主阵地的工作还大有可为,值得进行策划与实践。为推动品牌建设,"中外人文交流机制"的新闻发布工作是重要的启动点。因此,着力促进媒体交流,通过媒体共同行动打造响亮品牌,有助于提升中外人文交流机制的整体知名度和美誉度。

(四)以重点人群为抓手,形成人文交流的可靠主力军

留学人员、科研人员、文化和艺术工作者、运动员、游客都是中外人文

交流的重要依托。其中,青年是世界未来发展之希望,也代表着世界未来发展的方向,理应成为人文交流的重点人群。习近平在多个场合均强调了青年人对于中国国家发展的意义,这也为中外人文交流工作的开展带来启发。青年交流是各大中外人文交流机制建设中常被提及的重要领域,这一人群朝气蓬勃、兴趣广泛、善于创新,不仅是文化艺术活动的主力军,而且是当前互联网世界的"原住民"和主流群体,他们之间的交流沟通,又关系到未来中外关系的长远发展。因此,将青年视为人文交流的可靠主力军,策划具有针对性的人文交流活动,也是下一步完善人文交流机制的重要任务。

(五)以舆论监测为手段,提升人文交流的国际公关效果

当下人们在社交媒体上表达自己声音的倾向越来越强,随着互联网、大数据技术飞速发展,社会舆情的数字化监测成为政府公共治理的重要手段。对于人文交流机制而言,建立配套舆情监测机制十分必要。首先,对舆情进行监测和了解,有助于获得关于人文交流效果的直接知识,从而便于对既有活动提供全过程、全方位的评价;其次,对舆情进行深入分析,能够寻找到人文交流的重点、难点和突破点,反过来提升人文交流作为公关活动的整体战略、策略设计和具体实践的效果;最后,对舆情进行实时的把握,还可以及时应对在人文交流过程中出现的突发事件,做好舆论引导与危机管控工作。

总之,人文交流机制有助于加深国际友谊,实现民心相通。人文交流需要"破壁",跨越彼此界线;更需要"搭桥",构建双向的渠道。换句话说,人文交流一方面有利于在既有的国际传播格局中另辟蹊径,让他国民众了解一个真实友善的中国;另一方面有利于中国民众了解其他文化、其他人群,也更妥善地调整自己的认知、心态和行为。基于以上两方面,中国与他国才能站在"认同的空间"内享受对话与交流。[①] 在这样的空间内,邀请他国与"中国"成为朋友不再是难事。在这个新型社会空间里,不同国家的人民可

---

① 方明、蔡月亮:《政府国际公关:国家形象塑造的新视野——兼论中国国家形象塑造》,《东南传播》2007年1月。

以求同存异，相互帮助，结成全球命运共同体。① 如此一来，中国与他国才能成为在生活中真正相互关心的朋友。既然是朋友，在遇到危机时自然会肝胆相照，站在"我们"的角度共同考虑。因此，人文交流有利于加深民众友谊，有利于共同应对危机。人文交流正是用这样"交朋友"的方式触动人们的思想，进而影响到政府决策，实现国际公共关系建设的长期效果。

---

① 庄礼伟：《中国式"人文交流"能否有效实现"民心相通"》，《东南亚研究》2017年第6期。

B.15 中非人文交流推动公共关系的实践

南庚戌*

摘　要： 习近平总书记在2018年中非合作论坛北京峰会上强调，"非洲国家是'一带一路'倡议的重要参与者"。进入21世纪以来，中非关系发展迅速，同时，中非关系的局面也更加复杂。以往对中非关系的研究多停留在工业、农业和经济发展方面，但在新时期，建设中非新型战略伙伴关系，需要中国和非洲各国间加强文化交流和民间交流。本报告重点研究中国和非洲各国的民间交流以及中国在非洲的民间外交活动。通过分析，本报告认为，媒体和非政府组织应该在中非民间外交中扮演更重要的角色。

关键词： 中国　非洲　中非关系　民间交流　民间外交

人文交流是习近平新时代中国特色社会主义外交思想的重要组成部分，是中国外交的重要支柱。习近平总书记在党的十九大报告中指出，要"加强中外人文交流，以我为主、兼收并蓄。推进国际传播能力建设，讲好中国故事，展现真实、立体、全面的中国，提高国家文化软实力"。[①] 在习近平总书记的外交实践中，人文交流占据着重要地位。人文交流对于推动构建人类命运共同体、共建"一带一路"、深化各国合作、提高我国软实力都起着

---

* 南庚戌，非洲环球广域传媒集团总裁。
① 见《党的十八届中央委员会向中国共产党第十九次全国代表大会的报告》。

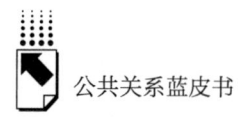

举足轻重的作用。

9月3日，习近平主席在中非合作论坛北京峰会上表示①，中国愿以打造新时代更加紧密的中非命运共同体为指引，在推进中非"十大合作计划"基础上，同非洲国家密切配合，未来3年和今后一段时间重点实施"八大行动"。这将进一步推动中非合作从传统领域向现代文明延伸，为引领中非合作向更高质量发展，推动中非全面战略合作伙伴关系迈向新高度提供强劲推动力。

人文交流对于中非合作具有基础性战略意义，是提升中非合作大局、维护中非共同发展利益的重要举措。如习近平总书记所言，中非合作关系要可持续发展，要构建发展共同体、利益共同体、命运共同体。本文将结合非洲具体情况，围绕中非民间关系、中非人文交流现状、中国在非洲的民间外交实践展开，并在文末提出相关建议。

一 真实的中非民间关系

中非合作论坛的召开，标志着历久弥新的中非关系迎来了又一重要里程碑，53个非洲国家、非盟以及26个非洲及国际组织的领导人齐聚北京，包括联合国秘书长都到场，这体现了中国在非洲国家中具有高度的凝聚力。然而，需要意识到政府层面上的友好不代表民间的友好，政治经济的亲缘，不必然带来文化的亲缘，而官方的亲缘，亦不必然带来民间的亲缘。政治经济愈发亲密，民间方面却并非如此，"官热民冷"在中非关系中是不容忽视的挑战。

例如，在9月5日当天、备受瞩目的中非合作论坛北京峰会刚结束，肯尼亚警方就突击搜查了中国在非洲的外宣机构CGTN非洲总部，逮捕并短暂关押了包括CGTN记者在内的13名中国公民。而在肯的一位中国公民发表

---

① 见习近平主席在2018年中非合作论坛北京峰会开幕式上发表的题为《携手共命运同心促发展》的主旨讲话。

了种族歧视言论,在非洲各大社交媒体上引起了轩然大波,他将肯尼亚人比作猴子,对总统肯亚塔(Uhuru Kenyatta)出言不逊,声称:"又穷又黑又臭的肯尼亚人不敢拿他怎么样。"肯尼亚当局随即拘捕了该名男子,吊销了其居留签证和工作许可,并决定以"发表种族主义言论"为由将之驱逐出境。

同样在9月5日,赞比亚反对党、共和进步党领导人詹姆斯·卢库库(James Lukuku)为给自己造势,在赞比亚首都卢萨卡举着写有"中国人等同于希特勒"的标语牌进行反华游行,抗议中国在该国的影响。赞比亚铜矿资源丰富,是非洲大陆的铜矿之国,尽管与中国是传统友好国家,但中国企业与当地员工的劳工关系往往紧张。被称为非洲的"反华急先锋"的萨塔,当年更是打出"赶走中国人"的口号,打着"反华牌"在2011年坐上了总统的宝座。萨塔的当选足可见赞比亚民众政治天平的导向及其对中国投资和中国企业的印象;而萨塔的成功,则似乎给非洲各国的反对党领导们上了一课,一些反对党领导人希望能够模仿萨塔的"反华"路径,利用民众的反华情绪,通过抨击中国为自己获取政治利益。在肯尼亚,由中国企业修建的蒙内铁路被视为执政党总统肯亚塔的"政绩工程",而反对党则大唱反调,在竞选期间屡次提到这条铁路有可能给当地带来的隐患。

在非洲,一些很容易看出是虚假新闻的涉华消息却往往能够引起舆论喧哗。例如,赞比亚当地报纸《KACHEPA》曾在其头版头条刊登过一篇名为《中国向非洲卖人肉》的文章,文章提到,一名在中国生活的赞比亚人建议非洲人不要购买来自中国的腌制牛肉和金枪鱼罐头,声称她发现中国牛肉公司收集尸体,用香料腌制后制成牛肉或金枪鱼罐头销往非洲。一语既出,四座皆惊,非洲民众纷纷在社交媒体上转发。甚至在中非合作论坛期间,非洲的一些社交媒体还将中国国家主席习近平的演讲视频配上与演讲内容完全不符的字幕,散播中国将在经济上殖民非洲等不实言论。尽管一些通晓中文的非洲网友会在评论中辟谣,但还是难掩该谣言带给大家的恐慌,及其引发的民众层面对中国的反感。

显而易见的谣言尚无法不攻自破,那些精心编织的谎言更在不断重复中变得固若金汤。例如:尽管中西方学界都有不少研究证实中国在非洲的员工

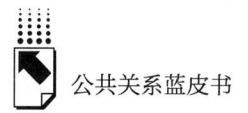

本地化进程可观,但无论媒体还是民众,依然经常抨击中国在非洲雇用大量华人,甚至包括向非洲输送囚犯当作劳动力。这一错误的认知反而变成了根深蒂固的成见,在中非合作论坛的新闻发布会上,获得提问机会的非洲媒体人——一名来自喀麦隆的记者就把宝贵的提问机会花在了中资公司较少雇用当地劳工的话题上,不免令人感慨。事实上,根据麦肯锡公司2017年发表的报告,对8个非洲国家的1000多家中国企业进行调查,发现这些企业89%的雇员是非洲本地人。

近几年来,我国在成为全球第二大经济体的同时,国际政治地位也变得越来越重要。在国际事务中,我国从游戏的参与者逐渐转变为规则的制定者。"一带一路"倡议的提出无疑是这一转变的最好例证。但值得注意的是,在赞誉和认同之余,歪曲和猜疑的异响迭起。中国威胁论者认为这是对美国战略的克隆,是"中国版的马歇尔计划"。以非洲为例,不少非洲国家对于"一带一路"倡议抱持着既想参与又犹豫迟疑的复杂心态。这众多不同论调的存在反映了在当今国际政治中,中国虽然在经济等硬实力上已具备较大影响力,但是在国际舆论的舞台上我国还需要争取更多的主导权。

世界范围内,在全球化出现逆转以及国家主义回潮的背景下,一种极端的、民粹的保护主义和保守主义思潮都在上升,其中极化的、分裂的、对立的情绪及运动正在挑战并动摇着全球治理和社会融合的发展根基。某种程度上而言,全球化所面临的巨大挑战本身也是全球化的产物,制度设计的缺失和对国内公平问题的漠视使得各国出现各种各样的问题,长期以来积重难返,激发了各国民粹主义与国家主义思潮的抬头。各国国内政治环境的恶化进一步影响了国与国之间的关系,干扰着世界秩序的重新构建,阻碍着我们所倡导的一些和平外交理念的践行,这些都对既有的中国外交模式提出了新的挑战。

在这种复杂的国际形势下,中国民间外交、公共外交可以成为推进文化交流和社会融合的重要纽带。特别是可以顺应国际趋势,超越作为外交主体模式的精英外交,通过开展"自下而上"的民间外交去影响更为广泛的民众,从而与国家总体外交更好地衔接,更好配合中国外交转型和模式创新的需求。与此同时,把"人类命运共同体"理念作为中国外交之魂,通过民间外交来推动各国人民共赢挑战、共享机遇、共创繁荣,通过培养民众的社会自觉和自省意识,从根本上克服逆全球化、民粹主义和极端主义的多重挑战。

二 中非人文交流现状

尽管中非人文交流取得了长足发展,但需要看到:中国对非洲的人文交流工作仍面临诸多问题和困难。中非人文交流与合作的现状还没有完全适应中非关系蓬勃发展的新局面。中国虽然已是非洲的第一大贸易伙伴,但是中国文化在非洲的影响力仍远不及西方文化。中非经贸合作发展十分迅速,相比之下中非人文交流显得不足。这些年来,中非人文交流,包括中非文化、艺术、传媒人士的交流及留学生之间的交流在不断增多,但总体上仍不符合双方的政治经济关系发展程度,中国与非洲对彼此人文、艺术、传媒、文化的研究与了解还比较薄弱。这具体表现在以下几点。

(一)非洲民众对中国的认识还相当肤浅

尽管文化交流在加深中国与非洲国家人民相互了解方面取得了相当大的成果,但总体看来非洲民众对我国的认识还相当肤浅。在这种情况下,他们对我国的看法非常容易受消极声音的影响,因此为一些反华势力宣扬非洲版的"中国威胁论"提供了相当大的空间。很多西方媒体现在大肆炒作中国在非洲搞所谓"新殖民主义"。有些媒体宣称,中国已非曾经无私帮助非洲抵抗"帝国主义"的那个中国,污蔑中国现在在非洲就是"赤裸裸的交易"。而且,有些媒体还总是有意将中国"走进非洲"与非洲的所谓"腐败"、"独裁"和"违反人权"等联系起来,丑化中国形象。有鉴于此,中国需要对非展开公共外交,加大对非文化交流力度,通过文化的交流宣传中国对非政策,以得到非洲民众的认同,修复在非的中国形象,为中国的现代化建设营造一个客观友善的舆论环境。

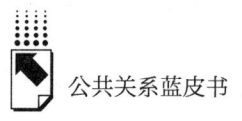

（二）中国媒体在非洲的影响力和中非之间传媒的交流都较为薄弱

尽管近年来，中国媒体在非洲投入了大量的人力、物力和财力，并取得了一定影响，但由于殖民历史、语言、文化等多种因素，中国媒体如CGTN、中国国际广播电台、《中国日报》等媒体在非洲的影响力相较于西方媒体（如BBC、CNN、Guardian等）而言还较为薄弱。众所周知，传媒可以很大程度上影响人们的思想、意识和对一国的好感度。西方媒体长期对中国采取批判态度，对非洲人民宣扬"新殖民主义"，别有用心的媒体甚至经常恶意抹黑中国、丑化中国形象。如何通过传媒改善我国在非洲的形象，如何让我们的传媒更"本土化""接地气"，加强中非之间传媒人士的交流？这都是进一步推动中非人文交流中亟待解决的问题。

（三）中非人文交流尚未形成完整的人文交流战略

长期以来，中非人文交流没有与中国对非的发展战略、中外人文交流战略有机结合，形成完整且行之有效的对非人文交流战略。我们到底要传播什么、当地人能够接受什么、当地人对什么反感都是我们在中非人文交流过程当中需要认真思考的问题。在具体实施过程当中，更不可盲目追求"大而空"，或是只顾讨领导欢心，为了交流而交流。

（四）法轮功神韵艺术团及其他邪教或反华团体将威胁中国文化的传播

在现有的中非人文交流研究和探讨中，往往忽视了法轮功神韵艺术团及其他邪教或反华团体所产生的负面作用。法轮功等邪教势力及反华团体已经成了不可忽视的反对力量，可谓是"逢中必反、逢喜必闹"。哪怕在一些非洲国家，这些团体都不遗余力地想要给中国抹黑，他们成为民间固执反华的声音。这些反华势力的存在有着极为复杂的社会根源，包括一些非洲国家反对党的部分成员（主要为了攻击执政党相关政策）、藏独人士、台独人士及法轮功学员。他们相互串通、相互支持，甚至在中国领导人访问非洲时上街游行、抗议等，甚至发生"意外突发事件"。南非的法轮功组织在南非当地有专门的机构和组织，并不定期举办活动。之前有国家高层领导人到访南非期间，各国法轮功学员聚集在高层领导人下榻的饭店外，并打开横幅抗议。此外，根据了解，打着弘扬中国传统文化的旗号的法轮功"神韵晚会"，有意向来到非洲。多位有影响力的知名人士，均曾在采访中表示希望能够邀请神韵艺术团到非洲演出。因而为了对法轮功神韵艺术团及其他反华团体起到抗衡作用，有必要利用中国的正统文化在非洲的影响力，使得神韵及其他反华的艺术团体在非洲没有立足之地，不战而败。

三 中国在非洲民间外交的实践：媒体和民间团体的重要性

在公共政策领域，往往会强调"政府、商业、媒体与公民社会"四股力量的作用，但中国媒体在海外的影响力和话语权极为有限，而中国民间组织对国际事务的关注度较低，在非洲发展缓慢。因此，在面对风险时，没有足够的"缓冲带"进行抗震，衰减负面言论。中国民间组织在非洲仍然有大量的发展空间。根据 GEI 2016 年发布的《中国民间组织"走出去"：现状、挑战及政策建议》的观点，相较于企业和政府，作为第三部门的中国民间组织发展较晚且缓慢，在"走出去"的进程中仍远远落后。据统计，截至 2014 年底，中国共有国际及涉外组织类的社会组织 529 个，只占 2014 年度 60.6 万个社会组织总数的 0.09%。

例如，在 2018 年 9 月"中国人种族歧视辱骂肯尼亚总统和肯尼亚人为猴子"事件发生之时，肯尼亚社交媒体对于中国人的负面评论几乎一边倒。在中非议题的微信群里，中国人尽管有极大的意愿来推动中肯的双向理解，但缺乏民间组织来引导。尽管中国在肯尼亚有包括新华社、CGTN、《中国日报》在内的多家国家媒体，但它们并未起到"发声"作用，而民间也未形成有效的疏导力量，以"社会团体"的名义向肯尼亚公众积极地沟通和协调。可以说，在此事件中，民间外交的力量是失效的。

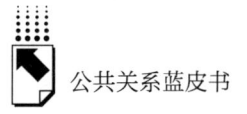
公共关系蓝皮书

如前文所述,近些年中非合作发展得很好,但是树欲静而风不止,总有一些"羡慕、嫉妒、恨"的声音如影随形。

美国记者、哥伦比亚大学教授Howard French在其著作《中国第二块大陆:100万移民如何在非洲构建一个新帝国》中推测中国在非洲的百万移民是如何帮助中国政府完成在非洲进行帝国布局的使命,此书一举登上当年多个畅销书排名的榜单。他通过"人民创造历史"的哲学,又成功在全球范围内制造了中国殖民非洲的惶恐和新一轮的东方帝国威胁论。但值得注意的是,该书所利用的却是我们在对非交流中常常忽视的民间外交。我们应该如何在非洲各国的民众中间增信释疑,缓解非洲各个社会层面对我们的疑虑和忧心?正像关系一直友好、密切的坦桑尼亚政府有时候也不得不采用比较严厉的措辞来回应民间的广泛关切。所以,要打造中非关系的升级版,必须把民众的力量、媒体的力量、人文交流的力量纳入整个中非关系的发展中给予考虑。

"软实力"这一概念诞生于20世纪80年代,与国家GDP、基础设施建设所标志的硬实力不同,它主要包括诸如一国文化的影响力、政策制定的说服力,以及意识形态和价值观对国际社会的吸引力等方面。我国在经济建设的硬实力层面取得举世瞩目的成就之际,当下正是加强软实力建设的时机,以此一鼓作气,提升我们的综合国力,强化中国在国际社会的重要地位,打造综合国力强盛、政策制度优越、文化价值高扬的社会主义国家。

党的十八大以来,以习近平同志为核心的党中央提出了构建人类命运共同体的新课题和新使命,为推进全球治理体系的变革贡献了具有中国特色的新方案,这是走向伟大复兴的中国的责任,也是时代赋予我们的使命。其中,大力提升软实力建设已成为中国发展战略和对外政策的重要内容之一,特别是要建立国际相互信任的沟通力、创造中国特色制度政策的吸引力、打造中国传统与时代前沿并存的文化感染力,和坚持正确价值观的道义引领力。

与此同时,民间外交可以充分发挥民间机构、媒体、慈善组织和个人的优势,通过采用灵活多样的方法,与官方外交形成互补,提升中国在非洲的

"软实力",提升中国在非洲民众心中的形象。民间外交扎根基层,潜移默化,润物无声,直击人心,可以为中国赢得国际民众的支持,提升中国在海外的软实力。在这一进程中,媒体和民间组织可以发挥日益重要的协同作用。

首先,媒体在推动中外人文交流中起着举足轻重的作用,在宣传报道中需要做到本土化、接地气,讲当地人爱听的故事。从传媒机构的角度讲,在许多西方和非洲民众对中国媒体的刻板印象中,中国传媒等同于政府官方,等同于强加于人的宣传,另外加上主持人枯燥无味、不接当地地气的语言"宣读新闻",通常使得中国对外传播的效果大打折扣。因而,在新的国际传播态势下,构建更多元化的国际传播主体显得尤为重要。这既需要政府声音的存在,也需要凸显非官方、民间的声音,向多元化转变。

良好的国家形象建立有赖于当地媒体"为我宣传"。一方面,我们可以充分利用华人媒体,通过与当地媒体合作,用本土化的运作方式、以新闻资讯等形式,潜移默化地影响当地人。例如,2017年,在得知达赖有可能访问博茨瓦纳时,在非华人媒体环球广域传媒集团与当地媒体《环球邮报》及杜马电台合作,率先在媒体领域拿到了话语权,并以一系列文章及广播节目让博茨瓦纳人理解了中国政府对待西藏的政策与态度,了解达赖喇嘛访问博茨的计划的实质是从事反华分裂活动……这一切发挥了很好的媒体宣传作用,大大缓解了事件的不良影响,也坚定维护了中国的海外形象。与环球广域传媒集团合作的杜马电台在当地影响力较大,收听率始终保持领先,拥有深厚的听众基础。事件中,电台多角度了解事件现状,也着重播报了关于中国西藏政策的新闻,让当地人更多地了解了事件背后所涉及的中国国情与现实情况、理解中国对此事的态度。同时,多名当地主持人声援中国批判达赖的"藏独"行径,并在新闻评论时表示,博茨瓦纳和中国自建交以来一直保持着良好的外交关系,而这一事件也不该对此友谊有所影响。

其中的杜马电台,是一家总部位于博茨瓦纳首都哈博罗内、成立于2007年的知名电台,是华人媒体环球广域传媒集团在博茨瓦纳的长期合作伙伴。该电台在博茨瓦纳听众群第一,为当地最重要的广播电台,是当地政

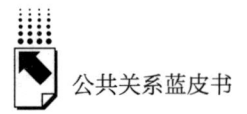

府、他国及国际组织驻博使馆及机构重要活动及新闻必请的主流媒体。该台多次对博茨瓦纳卡玛总统本人、博茨瓦纳现任各部门内阁部长、中国驻博茨瓦纳大使等多名政要和经济学家、教授等进行访谈，2018中非合作论坛北京峰会期间更是成为唯一电话采访在华访问的现任总统马西西的商业媒体，电台并多次被当地相关组织评为博茨瓦纳最受欢迎媒体，一直以来默默地为中非友谊贡献力量。

可以说这正是我们所需要的媒体力量，以此类媒体为喉舌，我们将能够以较大的媒体影响力、在更广泛的宣传范围内为中非关系助力，深化中非友谊。

四 相关建议

自中非合作论坛2000年成立以来，至今已召开七届峰会，中国与非洲的合作在新形势下日渐紧密，并于机制化的进程中取得了有序的发展和长足的进步。2015年12月，中国领导人出席了在南非约翰内斯堡举办的第六届中非论坛。会议上，中方宣布将中非此前建立的"新型战略伙伴关系"提升为"全面战略合作伙伴关系"，并积极开展"五大支柱"与"十大合作计划"，意图深化中非双方的友好合作及伙伴关系。

以十大合作计划中的"中非人文合作计划"为例，此举意在通过文化交流增强中非两方的互惠往来，帮助中国了解非洲、帮助非洲实现进步。两年以来，该计划取得了耀眼的成绩：中国在南非建立了首个高级别人文交流机制；建设了48所孔子学院、27个孔子课堂和400多个教学中心；为非洲培训了16.2万名各类职业技术人员，为非洲国家提供了4.3万个来华培训名额，提供2万多个政府奖学金名额和1300多个学历学位教育名额。由笔者所领头的环球广域传媒集团，倡议并发起的"非洲万里行电影放映工程"，此时也正在非洲20多个国家陆续开展，这20多个非洲国家已成为中国公民组团出境旅游目的地。以上种种，都体现出中非人文交流合作的显著成效，对中非关系的未来发展具有重大意义。

然而，必须正视的是，上述成绩仅限于国家、政府和集团之间，在基础的普通百姓之间，中非双方相互的、直接的、正确的了解仍然远远不够。与中国热、非洲热、中非关系快速发展热等显著业绩形成鲜明反差的是，中国人民和非洲民众之间的认知和理解未能跟上大形势的迫切需要，这一点在非洲体现得尤为明显，绝大多数非洲朋友对于中国的知识是非常有限的、零散的，甚至是过时的。中国政府提出"全面战略合作伙伴关系"、"命运共同体"的宏伟构想观念，能够有效地在政府的意识形态层面发挥作用，但中国在非洲的形象建构不仅需要政府和企业不断努力，还有赖于媒体和民间机构的多方合作方能实现。

由此可见，若想百尺竿头更进一步，进一步地巩固中非人文交流实践，提升中国在非洲的形象，改善中国在非洲的舆论环境，推动中非关系沿着和谐、稳健、可持续的方向发展，从而增强我国的文化软实力及国际影响力，套用一句古文：路漫漫其修远兮。既然路途遥远，我们就势必要打一场持久战。从远景方面考虑，这需要中国和非洲两方的共同努力，进一步推动双方全方位、多领域、深层次的交流与合作，进一步加强人文交流，相互学习对方的语言和文化，增强中非人民和社会各界间的相互了解和信任，为中非友好打下坚实而广泛的社会基础。唯有如此，我们才能逐渐摆脱不得不通过第三方的报道来了解对方的徒劳，少走弯路，得偿所愿。

从战略方面考虑，中方亟须发挥媒体和民间组织在中非人文交流方面的作用，强化其影响力。故此，当务之急是要开展中方媒体与非洲本土媒体深层次、多形式的交流与合作，包括建立相应的机制，扩大双方的新闻交换协议，增加双方新闻从业人员的互动，鼓励华人在非投资传媒业等。因为媒体是双方彼此了解的第一扇窗，为了消除由种种原因导致的长久以来的误解，将对中国消息和中非关系的报道交到对华友好的非洲本土媒体手中，能够使非洲人民感到易于接受，并在一定程度上消解掌控全球新闻话语权的西方媒体对我国的负面评价，可谓事半功倍。此外，还应与当地媒体机构和社会组织共同开发新的合作模式，因地制宜、因时制宜，借助民间团体的亲民优势，以接地气又具有亲和力的方式举办各类活动，通过媒体报道及活动参与

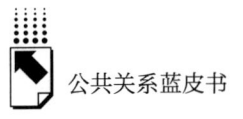

互联互动的形式,将民间外交的影响力最大化。

从具体形式方面考虑,创新二字是重中之重。中非的人文交流不同于科学技术交流,它通过软实力潜移默化地发生作用,以往的简单宣传模式已不再适用于当下,应以创新意识引导未来的文化沟通。比如笔者正在采用的电影节、艺术活动、电影放映工程等方式,既有吸引力,又能寓教于乐,且对普通百姓而言门槛很低,保证每一位非洲伙伴都能参与进来,甚至乐在其中;另外,对新媒体、新技术亦应格外重视,如微电影、微公益、动漫等,这些简单生动的形式,借助人人耳熟能详的新媒体进行传播,感染力可见一斑;并且,还应注重媒介融合,统筹新媒体渠道与传统媒体渠道的整合传播,强化当下大热的"互联网+"思维,坚持民间外宣中传统媒体和新兴媒体的互融互通。我们的民间交流平台应朝着更加包容和多元方向发展,容纳不同社会群体,为社会各个阶层和来自不同职业背景的民众提供表达的机会,普通人的话语对中非交流的强化和中非关系的建构都有着积极的作用,打造这样一个平台,进行积极的引导和督促,让中非友好成为两国人民的一种自觉意识,共同创造美好的未来。

以上几点是笔者根据自身经验所提出的建议,我们应基于中非人文交流的具体特性和模式特征,采取定量与定性相结合的方式,定期对机制成果进行考核评价,及时发现人文交流机制构建中的问题并进行修正,逐步形成一个完善的中非友好交流机制。

B.16
中国与"一带一路"沿线国家在关系发展过程中的成效、经验和问题[*]

王志民[**]

摘　要： "一带一路"倡议是全球治理的中国智慧和中国方案，是中国为国际社会提供的最重要的公共产品。"一带一路"建设五年来，在政策沟通、设施联通、贸易畅通、资金融通、民心相通等方面成就卓著。推进"一带一路"建设，设施联通先行。国际产能合作顺应沿线国家互利共赢的合作诉求，推动沿线国家经济社会和民生事业的发展。"一带一路"建设也推动我国形成陆海内外联动、东西双向互济的开放格局。"一带一路"作为全球治理的中国智慧和中国方案，需要新的理念来引领和新的秩序来规范。"一带一路"建设又是一项系统工程，任重道远，其建设进程不可能一蹴而就，风险与挑战并存。经济合作与政治外交、人文交流相互支撑，推动"一带一路"建设行稳致远。

关键词： "一带一路"　产能合作　机制规范　总体布局　现实挑战

---

[*] 本文为北京高校中国特色社会主义理论研究协同创新中心（对外经济贸易大学）阶段性成果、北京市习近平新时代中国特色社会主义思想研究中心重点项目"新时代中国经济外交战略研究"、国家社会科学基金项目（项目批准号14BGJ003）。

[**] 王志民：对外经济贸易大学全球化与中国现代化问题研究所所长、教授。

"一带一路"是中国特色社会主义进入新时代对外开放的重大抉择,并将改革开放推向新时代新阶段。"一带一路"倡议自2013年提出以来,已经从理念转变为行动,从愿景变为现实,与沿线国家合作的总体布局基本完成。五年来,"一带一路"建设取得超乎预期的合作成就,国际产能合作推进沿线国家的经济社会发展和现代化进程,同时为沿线国家带来了新机遇、新动力和新理念,正在构建新型国际关系和人类命运共同体,沿线国家正在形成经济合作、政治互信和人文交流的良性互动新局面。

一 "一带一路"的早期收获成果丰硕

"一带一路"倡议作为全球治理的中国智慧和中国方案,顺应和平与发展的时代潮流,已经得到100多个国家及国际组织的积极呼应和热切参与。如今,"一带一路"倡议不仅写进了联合国大会决议和安理会决议,而且得到联合国193个成员方和安理会15个理事国的一致赞同。"一带一路"建设正在以多个国际机制为依托,与其保持密切沟通,实施战略对接,以全面战略合作伙伴关系为基础,在经济、政治、人文、安全、国际事务等各个领域广泛开展深度合作。

政策沟通是沿线国家实现互利共赢的制度保障。"一带一路"作为中国智慧和中国方案,正是通过政策沟通得以形成国家之间的合作机制,进而推动各个层面及各个领域的合作。哈萨克斯坦是"丝绸之路经济带"提出的地方,也是最早与"一带一路"实施战略对接的国家,2014年12月,中哈签署《关于共同推进丝绸之路经济带建设的谅解备忘录》,之后,中哈又先后签署《产能合作框架协议》《加强产能与投资合作政府间框架协议》《关于"丝绸之路经济带"建设与"光明之路"新经济政策对接合作规划》等合作协议。截至2018年8月,中国已经与103个国家和国际组织签署118份合作协议,涵盖了亚、欧、非、拉美及南太平洋地区。中国还与"一带一路"沿线多个国家建立起人文合作机制、政府部门间合作机制及投资合作委员会、能源合作委员会等政策沟通机制。

设施联通作为优先合作方向，推动沿线国家联动发展。五年来，"一带一路"已经形成"六廊六路多国多港"的总体发展态势。所谓"六廊"，就是要打通包括中国－中亚－西亚、中蒙俄、新亚欧大陆桥、中国－中南半岛、孟中印缅、中巴等六大经济合作走廊；"六路"就是指六大路网，即铁路、公路、水路、空路、管路、信息高速路的互联互通；"多国"便是与"一带一路"沿线支点国家合作打造互利共赢的样板；"多港"是围绕21世纪海上丝绸之路地缘特点，建设一批区位优势突出并有支撑作用的重要港口。如今，六大经济走廊及与其配套的铁路、公路、港口、电力、信息通信等基础设施建设有序推进，促进地区互联互通，特别是印尼雅万高铁、中老铁路、蒙内铁路、亚吉铁路、匈塞铁路及中欧班列的开通，带动人流、物流、资金流、技术流、信息流，形成经济发展的聚集效应和联动效应。

贸易畅通打造经贸合作新格局，推动沿线国家互利共赢。近年来，"一带一路"推动"一带一路"国家间贸易便利化水平不断提高。如今，我国已成为25个"一带一路"沿线国家最大的贸易伙伴。2017年5月，"一带一路"国际合作高峰论坛发布《推进"一带一路"贸易畅通合作倡议》，各方就"畅通、高效、共赢、发展，深化'一带一路'经贸合作"共识，倡导贸易投资自由化和便利化，并强调"愿通过推进贸易便利化、发展新业态、促进服务贸易合作，推动和扩大贸易往来"。① 2017年，我国与"一带一路"国家的贸易额达到14403.2亿美元，占我国进出口贸易总额的36.2%，同比增长13.4%，高于我国整体进出口增速5.9个百分点。五年来，我国与"一带一路"沿线国家的贸易额超过5万亿美元，年均增长1.1%。

资金融通为"一带一路"建设提供资金支撑。国务院发展研究中心研

---

① 《〈推进"一带一路"贸易畅通合作倡议〉在京发布》，中华人民共和国商务部网站，2017年5月16日，http://www.mofcom.gov.cn/article/i/jyjl/k/201705/20170502576350.shtml，访问时间：2018年9月20日。

究成果显示，2016～2020年"一带一路"基础设施资金需求10.6万亿美元。① 我国发起成立的亚洲基础设施投资银行得到广泛响应，截至2018年6月，亚投行已经发展到87个成员，成为仅次于世界银行的全球第二大多边开发平台。截至2018年8月，亚投行共投资28个项目，投资总额54.3亿美元。丝路基金目前已签约17个项目，承诺投资约70亿美元。我国各大商业银行也为"一带一路"建设提供了融资支持。截至2018年6月，中国银行共跟进600多个"一带一路"重大项目，在"一带一路"相关国家共实现授信新投放约1159亿美元。中国-欧亚经济合作基金、中非发展基金、中非产能合作基金、中国-东盟投资合作基金都将为"一带一路"提供资金支持。

民心相通是"一带一路"的合作基础和长久保障。"一带一路"建设离不开天时、地利与人和。中国坚持"计利当计天下利"的正确义利观，坚决反对赢者通吃的霸权主义义利观，秉持"共商、共建、共享"原则。《文化部"一带一路"文化发展行动计划（2016～2020年）》强调：尊重沿线国家和人民的文化传统和精神创造，"推动'一带一路'多元文化深度融合"。② 如今，我国已与沿线60多个国家签订了政府间文化交流合作协定，并建立不同形式的区域性对话机制。中国企业"走出去"要融入当地社会，树立社会担当意识，积极参与社会公益。"一带一路"建设不仅使沿线国家的人民得到实实在在的获得感，而且正在"沿线国家民众中形成一个相互欣赏、相互理解、相互尊重的人文格局"。③

---

① 《"一带一路"基础设施投融资需求及中国角色》，国务院发展研究中心网站，2017年2月15日，http://www.drc.gov.cn/n/20170215/1-224-2892687.htm，访问时间：2018年9月20日。
② 《文化部"一带一路"文化发展行动计划（2016～2020年）》，中华人民共和国国家发展和改革委员会网站，2017年7月20日，http://www.ndrc.gov.cn/fzgggz/fzgh/ghwb/gjjgh/201707/t20170720_855005.html.，访问时间：2018年9月20日。
③ 《习近平在中共中央政治局第三十一次集体学习时强调，借鉴历史经验创新合作理念，让"一带一路"建设推动各国共同发展》，《光明日报》2016年5月1日第1版。

二 产能合作是"一带一路"的内在动力

国际产能合作是"一带一路"建设的重要实现形式。"一带一路"倡议顺应中国经济发展规律,推动中国企业"走出去",促进沿线国家实现互利共赢。中国的确面临产能过剩问题,解决之道首先是淘汰低端产能,但我国的中高端产能同样存在过剩问题,这些产能在国际分工中有着很强的比较优势甚至绝对优势。我国已进入工业化中期阶段,拥有诸多优势富裕产能,性价比非常高。工业化是任何国家都无法逾越的阶段。许多沿线国家尚处于工业化和城市化初期,迫切希望建成全面工业体系。如果将一些产能因地制宜地转移到沿线国家,很快就能转化为生产能力,并适合其市场需求,不仅能够极大地解决就业问题,而且可推动相关国家的工业化进程。我国原材料工业生产虽然出现产能过剩,但多为优势产能。譬如,我国95%的水泥企业已经完成生产技术的升级改造,实现了98%的水泥使用新型干法生产线,技术和环保指标都处于世界领先水平,包括印度、马来西亚、印度尼西亚、泰国等国家都特别希望我国提供水泥、钢铁等方面的技术和设备。①

"一带一路"建设五年来,我国与"一带一路"沿线国家的产能合作已经取得诸多早期收获,形成良好示范效应。2013年9月7日,习近平主席在哈萨克斯坦首提"丝绸之路经济带"倡议之时,中哈两国便开始探讨产能合作。2015年8月31日,中哈签署《加强产能与投资合作政府间框架协议》,这是中国与外国签订的首个产能合作协议。中哈产能合作极大地推动了哈萨克斯坦经济结构提升:一是就地消化哈萨克斯坦的石油、天然气等优质清洁能源,能降低生产成本;二是满足哈国内市场需要,减少进口,增加出口,提高哈经济竞争力;三是发展制造业有利于哈增加就业,改善民

---

① 王本力、张海亮、曾昆:《国际产能合作:化解产能过剩新思路》,《中国工业评论》2015年第11期。

生。①中信集团与哈萨克斯坦国家石油天然气公司共同投资的阿克套沥青厂是中哈产能合作的典范。哈萨克斯坦权威人士如此评价该项目："沥青厂的技术和设备均从中国进口，产品质量超过国际标准。"而且"哈萨克斯坦的环保标准比欧盟还严格。"②阿克套沥青厂不仅终结了哈进口沥青的历史，而且还出口沥青到乌兹别克斯坦等周边国家。该厂不仅直接吸纳了数百人就业，在项目建设期间通过总承包商、分包商等共带动了哈当地2000多人就业。

国际产能合作已经成为大多数"一带一路"沿线国家实现互利共赢的合作诉求。2016年7月，吉尔吉斯斯坦政府就提出一项计划，提出要把40多家中国工厂迁往吉尔吉斯斯坦以实现"再工业化"，涵盖酿造、纺织、棉花生产线和硅加工等领域。而浙江省民营企业鹏盛集团在乌兹别克斯坦锡尔河州建立鹏盛工业园，2016年被中国商务部确认为国家级境外经贸合作区。鹏盛工业园主要利用乌兹别克斯坦的劳动力资源及能源等方面的优势，生产瓷砖、水龙头、皮鞋、宠物食品等日常生活用品，产品不仅为乌兹别克消费者提供性价比更高的选择，还出口到中国、独联体和欧洲多国。鹏盛工业园区为当地解决1300多个就业岗位，也给乌兹别克斯坦锡尔河州提供了该州税收的20%。

埃塞俄比亚东方工业园的华坚鞋厂是中埃产能合作的又一成功案例。东方工业园的重点是发展适合埃塞及非洲市场需求的纺织、皮革、农产品加工、冶金、建材、机电产业，以外向型加工业制造为主，共有70多家企业入驻。华坚集团的大规模投资，使埃塞俄比亚吸收外国直接投资居非洲第一。2017年底，华坚鞋厂跃升为中国在埃塞最大规模的民营企业，累计出口创汇超过1.22亿美元，该企业年产超过500万双女鞋，是埃塞最大的鞋业出口企业，占埃塞鞋业出口的65%以上，为当地解决了7500多人就业。

---

① 王志民：《"一带一路"背景下中哈产能合作及其溢出效应》，《东北亚论坛》2017年第1期。
② 《中哈合作"明星"闪耀戈壁滩（行走"一带一路"）——访哈萨克斯坦阿克套沥青厂》，《人民日报》2017年04月23日第3版。

第三方市场合作是"一带一路"背景下国际产能合作的模式创新。2015年6月30日，李克强总理会见法国总统奥朗德，并同法国总理瓦尔斯举行会谈，共同发表了开展第三方市场合作联合声明，两国还共同建立海外投资基金，为第三方市场合作提供支撑。2016年6月，中德共同发表《第四轮中德政府磋商联合声明》，支持中车集团和德国西门子集团在高铁领域，中国铁路总公司和德国铁路公司在中欧班列、高铁运营维护等领域加强第三方市场合作。一些世界500强企业以不同的方式参与第三方市场合作。如今，我国与10多个发达国家达成第三方市场合作的共识，开展了机制化的合作，在一系列重大项目上取得了务实成果。① 第三方市场合作为打造"一带一路"沿线产业链和价值链有着重要的推动作用。

五年来，中国对"一带一路"沿线国家投资600亿美元，中企在沿线国家建成经贸合作区82家，共投资289亿美元，其中入区中企3995家，为东道国上缴税费20.1亿美元，创造就业岗位24.4万个。中国与沿线国家贸易额已达5万亿美元，在沿线国家对外承包工程合同额超过5000亿美元。中国正在实现从"商品输出"到"资本输出"的历史性转变。

三 "一带一路"的总体布局基本形成

"一带一路"倡议顺应和平、发展、合作、共赢的时代潮流，目的是形成陆海内外联动、东西双向互济的开放格局，同时与沿线国家共同构建一个具有广泛包容性的国际合作平台。

"一带一路"倡议既超越传统地缘政治，又依托现实地缘环境。"一带一路"建设正在以政策沟通、设施联通、贸易畅通、资金融通、民心相通等方面为切入点，与沿线国家通过共商、共建、共享来打造互利共赢的经济走廊，具体说就是以交通线为纽带和依托，将沿线国家和地区的节点城市、重要城镇、产业集群及边境经济合作区连接起来，拓展互联互通和经济合作

---

① 《第三方市场合作，1+1+1＞3（权威论坛）》，《人民日报》2018年1月4日第23版。

的地缘空间。《推动共建丝绸之路经济带和21世纪海上丝绸之路的愿景与行动》指出:"'一带一路'贯通亚欧非大陆,一头是活跃的东亚经济圈,一头是发达的欧洲经济圈,中间广大腹地国家经济发展潜力巨大。丝绸之路经济带重点畅通中国经中亚、俄罗斯至欧洲(波罗的海);中国经中亚、西亚至波斯湾、地中海;中国至东南亚、南亚到印度洋。21世纪海上丝绸之路重点方向是从中国沿海港口过南海到印度洋,延伸至欧洲;从中国沿海港口过南海到南太平洋。"①

蓝色经济大通道是"21世纪海上丝绸之路"建设的重要举措。2017年6月,国家发展改革委和海洋局联合颁布《"一带一路"建设海上合作设想》,提出打造通向四大洋的三条蓝色经济大通道。其一,自我国东部沿海至南海,再进入大洋洲至南太平洋的中国-大洋洲-南太平洋蓝色经济通道,由此建立与众多太平洋岛国广泛而深入的联系。其二,自我国东部沿海至印度洋的中国-印度洋-非洲-地中海蓝色经济通道,与中国-中南半岛经济走廊、孟中印缅经济走廊(包括中缅经济走廊)、中巴经济走廊交汇的蓝色经济通道。其三,自我国东部沿海港口向北经白令海峡,入北冰洋西行连接欧洲的蓝色经济通道,打造冰上丝绸之路。三条蓝色经济大通道"以海洋为纽带增进共同福祉、发展共同利益,以共享蓝色空间、发展蓝色经济为主线,加强与21世纪海上丝绸之路沿线国战略对接,全方位推动各领域务实合作,共同建设通畅安全高效的海上大通道"。②

"冰上丝绸之路"作为蓝色经济通道已被纳入"一带一路"的总体布局,成为连接欧洲、亚洲及北美洲之间的最短航道,被誉为"国际海运新命脉"。③ 2017年11月1日,习近平主席在会见俄罗斯总理梅德韦杰夫时强

---

① 《推动共建丝绸之路经济带和21世纪海上丝绸之路的愿景与行动》,人民出版社,2015,第6页。
② 国家发展和改革委员会、国家海洋局:《"一带一路"建设海上合作设想》,新华网,2017年6月20日,http://news.xinhuanet.com/politics/2017-06/20/c_1121176798.htm,访问时间:2018年9月28日。
③ 王志民、陈远航:《中俄打造"冰上丝绸之路"的机遇与挑战》,《东北亚论坛》2018年第2期。

调:"要做好'一带一路'建设同欧亚经济联盟对接,努力推动滨海国际运输走廊等项目落地,共同开展北极航道开发和利用合作,打造'冰上丝绸之路'。"[1]"冰上丝绸之路"航线与马六甲海峡、苏伊士运河航线相比,缩短5100英里的航程,只有7900英里。2017年12月8日,由俄罗斯、中资公司和法国公司合资的位于北极地区的亚马尔天然气项目第一条生产线正式投产。第二和第三条生产线分别计划于2018年和2019年投产。三期项目投产后年产液化天然气1650万吨,凝析油100万吨,每年给中国提供300万吨液化天然气。一条贯彻北极东北航道的全新产业链和价值链的"冰上经济走廊"正在形成。

中国是一个经济发展不平衡的大国,我国的改革开放实际上走的是一条从不平衡到平衡的发展道路。改革开放的总设计师邓小平曾经指出:"我们提倡一部分地区先富裕起来,是为了激励和带动其他地区也富裕起来,并且使先富裕起来的地区帮助落后地区更好地发展。"[2]邓小平还提出"两个大局"战略,即东部地区由于具有良好的地缘经济上的比较优势先发展起来,之后国家再拿出更多的力量支持中西部发展,便形成了东部地区经济发展水平高于西部的现实。"一带一路"倡议提出后,党和政府将京津冀一体化、长江经济带与"一带一路"一并规划为优化我国经济发展格局的三大战略。2015年3月颁布的《推动共建丝绸之路经济带和21世纪海上丝绸之路的愿景与行动》明确提出发挥我国西北地区的区位优势,"深化与中亚、南亚、西亚等国家交流合作";发挥我国西南地区的独特优势,"构建面向东盟区域的国际通道,打造西南、中南地区开发发展战略支点"。构建东西互济的平衡发展,成为推进"一带一路"建设的重要方向。

我国社会的主要矛盾已经发生转化,人民日益增长的美好生活需要和不平衡不充分的发展之间的矛盾已经成为新时代我国社会的主要矛盾。党和国

---

[1] 《习近平会见俄罗斯总理梅德韦杰夫》,《人民日报》2017年11月2日第1版。
[2] 《邓小平文选》第3卷,人民出版社,1993,第111页。

家的中心任务就是实现经济社会的平衡和充分发展。"一带一路"作为新时代改革开放的重大举措将推动我国东西双向互济的经济平衡发展。2014年,云南省吸收外来投资总量为5521亿元,2017年吸收外来投资总量就达到8549.6亿元,其中引进省外到位资金8486.6亿元,实际利用外资9.63亿美元,引进世界500强企业10家。2017年云南省对外直接投资净流出5.84亿美元,同比虽有所下降,但更规范、更理性,主要流向"一带一路"国家。截至2018年6月,云南省境外投资企业(机构)已达756家,对外实际直接投资累计达98.94亿美元。西南重镇四川省成都市立足于创新驱动,打造我国西部对外开放新高地。2018年上半年,成都共新签约引进重大项目270个,同比增长41%,总投资4265亿元。成都全市引进了世界500强企业投资项目43个,总投资905亿元,同比增长分别达到95%和94%。多年来,贵州、西藏、云南、重庆等西部省份一直保持我国经济增长率前几位。"渝新欧"班列突破2000班,创中欧班列货值量最大;"蓉欧+"国内线路拓展至12条,开行"蓉欧+"国内班列1500列。"一带一路"正在通过内引外联、东引西进,构建和完善陆海内外联动、东西双向互济的开放格局。

四 "一带一路"机制规范的大致思路

"一带一路"是路,也是道。如今,"一带一路"理念已经被纳入联合国、二十国集团、亚太经合组织、上海合作组织等重要国际组织的成果文件。"一带一路"不是中国一国的独奏,已经成为沿线国家的大合唱,这需要有一种新的理念来引导、新的秩序来规范。

其一,"一带一路"建设以"丝路精神"为引领。

"一带一路"是一个跨越时空的构想,从历史深处走来,融通古今、连接中外,赋予古老丝绸之路以崭新的时代内涵,承载着沿线国家经济社会繁荣的梦想。数千年历史积淀下来的"和平合作、开放包容、互学互鉴、互利共赢"的丝路精神,已上升至人类文明宝贵遗产层面。丝路精神,具体可以解释为:和平合作是前提,开放包容是根本,互学互鉴是手段,互利共赢是目的。① 习近平主席强调：我们弘扬丝绸之路精神，促进文明互鉴，尊重道路选择，坚持合作共赢，倡导对话和平。

其二，"一带一路"建设以"命运共同体"意识为基础。

与沿线国家打造"一带一路"沿线命运共同体，是中国对外开放理论的重大突破，也是对地缘经济理论的创新和丰富，将推动中国建立开放型经济新体制，并深度参与全球治理以实现沿线国家在合作中共同发展。"一带一路"倡议理念在先，重在实践，就要求沿线国家携手应对挑战，合力化解威胁，共同承担责任。"一带一路"沿线国家正是通过这种"结伴而不结盟"的形式，参与和引导全球治理，为国际合作提供了新模式。中国正是通过这种"结伴而不结盟"的战略伙伴关系来建立命运共同体。

其三，"一带一路"建设坚持"计利当计天下利"的正确义利观。

"计利当计天下利"的正确义利观是中国对世界做出的郑重承诺。中国传统文化强调：穷则独善其身，达则兼济天下。中国历来坚持独立自主的和平外交政策，将维护世界和平、促进共同发展作为使命。中国历来反对赢者通吃的霸权义利观。"计利当计天下利"是一种义利观，也是一种发展观。中国已将"计利当计天下利"作为一种价值观和治理观，在合作中兼顾本国利益和他国利益，弘义融利，欢迎搭乘中国发展的顺风车。

其四，"一带一路"建设秉持"共商、共建、共享"原则。

"一带一路"倡议是中国智慧和中国方案的集中体现，坚持与沿线国家的合作秉持"共商、共建、共享"的原则。共商，就是共商合作大计，具体就是要从"一带一路"沿线国家的国情出发，本着互相尊重的原则，寻找不同国家的利益共同点，集思广益，从而达成共识；共建，就是共建合作平台，具体就是要利用"一带一路"沿线国家的资源禀赋及劳动力等各个方面的比较优势，齐心协力，实现沿线国家的互利共赢；共享，对"一带一路"沿线国家而言，是共享"一带一路"的合作机遇。

其五，"一带一路"建设打造绿色、健康、智力、和平的丝绸之路。

---

① 李后强、邓子强：《弘扬丝绸之路精神》，《人民日报》2014年7月2日第11版。

构建人类命运共同体，本身就要求尊崇自然以实现绿色发展。推进"一带一路"，一方面，必须深化在环境气候领域的合作，加大生态环境保护力度；另一方面，加强包括科教文卫在内的人文交流，才能使"一带一路"建设的合作更深入和更久远，沿线国家的命运共同体更牢固。"一带一路"建设需要和平的国际环境，同时"一带一路"建设又促进地区和平与世界和平。中国历来坚持以发展促和平促安全的和平与发展新思路。

其六，"一带一路"建设需要填补现有国际秩序的空白。

中国改革开放成功得益于现有国际秩序，中国崛起也必须依托现有国际秩序。现有国际秩序是以联合国为中心的国际秩序，中国也是现有秩序的建设者，但不可否认的是，现有国际秩序也有诸多空白需要填补。比如目前的国际合作开发平台世界银行、亚洲开发银行等机构均未涉及基础设施建设领域，而中国主导建立的亚洲基础设施投资银行就是有效补充，并得到众多发达国家的认可和参与。随着"一带一路"建设的不断深入，无疑还将创新一系列规则，如信息和通信领域仍然有很多空白需要填补。

其七，"一带一路"建设推动建立互利共赢的新机制。

国际机制是国际秩序的重要组成部分。"一带一路"背景下的国际机制有双边合作机制，也有多边合作机制。"一带一路"倡议与单个国家的战略对接（如与哈萨克斯坦"光明之路"的战略对接、与蒙古"草原之路"的战略对接等），"一带一路"倡议与欧亚经济联盟的战略对接、与16+1机制的战略对接。亚投行、金砖国家新开发银行、上海合作组织银行联合体、中国－中东欧国家银行联合体、丝路基金等融资机构，可作为国际机制推动"一带一路"建设。

五 "一带一路"的现实挑战及其应对

"一带一路"建设，为地区经济乃至世界经济提供新引擎，而"一带一路"建设是系统工程也是世纪工程，任重而道远，因而"一带一路"建设绝不可能一蹴而就，也面临诸多挑战。

中国与"一带一路"沿线国家在关系发展过程中的成效、经验和问题

第一,"一带一路"沿线部分国家政局不稳定,从而影响项目建设。某些国家政权处于选举政治初期且不成熟,且受外来势力影响较大,内乱或政府更迭后可能会对一些项目重新审核,最典型的就是中国在斯里兰卡的科伦坡港项目。科伦坡港建设项目曾经被斯里兰卡新政府搁置,虽然之后该项目重新得以启动,但项目进度受到影响,更重要的是这对"一带一路"建设造成负面影响。

第二,某些沿线国家国内政局总体稳定,但中央政权难以控制地方政权,特别是在部落制国家。巴基斯坦与中国属于全天候战略合作伙伴关系,甚至被称誉为"巴铁",但是该国一些部落对中巴经济走廊有着不同的利益诉求,这影响着中巴合作项目建设,派军队保护中方建设者已成为常态。另外,还有缅甸政府军与国内武装冲突也影响中国在缅投资。

第三,某些沿线国家的民族情绪中民族主义倾向严重,有些国家有着浓厚的大国复兴梦想。虽然这些国家政府为解决民生问题愿意接受甚至欢迎中国投资,但因为在华关系方面存在历史或现实的敏感因素,民间甚至对中国投资有反感情绪。一旦遇到敏感事件的发生,很容易产生过激行为。如印度、越南等国家也可能因领土争端问题再起而影响经济合作。

第四,基础设施建设周期长、风险大。基础设施建设是"一带一路"合作的重点领域,但基础设施建设合作投资金额大、周期长,故而对未来的预测和把控难度也很大。我国目前对基础设施建设的后期缺乏综合安排,也影响长期合作,相关部门和企业应该立足长远合作,做好设施联通与产能合作的综合设计。

第五,国际恐怖势力、民族分裂势力和宗教极端势力等三股势力影响"一带一路"建设。三股势力往往有着跨国影响力,甚至本身就是跨国组织,对"一带一路"建设的国际合作的负面影响极大。但"一带一路"作为"低政治"合作以促进经济发展而言,在铲除三种势力的土壤。因而,"一带一路"建设必须将经济合作与反恐合作相互配合,实现反恐的标本兼治,使相关国家的百姓有实实在在的获得感。

第六,有些沿线国家仍然存在着影响"一带一路"合作的法律风险和

国内腐败问题。沿线很多国家都是发展中国家，法律制度还不完善不健全，营商环境存在各种问题，尚未与国际接轨，监管机制缺失，规则意识薄弱，有些国家政府工作人员存在着权力寻租问题。中国企业之间也存在恶性竞争，没有形成对外投资合作的良好竞争态势。

"一带一路"建设涉及经济合作、政治外交、人文交流等诸多方面，是一项系统工程，为此，必须探索出一条沿线国家互利共赢的合作模式。

第一，中国特色大国外交为"一带一路"保驾护航。新时代中国特色大国外交的总体布局是大国是关键，周边是首要，发展中国家是基础，多边是重要舞台。"一带一路"沿线国家中，俄罗斯、印度都处于丝绸之路经济带和21世纪海上丝绸之路的交汇地带，既是周边大国，又是新兴大国，是"一带一路"建设的轴心国家。中国正在与"一带一路"英、法、德、日等老牌发达国家共同开发第三方市场的战略对接，共同打造新的产业链和价值链。

第二，"一带一路"需要人文交流支撑。"一带一路"沿线国家存在着文明多样性的特点，各种文明相互之间的关系较为复杂，这同时为它们之间的互学互鉴提供了良好基础。而中华文明数千年形成的包容性的特质，是与其他文明互学互鉴的前提和基础。中华文明作为传承五千年的丝绸之路上的文明古国，有着深厚的文化底蕴，可以挖掘被"一带一路"沿线国家人民认可的丰富多彩的文化宝藏，打造文化发展与文化交流的"一带一路"文化品牌。

第三，中国必须与沿线国家建立不同形式的联系机制。战略对接是"一带一路"建设的路径。如今，中国不仅与103个"一带一路"国家和国际组织签署了118份合作文件，还与中东欧国家建立起16+1机制。中国还与多个"一带一路"沿线国家建立了政府部门之间的合作机制，合作平台广泛，合作渠道多样。中国还与欧亚经济联盟国家实施战略对接，并将上海合作组织确定为"一带一盟"对接平台。伊朗也专门为"一带一路"设立跨部门委员会。这些机制安排均为"一带一路"沿线国家的合作提供对接便利和制度保障。

B.17
国际公关传播中国先进商业理念

李 曦[*]

摘 要： 在国家"一带一路"倡议的指引下，京东积极推进国际化战略，目前已经在印尼、泰国等东南亚主要国家和地区陆续开展当地运营，并取得了喜人的快速发展。以京东为代表的中国优秀电商企业不仅将先进的电商业务模式逐步拓展到了海外，将先进的技术和经验快速复制到海外市场，还在该地区主要国家广泛传递了京东"正道成功""合作共赢"等积极正向的商业价值观和文化，赢得了海外市场各利益攸关方的广泛认同。京东在海外市场的初步探索也为更多中国互联网企业"走出去"提供了参考。在全球经济一体化的大趋势下，中国制造通全球、全球商品通中国必将成为大的发展趋势；同时，中国互联网电商企业正在以其先进的商业模式和科技创新引领全球零售业的发展变革。京东作为架设在中国与全球市场之间的桥梁，将帮助大量优秀的中国品牌走出去，在国际市场建立声誉和信任，也将惠及全球的产业迭代发展和消费体验提升。

关键词： 京东集团 电子商务 正道成功 合作共赢

在国家"一带一路"倡议和鼓励企业"走出去"的大背景下，京东集团积极推进国际化战略，致力于通过其优质的供应链服务，为全球消费

[*] 李曦，京东集团副总裁。

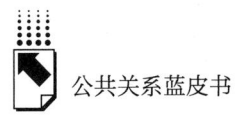

者和合作伙伴持续创造价值。近年来,东南亚地区是京东"走出去"的第一个重点海外区域市场。本文将以京东在东南亚印尼和泰国市场的实践为案例,阐述京东在初入国际市场时如何定位企业对当地利益攸关者传递的核心信息。我们认为,核心信息的定位对于企业未来的健康发展关系重大。

"正道成功"是京东集团企业价值观和文化的基石;"合作共赢"则是京东多年来所秉持的重要合作理念。当京东走向海外市场进行业务拓展的时候,选择"初心不变",坚守"正道成功"和"合作共赢"的核心理念,脚踏实地、一步一个脚印地建立在海外市场的发展基础,建立本地运营团队并将京东的核心商业价值观、理念、文化融合渗透到本地团队中,对合作伙伴和消费者坚持不懈地传递京东的核心价值观。这一切不仅赢得了东南亚市场各利益攸关方的认可,也代表了新一代中国互联网电商积极正向的国际形象,具有一定的示范作用。

在业务拓展方面,京东致力于把本地区优质的商品和文化通过方便快捷的电商渠道介绍给中国消费者,同时把包括大量中国品牌在内的、来自全世界的优质商品通过电商平台提供给当地的消费者;将京东的智慧物流科技和先进物流管理快速输出到当地市场,打造出了独一无二且具有差异化竞争优势的本地物流配送体系;京东还与当地政府和企业在科技创新领域深入合作,用京东引以为傲的供应链服务和科技成果帮助当地经济社会实现数字化转型。

业务拓展和对外传播的策略始终保持了高度一致,同时做到了双方面的紧密联动,对企业的各个利益攸关者都传递了统一、积极的信息。

一 京东传递"正道成功"价值观,代表了新一代中国互联网电商企业的国际形象

作为"21世纪海上丝绸之路"的首倡之地,印尼是中国"一带一路"倡议中极其重要的一环,也是京东集团海外战略的第一站。

通过近三年的探索和实践,目前,京东已经成功地在印尼建立起了本地优秀运营团队,从零开始建立了从采购、营销到仓储、配送的全流程本地化运营,并通过一系列市场营销在印尼建立了较强的品牌认知。

自2016年3月京东印尼运营以来,仅仅两年的时间,京东在印尼就取得了非常迅速的发展,京东在印尼本地的电商平台可以销售几十个大品类、上百个子品类、几十万种丰富商品,服务超过两千万本地用户,创造了超过两千个本地就业职位。京东印尼并不是简单复制京东在国内的发展路径,而是因地制宜在本地市场创业,将中国经验与本地实践相结合,过程中还需要克服大量语言、文化、习俗等方面的差异,短时间即打造了电商国际化运营的一个成功样本。

印尼拥有超过2.6亿人口,是仅次于中国、印度、美国的世界第四大人口大国。印尼有超过1.3亿互联网用户,普及率达到50%。其中1.3亿人使用社交媒体。互联网信息、叫车、外卖等服务已经在年轻人中盛行,部分消费者已经初步形成了接受多样化的互联网服务的行为习惯,而网购只占整个零售业的1%左右,因此电商市场的发展空间潜力巨大。根据市场研究公司Statista的数据,印尼电商市场规模2018年将达85.91亿美元,到2022年这一数字将达到164.75亿美元,年均复合增长率为17.7%。

但印尼电商的发展也有着很多阻碍。首先,印尼本地电商市场一直以来处于线上购买的商品质量参差不齐,丰富度不够,配送服务不及时,售后服务满意度低的局面。同时,印尼消费市场尚不十分成熟,消费者对于商品的信心仍显不足。本土企业或许更能洞察消费者的心理,但跨国公司则需要付出更多的精力来建立消费者的信任。此外,印尼有多种宗教信仰,在品牌传播和营销管理等方面都面临了大量的差异性特征。

创办电商业务15年来,京东凭借"正道成功"的核心理念在中国获得了巨大的信誉和声誉,赢得了消费者的信赖。自创立之初,京东就坚持"诚信经营、正道成功"的原则,树立了"正品行货"的品牌形象,坚持不卖假货水货、不逃税漏税、不行贿受贿的原则,希望做一个不违法、没有贪污腐败的企业。"正道成功"不仅仅是指要合法依规地取得商业上的成功,更重要的是要成为行业中的价值典范,在用高标准的行为规范和准则实现自我完善的同时,为整个生态的发展和社会的进步做出担当和贡献。

在印尼,京东也坚持秉持同样的理念。京东也是当地电商市场上首家高度重视"正品"的电商企业,首个打出只卖"正品行货"和提供"优质服务"的口号,为印尼市场带来了一股新风,成功吸引了大量重视产品质量、追求高品质生活的顾客和潜在消费群体。通过了解消费者消费需求的变化、严审商家资质、严控进货渠道、保证商品品质等手段,京东在印尼慢慢赢得消费者信任,更多的印尼用户选择在京东上购买价值更高、品质更有保障的商品。

京东采取的本地化营销策略,确保所有经营活动与印尼消费者密切相关并产生共鸣——印尼的电子支付尚不发达,京东选择重点支持货到付款、银行转账等支付手段,并已与包括银行、金融公司在内的24家支付公司开展合作;京东在印尼推出了自己的时尚品牌STYLEHAUS,并与印尼最优秀的设计师进行合作;与印尼载旗航空公司印尼鹰航(Garuda Indonesia)签署谅解备忘录,在京东印尼平台上开设鹰航商店;京东印尼还在当地举行了"JD公寓之旅""JD雅加达办公楼之旅""JD婚礼"等诸多创意线下活动。

在物流配送服务方面,据《雅加达邮报》报道,受制于群岛格局,印尼的国内生产总值中物流成本所占的比例为26%,是新加坡和马来西亚的2倍。城市化率低、基础设施极其匮乏,快递的配送时效平均在5至7天左右,"千岛之国"的物流问题,成了在印尼开展业务的电商企业最难跨越的难题。

2015年京东物流团队进入印尼做前期考察,随后开始施行整体规划方案。半年时间,京东通过物流规划与工程、物流系统、物流设备及包装解决方案和物流运营管理这四大产品体系,打造出一个以体验为导向的包括仓储、运输、配送、客服、售后等全流程的电商物流解决方案,将国内最核心的技术和经验进行了产品化的对外输出,全力攻克在"千岛之国"的物流问题。随着京东印尼电商业务的试运营，自营物流实现同步履约。

目前，京东在印尼拥有电商企业最大的物流网络——已在雅加达、泗水、棉兰、望加锡、坤甸和三宝垄6个城市设立10个仓库，大量商品存放在这些自有仓库里；配送服务已经覆盖了印尼7大岛屿、近500个城市和6000多个区县，85%的订单可以在1天内收到，极大提升了网购体验；同时，京东在国内标志性的快速送达服务也在落地——在雅加达地区推出了配送标准时效产品"210"服务（即当日上午10：00前提交的现货订单，当日送达；夜里10：00前提交的现货订单，次日15：00送达）。

在最靠近消费者的末端配送环节，京东也不断改进服务以更加贴近消费者。在"千岛之国"把货物送出去已经不易，做好售后服务则是对电商企业提出了更高的要求。为此，京东不仅设立了专门的客户服务团队，还将国内的逆向取件服务也搬到了印尼，通过售后系统的搭建，消除用户的后顾之忧；京东印尼的物流小哥以印尼常见的摩托作为送货的"坐骑"——细节上的不断本地化是京东印尼团队一直在做的，他们坚持通过本地的大量实践、因地制宜推出量身定做的举措。

京东印尼一方面为当地消费者提供高品质的商品和服务，一方面对本地人才进行大力培养。京东对印尼本地人才的培养直接推动了电商业务的本地化进程。目前，京东印尼95%以上的员工均在当地招聘，覆盖了运营、仓库、物流和支持等。随着电商业务的不断扩大，到2018年底将提供更多的就业机会。通过本地化人才战略，不仅京东能够让自己更加贴近当地消费群体，同时这些人才也对印尼的数字经济发展带来了非常积极的影响。

令人惊喜的是，2018年8月，京东将最新的前沿科技引入印尼，在雅加达开出了东南亚首家无人超市"京东X无人超市印尼PIK店"。作为无人科技和无界零售深度融合的创新产品，无人超市通过人工智能、物联网、生物识别等京东自研技术，为印尼消费者带来了前所未有的新鲜购物模式。无人超市的落成和开业，吸引了大量印尼本地和国际媒体，纷纷给予了大篇幅

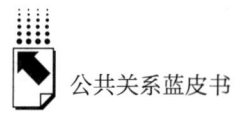

报道,在当地和国际零售行业均掀起了一阵旋风。以京东为代表的中国先进的零售商业模式正在走出国门,成为全球零售业的新标杆。

在踏实务实地建立业务运营基础的同时,京东也不断将电子商务的"正道成功"实践推广到印尼更多的地区。京东在印尼不仅为当地的商家和消费者提供安全优质且具有竞争力的产品和服务,还把京东最先进的商业模式、供应链管理、物流管理方案带到当地,同时整体提高印尼当地的人才素质和竞争力,为推动当地经济发展做出贡献,也为中国企业走出去的最新实践树立了标杆。

二 "一带一路"带来的新机遇 京东国际化带动中国品牌提升影响力

共建"一带一路"正在成为我国参与全球开放合作、改善全球经济治理体系、促进全球共同发展繁荣、推动构建人类命运共同体的中国方案。5年来,中国同"一带一路"相关国家的货物贸易额累计超过5万亿美元,对外直接投资超过600亿美元,为当地创造20多万个就业岗位,我国对外投资成为拉动全球对外直接投资增长的重要引擎。

习近平主席于2013年10月在印尼首次提出共建"21世纪海上丝绸之路"的重要倡议。在此倡议引领下,中国连续多年成为印尼最大贸易伙伴。京东印尼成立三年多来,时刻感受到两国政府相关部门的支持与帮助,以及各方齐心协力共建"一带一路"的热情。

京东印尼积极促进中印贸易往来,丰富的中国商品,如3C及配件、服饰、母婴用品、健康用品、家居家装等纷纷出口到印尼市场;同时京东印尼也帮助把印尼优质商品销售到中国,如咖啡、特色小吃、特色服饰、水果、家居家具及本地手工艺品等"印尼制造"也源源不断地来到中国。未来,京东平台就像一座友谊之桥,架设在中国与各国之间,将为各国消费者源源不断地提供来自五湖四海的优质的商品,还带去中国首创的卓越物流服务。

京东在印尼不仅与本地的品牌商合作，随着印尼消费者对中国制造需求的增加，京东也把更多的中国品牌带给了当地消费者——在2017年双十一期间，京东印尼的小米手机3天内库存的4万台就被抢购一空；而在2018年6·18期间，京东印尼平台商品出库量比上年同期增长191%，这其中有大量中国生产的各类商品。

中国电商走出去一定要伴随着中国品牌走出去，要跟随着这个浪潮站到潮头上去，这也是中国电商巨大的优势。京东在印尼做生意，不仅仅只是我们自己在卖国际品牌，卖印尼本地的产品，我们更希望的是把中国品牌一块带到印尼去，带到东南亚去，带到欧美去，一块取得成功。

这种双向互惠的机遇难能可贵。在"一带一路"倡议不断落地结果、中国企业成规模"走出去"的时代背景下，京东作为其中的开拓者和建设者是非常幸运的。印尼电商行业作为新兴产业已经逐渐成为亚洲最大的市场之一，印尼政府2017年发布的《电子商务路线图》，连同已经颁布和即将颁布的一系列有利于电商和物流行业发展的法律法规，也为京东印尼业务的发展尤其是探索新业务模式提供了更加清晰的政策方向。京东将秉持着"正道成功"的核心理念，在印尼市场代表"中国品牌"及中国优秀企业不断拓展影响力，为两国经贸交流贡献力量。

目前，京东正积极将自身的国际化融入国家"一带一路"倡议下，不断拓展国际市场，在全球打通了200多个国家和地区的销售通道。京东也是全球唯一拥有中小件、大件、冷链、B2B、跨境和众包（达达）六大物流网络的企业，凭借这六张大网在全球范围内的覆盖以及大数据、云计算、智能设备的引入应用，京东的智能供应链体系将为中国与沿线国家的商贸往来提供优质的服务，为国内外消费者带去"京东品质"。

三 "合作共赢"为京东在泰国创造了奇迹

2017年9月15日，中国最大的零售商京东集团、中国领先的金融科技公司京东金融、泰国最大的零售企业尚泰集团有限公司（Central Group Co.,

Ltd.）和 Provident Capital 宣布在泰国成立两家合资公司，分别提供电商服务和金融科技服务，投资总额为 5 亿美元。

京东将提供广泛而专业的技术、电商、物流和金融科技服务等支持，尚泰集团将发挥其庞大的零售资源优势、丰富的品牌关系和商家资源优势。两家强强联手，以一致的价值观致力于为泰国消费者提供前所未有的新消费体验。

在联合投资宣布后不久，11 月 1 日，京东集团首席执行官刘强东先生访问泰国，一到泰国就立即与泰国总理巴育会见。巴育总理对京东近年来的高速增长和取得的巨大成就赞叹不已，并表示京东的到来与泰政府希望通过电商来提高泰企整体能力的战略高度吻合。

随后，刘强东先生参与了一系列定位明晰的公关活动——均围绕"京东与泰国各行各业的伙伴合作共赢"开展。首先，刘强东先生同尚泰集团首席执行官共同参加了面向近百名记者的发布会，发布了 JD Central 品牌的同时，通过感人的故事和对未来的愿景阐述了京东在泰国愿与尚泰共同打造客户体验最好的第一电商平台的决心。在发布会之后，刘强东先生又马不停蹄地参加了与数十家泰国最活跃的互联网创业公司创始人和 CEO 们的闭门对话，通过交流互动，敞开心扉，去除了大家对"来自中国的庞然大物"的担忧，密切了与各界合作伙伴的关系。在闭门交流之后，面向近 500 名潜在合作伙伴、创业者、青年学生，刘强东先生与泰国著名电视台主持人进行了一个多小时的对话，回顾了创业历史，讲述了创业过程中的重要决策，展示了京东集团巨大的规模和涵盖商品、物流、金融在内的强大供应链能力。泰国本地媒体对刘强东先生在泰国的一系列活动和京东的各项举措均进行了多轮重磅报道，产生了巨大而深刻的影响力。

与此同时，本地运营团队紧锣密鼓地推进各项准备工作，包括建立采销、物流运营、客服、营销、公关及多个职能部门等各业务体系，同时推进研发。

以最难的物流为例，京东物流通过十多年的投入和积累，其仓配一体化的物流网络已遍布全中国，形成了强大的差异化竞争优势，同时也做出了很多创举。在行业中，京东物流率先开创了"211限时达"的时效标准，将物流时效由3~5日送达提升到"当日达"，并衍生出京尊达、京准达、京瞬达等一系列特色服务。现在，这一切也在泰国逐渐落地。目前，京东物流已经在泰国全境范围内搭建起了大件、中小件、跨境物流在内的三张大网，在曼谷，京东物流开通211限时达服务，当地消费者可以享受到"上午下单，下午送达"的服务。从中国北京到泰国曼谷，京东物流跨越3300公里在一个文化、经济发展差异巨大的地方实现了先进的物流基础设施和优质服务的复制。

为了更快地实施京东的国际化战略，京东物流需要在短时间内将物流的技术和经验迅速复制，因此，泰国的智能履约系统是基于开放性的物流平台进行设计，可以兼容任何有意愿合作的物流伙伴，并将自身的技术和经验快速移植和复制给它们。

在泰国，当地员工的归属感和凝聚力非常强，他们对自己的工作也非常认真，这也决定了泰国小哥对每一个包裹的处理都近乎苛刻。消费者下单的那一刻，泰国小哥的服务就开始了。每个商品用精美的纸箱进行包装，纸箱的尺寸规格都有统一标准，没有折角，没有污渍，就连每条胶带粘贴的位置都是一致的；装车时，泰国小哥要脱掉鞋子进入车厢；从仓库到配送站，车厢全程密封，确保包裹安全。尽管大家对待商品打包出库等环节的具体方式不尽相同，但"呵护每一个包裹"的理念深入人心，或许，泰国小哥会成为京东物流创造"中国标准"之后的又一个传奇。

物流不仅仅是电商的基础设施，同时也是一个国家、一个地区非常重要的基础设施。高效的物流能够大幅提高企业的利润，尤其能大幅拓展中小企业的生存空间。近年来，泰国政府提出了"泰国4.0"高附加值经济模式，并推出了"东部经济走廊"计划及优惠政策，重视引进新兴产业投资，这也与京东集团战略不谋而合。京东物流希望利用领先的物流模式和基础设施，推动泰国经济的数字化，同时提升当地人民的购物体验。

经过一系列的筹备，2018年9月28日，京东在泰国的合资公司JD CENTRAL宣布正式上线运营。自2018年6月试运营以来，其收到的订单量

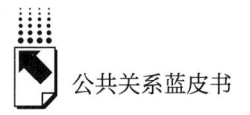

比预计的超出了十几倍之多！与此同时，JD Central 在京东全球购上开设的"京东泰国官方旗舰店"也于 9 月 28 日正式上线，双向开启了京东与泰国之间的生意往来，充分利用中泰双方优势资源，让中国消费者足不出户就能以直邮、保税仓的物流形式购买到泰国热销商品。目前京东泰国官方旗舰店内，泰国著名的 NAT 乳胶、Mistine、Snail White 美妆、双莲、白兰氏燕窝等品牌均已入驻店铺。同时，向来以新时尚、购实惠形象示人的京东闪购频道也与店铺达成了长线合作。同时，JD Central 在泰国的电商平台以手机、食品、家具用品、时尚为最受欢迎的品类，中国品牌在当地非常受欢迎，一加手机、小米、华为、OPPO、VIVO 以及联想等中国知名品牌也在 JD Central 上取得了非常亮眼的销售成绩。上线当天，JD Central 推出了非常风趣的泰式广告，引发了市场的注目。

京东和尚泰集团将联手为中泰用户提供真正世界级的电子商务体验。JD Central 将致力于成为当地最受信赖的消费平台，为本地用户提供 100% 正品保证，携手合作伙伴改变当地市场的面貌，发掘出该国庞大消费人口的无限潜力。

京东以"合作共赢"的定位和姿态，成功地开启和架设了两国电子商务"信赖"的桥梁，努力与合作伙伴共同打造电商未来新纪元。

四 京东的国际化努力成为中国互联网企业的表率

京东于 2004 年正式涉足电商领域；2014 年 5 月，京东集团在美国纳斯达克证券交易所正式挂牌上市，是中国第一个成功赴美上市的大型综合型电商平台。经过 15 年砥砺前行，京东一次又一次突破创新，取得了跨越式发展。与此同时，京东不忘初心，积极履行企业社会责任，在促进就业、提升社会效率、反哺实体经济等方面不断为社会做出贡献，致力于成为一家为社会创造最大价值的公司。

京东自成立以来即秉承"正道成功"理念，坚守"正品行货"底线，始终保持对商业伦理的敬畏和对消费者的尊重，塑造中国电子商务的良好形象，赢得国内市场的认可，已经成为中国"品质电商"的标杆。而当京东拓展国际市场的时候，以"合作共赢"为京东和中国赢得了越来越多的朋友，在帮助大量海外市场商业伙伴获得成功的同时，也帮助大量中国品牌拓展了更多的国际商业机遇，在国际化的进程中对中国品牌走出去起到了积极正向的引领和带动作用。

我们在公关实践中，还特别关注到了各国政治体制、文化习俗、宗教信仰等多个方面都与我国有巨大的差异。尊重当地宗教信仰和文化习俗非常重要，需要特别重视。例如在印尼，为了尊重当地的宗教信仰和文化习俗，京东听取当地顾问和同事们的建议，首次将吉祥物 Joy 小狗标识改为了 Joy 小马。而这只是大量事例中的一个。当来自京东的管理团队看到印尼本地团队在庆祝新年来临时载歌载舞的热闹欢乐场景，大家无不为建立了真正有文化归属感的本地团队而激动。

越来越多的国内外企业，凭借京东先进的技术和零售基础设施，使其业务更上一层楼。在《财富》杂志公布的 2018 年财富世界 500 强排行榜上，已连续三年上榜的京东集团此次位列 181 位，较上年大幅提升了 80 位，一举突破了前 200 名的门槛，在共同入榜的全球六大互联网公司当中位居第三，仅次于亚马逊和谷歌母公司 Alphabet。作为中国领先的技术驱动型电商和零售基础设施服务商，在过去的三年间，京东凭借着高速的增长不但实现了排名的大幅攀升，也向全球展现出了中国零售行业和消费市场的蓬勃生命力。

随着消费者需求的不断变化，未来的消费将是无时不有、无处不在，在正确的时间、合适的场景，把合适的商品传递给合适的消费者，是对所有制造商、品牌商和零售商的终极要求和挑战。京东将以技术为驱动，优先推进技术创新，在自我进阶的同时，帮助合作伙伴提高供应链管理效率、抓住市场的机遇、获得更好的发展，帮助实体经济插上互联网的翅膀，带动实体经济前行。

在今后的十年中，京东将继续把自身强大的供应链服务能力大力输出到全球市场，引领全球零售业变革和发展，给各国消费者带去更好的购物享受。东南亚市场是京东迈出国门发展的第一步,未来京东将继续开拓欧美和其他市场,将中国模式反向拓展和推广到海外;让中国制造通全球、全球商品通中国;京东就像是一座桥梁,将带领更多中国品牌走向海外市场,为全球消费者带来更多优质的商品,推动全球商业进步与人类生活品质提升。

B.18 "人类命运共同体"与国际公共关系的发展

程曼丽 赵晓航[*]

摘 要： 中国主张构建"人类命运共同体"，打造新型大国关系，这一理念是中国特色大国外交理论体系的重要组成部分，它的提出、发展、完善是与中国的公共外交和对外传播实践紧密相连的。然而，由于内外诸多因素的影响，"人类命运共同体"理念在对外传播中被误读与刻意曲解，使其传播效果大打折扣。本文认为，应当从国际公共关系发展的角度来探讨构建人类命运共同体所带来的新机遇，并针对既有问题，寻求解决问题的突破口。

关键词： 人类命运共同体 国际关系 国际公关

构建"人类命运共同体"，打造新型大国关系，是中国特色大国外交理论体系的重要组成部分，与我国的对外政治、经济、文化发展有着密不可分的关系。"人类命运共同体"为国际公共关系的构建提供了良好的理论指导和话语突破口，同时，在其对外推广、传播的过程中，也面临着误解、偏见以及刻意的歪曲。将其置于国际公关的框架下进行整体设计，充分调动各种资源优势，形成合力，将有助于这一概念的对外传播，进而反哺国际公共关系的发展。

---

[*] 程曼丽，北京大学国家战略传播研究院院长，教授，博士生导师；赵晓航，北京大学新闻与传播学院博士生。

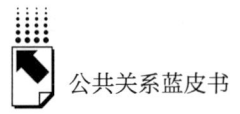

一 "人类命运共同体"概念的提出和厘定

"人类命运共同体"概念的提出与中国经济、社会的发展密不可分,也是中国外交日益走向成熟的标志。

2010年前后,党和国家多位领导人在有关外交事务的讲话中就多次提到"命运共同体"的概念,例如在第二轮中美战略与经济对话开幕式上提出"处于安危与共、祸福相依的利益与命运共同体中";在辛亥革命100周年大会上提出"两岸同胞是血脉相连的命运共同体";在非盟第十八届首脑会议开幕式上倡议"从命运共同体的视角出发,以负责任的态度为促进非洲和平、稳定、发展做出积极努力"。

中共十八大以后,以习近平为总书记的新一届中央领导集体走上中国政治舞台,并在国际事务中扮演愈加重要的角色。在前几届国家领导人重点研判中国与世界关系的基础上,新一届领导人开始站在全球战略高度,对中国发展进行思考和规划,形成了与时俱进的全球化思维格局。基于这一思维格局,党中央在全球治理方面不断推出"中国方案",立足于地区和全球战略的新思想、新理念相继问世,而构建"人类命运共同体"就是其中的重要组成部分。2013年以来,习近平总书记在双边及多边外交场合多次提出要以合作共赢的态度共建"人类命运共同体";2015年9月28日,习近平在纽约出席第70届联合国大会并发表了题为《携手构建合作共赢新伙伴,通信打造人类命运共同体》的重要讲话,从平等相待的伙伴关系、公道正义的安全格局、开放创新的发展前景、和而不同的文明交流、绿色发展的生态体系等几个方面向全世界阐释了"人类命运共同体"的主张,这也是中国国家领导人第一次系统性地对外宣介这一理念。

2017年10月18日,党的十九大报告呼吁,"各国人民同心协力,构建人类命运共同体,建设持久和平、普遍安全、共同繁荣、开放包容、清洁美丽的世界。要相互尊重、平等协商,坚决摒弃冷战思维和强权政治,走对话而不对抗、结伴而不结盟的国与国交往新路。要坚持以对话解决争端、以协商化解分歧，统筹应对传统和非传统安全威胁，反对一切形式的恐怖主义。要同舟共济，促进贸易和投资自由化便利化，推动经济全球化朝着更加开放、包容、普惠、平衡、共赢的方向发展。要尊重世界文明多样性，以文明交流超越文明隔阂、文明互鉴超越文明冲突、文明共存超越文明优越。要坚持环境友好，合作应对气候变化，保护好人类赖以生存的地球家园"。① 自此，"人类命运共同体"的概念进一步明晰化，形成政治、安全、发展、文明、生态的"五位一体"的框架，分别对应持久和平、普遍安全、共同繁荣、开放包容和清洁美丽这五大目标。

此后，2018年3月，第十三届全国人民代表大会第一次会议通过的宪法修正案，将宪法序言第十二自然段中"发展同各国的外交关系和经济、文化的交流"修改为"发展同各国的外交关系和经济、文化交流，推动构建人类命运共同体"，从而为"人类命运共同体"的构建提供了法律依据。

从这一发展脉络中不难发现，"人类命运共同体"概念的提出，既是对联合国宪章以及"地球村"、"四海之内皆兄弟"等既有的国际交往的美好愿景的延伸，也是我国基于对人类文明走向的基本判断和总体认识，对国际问题提出的解决方案和国际关系发展的未来规划。从中国的设计初衷看，这一概念超越了民族、国家与意识形态界限，着眼于国际社会的和平、发展、合作大局，反映了人类的共同利益与共同追求。

二 "人类命运共同体"理念为国际公关带来机遇

"人类命运共同体"作为完整的政治理念，从横向上看，分为政治、安全、发展、文明、生态五个方面；从纵向上看，分为利益共同体、责任共同体和命运共同体三个线性发展阶段②。由此可见，"人类命运共同体"的理念，不仅包含话语层面的情感阐释，更是国际关系和国际交往层面系统性的

---

① 习近平：《决胜全面建成小康社会　夺取新时代中国特色社会主义伟大胜利——在中国共产党第十九次全国代表大会上的报告》，《理论学习》2017年12期。
② 王毅：《携手打造人类命运共同体》，《人民日报》2016年5月31日第7版。

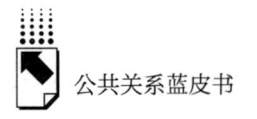

战略设计。阐释、传播、践行这一理念,有助于将我国的国际公关纳入一个完整的链条中,为它的发展带来新的空间。

"人类命运共同体"给国际公关的发展带来新的机遇。

(一)"人类命运共同体"理念为国际公关提供了理论依据

随着信息全球传播时代的到来,跨国信息流的内涵不断丰富,从语言文字信息到多媒体信息、物流信息、金融货币信息;承载信息的媒介也从声光电纸张扩展到互联网、神经元等;传播主体则从政府及对外传播媒体拓展为政府、媒体、社会组织、个人,这使国际传播的内容、形式推陈出新,达到前所未有的程度。如果说国际传播所涉多为国际政治、国际关系、公共外交、跨文化交流话语层面的问题,那么国际公关涉及范围则更广一些,它更加关注一国行为主体与国际受众之间的沟通与交流,其实践领域也更为广阔。

在新的历史时期,在中国与世界关系格局发生深刻变化的今天,国际公关领域面临新机遇与挑战,需要全新的理论支撑,而"人类命运共同体"主张则为国际公关提供了理论依据。从"人类命运共同体"提出的语境看,这一理念最初就是基于加强国际经贸合作、谋求共同发展的良好愿望。2015年9月习近平主席在出席第七十届联合国大会时提出的"构建以合作共赢为核心的新型国际关系,打造人类命运共同体"的思想,更是在联合国宪章框架下,针对国际交往中出现的诸多问题,如冷战思维、发展不平衡、文化理解差异等提出的。此后,"人类命运共同体"理念逐步完善,形成了包括政治、安全、经济、文化、生态五个方面在内的共同发展战略。由此可见,构建"人类命运共同体"是中国对人类文明走向的基本判断和总体认识,它反映了人类社会的相同利益和追求,具有普遍性特征。不但如此,构建"人类命运共同体",还具有明确的问题导向,它既是一种理念、愿景与价值观,亦可作为指导思想(理论)直接用于国际公关实践,用于新时代国际政治、经济秩序的调整与重新建构中。在当今世界面临深刻的变革与调整,各种挑战、风险日益增多的情况下,这一思想(理论)价值尤其重大。

(二)"人类命运共同体"理念将进一步推动国际传播与国际公关的结合

在美国,公共关系起源于政党政治,1787年至1788年,汉密尔顿等人为了督促国会尽快批准宪法而发起了一场大规模的宣传活动①,他们所采取的诸如给报纸写联名信、发表公开演讲等活动,被视为美国政党公关的开端。公共关系在美国的发展路径是从政党、政府公关,到政党、政府公关与营利性组织及其他非营利性组织公关并行。而公共关系自20世纪80年代初期被引入中国,却是首先从企业的市场营销开始的,正是这种"错位式"的发展,使中国政府的国际公关尚有很大的可发掘空间。

长期以来,国家形象构建是我国国际公关和国际传播的一项重要任务。在传统社会中,国家形象的建构主要由政府通过大众传播媒介实现(其他传播主体尚不具备跨国传播的条件),所传信息、信号是否有效到达,产生了怎样的影响,都是未知数。进入互联网时代以后,由于传播技术带来的便利,传播主体日益多元化,国际信道里流动的信息也日益多样化了。这样一来,中国国家形象(外界对中国的印象)的建构,就不再由政府方面把控,传统媒体的作用也因此弱化了,有研究者由此提出"大传播"的概念,而大传播其实已经包括公共关系或国际公关,意味着二者相互融合了。

从宏观层面看,构建"人类命运共同体"其实就是"大传播",是顶层设计之下的多元主体的协同式传播,政府、媒体、公关组织都在其中。它要求我们淡化学科领域的界限,充分调动有效资源,利用有利条件投入其中,完成"共建"使命。在构建"人类命运共同体"理念(理论)的指导下,我们还可以就如何开展国际公关,如何利用新媒体平台提升公关效果等进行整体规划,将多元主体、多维行为和多领域互动结合在一起,以期产生更好的效果。

---

① 程曼丽:《中国本土公共关系发展的必由之路——从企业公关到政府公关》,《国际新闻界》2007年第12期。

（三）"人类命运共同体"理念有助于推动"一带一路"向高质量发展转变

以"人类命运共同体"的理念推进"一带一路"建设，符合人类和平发展的需要，有助于将不同文明间的包容与交流提升到一个新的境界，而这正是中国国际公关所追求的目标和努力方向。

任何一种形态的公共关系都是由主体、客体和信息传播三大要素构成。成功的公共关系往往需要主体通过有效的人际或大众传播与客体建立良好的关系状态并使其具有可持续性，这在国内相对容易实现；国际公关则具有跨国、跨语言、跨文化的特点，需要克服各种沟通障碍方能达成，这方面的难度显然更大一些。"一带一路"建设即如此。

"一带一路"既是世界上最长的经济走廊，也是跨度最大的文化工程，它涉及包括东南亚、南亚、中亚、中东欧等地区在内的60多个国家，每个国家的政治、经济、文化习俗、历史发展轨迹等存在很大差异，对中国的认知与评价也不尽相同，这就使得"一带一路"的共建与对接存在着很大的复杂性与不确定性。一些事例说明，无论是"一带一路"沿线国家还是沿线以外的地区性大国，对于"一带一路"倡议仍然心存疑虑。这些疑虑有些来自传统偏见，有些则随着"一带一路"的推进而逐渐产生；有些属于共性范畴，有些则明显带有某个国家的个性特征。无论如何，这些疑虑的存在将会影响"一带一路"共建的进程与质量，甚至直接影响其落地效果①。

中国倡导的构建"人类命运共同体"理念，契合了各国求和平、谋发展、共同进步的需要，它强调深层对话交流，追求民心相通，可以引导我们在国际公关的主客体之间更好地建立联系，在对话协商、共建共享、合作共赢的过程中谋求合作的最大公约数，把沿线各国人民紧密联系在一起。这有助于推动"一带一路"向高质量发展转变。

---

① 程曼丽：《"一带一路"对外传播重在释疑解惑》，《新闻战线》2017年第9期。

三 "人类命运共同体"理念传播的瓶颈

从"人类命运共同体"理念提出之日起,就伴随着来自各方面的误解、偏见与刻意歪曲,这不仅导致我国推广这一理念的效果大打折扣,更为我国外交关系、对外经贸等方面的工作带来困扰。了解这些困难和瓶颈,对于国际公关的进一步开展很有必要。

(一)中国发展带来的认知变化

"人类命运共同体"理念自提出(2010年)到正式写入宪法(2018年)经历了近十年的时间。在此期间,中国的经济总量上升至世界第二,开始由富起来向强起来转变。与此同时,中国政府在内政外交方面不断推出新举措,提出立足于地区和全球战略的新思想、新理念。虽然这些新的思想、理念是基于和谐发展的动机,但是在一些国家眼中则是具有威胁性的,甚至被解读为对既有国际政治秩序的挑战。

当然,这与西方国家对中国的刻板印象有直接关系。

一方面,经过多年的努力,虽然我国在国家形象的建构方面取得了一定的成效,但是这种建构仍然停留在表层的认知层面,建立在历史、文化以及意识形态基础上的深层认知(包括态度)并没有发生根本性的变化。近年中国经济的快速发展又使一些国家产生了不安全感。因此,人类命运共同体理念一经提出,就被西方媒体放置在"中国威胁论"框架下予以解读。事实上,西方国家媒体曾多次对人类命运共同体的概念进行抨击,认为这是中国主导的、以中国为中心的意识形态输出。

另一方面,与"人类命运共同体"理念同时提出的,还有"一带一路"倡议。"一带一路"倡议自提出之日起,就被一些西方国家视为中国的马歇尔计划,认为它是中国的产能输出战略。尤其当"一带一路"与"人类命运共同体"一同被解读时,更容易产生曲解,有西方媒体甚至认为"人类

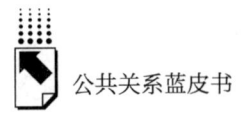

命运共同体"和"一带一路"分别扮演着意识形态输出和经济输出的角色。这对国际社会以及受众国民众的影响是显而易见的。

(二) 文化误读带来的认知偏差

除了基于冷战思维的战略层面的解读之外,西方国家对于"人类命运共同体"理念也存在文化上的误读。这与我们在概念的跨语言传播上缺乏系统设计和协同联动有关。

2012年党的第十八次代表大会英文版中,对人类命运共同体的翻译采用了"human beings sharing a community of common destiny",此后,外交部、《中国日报》(*China Daily*)、新华社、人民网等网站上先后出现了多种译法,其中较多被使用的是"a community of common destiny"、"a community of shared destiny"和"a community of shared future"[①],直到2015年习近平总书记在第七十届联合国大会一般性辩论会上发表演讲后,新华网英文版等对外传播媒体仍然采用第一种译法。2016年外交部长王毅在《携手打造人类命运共同体》的讲话中采用的则是"a community of shared future for mankind",这一用法随后被确定为官方译文,一直延用至今。

从destiny(命运、天命)与future(未来)的差异中不难看出,我国对这一概念的界定与阐释是一步步完善的,后一种译法显然更为温和,也更能表达我国追求和平、寻求共同发展的战略设计。然而,在新概念的传输过程中,不免有先入为主的情况,尤其是作为一个复杂的系统化的理念阐释,翻译的前后变化增加了新媒体时代受众对信息聚焦的难度,这就使得代表新理念的新词难以通过多频次的累积,给外部受众以深刻印象。多种译法的同时出现,也容易造成误读。例如及至2017年1月第七十一届联合国大会召开,联大主席在声明中使用的仍然是"a community of common destiny",与我国官方翻译不同。从2018年境外社交媒体上的表述看,我国政府方面主导的

---

① 冯建中:《怎么翻译"命运共同体"》,https://www.sohu.com/a/137787699_488902,2017-05-02,访问时间:2018年10月6日。

传播，多采用"shared future"这一用法，而个体传播中仍存在大量"common destiny"的提法，作为对这一概念背景和中国文化不熟悉的国外受众和国际组织，很难将二者进行一致性的勾连，这在一定程度上影响了概念的落地阐释，难以形成统一的"符号"效应。

（三）多维传播增加了认知难度

目前信息全球化传播有三个特点：一是由单向传播或双向传播向多维、多向、多轮传播转变。在这种情况下，中国信息向外流动的方式也与以前不同了——既有可能直接流入对象国，也有可能由其他国家经多次编解码后传入对象国，多次传播过程中的多次编解码则意味着传播难度的增加；二是网络空间中传统地理边界的消失使得多元文化碰撞更为直接也更为复杂，尤其是当西方强势文化介入时，即使与历史文化相近的国家进行定向交流，也难以规避国际传播场域中强势文化的影响；三是随着移动互联网的发展，信息传播主体进一步分化，人际传播和组织传播的作用进一步增强。然而以往人们对大众传播的重视程度比较高，而对人际传播、组织传播的关注明显不足；作为跨国信息传播的重要主体，他们如何在"人类命运共同体"的阐释与传播中发挥好能动作用，这方面的研究尚显不足。

在上述诸多瓶颈之下，"人类命运共同体"作为一个复杂的概念，不可能通过一两次演说、若干篇文章得到充分诠释。当此之际，尤其是在目前碎片化的信息环境之下，特别需要政府部门、官方媒体、社交媒体、公关机构、社会组织等协同作战，打好组合拳，否则很难达到预期的效果。

四 如何突破瓶颈，开展有效的国际公关

国际公共关系、国际传播以及各种相关因素的协同组合，将为"人类命运共同体"理念的推广与践行提供更为广阔的空间，有利于它的全面落地和充分理解。

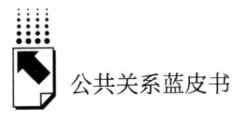
公共关系蓝皮书

（一）在国际公关中引入战略传播的概念

引入战略传播的概念，有助于将国际公共关系、国际传播以及各种相关因素更好地协同组合在一起。战略传播的概念最早来源于美国企业界，是指企业通过公关实践活动增强与消费者的互动交流，取得其理解、信任，最终实现营销目标的过程。2001年"9·11"事件后，此概念逐渐为美国政府和军方所用，并将它与传播有关的各要素，包括公共事物、公共外交、信息战、舆论战等进行协同调配，形成美国国家利益和国家安全框架下的整体性传播战略布局[①]。

战略传播的概念既与公关有关，又延伸了公共关系的边界，由企业发展到政界。单从操作技巧层面看，战略传播的核心有二，一是加强传播参与主体之间的协同联动，对传播活动规划、执行、效果评估全过程进行统筹安排；二是在传播过程中实现话语传播和行为传播的统一，即保持"言行一致性"。

由此联想到，对于"人类命运共同体"理念的推介，也应跳出一般性单维度传播的思路，采取统筹的战略设计。

首先在概念阐释环节应加强顶层设计和统筹安排。对于"人类命运共同体"的概念，目前已有总体阐释。建议在此基础上，整合相关部门的资源（包括政府部门、国际公关公司、国际传播媒体的资源），针对不同国家、不同受众类型进行传播设计，并将设计后的传播"产品"统筹进行定向投放。在总体对外传播策略设计上，应提前做好预研工作，对受众进行分类调研，明确传播重点和传播目标；在传播产品投放过程中，既要做好传统的政府传播和国际传播媒体的信息投放工作，也要充分调动属于组织传播范畴的公共外交部门、企业乃至个体的积极性，让他们参与到传播过程中来；此外还应重视第三方的效果评估。在这方面，公关公司有着明显的优势。它

---

① 程曼丽：《战时新闻管理体制的形成及其影响探析》，《北京大学学报》（哲学社科版）2014年9月。

们既拥有效果评估经验和技术手段，也可以将评估结果迅速转化为后期传播项目开展的预研产品。

其次，要注重话语和行为的一致性。在以往的对外传播工程中，我们往往关注话语层面的问题，而对行为缺乏必要的检视。然而在新的媒介环境下，在传播主体多元化的今天，中国国家形象建构的效果不再由单一主体决定，而是由多元主体形成的合力决定；也不再由单纯的"说"来决定，而是由"说"与"做"的综合效应决定。这就要求外交、国际传播的相互配合，同时，也需要参与其间的各个行为体，包括主流媒体、走出去的企业、民间团体和公民之间拧成一股绳、形成合作力。因此，在推进"人类命运共同体"理念的过程中，要重视多元主体的国际公关能力提高。只有将"说"与"做"相结合，统筹官方与民间各种力量，整合大众传播（包括网络传播）与人际传播等多种渠道和手段，才能实现资源优化，产生协同效应，达到预期目标。

（二）国际公关与精准营销的有效结合

公共关系缘起于政党政治的宣传需要，发展成熟于市场化的企业营销，而当企业营销（整合营销）的概念有了新的拓展，也就反向为公关实践提供了更大的可能性。从概念上看，整合营销传播的关键是导入传播概念，其核心是面对市场的"立体传播"和"整合传播"[①]。进入新时期以后，如何在互联网发展带来的碎片化信息传播的生态下，通过整合传播形成系统化、精准化的战略设计，再将这一设计精准传播至目标受众，达到良好的效果，则成为整合营销领域高度关注的问题。

在社交媒体时代，每一个网民不仅是信息接收者，也是内容生产者、参与者和行为转化者；媒体不仅是生产者，也是组织者、平台提供者和参与者。传播平台及传播方式的改变，使内容生产、加工及互动式交流成为日常，整合传播和精准营销的重要性就更加凸显了。

---

① 郭惠民：《国际公共关系教程》，复旦大学出版社，1996，第27~28页。

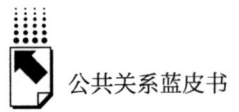

由此决定,在国际公共关系的实践应用中,社交平台的作用将进一步扩大,多元文化的碰撞固然不可避免,同一文化场域中不同类型的客体(受众)也都会根据各自的认知与判断,对信息进行重新认知、解读和再生产。在此过程中,公关公司的作用得以显现,可以通过公关公司的介入,利用大数据的手段,在重要社交节点做好传播介入,使国际公关在新的时代发挥更大的作用。公关公司还可充分利用数据聚类分析技术,在不侵犯用户个人隐私、保障数据安全的前提下,将受众进行分层、分类分析,找准对象国的问题点,带着问题意识进行内容服务,并结合企业的跨国传播行为,由线上内容传播引入线下实体活动,达到传播入脑、入心的效果。

(三)公关公司深度参与政治传播

公关公司参与政治传播在美国、俄罗斯等国家早有先例。以俄罗斯为例,俄罗斯曾与一家名为"凯旋"的公关公司合作,该公司曾在2011年帮助俄罗斯营销了总统普京"政界最酷的男人"的形象;此外,该公司还在索契冬奥会期间,负责运营俄罗斯 ThinkRussia.com 网站和其推特(Twitter)账号①;该公司不仅帮助俄罗斯进行国际公关活动,同时也为美国从事相关工作。此类公司还包括在海湾战争中起到重要作用的美国伟达公司等。

公关公司参与国际政治传播活动有着独特的优势,对中国来说尤其如此。首先,公关公司从事国家背景的政治传播活动,可以在一定程度上消解西方国家及媒体的固有偏见,免于国际舆论的诟病;其次,在经济全球化拓展的时代,公关公司与各国在经贸、文化领域都有较深的合作,挖掘、利用其背后资源,有助于政府、非政府组织、媒体之间的资源共享并形成对政府传播的有效补充;此外,公关公司从项目设计、项目推广到效果评估全流程具有丰富的经验,除了参与推广宣传外,还可作为第三方参与效果评估,而通过大规模问卷调查、公开数据采集、分析等手段进行的评估,更具有说服力和可信度。

---

① 储信艳:《为普京服务的美国公关公司》,《新京报》2013年9月22日B07版。

从本质上说，构建"人类命运共同体"理念的传播，是一种政治传播，政治传播更要讲求技术技巧，防止概念化，防止表面的喧嚣而不问落地效果。在这方面，公关公司具有专业化的优势。当然，出于种种原因，本土公关公司在这方面还缺乏经验，从业人员的综合素质尚待进一步提升。

如前所述，公共关系在中国发展的路径与美国不同，被最先引入企业界。这与我国当时的社会历史环境有直接的关系，它适应了改革开放初期我国企业转轨变型的客观需要，也帮助企业改善了与消费者的关系。如今，改革开放已届40年，我国的经济、政治体制均发生了重大变化，中国与世界的关系格局也发生了深刻的改变，由此，一系列新的社会需求应运而生，其中就包括向世界说明中国，在全世界树立良好的国家形象的需要。这就为中国本土公共关系理论研究者和从业人员提出了新的要求：在关注企业形象的同时，更多地关注政府以及国家形象的建构问题，包括"人类命运共同体"理念的推广与践行问题，将公共关系的策划与管理提升到更高的层次——国家决策层。

B.19 国际媒体对中国环境保护形象之建构
——以"绿色长城"报道为例

黄玲忆[*]

摘　要： 中国致力于环境可持续发展，多年来陆续启动生态文明建设相关工作。本文以堪称史上最大造林计划的绿色长城为例，通过新闻文本分析国际传媒如何看待中国环保形象。研究发现，该创新政策一经出台，就受到国际社会高度关注。媒体开始是以质疑态度看待绿色长城，随着计划成效浮现，报道逐渐转化为中立的客观论述，并且开始肯定其成效。未来，中国预计将绿色长城修复荒漠化的成功经验推向全球，将有助于中国取得国际舆论的环保话语权及塑造良好的环境生态建设形象。

关键词： 中国　绿色长城　生态文明　造林　环境保护

一　人类命运共同体下的美丽新世界

近年来极端的气候变迁、环境污染、粮食危机、资源短缺、流行疾病等问题层出不穷，种种迹象表明：人类过度耗费天然资源，严重破坏自然环境，打破人与自然和谐共生的定律，导致大自然的无情反扑，对于人类的生

---

[*] 黄玲忆，台湾国际公共关系协会理事长，朋百沟通集团创办人。

存环境构成严峻的威胁。因此,生态文明建设已经成为全球刻不容缓、亟须解决的问题。

人类的未来与生态文明建设密不可分,由于各国同处于一个地球村,国与国之间应该善尽绿色责任使命,以建构人类命运共同体为目标,齐心协力、共同携手建设全球生态文明,并强化尊重自然、顺应自然、保护自然的意识,让地球家园得以永续发展。

自从改革开放以来,中国经济发展突飞猛进,但也因为工业化历程及城市化发展,加剧了环境问题,诸如空气污染、水污染、土壤污染、农业污染、工业污染、水质恶化、温室气体排放、有害物质排放、高耗能产业等伴随经济增长而发生的各种环境问题,使得全国生态环境遭到不同程度的破坏,影响环境及威胁人类健康。

如今中国经济实力已跻身世界强国之列,但亦是全球环境污染最严重的国家之一。基于建构人类命运共同体之理念,中国责无旁贷,在生态文明建设的工作方面,积极承担国际责任,持续不断地做出努力与贡献,并进一步促进国际的发展合作,共谋全球生态环境治理,建立一个美丽的新世界。

二　环境生态议题的国际话语权

因应环境问题,中国数十年来陆续采取适当方案,缓和或彻底解决环境及生态问题,包括制定与环境相关的法律与政策、极力推动更干净的生产与永续发展、改善生产技术及废弃物处理技术,甚至加入环境协议,在世界生态文明建设中,承担更多的责任和义务。因为中国具有庞大的人口及强大的经济实力,中国提出的环境生态政策常成为国际媒体及舆论的焦点。

现今全球环境及生态议题主要受到西方主要工业化国家主导,综观过往新闻报道,西方媒体掌握环保议题的国际话语权,成为传播舆论的意见领袖,以西方世界的视角诠释中国的环境形象,立场偏颇且狭隘,因此,早期报道多偏向以负面论述看待中国环境问题及改善政策,却忽略中国因应环境变迁付出的努力及贡献。在这场国际舆论中,中国缺乏环保话语权,导致国家环保形象面临被西方媒体扭曲的风险。

以美国《纽约时报》(The New York Times)为例,曾有研究分析该报自2009年以来的10年间共218篇涉华气候变化报道,探究西方主流媒体如何建构中国的环境形象。研究发现,《纽约时报》报道中国气候变化风险的新闻量呈现上升趋势,不过内容大多是建构中国的负面环境形象,例如呈现"要经济不要环保""不负责任"的大国形象,甚至隐而不谈中国政府对全球气候变化风险治理之贡献。

在生态文明建设工程方面,中国很早就投入相关工作,诸如环境影响评价、基本草原及耕地保护、国土开发制度、水利科技、维护海洋权益、森林保护、致力低碳经济等工作,甚至重视环境保护工作的国际合作,积极参与全球性及区域性的环境保护国际合作,包括京都议定书的签署、生物多样性公约、联合国防治荒漠化公约等。

然而,西方媒体长期以有色眼镜检视中国发展,导致在环保议题上,国际传媒常以中国是污染源制造大国、经济发展优于生态建设为新闻报道主轴。尽管仍有媒体质疑中国在环境保护与生态保育上的努力,不过,正所谓"路遥知马力、日久见人心",经过几十年努力不懈投入生态建设工程,中国环保工作渐有斩获,交出不少亮眼成绩单,受到国际的高度关注,媒体也开始从批判及质疑的叙事,逐渐转化为客观论述,看待中国在生态环境的建设成果。

再以《纽约时报》为例,2018年1月及3月分别发布《北京冬日重现蓝天,中国治理污染初见成效》及《治理空气污染迅速见效,中国是怎么做到的?》等两篇新闻报道,均点出了中国政府在治理污染上已获成效,建构中国环境的正面形象。

在日益高涨的环保意识之下,只要中国本着建构"人类命运共同体"之理念,善尽全球公民的绿色责任,做该做且正确的事情,一旦中国从经济大国蜕变为生态文明大国,成为全球生态文明建设的典范,即能在国际舆论的环保话语权上具有重要一席之地,不仅提高中国生态文明建设的能见度,国际媒体也会逐渐肯定中国执行之成效。

三 国际媒体看中国的绿色长城

在建构全球生命共同体的框架下,采取创新思维与做法有其必要。从古至今,人类的创新无所不在,世界得以日新月异皆是创新思维的胜利果实。创新思维的体现并不拘于任何形式,且应用范畴广泛,举凡科技、文化、环境、经济、组织等各层面都需要不断创新,才能推动人类社会的进步。

生态文明建设亦是如此,需要创新做法,中国在此方面有不少着墨及实践,最典型也引起国际高度注目的便是"绿色长城(GGW)"工程。建设大型绿色森林带,中国并非首例,美国于1930年代为了遏止最大生态灾难"黑风暴",启动防风林计划,从加拿大直至得克萨斯州,建筑一条宽达100英里的树林带。不过,为解决日益严重的荒漠化问题,中国更大刀阔斧,提出更进阶版的绿色森林带建设,是美国防风林计划的28倍,此创新政策一出台,引发国际传媒的高度热议。

中国政府在1970年代便展开一连串大规模的防治荒漠化工作,通过禁止动物放牧,及种植树木、草地、防护林,增加植被覆盖率,保护土地免受沙尘暴侵袭。绿色长城便是中国自1978年开始,在北方启动的大规模再造林工作,在中国北部和西北部延伸约2800英里,建设一条树木带,阻止戈壁沙漠的扩张,迄今已种植660亿棵树,预计至2050年种植1000亿棵树木,堪称全球最大的生态建设。

也正因为是史上最大规模,所以引起国际社会的高度关注,加上计划年限长,拉长议题的生命周期,相关新闻报道持续不断。因此,本文以中国绿色长城为案例,探究国际媒体如何叙事此一议题及形塑中国的环境形象。

中国建造全球最大的人工林,对此种大规模植树的做法及成效存在着争议,人们看法不一。反映在新闻报道的议题内容方面亦是如此,呈现正、反面向的叙事,媒体舆论并没有显现负评一面倒的局面,甚至出现肯定绿色长城的执行成效多于负面报道的现象,将中国在环保议题上取得国际话语权又向前推进一步,以下对几个国际媒体报道进行分析。

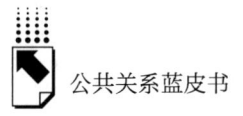

（一）新闻报道叙事类型

1. 正面视角叙事

绿色长城计划甫推出之际，国际上虽出现不少质疑，不过，这项创新的生态建设工程也获得许多国际媒体的正面评价及赞赏，例如英国《每日邮报》（Daily Mail Online）、美国《华盛顿邮报》（The Washington Post）、韩国《朝鲜日报》、法国France24电视台、澳大利亚对话网（The Conversation）等媒体对于绿色长城做出了正面的报道。

（1）引用研究或数据证明成效

援用研究报告或者统计数据是媒体报道常用的手段，包括官方单位、民间研究、学术机关等等，均是报道的消息来源。英国《每日邮报》（2014）报道表示，绿色长城计划是项大胆的决定，一千亿植树计划有望抑制沙漠的推进。新闻中指出，中国面临的环境问题，只要去一趟北京旅游就知道了，可以看到森林砍伐如何影响城市居民，北京人民的生活几乎每天都受到雾霾及污染的威胁。而绿色长城计划正在发挥作用，改善此这一状况，沙尘暴强度已经有所减缓。

该篇新闻引述一项研究证明，绿色长城有助于降低沙尘暴强度（DSI）和沙尘暴频率（DSF），结果显示自1985年以来，DSI急剧下降，而DSF也在不断下降，根据此一结果推断，绿色长城计划实施，大为提升植被覆盖率，有效地降低了DSI。由于其他国家也开始受到砍伐森林的影响，世界各国将会继续关注中国绿色长城的成效。

再来看一则绿色长城所衍生的相关新闻报道：中国宣布2018年将种植如爱尔兰面积一般大的新森林，此举引起不少媒体关注，例如英国路透社（Reuters：2018）、英国《每日电讯邮报》（The Daily Telegraph：2018）均做出了报道，新闻指出，种植树木已经成为中国改善环境及对抗气候变化的重要任务之一。中国将于2018年种植如同爱尔兰面积大小的新森林对抗污染，并计划中国森林覆盖率将从目前的21.7%，扩大到2020年的23%。《每日电讯邮报》更表示，此举是中国最近一次试图摆脱污染形象，并成为世界环保领导者。

新闻亦援引中国林业部门发表的植树数据，显示中国近几年的植树成绩单，报道指出，中国过去五年全国共种植 3380 万公顷森林，总投资超过 5380 亿元人民币，中国森林总面积达到 2.08 亿公顷。此外，中国仅用全球 7% 可耕地养活全球四分之一的人口，长期以来致力于在工业增长、粮食生产最大化和保护环境之间取得平衡。目前中国正推行"生态红线"计划，将强制各省和各地区限制"非理性开发"，并制止在河流、森林和国家公园附近的建设工程。

（2）实际见证采访报道

访谈当地居民或者参与者，甚至媒体亲赴现场采访都是新闻报道的惯用手法之一，以下来看两篇报道的内容呈现。

①实际参与者现身说法

美国《华盛顿邮报》（2013）及韩国《朝鲜日报》（2016）等两家媒体不约而同报道，韩国前驻华大使权丙铉投入绿色长城工作，他成立"社团法人未来森林"，在沙漠植树造林，树立起阻挡黄沙的屏障。

两篇报道通过参与者的亲身经历，验证沙漠造林有了成效。权丙铉接受《华盛顿邮报》访问时表示，随着灌木和树木的生长，慢慢地有迹象显示土地可能会回来。他们经过一个散兵坑，其中一个学生发现了一英时长的蜥蜴，甚至他在脚下也看到一些紫色的小花：杨柴。

韩国《朝鲜日报》也指出，权丙铉的未来森林在沙漠种植的树木有 90% 活了下来，城市植树的成活率为 95%，两者水平相近。从 2002 年起至 2016 年，15 年间，未来森林在库布其沙漠外侧种植的 840 万棵树茁壮成长，形成了南北长 13 公里、宽 0.8 公里的绿色长城。中国政府将库布其作为模范案例，称赞他们将沙漠变成绿洲。

②媒体亲赴现场实地采访

法国 France24 电视台（2018）派出记者到戈壁现场采访，制作了讨论中国治理沙漠化的谈话节目，主要讨论中国大力建造绿色长城，来抑制沙漠的扩展，并且已经显现一些积极的效果。

报道指出，为了对抗荒漠化现象，北京自 1978 年开始，沿着戈壁沙漠

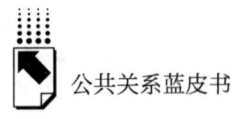

建造一条绿色长城，截至当时，已种植逾660亿株树，在陕西已然收到极大成效。新闻中接受采访的一位人士指出，"原来我们来的时候这里都是沙漠，我们花了15年创造出这片绿洲"，显示出绿色长城在某些领域的确开始显现积极的成效。

2. 负面视角叙事

观察绿色长城计划的负面新闻报道面向，多集中于质疑"官方公布成效数字""沙漠植树存活率低""非原生树种过度耗损地下含水层"等问题层面。以下就几起报道案例，探究国际媒体如何从负面视角阐述中国绿色长城计划。

（1）质疑成效数据

在涉华报道上，国际媒体常质疑中国官方提出的数据，环保生态议题也看到此型式的内容呈现。以美国琼斯夫人（Mother Jones：2017）报道为例，虽然文中指称，全世界正深受沙漠化之苦，绿色长城项目具有全球意义，是中国森林运动迄今为止最具雄心壮志的试验之一。然而，对于绿色长城工程是否可以解决重大的环境问题及中国官方公布的成效数据，她是有所存疑的。

报道指出，中国国家林业局称，绿色长城及一些额外种植计划，已经开始扭转沙漠的整体扩张局势。然而，这样的结果并未获得很多科学家的认同。报道还引用一项研究调查声称，没有确切的证据支持植树造林已成功抵御沙漠化及遏止沙尘暴。

（2）浮现后遗症

绿色长城在干旱地区大量植树产生的后遗症，是国际媒体常做出的负面叙事。福布斯（Forbes：2017）报道指出，对绿色长城是否让沙漠扩张现象获得延缓，专家们持怀疑态度。荒漠化抑制效果尚未明，后遗症却已经浮现。

报道指称，在中国北方干旱地区种植高吸水性的非原生树木，将过度耗损地下水资源，而且单一树种造林亦会影响到生物多样性的发展，树木疾病抵抗力也弱，森林容易受到疾病的侵袭。文章中也指出，中国在防治荒漠化上比1930年代的美国更有能力，但需要一些创造性思维。

尽管绿色长城新闻报道有负面叙事，不过，整体来说，多数国际媒体采用正反面意见，例如美国全球正义之声（Takepart. com：2014）、英国《卫报》（*The Guardian*：2010）、《新科学家》（*New Scientist*：2014）等多数媒体，都能以客观角度评论绿色长城计划执行综效，而不像某些涉华的议题报道，一味地以负面角度看待中国事务，形塑中国的国家负面形象。

（二）中国环保形象的建构

面对日益严峻的气候变迁及空气污染，绿色长城计划是一项改善人类生活环境的生态建设，议题具有延续性。加上计划具长期性及持续性，效果非一蹴可及，随着时间的推移，成效会慢慢浮现，不少媒体即会开始报道这样的环境转变，并给予赞赏。因此，不管就讨论声量还是执行成效而言，绿色长城议题操作对于中国环保生态形象之建构有正面帮助。

1. 网络声量热度不减

生态环境建设是全球共同关心的重要议题之一，尤其近年来气候剧烈变化，自然灾害频传，严重损及人类的生命财产安全，更带来严重的经济损失，绿色长城便是因应环境及气候变迁问题而生，因此，话题的讨论声量热度未见消退，持续受到大众的关注及讨论，可从以下三项数据观察到。

（1）网络搜寻声量

网络搜寻声量方面，通过全球著名的搜寻分析工具"Google Trends"，以"Great Green Wall（绿色长城）"作为关键词进行分析，区间设定为2017年1月至2018年8月（见图1），结果发现通过Google搜索引擎搜寻"Great Green Wall"关键词，声量最高峰可以达到100%，平均则维持在25%左右，显示绿色长城关键词在网络上仍可维持一定的搜寻声量，人们对于绿色长城持续保有关注热度。

如果从全球各区域来观察，不少西方国家对于"Great Green Wall"议题感兴趣，因此进行了关键词搜寻，其中，前五名热搜国家分别是尼日利亚、英国、澳大利亚、美国、荷兰，显示该议题受到欧美国家的关注。

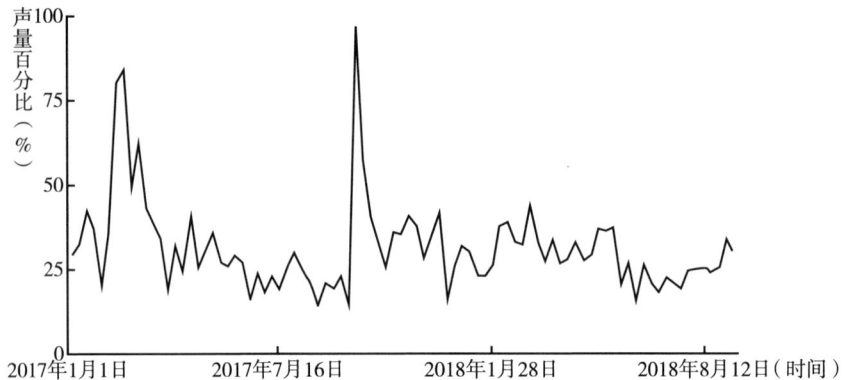

图1 关键词 Great Green Wall 之搜寻声量趋势变化

数据源：Google Trends，数据时间：2017年1月至2018年9月。

（2）社群话题讨论声量

网络社群讨论热度方面，通过 IBM Board Reader 工具分析世界各大论坛的讨论贴文，以"Great Green Wall China"为关键词进行网络社群话题分析，区间设定为2018年1月至2018年9月（见图2），结果发现在世界各大论坛的讨论贴文中，绿色长城平均可以维持30则左右的讨论贴文，显示这项议题维持了一定的讨论人气。

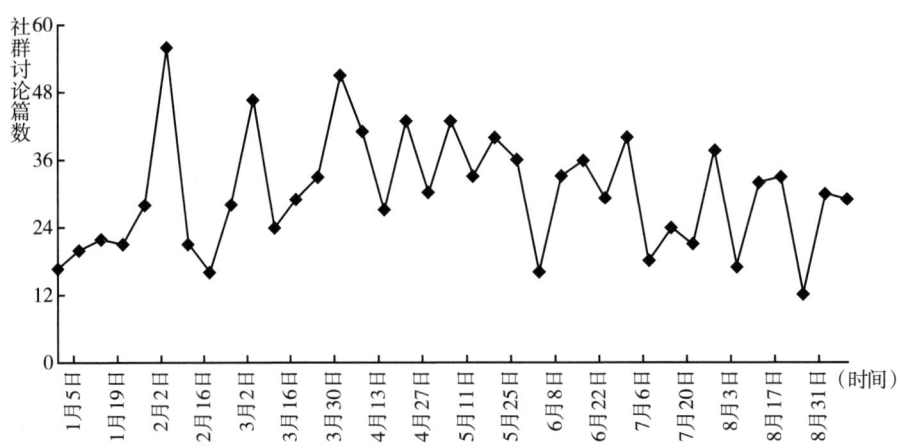

图2 "Great Green Wall China"网络社群话题分析

数据来源：Board Reader，2018年1月~2018年9月。

(3) 负面字词声量低

进一步观察绿色长城相关负面字词，以"Concern"、"Over-emphasis"、"Questioned"为关键词进行分析，区间设定为2018年1月至2018年9月（见图3、图4、图5），不管是哪个负面字词，关键词的讨论声量都远低于"Great Green Wall"。

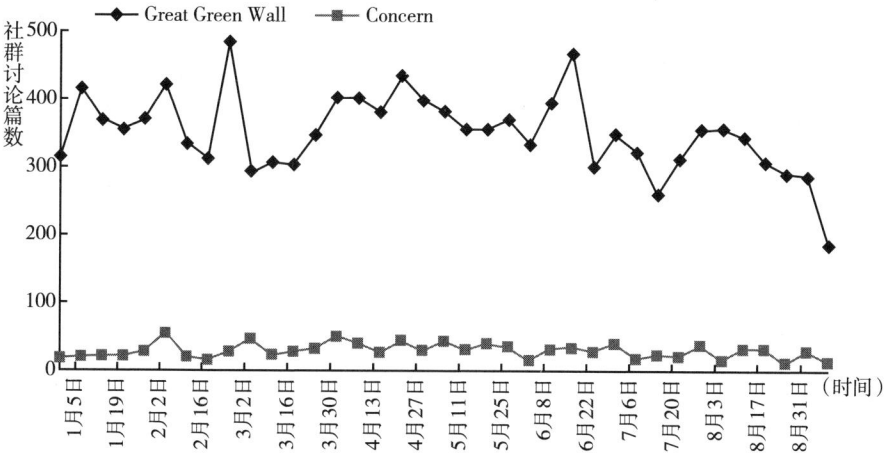

图3 负面关键词 Concern 与 Great Green Wall 对照的声量变化

数据来源：Board Reader，时间：2018年1月~2018年9月。

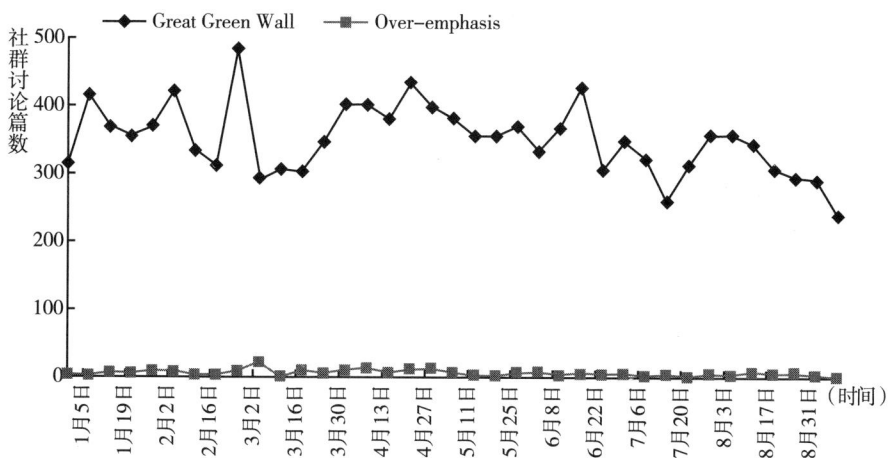

图4 负面关键词 Over-emphasis 与 Great Green Wall 对照的声量变化

数据来源：Board Reader，时间：2018年1月~2018年9月。

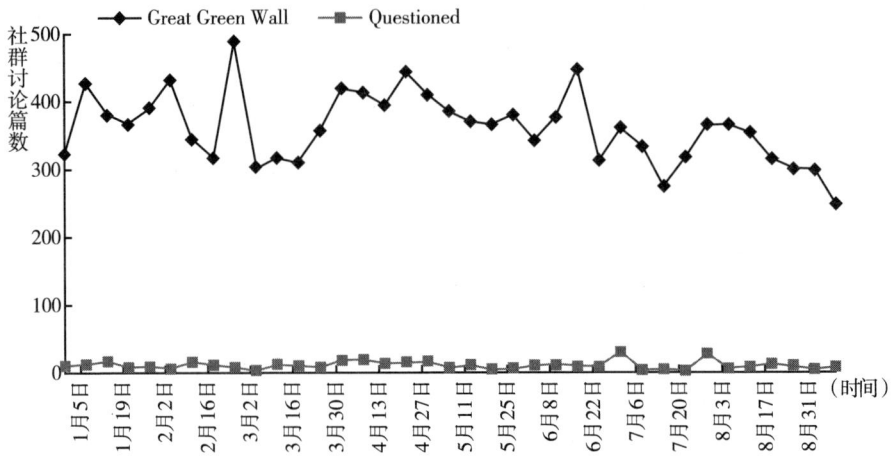

图 5　负面关键词 Questioned 与 Great Green Wall 对照的声量变化

数据来源：Board Reader，时间：2018 年 1 月~2018 年 9 月。

2. 时间推移的议题转向效果

绿色长城工程浩大，是一项长期建设，成效并非立竿见影，尤其涉及环境改变，外在因素变量多且复杂，必须经过一段长时间观察。因此，计划之初有可能效果未彰显，国际媒体便开始出现质疑声浪，之后过了一段时间，效果显现后，国际媒体亦有可能转变风向，聚焦在绿色长城的成效上。以下就以美国相当具公信力、公平性的联机杂志（Wired）报道为例，2003 年及 2017 年的报道方向变化如下。

（1）新闻标题：The Green Wall of China（2003）

大规模植树是否能够避开沙漠化？美国 1935 年为了对抗黑风暴的防护林计划是成功的，如今中国大造林恐将不易，因为绿色长城的目标区域过于干燥、无法植树，即使树木生根，也会吸收大量的地下水，恶化问题。

许多西方科学家担心，绿色长城是抚平数百年历史创伤的昂贵创可贴，甚至只是政治宣传手法而已。不管哪种方式，美国内政部人类学家迪伊·威廉姆斯（Dee Williams）认为中国必须超越微观技术修复，政府需要采取积极行为，如补贴农民以减少牲畜数量、提高水价并鼓励保护、暂将居民迁离干旱区以便恢复。威廉姆斯声称，除非有一场危机，才能让中国人有能力创造性地思考。

（2）新闻标题：The Lush Billion-Tree Spectacle of China's Great Green Wall (2017)

生态观察家伊恩·泰赫2016年在中国北方旅行，用他的视角记录了惊人的所见所闻。他拍摄大量照片，工人照顾树苗、给灌溉水车注水和用水浇灌幼树等等。泰赫表示："理论上来说，种树是好事，但是你可能产生怀疑。不过亲眼目见证后，令人印象深刻。"

泰赫住在马来西亚，但是在亚洲区工作，记录人类对地表的影响。2016年5月，他拍摄中国北方戈壁沙漠的植树计划。他观察到，在北京以北220英里的多伦县等地，植树造林计划似乎取得了成功，过去的17年里，政府已经种植260万棵树。而且这个地方感觉像田园，郁郁葱葱，泰赫说，很难想象它曾经是一片沙漠。

上述为美国联机杂志前后间隔14年所作的报道，2003年的新闻偏向质疑绿色长城计划的有效性，无法改变沙漠化问题。不过，2017年的新闻则是正面肯定，认为中国打造绿色长城，在沙漠里种树的惊人壮举，是战胜荒漠化的宏伟尝试，而且文中还引述中国国家林业局的数据表示，种树成效明显，近年来沙尘暴减少20%，荒漠化的土地面积减少近5000平方英里（约1.3万平方公里）。

由此可观察，不管议题取向或是媒体报道的议题框架，并非一成不变的，随着事件发展将产生变化。特别是创新的思维或做法，因为前所未见，新闻事件容易被放大检视，报道也常偏向于质疑的负面叙事。随着时间推移，倘若事件能够获得肯定的证明或斩获，则议题报道有可能转为正向发展的叙事，绿色长城议题就是很好的案例，相信未来随着该项计划执行成效逐步显现，国际传媒所给予的肯定、正面报道亦会随之增加。

3. 建构中国正面环保形象的推力

绿色长城成效渐显，自然引起不少国际传媒关注，尤其成功案例若能得到国际组织的赞赏，或者将成功的技术移转、复制到他国，这些对于建构中国正面环保形象有极大帮助。下列就两起案例进行说明。

（1）成功案例的加分效果

绿色长城计划的成功案例不少，其中以库布其治沙经验最令人侧目，成果让全世界惊艳，获得不少国际传媒的正面肯定报道，及国际环保组织或专家的赞赏，尤其是全球仍有许多区域面临沙漠化问题，不少国家表示希望可以借鉴库布其治沙经验，化解其国内的荒漠化困扰。

BBC中文网（2015）报道指出，当巴黎气候大会更多关注减少温室气体之际，库布其沙漠国际论坛秘书长王文彪提出治理荒漠、减少全球变暖的思路，受到不少国际组织和国家领导的重视。库布其沙漠的治理使得10万当地农民脱贫，更重要的是它有效减少内蒙古和北京的沙尘，改善空气质量。

该篇新闻表示，库布其沙漠治理的成功经验模式受到联合国防治荒漠化公约、环境规划署、扶贫等多个部门的关注。在巴黎气候大会会场，联合国和中国共同发布"中国库布其生态财富创造模式和成果报告"，聚焦这一中国提出的"治理沙漠、消除贫困和应对气候变化的典范"。

出席发布会的联合国防治荒漠化国际公约执行秘书长莫妮卡·巴布表示，库布其经验对全球遏制气候变化和减少荒漠意义重大，因为全世界各地有很多沙漠荒滩，库布其的经验非常值得研究借鉴。在会中，来自巴基斯坦的联合国副秘书长兼亚太经社会执行秘书阿赫塔尔，及非洲的一些领导人也对库布其经验表示兴趣。

（2）技术输出与跨国合作的加分效果

除了中国绿色长城外，还有一项由非洲联盟主导的非洲绿色长城，旨在非洲增加8000公里植被带，对抗萨赫勒和撒哈拉地区土地退化和沙漠化，进而为当地提供更多的食物和就业机会。这项非洲绿色长城计划，中国也将透过技术支持参与，包括土壤修复升级、农林牧系统的发展强化、地理信息和预警监测系统建设、可持续土地管理和绿色经济。

非洲独立在线（IOL：2017）报道认为，中国在防治荒漠化方面的专业知识有助于他国对抗荒漠威胁。文中提及联合国防治荒漠化国际公约执行秘书长莫妮卡·巴布指出，中国亿利集团的荒漠化治理成绩有目共睹，注重生态系统、经济和人民之间的平衡，是全球社会的典范。她说，中国在修复沙漠方面的成功经验及其知识，将有助于非洲的绿色长城和非洲南部绿化建设。甚至有环保人士认为，这是中国在应对世界气候变化上发挥先锋作用的机会，也是中国在绿色发展领域建功立业的机会。

四 结语

过去30年，中国致力于脱贫之战，加速国家经济发展，缔造经济奇迹，从世界最贫穷的国家之一，跃升为全球第二大经济体。如今，中国迈向富裕之路，正发起一场抗污染战争，不再以环境为代价寻求经济增长，致力于迈向永续发展的道路，以建设"生态文明"作为国家战略，达成高效、节能、环保的产业结构与消费形态，期望中国更能创造一个环境生态保护的奇迹，树立典范。

基于人类命运共同体理念，中国善尽世界绿色责任，积极展开许多生态文明建设工程。由于中国是经济大国，在世界具有举足轻重之地位，故任何一个环境生态政策，都将为全球所注目，也会被严格地检视政策及执行成效。值此全球环境议题持续受到高度关注之际，本文就绿色长城议题，探究国际媒体如何建构中国的环境形象，有以下几项发现。

（一）报道内容客观偏肯定

大体可以分为"专家学者论述及引述研究报告""媒体实地见证""访谈当地居民之经验"等三大类型，新闻内容的叙事是正面报道、负面报道皆有，鲜少出现负评一面倒的情况。此外，由于绿色长城计划涉及层面广、时间长，复杂性高，原本就存在意见分歧的现象，故在处理新闻上，媒体亦多采用正反面意见并陈的方式呈现，将正面肯定及负面批评的舆论声音，同时呈现在同一篇新闻内容中。整体来说，媒体对于中国绿色长城多以正面及客观报道为叙事，故此议题对于中国环境形象之正面建构是有帮助的。

（二）新闻报道偏向并非一成不变

绿色长城属于创新计划，为世界史上最宏伟的植树工程建设，堪称全球创举，通常人们对于新创政策，因为前所未有，没有经验值，故在政策推行之初，外界常抱持质疑态度。加上绿色长城计划需历经几十年的时间才能显现效果，故媒体报道先以负面叙事质疑绿色长城计划。但是随着时间推移，计划逐渐展现成效之后，媒体报道风向则可能转为正面叙事，聚焦于绿色长城计划的具体成果报道。

（三）成功案例有助于提高议题能见度

绿色长城计划执行期间，有不少成效展现，若能善用这些成功案例的披露，将有助于中国环境形象的正面建构。尤其成功经验若能于国际重要会议中推广的话，加分效果会更好。如同"库布其沙漠治理"的成功经验模式，受到联合国防治荒漠化公约、环境规划署、扶贫等多个部门的关注及赞赏。

（四）国际性专业报告有助于增加议题可信度

就绿色长城议题来说，常可见媒体引用专家学者或研究报告的手法，其中，中国官方提出的执行成效数字常受到质疑，因此，若能由国际较为认可的研究单位进行研究及调查绿色长城执行成效，有助于增加国际媒体或专家的信赖度，做出肯定的正面报道。

面对气候变迁加剧，中国正以积极有成效的行动，进行环境生态建设，并且积极展开多项国际合作，包括对气候变化、荒漠化、臭氧层保护、持久性有机污染物、生物多样性等国际公约之履约。此外，中国修复荒漠化工作走在世界的最前端,并进一步将建设生态文明的经验推向全球,与世界各国携手共谋全球生态文明建设,可望成为全球生态治理中的领导者,这些均有助于中国塑造良好的国际形象。

参考文献

A. Miguet, G. Caron, J. Xiong, T. Blanc & Ellen Gainsford, "Can the 'Great Green Wall' stop desertification in China?", *France 24* (2018), https://goo.gl/iQrz3B.

Abigail Trafford, "Let a billion trees bloom: Can a great green wall of trees stop China's spreading desert?" *The Washington Post* (2013), https://goo.gl/Cc4nP1.

Alexandra E. Petri, "China's 'Great Green Wall' Fights Expanding Desert", *National Geographic* (2017), https://goo.gl/RtQeas.

Brett Bryan & Lei Gao, "What we can learn from China's fight against environmental ruin", *The Conversation* (2018), https://goo.gl/gXu5QJ.

Daniel Rechtschaffen, "How China's Growing Deserts Are Choking The Country", *Forbes* (2017), https://goo.gl/oKtK19.

David Stanway, "China to create new forests covering area size of Ireland: China Daily", *Reuters* (2018), https://goo.gl/dTkjbe.

Evan Ratliff, "The Green Wall Of China", *Wired* (2003), https://goo.gl/e2aFYs.

Fred Pearce, "Great wall of trees keeps China's deserts at bay", *New Scientist* (2014), https://goo.gl/6hEkTa.

Jamie Fullerton, "China to plant forest the size of Ireland in bid to become world leader in conservation", *The Daily Telegraph* (2018), https://goo.gl/mQ2P4g.

Jonathan O'callaghan, "Will China's Great Green Wall save the country from dust storms? 100 billion tree project could halt advancing Gobi Desert" *Mail Online* (2014), https://goo.gl/85UzBy.

Laura Mallonee, "The Lush Billion-Tree Spectacleof China's Great Green Wall", *Wired* (2017), https://goo.gl/AT3ZY4.

Melanie Peters, "China's expertise in fighting desertification can help others", *IOL* (2017), https://goo.gl/QisPzL.

Michael Greenstone, "Four Years After Declaring War on Pollution, China Is Winning", *The New York Times* (2018), https://goo.gl/5Jox81.

Mitch Moxley, "China's great green wall grows in climate fight", *The Guardian* (2010), https://goo.gl/XYZwd2.

Neil Connor, "How China's 'Great Green Wall' is poor quality and will have a limited impact on climate change", *The Daily Telegraph* (2015), https://goo.gl/qswgib.

Steven Lee Myers, "A Blue Sky in Beijing? It's Not a Fluke, Says Greenpeace", *The New York Times* (2018), https://goo.gl/oip6dD.

Taylor Hill, "Let 100 Billion Trees Bloom: China's Great Green Wall", *Takepart.com* (2014), https://goo.gl/uht3UX.

Vince Beiser, "China's Crazy Plan to Keep Sand From Swallowing the World", *Mother Jones* (2017), https://goo.gl/dXCmqQ.

郭小平:《西方媒体对中国的环境形象建构——以〈纽约时报〉"气候变化"风险报道（2000~2009）为例》,《新闻与传播研究》2010年第4期。

立行:《库布其治沙：中国一带一路的开弓之箭》,BBC中文网（2015）,https://goo.gl/yk9Fft。

文铉雄:《在中国沙漠建起绿色长城的前韩国驻华大使》,朝鲜日报网（2016）,https://goo.gl/qN7P8D。

危机管理篇

Crisis Management

B.20
中国公共关系危机管理研究报告

景庆虹 李茜诺 李兴国*

摘 要： 随着中国综合实力的不断提升，中国在参与国际事务的过程中的话语权亦随之提升，中国走进世界舞台的中心，国际合作与交往愈加频繁，由此带来国际摩擦的增多、危机事件频发。在新媒体主导的传播背景下，公共关系危机管理的重要性被不断印证。从政府层面来看，中国政府已经具备良好的公共关系危机管理能力并基本掌握公共关系危机管理的策略，逐步走向成熟。而从企业层面来看，中国企业在面临国际危机时的公共关系危机管理应对能力略有差异，行业整体的公共关系危机管理水平仍有待提升。以

---

* 景庆虹，北京林业大学马克思主义学院教授、硕士生导师、硕士；李茜诺，北京林业大学人文社会科学学院，硕士研究生；李兴国，中国公共关系协会常务副会长、文化艺术委员会主任委员，中央党校（国家行政学院）教授、博士。

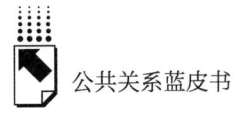

南海危机、萨德事件、美国封杀中兴事件以及联想"5G"投票门事件为例,剖析中国在国际视域下公共关系危机管理的经验与不足。

关键词: 公共关系 危机管理 对话沟通 利益共赢

所谓危机,是指由突发事件引起的威胁组织生存发展,必须及时回应的一种情境状态。突发事件是指突然发生,造成或者可能造成严重社会危害,需要采取应急处置措施予以应对的自然灾害、事故灾难、公共卫生事件和社会安全事件。公共关系的危机管理具有独特的工作重点,它不仅要求积极投入以处理突发事件本身,例如救人,减灾等,而且更重要的职能是在危机管理过程中对组织形象的塑造、维护与修复。[①] 2018年3月根据第十三届全国人民代表大会第一次会议批准的国务院机构改革方案,成立中华人民共和国应急管理部,使其正式成为国务院的重要组成部门。其主要职能涵盖国家应急总体预案和规划的编制、各地区各部门突发事件的应对与指导以及应急预案的建设与预案演练工作,是国家各类灾害从防治、监管到应急指挥的系统化机构。这一机构的设立,体现了中国对于国家应急管理工作的高度重视,表明了危机管理在国家治理工作中的重要地位。但从机构内部各部门职能设置的情况来看,其主要工作集中于各类灾害,尤其是自然灾害、事故灾害的应急处理方面,而缺少对于突发社会公共危机事件的管理,以及管理过程中的信息公开工作。换言之,虽然国家加大了对危机管理的投入,但对于公共关系危机管理的重视还有待提高。

"公共关系"作为舶来品自20世纪80年代改革开放后传入中国内地,已经有三十多年的历史,并在中国这片土地上,逐渐形成具有中国特色的公关理论与实践。如今,面对日益紧密的世界各国交往与合作,不同文化与价

---

① 李兴国:《公共关系学》(第二版),中国人民大学出版社,2015,第181页。

值观在交往的过程中激烈碰撞，造成不可避免的冲突与摩擦，中国特色的公共关系危机管理正接受世人的挑战与检验。

我们认为首先应当明确"公共关系危机管理"的本质。公共关系危机管理绝不等同于传统一般危机管理，传统一般危机管理所包含的是一个复杂的危机预防、控制、处理到解决的综合管理系统，而公共关系危机管理所强调的是危机发生前、发生过程中以及危机结束后，组织与公众之间信息双向传播的方法、手段、技巧的科学运用，其本质是危机中的传播管理。① 在明确这一观点的基础上，回顾近年来中国在处理国际社会中的公共关系危机管理问题时的表现，可以拥有更加清晰的视角与评判标准。

一　政府篇：稳步提升　在沟通中求共赢

2003 年"非典"事件正式开启中国政府公共关系危机管理的大门，政府看到公众舆论在重大社会突发性事件中的强大力量。十几年来，虽然政府公共关系危机管理中的缺憾时有发生，国内某些社会突发性公共事件的解决效果也有不如人意的地方，但在国际视域下，我国中央政府已经基本具备良好的公共关系危机管理意识与素养，并在面对国际性危机时，展现出中国公共关系危机管理的最高水平。本文选取 2016 年南海危机与 2017 年萨德事件，从中总结政府公共关系危机管理的策略与技巧，为今后中国应对国际性危机提供公关范本与经验。

案例一　2016 年南海危机

案例回顾：南海诸岛自古以来就是中国领土，但在 20 世纪 80 年代，菲律宾政府将黄岩岛划入其 200 海里专属经济区的范畴，并在 1994 年《联合国海洋法公约》颁布实施后，宣称其对黄岩岛拥有海洋

---

① 景庆虹：《公共关系危机管理与危机管理关系之解读》，《中国行政管理》2014 年第 12 期。

管辖权。至此,中国与菲律宾关于南海诸岛领土主权争端不断升级。2013年1月22日,菲律宾共和国政府就中菲南海争议单方面提起仲裁。2013年6月,在中国不接受仲裁的情况下,菲律宾共和国政府成立了中菲南海争议仲裁庭。2015年10月29日,仲裁庭对南海管辖权与可受理性问题做出裁决,而中国始终拒绝参与仲裁,更不接受仲裁庭的仲裁结果。

2016年6月中旬,中菲南海争议问题进入白热化阶段。美国进驻南海进行军事演练,国外媒体对此大肆宣传。2016年7月5日至11日,中国在南海进行军事演练,再次引发外媒报道与关注。国际社会舆论呈现对峙状态,一方支持菲律宾,而另一方支持中国,以及部分国家在其中混淆视听。中国面对随时爆发的舆论危机,由外交部主持的新闻发布会作为官方渠道,传达中国立场,维护中国主权,以不卑不亢的姿态向世界传递中国思想。2016年7月12日,中菲南海争议仲裁庭对南海仲裁案做出中方非法无效的"最终仲裁"。同日,中华人民共和国主席习近平在钓鱼台会见外宾时回应,"中国在南海的领土主权和海洋权益在任何情况下不受所谓菲律宾南海仲裁案裁决的影响。中国不接受任何基于该仲裁案裁决的主张和行动。"中华人民共和国外交部郑重声明,该裁决是无效的,没有拘束力,中国不接受、不承认。最终,在中国政府的坚持与国际社会诸多国家的支持下,美国退出南海争议问题,中国合法权益得到保护,未引起舆论恐慌,南海危机至此解除。

通过案例描述可以明确,南海危机本身是一场中国坚定维护国家利益的国家外交危机事件,一旦处理不当,将造成不可估量的军事与经济损失。本文抛开在此次危机中中国所采取的一切维护国家利益的军事行动,而将关注的焦点放在危机中中国政府所释放出的传播信号及其在消除危机、缓解矛盾冲突中的实际作用。

对此,笔者选取中国外交部发言人在例行记者会中具有代表性的关于南海危机的官方回答(见表1),从中总结归纳出中国政府在解决南海危机中的公关策略与技巧。

表1 中国外交部就南海问题在例行记者会中的官方回答（部分）

事件进度	发言时间	所用公关技巧	示例
危机潜伏期	6月22日	保持友好态度 表达沟通意愿	使两国(中菲)关系重回健康发展轨道符合两国和两国人民的根本利益……中方愿同菲新政府为此共同努力
	6月23日	坚持友善原则 争取主流媒体 抢占话语主导	……如果你们报道的时候也能对中国更加公平一些,把中国的声音多在国际上传播一些,这样是更加有利于国际社会准确、全面、完整、客观地了解整个情况及各方立场的。希望西方媒体也能不遗余力地传播中国的正义声音。我愿对你们的这种努力预致谢意
	6月28日	坚守自身利益 适时表明态度	……日本在南海问题上有着不光彩的历史记录,希望它不要续写这样不光彩的记录。希望地区国家对日本的意图保持高度警惕
	7月1日	用词精准清楚 内容表达清晰	道义正,必有朋 谁在维护国际法治,谁在破坏国际法治,一清二楚
	7月5日	不做正面回应	(记者问及中方是否做好南海军事对抗) ……域外国家在南海争议问题上应恪守不持立场政策,谨言慎行
危机爆发期	7月7日	正面回击舆论 做到稳定民心	……美方应谨言慎行,不采取损害中方主权和安全利益的行动,停止派舰机抵近南沙岛礁海空域,停止在南海地区耀武扬威
	7月8日	维护国家利益 展现大国实力	……有关方面妄图通过外交施压和舆论炒作迫使中国接受裁决,这只能是幻想,我们奉劝其尽早放弃这种徒劳的企图
危机蔓延期	7月11日	保持一贯态度	我们根本不承认、也绝对不会接受这样一个非法的、完全违背了国际法的这么一个单方面提起来的所谓仲裁案
	7月12日	做到软硬兼施 追求利益共赢	就中方而言,我们还是希望跟我们的周边国家,包括菲律宾在内,续存我们的友好关系,共同维护本地区和平稳定,实现互利共赢……我们不会跟它(仲裁结果)发生任何法律上的这种关系,因为从一开始我们就不承认这个非法成立的机构
	7月13~15日	持续主动回应	持续坚定表明中国立场,不承认、不接受南海仲裁

续表

事件进度	发言时间	所用公关技巧	示例
危机解决期	7月25日	再次重申立场 防止舆论造谣	中方已多次表明，不接受、不承认菲律宾南海仲裁案仲裁庭做出的非法、无效裁决……日、美、澳均不是南海问题直接当事方，我们敦促有关国家务必以正确态度看待和处理南海问题，切实尊重地区国家维护南海和平稳定的努力，为亚太地区和平、稳定与繁荣做些正确的事情

（一）危机潜伏期：主动沟通 奠定话语基调

南海危机并不是一个短期内爆发的突发性危机，而是中国与菲律宾长期以来的领土争端，其危机潜伏期较长，具有一定的可预见性。2016年6月南海争端在菲律宾共和国政府单方面强制仲裁行为的推动下，走向爆发的边缘。在此阶段，我们可以看到中国政府在处理该问题中的公关智慧。在中菲局势日益紧张，中国国内已经开始出现骚动，并在网络社交媒体中涌现具有煽动性的言语，同时国际社会也密切关注中国对待南海问题的态度的压力下，中国政府并没有自乱阵脚，而是采取积极主动的态度，以官方渠道发声，一方面向菲方传达中国愿与其和平解决南海问题的意愿，另一方面拒绝任何恶意的揣测，不为流言提供可乘之机。同时中国政府在此次事件中十分重视外国媒体对于中国国际形象的塑造作用，正如中国外交部发言人华春莹在答记者问时所明确提出的"希望西方媒体也能不遗余力地传播中国的正义声音"，传达出中国政府对于国际传播中的话语权的争取。

从信息的内容来看，1953年克罗斯在阿尔波特与波茨曼所提出的谣言公式的基础上，提出了 $R = i \times a \times c$，即"谣言 = 重要性 × 模糊性 × 判断力"。南海危机，其重要性毋庸置疑，判断力由受众自身所决定，而模糊性则取决于中国政府的传播与表达，中国政府面对媒体始终采用的是最简单、精确的语言，如面对记者对于中国是否具有支持者的问题时，提出"道义正，必有朋"，在表达中国对待南海问题的态度时，更明确表达中国"不承认、不接受"，不为试图借此制造舆论恐慌的不轨分子留有任何余地，使得舆论始终控制在有序的范围之内。

（二）危机爆发期：持续沟通　表达利益诉求

随着美国的介入，南海危机矛盾冲突不断升级进入危机爆发期，在此阶段，中国政府在南海进行的军事演练受到外国媒体的关注，国际社会出现两种声音，舆论呈现对立态势。中国政府面对强大压力，若在此时采取回避态度，必然导致更加紧张的国际关系，放弃了话语权，极有可能造成"一边倒"的舆论冲击，但中国政府展现出成熟的公共关系危机管理能力，坚持沟通原则，与相关主体保持持续性的对话，拨开交流形式的外壳，关注在双向传播过程中的价值共同与利益共同，既包容危机中各方主体的利益追求，又在核心利益问题中合理表达中国诉求，以客观公正的姿态寻求价值最大化、利益最大化，将矛盾冲突限制在可控范围之内。

（三）危机蔓延期：张弛有度　寻求共同利益

马克思断言："人们奋斗所争取的一切，都同他们的利益有关。"[①] 产生冲突背后的主要原因在于利益的失衡，公共关系危机管理所强调的关系协调也是建立在利益平衡的基础之上，而达到利益平衡的关键在于沟通协商，并非军事对抗，因此，在危机蔓延期，中国政府始终坚持与菲方的对话，为中方与菲方建立有效沟通机制提供良好的舆论环境，令菲方看到中国的诚意。在国际舆论混杂，各方媒体夸张甚至曲解中国意图时，中国政府仍然在官方发声中强调"中国愿与周边国家实现互利共赢"的主张，是将公共关系危机管理的核心——利益平衡践行到中国处理国际冲突中最好的实践。

产生冲突的主要原因在于利益的失衡，公共关系危机管理所强调的关

---

① 马克思《第六届莱茵省议会的辩论（第一篇论文）》（1842年2月），《马克思恩格斯全集》第1卷，人民出版社，1956，第82页。

系协调也是建立在利益平衡的基础之上,而达到利益平衡的关键在于沟通协商,并非军事对抗,因此,在危机蔓延期,中国政府始终坚持与菲方的对话,为中方与菲方建立有效沟通机制提供良好的舆论环境,令菲方看到中国的诚意。在国际舆论混杂,各方媒体夸张甚至曲解中国意图时,中国政府仍然在官方发声中强调"中国愿与周边国家实现互利共赢"的主张,是将公共关系危机管理的核心——利益平衡践行到中国处理国际冲突中最好的实践。

(四)危机解决期:保持警惕 消除危机余威

处理南海危机之所以可以被视为一次成功的公共关系危机管理典范,在一定程度上因为其完整性。政府在以往的公共关系危机管理中,容易忽视危机的解决与善后期,导致虎头蛇尾,公众只知其然而不知其所以然。危机的处理效果仅停留在危机爆发与蔓延阶段,一旦政府在此阶段未做到尽善尽美令公众满意,谣言漫天,极易损害政府在公众心中的形象。但从南海危机的传播过程来看,在距离南海仲裁案得出最终结论的两周后,中国政府再次通过官方渠道重申中国立场,反对某些国家对南海问题的干预,令公众看到中国政府在南海问题上的决心,避免产生新一轮的舆论危机。

案例二 2017年萨德事件

案例回顾:自2016年2月起,美韩不顾中国强烈反对,执意在韩国部署萨德反导弹系统,引发中国公众以及韩国国内民众的多方不满。中国积极就此问题与美韩双方进行多次交涉无果后,2017年2月27日韩国乐天集团与韩国军方正式签署"萨德"系统部署地土地置换协议,一时间乐天集团成为众矢之的,受到中国民众的强烈谴责与抵制。根据韩联社报道,截至当地时间2017年3月8日下午4时,已有55家在华乐天玛特门店停止营业,占在华总门店数量的一半以上。随着事态的不断扩大,在华乐天玛特门店近90%已经停业,其中乐天集团主动关闭13家,因不符合政府相关规定被勒令停业74家，造成乐天集团损失至少人民币12亿元。对此，中国外交部发言人在2017年2月28日的例行记者会中做出回应，劝诫韩国有关方面"不要在错误的道路上越走越远"，同时表示"外国企业在华经营成功与否，要由中国市场和中国消费者决定"，①也请其关注"中国民众反对美韩部署萨德系统的立场"。

中国始终反对美韩萨德系统部署，而美韩始终未停止部署行动，加剧中国民众对此事件的不满情绪，萨德事件影响范围进一步扩大，延伸至文化交流、赴韩旅游以及体育赛事等多个领域，对韩国经济造成巨大损失。而中国政府始终与中国民众站在一起，共同维护中国的合法权益，得到国内民众的支持与认可，中国民众也在政府的引导下理智抵抗萨德反导弹系统，未引发任何暴力抵抗事件，做到了有效的舆论引导。在近一年的"僵持"后，2017年12月13～16日，韩国总统文在寅上任后进行了被喻为"破冰之旅"的首次访华，主动与中国和解。就萨德问题，韩国向中方做出"三不"表态，即不追加"萨德"部署、不参与美国反导系统、不进行韩美日三方军事同盟。至此，萨德危机在中国政府的积极沟通、理智对待下圆满解决。

萨德事件并不是中国第一起关乎国家安全的国际性冲突事件，早在钓鱼岛危机中就引发大规模"打砸国内日本车"等恶性事件，偏激的舆论煽动造成社会恐慌，影响公众的正常生活。而此次萨德危机爆发后，中国公民在政府的领导下理智抵制的行为，令我们看到中国政府在引导公众舆论中的卓越表现，具体表现在以下三个方面。

（一）借力：主流媒体议程设置

虽然在新媒体时代传播模式呈现去中心化的态势，但不可否认的是，主流媒体在传播过程中同一般传播者相比，更具传播影响，媒介资源更充

---

① 《中华人民共和国外交部例行记者会》，中华人民共和国外交部官方网站，2017年2月28日，https：//www.fmprc.gov.cn/web/wjdt_674879/fyrbt_674889/t1442083.shtml，访问时间：2018年10月8日。

分,具备议程设置的能力,更准确来说,是一定程度的意见领袖。作为社会主义国家的新闻媒体既是党和政府的喉舌,也是人民的喉舌,媒体之于政府,尤其是主流媒体,应当以为人民服务为宗旨,传递社会正能量。在此次萨德事件中,中国政府将主流媒体作为处理危机传播的重要主体。据不完全统计,在2017年2月27日至2017年3月9日,媒体对于"美国开始部署萨德系统"的报道约3.63万篇,其中以环球网、人民网等主流媒体为主。① 可以看出,新闻报道内容以客观事实和官方回应为主,其中包含部分民众抵制乐天超市的新闻,而没有出现煽动性的过激言论,为整体的舆论环境奠定了理智、客观的基调,为不具备较强信息判断能力的公众提供了正确的观点与视角,防止公众因信息庞杂而盲目跟风,降低了谣言与恶性舆论产生的风险,是一次成功的传播危机潜伏期的有效预防。

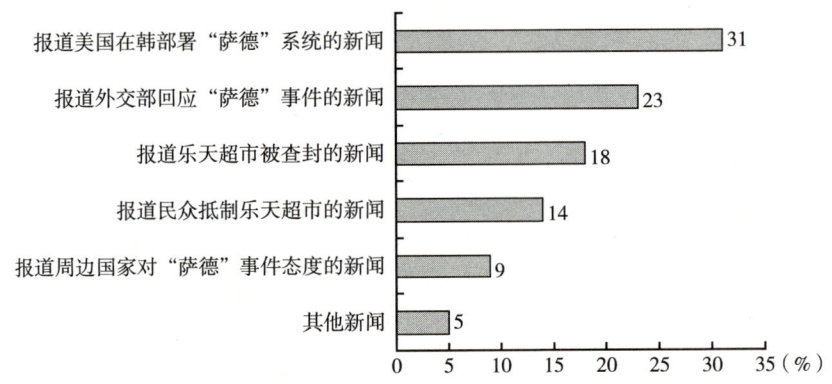

图1　"韩美开始部署'萨德'系统"媒体报道分析

(二)顺势:紧靠民众化解矛盾

国际传播中的舆论集中于各国对中国的评价,国外媒体时常利用中国国内存在的小部分不和谐声音,损害中国公民在国际社会中的形象。在此次萨

---

① 数据来自蚁坊舆情系统。

德危机事件中，中国政府针对这一问题，转换解决问题的思路，在面对外国媒体的质疑时，与中国民众保持一致，站在了利益的同一侧，消除了不和谐的因素。2017年2月28日，中国外交部发言人耿爽在回答记者提问（中国民众表示抵制乐天，中国政府是否会采取惩戒措施时），明确指出"有关方面应当注意中国民众的呼声，中国民众反对美韩部署'萨德'系统"。这一信息一方面向中国国内公众表达中国政府始终代表最广大人民的利益与立场，另一方面向国际社会表达中国政府维护国家利益的决心，既稳定了国内社会舆论，坚定公众信心，又展现了中国政府的责任与担当，受到了国际社会与国内社会的认可。

（三）造势：多方合作共化危机

公共关系危机管理的重要职能之一是关系协调，理顺危机中各主体之间的关系网，重新搭建交流与合作的平台。这是中国政府与多方合作，综合运用官方与民间两个交往渠道共同促成的一次关系调和的成功实践。从官方层面，中国政府将萨德问题置于中国与韩国两国长远发展的道路之上，弱化了萨德问题在中韩关系中的作用。在萨德危机之后召开的博鳌亚洲论坛，更为中韩关系的缓和提供了合理的契机，韩国仁川市市长在接受环球网记者采访时，传递出希望借此机会改善中韩两国关系的信号，缓解了国际交锋中中韩剑拔弩张的状态。从民间交往来看，萨德危机爆发后，一些中国大型视频播放平台如优酷等，纷纷下架韩国电视剧与综艺，以此表达对韩国部署萨德的不满，而一些旅行社以及互联网旅游平台如携程等则下架部分韩国游产品，其连带影响中国部分航空公司因赴韩人数的锐减，从而取消部分赴韩航班，中国游客的减少对韩国经济造成重创。经济下滑引发韩国国内民众的不满，多次举行游行示威活动，抵制萨德部署。国内与国外共同的舆论呼声，令韩国政府不得不考虑萨德系统部署的社会影响。从公共关系危机管理的视角来看，多方共同的努力为韩国重新考虑与中国的关系提供了新的可能，中国政府在此次问题中占据了舆论的制高点，从而获得了协调关系的主导权，最终实现关系的和谐。

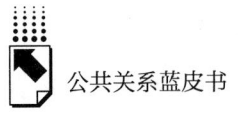
公共关系蓝皮书

二 企业篇：水平不一 在对比中获取经验

知名度与美誉度对于企业而言，是决定企业能否屹立于行业之中的重要因素，因此，企业在处理危机时，更加关注危机对于企业品牌形象的影响。随着中国综合国力的提高、自主创新能力的加强，中国企业逐渐走向国际市场的中央，受到世界各国的广泛关注。但在中国企业走向世界的过程中，不可避免遇到各种困难与阻碍，有效化解危机，得到公众的理解与支持，是未来中国企业做大做强不容忽视的重要环节。为更加清楚认识到公共关系危机管理在危机处理中的作用，笔者选取了中兴与联想企业在2018年先后发生的公关危机，在这两次危机中，中兴公司在自身出现明显失误的情况下力挽狂澜，得到公众的谅解，而联想集团在自身并未发现错误的情况下，多次受到公众的误解而损害了联想集团"民族企业"的形象，其公共关系危机管理能力高低立显。

案例一：2018年美国封杀中兴事件

案例回顾：中兴通讯股份有限公司成立于1985年，是在香港和深圳两地上市的大型通讯设备公司。面向全球160多个国家和地区的电信运营商和企业网客户，为其提供全球领先的综合通信解决方案。目前，中兴通讯在全球电信设备市场份额中约占10%，在中国电信市场份额中约占30%。2018年4月16日，美国商务部官方宣布将禁止美国公司向中兴通讯销售零部件、商品以及软件和技术，时限为7年。禁令颁布的理由是中兴通讯股份有限公司违反了美国限制向伊朗出售美国技术的制裁条款，而此禁令最早可追溯至2016年3月，美国商务部因中兴通讯涉嫌违反美国对伊朗的出口管制政策而对中兴通讯实施出口限制。2017年3月，中兴通讯在美国德克萨斯州联邦法院认罪，并与美国的财政部、商务部和司法部达成和解协议。按照协议要求，中兴通讯承诺解雇4名高级雇员，并通过减少奖金或处罚等方式处罚35名员工。但实际中兴通讯在2018年3月公司自查过程中发现并主动承认，公司只解雇了 4 名高级雇员，但未处罚或减少 35 名员工的奖金。中兴通讯在第一时间处理了相关责任人，快速纠正问题，并聘请权威美国律所独立调查。

在此期间，中兴通讯股票停牌并通过官网时刻发布事件发展最新情况，并告知广大投资者，注意投资风险。此事件引起中国商务部的关注与重视，发言人于 4 月 17 日明确表态，中方既要求中国企业在海外经营过程中合法合规开展经营，同时希望美方依法依规处理，并表示"随时准备采取必要措施，维护中国企业的合法权益"。经过多方努力，美国时间 2018 年 7 月 13 日，美国商务部正式颁布"拒绝令解除令"，将中兴通讯从《禁止出口人员清单》中移除。经此事件，中兴通讯提出"痛定思痛、再踏征程"的口号，展现了中兴通讯作为中国企业直面已过的担当以及越挫越勇的精神，受到了公众的谅解与支持。

在此案例中，我们可以明确这是中兴公司由于自身工作失误导致的责任事故，其公司管理存在明显漏洞。但从公共关系危机管理角度来看，中兴公司具备良好的公共关系危机管理应对能力，掌握了危机传播管理过程中应当使用的技巧与策略，并帮助企业最终化解了危机。

第一，明确公共关系危机管理的定位。长期以来，公众对于公共关系危机管理的理解存在偏颇，往往将公共关系危机管理等同于"推卸责任"、"掩盖真相"，其作用是为了帮助企业遮掩工作中的漏洞、应对媒体。但公共关系危机管理并非万能，如果企业自身存在明显问题，任何公共关系危机管理手段都只能是空谈。在企业的日常工作中，公共关系危机管理是作为监督角色而存在的。此次中兴事件能够顺利解决并获得舆论支持的前提，是中兴公司敏感的公共关系危机管理嗅觉，在公司自查发现问题时，决定主动公开承认自己的过错，并向美国商务部汇报，从主观层面向公众塑造了中兴"知错就改"的形象，同时巧妙地回避了公共关系危机管理中因突发性可能造成的应对不及时问题，中兴公司控制了危机爆发的时间，并提前做好充足的应对准备，为企业发布公告，使企业能够在第一时间掌握话语的主动权。

第二，掌握公众沟通的技巧。中兴公司在掌握危机对应的主动权基础上，将对公众的信息公开作为此次公共关系危机管理的另一突破口。在美国商务部颁布"拒绝令"之后，中兴公司在其官网中平均每日发布一则关于拒绝令的最新进展情况，为媒体报道提供可供参考的事实依据，消除了公众对此事件的盲目猜测。在危机爆发后，主动召开新闻发布会对于美国商务部提出的制裁处罚提出"反对不公平、不合理"的强烈发声，运用共情的沟通技巧，提出"中兴通讯是在中国成长起来的中国企业，其背后有十三亿中国人民的支持"，引起国内广大公众的情感共鸣，无形之中中兴公司的危机俨然成为中华民族与美国之间的矛盾，转化了矛盾的焦点。

第三，争取意见群体的支持。在国际公关中即使是企业问题也不能忽视政府的重要作用，中国商务部在此次中兴事件中力挺中兴通讯的表态，为中兴公司应对此次危机提供了最有力的舆论引导，中兴通讯获得了国内媒体与公众的支持，并未造成美誉度的明显损伤。更值得一提的是，中兴公司在危机尚未结束时，积极争取签约毕业生的理解，在官网中发布《共聚中兴，构筑美好未来——中兴通讯致2018届签约毕业生》的一封公开信，消除毕业生对于中兴未来发展的恐慌，这一举措不仅加强了内部员工的信心，同时向社会公众释放出中兴通讯能够渡过难关的信号，帮助中兴重塑往日自信形象。

案例二：2018年联想"5G"投票门事件

案例回顾：2018年5月10日起，网络中开始出现"联想为什么不为华为投票"、"联想不支持华为，导致华为一票之差惜败"等质疑之声，更出现一些文章直面攻击、诋毁联想，将其定义为"卖国贼"，使联想的公众形象严重受损。次日，华为公司通过官方微博对此事进行澄清，公开感谢联想及其旗下的摩托罗拉移动在2016年3GPP举办的5G标准表决会议上对华为Polar码方案的支持，在媒体上声援联想。而舆论并未就此冷却，对于联想的质疑声仍然不断。

5月16日，联想控股有限公司前总裁、董事局主席柳传志在网络中就此问题公开发表致联想全体员工的一封信《行动起来，誓死打赢联想荣誉保卫战！》，在信中直言这是"阴谋论"，是对联想的恶意揣测。对于联想投票的原则，柳传志指出在第一轮投票中，联想基于自身前期技术和专利储备，选择了高通提出的 LDPC 技术方案，在第二轮投票时，联想则从国家利益出发，选择了华为提出的 Polar 方案。而这也正是网民所攻击的焦点，联想为何在第一轮投票中将票投给高通。

同日，联想集团就两年前所进行的 3GPP 关于 5G 标准会议的投票过程做了详细的说明，并指出 3GPP 的会议机制并非按票数决定，即 2016 年 10 月在葡萄牙里斯本召开的第二次中，投票结果只说明对于短码使用 LDPC 码还是 Polar 码具有明显分歧，需要进一步讨论，而在 11 月召开的第三次会议中才做出了最终判断，在这次会议中，联想将选票投给了华为。但由于联想的公开说明中使用了大量专业术语，且篇幅过长，在网络传播过程中深受局限，导致公众对说明内容理解不足，仍有大量公众抱有怀疑态度。

2018 年 5 月 17 日，联想集团在其官方微博中，发表"我们收到了各方网友的支持与鼓励，感谢有你！"的内容强调各界对于联想的支持，但由于并未明确指出支持者，而再一次受到网友诟病。至此，联想集团再未对此事做出公开声明，留下隐患。

2018 年 9 月 13 日，联想集团董事长兼 CEO 杨元庆在美国纽约举办年度 Lenovo Transform 大会期间，接受系列外媒采访，并在回答公司战略与业务相关问题时表示："联想不仅仅是中国公司，更是一家全球公司……我们是一个真正意义上的全球公司。"其回答被外媒错误解读为"联想拒绝承认是中国公司"，再次引发公众不满，并与 5G 投票门事件产生关联，认为联想为"卖国贼"，整体形象再度受损。

联想集团与中兴通讯同样作为优秀的中国企业，但在面对危机时，联想集团的公共关系危机管理能力仍有很大的提升空间。公共关系危机管理策略是一个环环相扣的过程，涵盖在危机处理的各个阶段以及各个层面，任何一处失误，都有可能直接影响危机传播管理的整体效果。根据联想集团对 2016 年所作出的 5G 投票流程的详细说明，可以肯定联想集团在投票过程中不存在任何问题，但为何会在2018年被旧事重提，并带来恶劣影响，原因在于，其出现了三处明显的公共关系危机管理失误。

失误一：风险预估不足　应对不充分。

联想集团在5月10日出现质疑言论后的第二天，便与华为进行沟通，在微博中获得华为的声援，符合公共关系危机管理的"黄金二十四小时"原则，对危机做出及时回应。但此过程中的危机主体是缺位的，在解决公关形象危机时主体的态度至关重要。哪怕当时对危机事件确认的信息缺失，态度也必须前置、明朗。例如：美国纽约遭受到9·11恐怖袭击，媒体第一时间采访纽约市长朱利安尼，这时，对于是谁制造的恐怖事件，造成多大伤害，现场营救情况进行如何，朱利安尼都无从得知，但是他立刻表明不惧怕恐怖袭击的态度和重建纽约的决心，马上好评如潮，被誉为"美国的市长"。当前社会处在信息快速传播、高速裂变的新媒体时代，任何信息都有可能在毫无征兆的情况下演变成一场舆论危机，这对公共关系危机管理的事前预防能力提出了更高要求，"时时备战、主动应战""主体担当"是企业打好"危机防御战"必不可少的素质。联想集团并未就此问题做出正面回应。直至危机爆发后的第六天，谣传充分发酵，病毒式裂变，危机已经上升至联想集团的形象严重损害，联想集团前总裁柳传志才公开发表对全体员工的一封信，随后联想集团才对2016年3GPP会议中5G标准的投票过程做出详细说明，其背后所反映出的是联想集团对危机风险的预估不足、准备不当，主体反应不及时，但已经造成的舆论影响，已很难在短时间内消除。

联想事件还告诉我们一个教训，不论事情过去多久，都有可能被炒作。例如："于欢事件"是判决一年以后被重新炒作。联想事件是时隔两年被炒作，大连的PX项目是在投产多年后，受到厦门PX事件影响，被炒作导致停产。今后还会有相隔"N年"的事件被炒作。企业对此要有思想准备，做到常备不懈，视防危机为常态，不要心存侥幸，也不必因被人炒冷饭而愤怒，进而因愤怒而失态，导致企业形象崩塌。

失误二：官方信息冗杂　传播不通畅。

传播学者拉扎斯菲尔德、罗杰斯等人在研究中说明了在传播过程中存在两个方面，一是作为信息传递过程的"信息流"，二是作为效果形成与扩散的"影响流"，中国学者胡百精在此基础上进一步提出影响传播效果的"噪音流"。① 在公共关系危机管理中，为准确、快速、有效传递信息，告知公众，并被公众所接受，其信息构成必须是简单、简短、易解码的，尽可能减少不必要的噪音影响，以在裂变式的信息传递过程中获得最高频次的二次传播。基于这一观点，回顾联想集团所发布的有关投票过程的声明，并不符合信息简单、简短、易解码的特征，其篇幅阅读至少在三分钟以上，用纯文字的形式展现，并夹杂专业术语（不可否认关于5G标准的说明不可避免会出现专业术语），对于普通非专业领域公众而言，一方面专业性的话语会产生解码过程的障碍，另一方面，枯燥的长篇文字说明，会令公众丧失对信息解读的兴趣，从而降低公众对于联想声明的接受程度，最终无法获得理想中的传播沟通效果。而哪些对联想攻击的信息却十分通俗。还形象直观地搜出联想行政总部地址都不在中国的照片来质疑联想的爱国情结。资深公关专家李兴国曾经提出："公众是上帝，公众是傻瓜，公众是情人"。公众是上帝，决定企业的生与死。公众是傻瓜，信息不对称，他们可能是科盲，法盲，技术盲。但是，我们要想赢得他们的爱，就要学习人本的小西六，他创造"傻瓜相机"，设计复杂操作简单，让每一个不懂相机技术的"傻瓜"公众都能使用他的相机，他就赢得了世界市场。我们传播信息也要像小西六一样，让不懂科技术语的"傻瓜"公众都能听懂。否则他们就同你"拜拜"。公众也许喜欢你，但是如同情人的喜欢，与你没有法律关系。随时有权与你分手。你不千方百计地追求她，别人千方百计地追她，她就会跟别人走。联想一会儿祭出"商业机密"，一会儿展示一大堆科技术语，一会儿又定位自己是"全球公司"，几次三番，不仅没有澄清事实，反而火上浇油。

失误三：**善后处理空白　解决不彻底**

危机的善后处理是公共关系危机管理的重要组成部分，其善后效果的好坏将在很大程度上决定企业形象是否得到恢复，关系到危机后是否还拥有忠

---

① 胡百精：《危机传播管理》（第三版），中国人民大学出版社，2014，第34页。

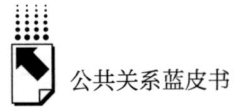

诚受众。甚至影响到下一次危机中公众的态度。以联想集团的官方微博作为调查研究的对象发现,联想自 5 月 17 日发出不明所指的感谢各方支持与鼓励的信息后,再无对 5G 投票门事件做出任何声明与回应。而这种不回应并不代表危机的根除,当 9 月 13 日联想集团再次陷入"卖国"的形象危机时,由于 5G 投票门事件的影响仍未完全消除,即便此次是外国媒体的曲解造成的误会,仍引起网民的不满,使危机阴影久久不散。

三 结语

2008 年前后,以微博代表的社交媒体带来了中国社交网络的发展期。2014 年 11 月 19 日,中国举办的第一届世界互联网大会,标志着中国互联网走向世界,进入高速发展阶段。2015 年召开的十二届全国人大三次会议上,更首次明确提出"互联网+"的计划,中国与世界的网络接轨正逐渐走向更加宽广、深远的领域。中国的声音可以通过互联网传向世界,世界的声音也可以经过互联网打开中国的大门,中国公众能够接收到来自世界各国对中国最直接的评判,接受更多元的信息。从公共关系危机管理角度来说,这一新的历史环境加剧了危机的不稳定性,增加了危机预防的难度,也对公共关系危机管理策略与技巧提出了更高的要求。

结合对以上案例的分析,从政府层面来看,中国政府已经具备较高水平的公共关系危机管理能力,在应对各种国际摩擦的过程中,展现出中国式公共关系危机管理的魄力与智慧。在南海危机中,我们看到中国政府良好的公共关系危机管理素养,对危机发展四个阶段中的传播过程均做出有效的公关应对。在萨德事件中,展现出可圈可点的舆论引导能力,形成"借力、顺势、造势"的公共关系危机管理传播管理模式。从企业层面来看,通过中兴通讯与联想集团之间的比较发现,公共关系危机管理绝不等同于一般的危机管理。对于企业危机来说,管理得当,公关有力,不仅可以解决危机,甚至可以借此提升企业形象;管理得当,而公关无力,即使企业未出现生产与管理问题，也随时有可能面对突如其来的舆论威胁；而管理不当，又公关无力，那么企业绝对无法在当前社会环境下生存。

中国正处于快速发展的新时代，"一带一路"为中国走向世界、世界了解中国、推动世界共同发展提供了多样的机遇与发挥的平台。随之而来的文化交往与冲突、经济合作与摩擦愈加考验中国面对危机的公关能力，如何实现中国与世界各国共赢，打造"人类命运共同体"，是我们需要思考与实践的国际命题。中国公关界应当将更多目光投入中国式公共关系危机管理理论与实践模型的研究、建设当中，帮助政府与企业在解决危机的过程中，将损失与危害降到最低，真正实现不同利益主体的利益共赢。

理论研究篇

Theoretical Research

B.21
2017~2018年国内外公共关系学术研究综述

余明阳 孟竹*

摘 要: 新媒体的发展、新技术的革新、新时代的到来引领了公共关系行业的剧变,公共关系学作为与实践联系紧密的学科,其学术理论也在新浪潮中应势而动,并指导性作用于公关实践、传播理论、文化研究等多学科领域。2017至2018年,在公共关系学的学术研究中,新理论、新思潮、新方法、新角度不断涌现。笔者从事公共关系学学术研究与社会实践30多年,持续、密切关注着中国公共关系领域的前沿学术研究与行业公关事件。本文在笔者对中国公共关系长期动态追踪研究的基础上,对2017年1月至2018年8月以来国内外公共关系学术研究成果进行分析,全面深入文献综述、掌握研究方法、

---

* 余明阳,中国公共关系协会常务副会长、学术委员会主任委员,上海交通大学安泰经济与管理学院党委书记,教授、博导;孟竹,上海交通大学安泰经济与管理学院博士生。

把握研究结论。本文着重聚焦于公关理论、公关历史、公关研究方法、公关实践、政府公关、国际公共关系、大数据时代下的公共关系,以及公关研究发展展望这八个领域,深入剖析这八个领域的前沿学术研究内容,并系统梳理了本时期公共关系研究方向、研究方法和研究成果,据此对公共关系学的未来研究方向进行展望。

关键词: 公共关系 公关学术研究 公共关系研究理论 公共关系研究趋势

一 2017~2018年公共关系学术研究整体情况概述

为了解2017年以来国内外公共关系学术研究整体情况,笔者于2017年1月1日至2018年8月31日,在中国知网、Elsevier Science Direct 和 Web of Science 数据库以主题词检索的方式,检索了这期间发表的1613篇学术论文。

首先,笔者在中国知网上的"期刊"专题中以"公共关系"或"公关"为主题进行检索,总计检索出1130篇,其中被中文核心期刊收录共85篇,CSSCI收录57篇,一共收录89篇。其次,以"公共关系"或"公关"为篇名进行检索,总计检索出741篇,其中被中文核心期刊收录共46篇,CSSCI收录31篇,一共收录48篇(详见表1)。

表1 2012~2018年中国知网上"公共关系"相关期刊论文检索数量统计

检索词	检索条件	收录期刊	2018年1~8月	2017年	2016年	2015年	2014年	2013年	2012年
"公关"或"公共关系"	主题	全部	414	716	813	831	921	1031	951
		核心期刊&CSSCI	30	59	60	77	94	111	131
	篇名	全部	281	460	521	521	572	636	622
		核心期刊&CSSCI	16	32	33	37	48	60	76

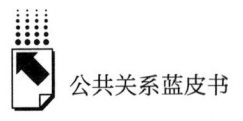

其次,笔者对同一期间在 Elsevier Science Direct 数据库中收录的相关期刊文章进行检索,在该时间段发表的论文中,标题、摘要与关键词与"Public relations"相关的英文论文共有 483 篇;对 2017 年至 2018 年 8 月末在 Web of Science 数据库中收录的相关期刊文章按篇名进行检索,该时间段发表在 SSCI 收录期刊中的篇名带有"Public relations"的英文论文共 108 篇。(详见表 2)

表 2　2012~2018 年国外相关期刊"Public relations"论文检索数量统计

检索词	检索条件	检索数据库	2018 年 1~8 月	2017 年	2016 年	2015 年	2014 年	2013 年	2012 年
Public relations	Abstract, Title, Keywords	Elsevier Science Direct	224	259	264	278	246	229	140
	Title	Web of Science, SSCI	33	75	79	72	83	83	68

(一)国内外对公共关系的研究热度有所差异,国外对公共关系的研究数量相对稳定,而国内研究数量呈下滑趋势

对比过去 6 年国内的论文发表数据可以发现,国内对公共关系的研究数量在 2013 年达到了顶峰,此后呈下降趋势。国内发表与公共关系相关的论文篇数下降幅度明显,2013 年至 2017 年,国内论文发表总量共下滑 30.5%,而 2016 至 2017 年间国内发表论文总量就下滑了 11.9%。与之相反的是,2012 年以来,国外公共关系领域的研究数量呈现稳步上升的趋势。自 2013 年到 2017 年,国外论文发表总量上升 13.1%。近年来,国外公共关系研究数量波动幅度较小,呈相对稳定的态势。

(二)从论文发表杂志的选择来看,国内比国外多

国内论文被收录的主要期刊包括《公关世界》、《国际公关》等,被收

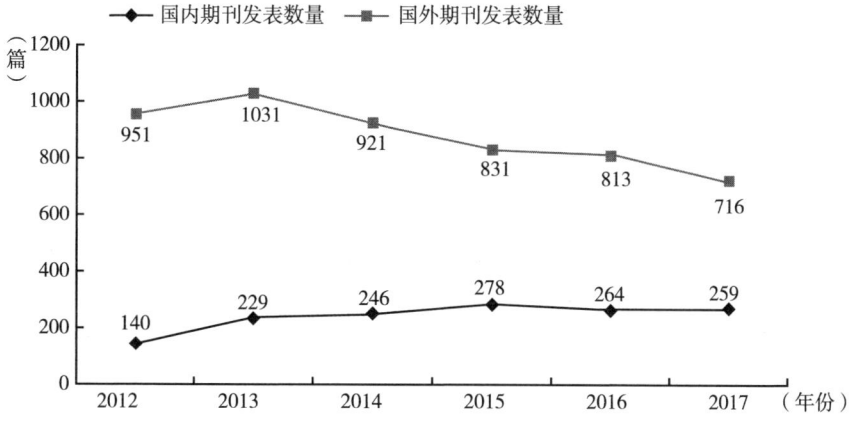

图1 2012～2017年国内外公共关系学术论文发表情况

录的核心期刊主要包括《新闻大学》、《国际新闻界》、《现代传播（中国传媒大学学报）》和《新闻与传播研究》。而国外论文主要集中在 Public Relations Review 和 Public Relations Research 上。

（三）从研究内容上看，国内外研究基本趋同

从研究内容上看，2017～2018年公共关系领域的学术研究，国内外学者们着重聚焦的领域包括：公关理论、公关历史、公关研究方法、公关实践、政府公关、国际公共关系、大数据时代下的公共关系，以及公关研究发展展望这八个领域。虽然国内外学者的研究领域基本相同，但在每个领域内关注的侧重点稍有不同。

二 公关理论：理论体系日趋丰富，内涵机制不断深挖

2017年以来，公共关系理论研究内容日臻丰富。学者在已有的公共关系理论的基础上深入研究公共关系机制，深挖公共关系流派的内容，并试图勾画新时代下的公共关系内涵。

公众是公关理论和实践的双重母题，是公共关系理论的重要组成部分。

胡百精和高歌[1]梳理了百年公关历史进路中组织公众观的变迁，这些公众观包括知情—驯化的公众、顽固—能动的公众、作为"上帝""中心"的顾客或消费者公众、作为利益相关者的公众、作为对话和价值共创者的公众。他们批评了传统的公众观，并勾画了互联网时代的新公众观。

在公共关系机制方面，于晶和王嘉洁[2]基于"治理"的理论视角，提出公共关系应当是一种"公共利益"的协调机制。他们认为，现代社会关系呈现一种多元主体的网络化状态，在这种网状结构的关系中，政府应当处于该"多层次"网络结构的中心位置。此外，他们提出与其他社会组织的共享规则，并不断促进媒体与公众在公共政策制定与执行、危机管理中的有效参与，以期实现真正意义上的多维互动以达到共治的目标。

在公共关系流派中，修辞流派是公共关系研究的重要取向和范式之一，胡百精和高歌[3]全面介绍了修辞流派的产生和发展过程，并尝试解决修辞流派中四个关键问题：修辞流派对哲学的语言学转向、语言学的修辞学转向和修辞学的对话转向的响应与思想资源的转化；修辞流派的核心主张——人文主义、意义中心、对话、认同与批判主义；修辞流派对传播、管理、关系等其他公关理论流派的补充与拓展；对修辞流派的批判及对其进行改造、拓展可能性的分析。

企业公共关系的伦理危机也是公共关系理论研究的重要组成部分，李华君和张婉宁[4]认为，在全球经济一体化背景下，企业公共关系面临着"功利-道德"与"自身利益-他者利益"的冲突与困境。他们先分析了公关伦理的经济价值与企业资本的伦理效应，以探讨公关伦理与企业资本相结合的必然与应然；其次通过对国内外伦理资本相关研究的梳理，明确公关伦理

---

[1] 胡百精、高歌：《公共关系对公众的想象》，《新闻大学》2017年第6期。
[2] 于晶、王嘉洁：《"治理"视域下的现代公共关系理论建构》，《徐州工程学院学报》（社会科学版）2017年第32期。
[3] 胡百精、高歌：《修辞、对话与认同：修辞流派对公共关系研究的弥合与拓展》，《现代传播（中国传媒大学学报）》2018年第2期。
[4] 李华君、张婉宁：《企业公共关系伦理资本建构：真实与价值》，《新闻大学》2017年第5期。

资本的内涵界定与个性特性；并且建立囊括"以诚信为基础的真实"与"以和谐为目标的价值"的企业公关伦理资本。

公共关系学是一门新兴的应用社会科学学科，国内研究更关注其理论性与伦理性，而国外的公共关系理论研究更注重公共关系作为一门学科在教学方面的科学性与严谨性。反思实践是公共关系教学中的重点，也是公共关系专业主张的必要元素。Mules（2017）[1]的研究结果表明，反思实践并未被正式纳入公共关系教学课程，而这种遗漏也可能反映到公共关系实践中，对公共关系从业人员产生较大的影响。

三 公关历史：理论框架逐步健全，系统梳理学术派系

随着公共关系理论的不断深挖与发展，公共关系的理论框架逐步健全，学者对公共关系的研究更加系统化、理论化。公共关系的历史进程，特别是公共关系中的理论派系、内容变量和研究方法的历史发展研究，成了学者研究的热门话题。

诞生自1992年的卓越研究是公共关系研究中的一大派系，其试图回答公共关系的根本性问题——公共关系如何、为什么以及在何种程度上影响到组织目标的达成？黄懿慧和吕琛[2]基于对卓越研究的历史分析，对卓越研究在全球范围内的学术影响力、反卓越派学者的主要批评质疑、卓越派学者的回应与在地验证、多元理论对卓越理论的继承与挑战以及互联网环境下卓越理论的机遇与发展进行理论评述和后设分析，得出了互联网所创造的新的信息环境与公共关系实践正在为倡导对等沟通的卓越理论提供新一轮的检验场域，因而卓越理论正在进入一个新的生命周期的结论。

---

[1] Mules P. "Reflections on the absence of formal reflection in public relations education and practice", *Public Relations Review*（2017）.
[2] 黄懿慧、吕琛：《卓越公共关系理论研究三十年回顾与展望》，《国际新闻界》2017年第5期。

Molleda 等①评估了拉丁美洲公共关系专业化的历史演变以及三个语境变量：经济表现、政治制度和新闻自由在这一过程中的潜在影响。

陈先红和江薇薇②认为中国公共关系自诞生之始即遭受着污名化的困扰。他们从传播学和知识考古学的角度，探究了中国公共关系污名化产生的根源所在，指出社会性别建构是公关污名化的思想根源，社会责任放弃是公关污名化的行为根源。而刘晓程和秦冬雪③对西方公关批判研究和中国公关批评研究分别做了历史回顾。并基于历史，对公关批判研究的未来进行了展望，并提出公关与中国特色的政治制度、经济制度、社会结构、文化传统、治理模式、价值关怀、职业伦理等具体问题的交叉领域是中国公关批判研究的问题域和知识域拓展的方向。

四 公关研究方法：研究方法日趋丰富，新型手段不断涌现

作为一门社会科学学科，研究方法是公共关系学科研究的重要内容，关系到公共关系研究的科学性、系统性和严谨性。在公共关系研究的不断丰富与完善过程中，研究方法也逐步发生了变化。Eyun 和 Lan④对 2001 年至 2014 年间公共关系期刊以及其他传播期刊上发表的文章进行了内容分析，调查研究了全球公共关系的研究趋势、模式和严谨性。从历史文章的研究中，作者认为公共关系领域的研究从描述化转向理论化，并通过方法多样化建立全球公共关系特有的理论。美国是研究公共关系的文章中最常关注的国

---

① Molleda J. C., Moreno A., Navarro C. "Professionalization of public relations in Latin America: A longitudinal comparative study", *Public Relations Review*, (2017): 1084 - 1093.
② 陈先红、江薇薇：《中国公共关系污名化的思想行为根源与形成机制研究》，《新闻界》2018 年第 5 期。
③ 刘晓程、秦冬雪：《对象与理论：公关批判研究的回望与展望》，《现代传播（中国传媒大学学报）》2017 年第 7 期。
④ Eyun-Jung Ki, Lan Ye. "An assessment of progress in research on global public relations from 2001 to 2014", *Public Relations Review*, (2017): 235 - 245.

家,其次是中国、英国和韩国。

在近年的研究中,量化研究对公共关系理论发展做出了卓越的贡献。陈先红、胡建斌等[①]对 PR Review 和 PR Research 中采用调查法、内容分析法和实验法这三种社会科学定量研究方法的论文进行内容分析,探讨定量研究方法对公共关系理论发展的贡献。研究结果表明,有78%的量化研究以某种方式使用了某个理论或理论概念,其中38%的研究做出了理论发展贡献。卓越、权变、管家制度、冲突、声誉、组织-公众关系、和解、公共关系伦理知识传递是被测量的最有价值的公共关系理论概念。

网络手段成了公共关系的新型研究方法。Toledano[②]建议在网络社区的公共关系研究中使用网络志,并在公关研究中使用网络图,通过分析其内部真实的在线对话及其处理组织信息的方式,能够扩大公关学者对相关社区的理解。

五　公关实践:理论联系更加紧密,实务指导更有成效

公共关系是一门与实践联系紧密的学科,大量的公关案例为公关行业、公关部门以及从业人员提供了理论指引和实践指导,学者对于公关战略的研究是公共关系理论贴合实际、实际联系理论的重要学术指导。

Barend Venter[③]认为,公共关系在实践中面临困境与威胁,这体现为公共关系在企业组织中往往不受重视且不能充分发挥其战略潜力,公共关系仅仅被视为把企业组织从负面的公众舆论中"拯救"出来的工具。他们以南非洲公共关系学院的成员为研究对象,运用因素分析的方法,发现企业组织中对于公共关系所扮演的角色有一些表面上的误解。他们提出,把坚实的公

---

① 陈先红、胡建斌、贺剑棋:《量化研究对公共关系理论发展的贡献——对 PR Review 和 PR Research 论文的内容分析》,《现代传播(中国传媒大学学报)》2017 第 1 期。
② Toledano M. "Emergent methods: Using netnography in public relations research", Public Relations Review, (2017).
③ Barend Venter:《"后真相"世界中的公共关系:价值链方法》,《现代传播(中国传媒大学学报)》2017 年第 7 期。

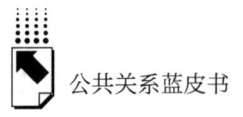

共关系理论基础作为完整的企业组织功能与企业组织进行捆绑将会对顾客以及那些更有道德性的企业组织产生有利影响,且市场营销的技巧可被用来操纵公众舆论。

公共关系从业者在培养公共关系、解决冲突和管理危机时面临着工作挑战。Guo 与 Anderson[1]将公共关系实践与学术联系起来,揭示了公共关系中的工作场所逆境和适应能力,扩展了学术文献中关于"弹性"的定义,并且探索了公关理论中多层次复原力的联系。而 Katie 和 Jennifer[2]的研究弥补了公共关系领导力的研究很少考虑性别对领导制定和成功的影响的缺陷,对方法论方法、领导方法、角色研究、领导类型、文化变革和教育进行了建议。

企业公关的实务性探讨是公关学术研究领域的重点话题。近年来,企业公关方面的研究更偏向理论层面,强调理论性,从宏观全局角度深入探讨企业公关的内涵与策略。

六 政府公关:群体事件影响重大,政府公关面临挑战

随着新媒体时代的到来,信息社会的公共危机治理对政府的公关能力提出了更高的要求。在发生公共危机时,政府要及时掌控话语权、公开透明地进行信息沟通、与多元主体协同治理;在未发生公共危机时,政府要未雨绸缪、建设危机预警机制和舆情监督机制、准备处置预案等。

李晶[3]认为,政府公关在帮助政府在公共危机时获取全面、准确的信息、正确引导社会舆论、安抚沟通社会公众、动员社会力量、修复政府形象、加强政府与公众之间的相互理解与信任及支持与合作、提升政府的公

---

[1] Guo S. J., Anderson L. B. "Workplace adversity and resilience in public relations: Accounting for the lived experiences of public relations practitioners", *Public Relations Review*, (2018).
[2] Katie R. Place, Jennifer Vardeman-Winter, "Where are the women? An examination of research on women and leadership in public relations", *Public Relations Review*, (2018).
[3] 李晶:《政府网络公关在公共危机治理中的效用分析》,《行政论坛》2017 年第 4 期。

信力等方面发挥了重要作用,为信息化社会公共危机治理提供了新路径。张宝生和祁晓婷[1]采用信息可视化方法,对我国政府公共关系研究的研究力量、热点主题、前沿趋势等进行可视化分析,再现我国学者对政府公共关系研究的时空动态演化历程,识别研究热点并探究发展趋势。并在此基础上得出了我国对政府公共关系的研究尚处于起步阶段的结论。

群体性事件的社会影响重大,对社会主义和谐社会的构建具有重大冲击作用,是对政府的公关处理能力的重大考验。而良好的政府危机公关对治理群体性事件、维护社会秩序、保障公共安全、促进社会和谐具有重大积极意义。李德刚[2]认为,在当前群体性事件的危机公关中,政府存在危机公关意识不强、公关队伍建设不足、公关手段单一、相关法律法规不健全等问题。政府需要提升责任意识,健全公关队伍,利用现代信息技术,实现公关手段多元化,从而提升危机公关水平和治理群体性事件的能力。

在大数据时代,政府舆论危机的生成具有公共性、紧急性、突发性及不确定性等特点,传播途径也向多样化方向发展,政府公关的处理理念、制度和方法面临着全新的挑战。张仲涛和宋卫佳[3]提出,大数据的数据挖掘技术和结合大数据、云计算、社会心理分析的交叉实证分析研究是大数据时代政府舆论危机公关研究的发展趋势。

七 国际公共关系理论：立足国际视野，海外传播成为热点

在第二届中国公共关系研究工作坊上[4]，闻远达诚管理咨询公司总裁李

---

[1] 张宝生、祁晓婷：《我国政府公共关系研究的演进路径及热点主题的可视化分析》，《图书情报工作》2017年第1期。

[2] 李德刚：《群体性事件中政府危机公关水平的提升路径研究》，《湖北行政学院学报》2018年第2期。

[3] 张仲涛、宋卫佳：《大数据背景下政府舆论危机公关问题研究综述》，《学习论坛》2017年第12期。

[4] 王竹君：《国际公共关系——中外公关之比较研究》，《国际公关》2017年第1期。

国威指出，所在国政治、经济、文化、法律的不同，会导致企业的公关方法有很多差异。公共关系在不同国家的差异运用、中国企业在海外如何选择公关模式以提升海外传播力成了学者研究的重要领域。

张迪和李唯嘉①以格鲁尼格的卓越公关理论为框架，以央企为研究对象，探讨了央企所采用的公关模式的特点，以及央企的公关模式对央企的海外传播力的影响。研究表明，沟通方向是划分央企公关模式的重要标准，采用双向沟通的公关模式对海外传播力有提升作用，但无法成为关键影响因素。

Mogensen②以缅甸北部一个暂停的中国水电项目作为案例进行研究，提出虽然现有的研究表明公共关系的一个重要功能是创造一种合法性的观念，并且经济和商业公共关系的希望是在外国创造一种"公众吸引力"的观念，但"公共外交"，即通过与公民社会直接谈判在东道国与公众的合作，应被视为对其他形式的公共关系的补充。

八 大数据时代下的公共关系：媒体技术引领时代，研究聚焦网络公关

大数据时代的到来为企业、政府带来大量机遇的同时，也带来了不可小觑的负面影响。近年来，企业与政府面临的公共关系危机的数量呈爆发式增长态势，且影响更加深远、猛烈，其原因在于大数据时代新媒体改变了人们的生活方式，负面信息、谣言等通过互联网传播更加快速、广泛。

新媒体技术的发展提升了公关传播的内容到达率，使公关传播更具便捷性、个性化和互动性。新媒体的广泛应用拓展了公共关系事件计划、策略实

---

① 张迪、李唯嘉：《央企公关模式与央企海外传播力关系的实证研究》，《国际新闻界》2017年第11期。
② Mogensen K. "From public relations to corporate public diplomacy", *Public Relations Review*, (2017).

施的传播渠道和内容范式。邱鸿峰、陈思妤等①认为，社交媒体的广泛运用使得新闻媒体在公关战略中的地位下降，但其并不代表新闻媒体在公共关系中的作用也同时下降，其中一个重要因素是我国新闻媒体的事业属性与意识形态功能保护了新闻场域免受过度侵蚀。"媒介事件"是公关实践的重要议题之一，董天策、郭毅等②根据不同的理论观照，对新媒体环境下的"媒介事件"的概念进行建构，并追本溯源，理清"媒介事件"理论的发展脉络。

网络环境不断深化发展的当下，综合传统公关和信息技术的新型公共关系模式——网络公关应运而生。有学者认为，网络公关在一定程度上影响了公关行业的健康运行，对公共关系的有序发展产生了负面作用。黄迎新和窦佳乐③认为，在网络环境的发展中出现了歪曲事实、制造舆论、操作舆论等一系列异化现象，这种异化现象对政府、社会、企业和个人造成恶劣影响。建立健全网络公关市场，加强法律、行政机关和网络媒体自身的监管能够有效治理网络公关异化现象。在网络公关的基础上，姚曦和李娜④提出，网络社群颠覆了大众传播模式下围绕支配性群体所形成的"制造共识"，构建了真正意义上的社会认同，而社会认同正是公共关系的核心所在。公共关系实现的过程就是以"互动仪式"为核心、以高度的相互关注和情感连带为纽带，实现对话与交流，推进个体认同、群体认同乃至社会认同的过程。

李华君⑤从品牌场域视角分析企业非伦理公关行为的产生机理和行为表现，从意识上诚实守信、遵循消费者的惯习，途径上保持与场域重要关系主体的沟通、互动与交流，和手段上要建立公关数据库、发挥新媒体的舆论监

---

① 邱鸿峰、陈思妤、孙雪霏：《社交媒体时代公关与新闻的场域关系变迁》，《新闻界》2017年第12期。
② 董天策、郭毅、梁辰曦、何旭：《"媒介事件"的概念建构及其流变》，《新闻与传播研究》2017年第10期。
③ 黄迎新、窦佳乐：《网络公关异化的产生、危害与监管》，《湖北社会科学》2017年第10期。
④ 姚曦、李娜：《认同的力量：网络社群的公共关系价值探析》，《南昌大学学报》（人文社会科学版）2017年第3期。
⑤ 李华君：《品牌场域视角下企业非伦理公关的产生机理及治理对策》，《现代传播》（中国传媒大学学报）2017年第5期。

督职能三个方面提出了企业非伦理公关行为的治理对策。而李彬[1]对互联网企业危机公关模型（IECM模型）的预防阶段、处理阶段、善后阶段进行分析，并提出建立互联网企业危机公关模型（IECM模型）对我国中小型企业具有里程碑式的意义。

随着新媒体传播的迅猛发展，相比于国内学者更加关注新媒体时代公共关系的处理应用与传播方式，媒体记者和公共关系从业者之间冲突的存在和性质引起了国外学者的更大兴趣。Verčič[2]研究了克罗地亚与塞尔维亚公共关系从业者与记者之间的关系、相似处与差异。研究结果表明，记者和公共关系从业者都认为他们对组织声誉有重大影响。而两个群体都表现出对另一方的一定程度的多元无知，进一步改善这种关系的唯一途径是教育记者关于公共关系实践的具体细节。

九 公关研究发展展望：新时代、新技术、新理论、新方法

随着时代的快速发展与新技术的不断突破，公共关系应用与实践发生了天翻地覆的变化，这对公共关系理论研究提出了严峻的挑战。学者认为，公共关系的发展来到了新时代，来自不同国家的学者对新背景下的公共关系发展趋势进行了展望。

陈先红和张凌[3]对大中华地区30个资深公共关系从业者和新闻传播学者进行了深度访谈，并运用扎根理论进行探索性分析。研究发现，大数据时代促使中国公共关系在职业领域、教育领域和研究领域都发生了"战略转向"，职业领域面临"去公关化"和"公关化"的博弈；大数据时代促使中

---

[1] 李彬：《危机情境下互联网企业危机公关模型研究》，《经营与管理》2018年第1期。
[2] Verčič A. T., Lalič D., Vujičič D. "Journalists and public relations practitioners: Comparing two countries", *Public Relations Review*, (2017).
[3] 陈先红、张凌：《大数据时代中国公共关系领域的战略转向——基于扎根理论的探索性分析》，《国际新闻界》2017年第6期。

国公共关系专业教育领域呈现"被整合"和"跨学科"发展趋势，出现"唱衰纸媒"和"转岗公关"的讨论；新闻传播学术研究领域正在引入"战略传播"新范式。他们提出了大数据公关实践的权变模型和权变词云图，以及"公关即战略"的理论命题。

共享经济对经济环境、生活方式产生了重大冲击。Gregory A. 与 Halff[①]通过确定共享经济的构成方面提出了公共关系的重新概念化，他们认为，共享经济对组织公共关系职能的传统形式提出了挑战，但公共关系也促进了渠道沟通并成为组织内部的元交流能力。

Lee 等[②]探讨了记者在为受众共同创造价值方面对于公共关系从业者的看法，并提出了一个新的理论模型，其中的三十项量表用以指导未来的规模发展和验证研究。

十　总结

2017 年至 2018 年的国内外公共关系学术领域研究，延续了本领域近几年的发展趋势。中国公共关系研究的数量呈下降趋势，国外公共关系研究的数量趋于稳定，而国内外的研究质量水平均有所提高。

学者对公关理论的研究不断深入，公关理论的体系日趋完善，学者从不同角度不断深挖公关的内容构成、运作机制、流派范式，并试图定义新时代下公共关系的新内涵。在此过程中，公关理论内容更加丰富，框架更加健全，更具有系统性、理论性、科学性与严谨性。在此基础上，学者系统梳理公关历史，对公共关系学中的理论派系、内容变量和研究方法的历史发展进行研究，并基于历史，提出公关在当下存在的问题及未来研究的重点内容。作为一门社会科学学科，研究方法是公共关系学科研究的重要内容，在公共

---

① Gregory A., Halff G. "Understanding public relations in the 'sharing economy'", *Public Relations Review*, (2017).
② Lee L., Yip L., Chan K. "An exploratory study to conceptualize press engagement behavior with public relations practitioners", *Public Relations Review*, (2018).

关系研究的不断丰富与完善过程中，研究方法逐步发生变化。公共关系学术研究的方法更加多样化，量化研究更受学者重视，其中调查法、内容分析法和实验法成为公共关系研究的主要方法，此外，网络手段成为公关研究的新型方法。

公共关系实务的发展离不开学术研究的指引，作为一门与实践联系紧密的学科，公共关系学将解决冲突和管理危机时面临的困境、威胁与挑战上升到理论建构层面，对公关实务做出了理论指导。群体性事件的社会影响重大，政府的公关处理能力面临重大考验，近年来的学术研究对政府在公关危机时的信息公开、安抚沟通、协同治理、修复形象、增强信任等方面给出建议，以帮助政府提升危机公关水平和治理群体性事件的能力。在国际公关处理方面，学者关注于公共关系在不同国家的差异运用，对中国企业在海外如何选择公关模式以提升海外传播力给出专业建议。

互联网技术的高速发展、新媒体技术的广泛应用为整个社会的生活形式、工作节奏带来翻天覆地的巨变，公共关系事件计划、策略实施的传播渠道和内容范式被拓展，已有的公关理论无法满足时代发展的要求，学者探讨在新媒体时代下能够综合传统公关和信息技术的新型公共关系的应用及传播模式。

随着新时代的到来，公共关系实务界与学术界均面临着巨大的挑战，而中国公共关系研究将迎来崭新的发展契机与巨大的变革挑战。在新形势下，公共关系学将迎来新一轮发展浪潮，期待未来能有更多高质量、前瞻性的研究成果如雨后春笋般不断涌现。

附录
Appendix

B.22
2018年中国公共关系发展大事记

2017年

11月6日 中国公共关系协会常务副会长兼秘书长王大平应邀参加由巴基斯坦伊斯兰共和国驻华使馆与中国世界和平基金会主办的《巴基斯坦历史与文化印象》"一带一路"中巴经济走廊文化艺术展活动。本次文化艺术展旨在通过展现巴基斯坦的文化艺术魅力,促进"一带一路"中巴经济走廊的文化交流与文明互鉴,更好地推进"一带一路"建设的深入发展,促进世界和平与共赢。

巴基斯坦驻华大使马苏德·哈立德,中国世界和平基金会主席、联合国顾问李若弘博士,中国华夏文化遗产基金会会长耿莹女士等嘉宾参加本次活动并致辞。

中国公共关系协会始终坚持"文化先行 公关先导"的指导理念,积极传承和弘扬优秀传统文化,并创新国家形象传播模式,围绕"一带一路"

倡议，开展了"一带一路"主宾国主题展、"一带一路"年度汉字发布仪式、"大道有形——俯瞰一带一路"国家文化创意公关活动等，推动中国文化走出去，有效地促进了"一带一路"沿途国家地区的文化交流和文明互鉴，增强了中华民族文化自信，凝心聚力实现中华民族伟大复兴中国梦。

11月30日至12月3日 中国共产党与世界政党高层对话会在北京举行，来自120多个国家近300个政党和政治组织的领导人围绕"构建人类命运共同体、共同建设美好世界：政党的责任"的主题进行了广泛深入的对话交流，共同探讨人类社会未来发展方向和现实问题的应对之道。各方高度评价习近平总书记的主旨讲话，高度肯定中国共产党的历史性贡献，期待中国进一步发挥引领作用。对话会通过了《北京倡议》，强调政党间应增进互信、加强沟通、密切协作，汇聚构建人类命运共同体的强大力量。

12月12日 由中国公共关系协会、西宁文化旅游发展投资有限公司和方塘智库共建的丝路文旅研究中心挂牌仪式暨首次"丝路文旅沙龙"在青海省西宁市青海宾馆隆重举行。

中国公共关系协会常务副会长兼秘书长王大平出席仪式并致辞。他表示，"丝路文旅研究中心"对于西宁打造"中国夏都"和"丝路明珠"具有重要的现实价值和理论意义，它有利于实现西宁从"印象"到"影响"的蜕变，有利于打造西宁从"存在"到被"感知"的国际平台，进一步提升"大美西宁"的品牌形象，挖掘"中国夏都"品牌文化内涵，创新打造精品旅游项目，以提升西宁文化旅游业的活力和全球"感知力"。在当前"一带一路"建设蓬勃发展下，"丝路文旅研究中心"高瞻远瞩，在高原明珠——西宁率先启动。我们将在"十九大"精神的引领下，以科学创新、开放积极的心态，进一步强化西宁全域旅游力度，促进西宁市旅游发展转型升级，创新创造西宁的丝路价值和璀璨光环！

西宁市人民政府副市长王彤会同三家发起单位共同为丝路文旅研究中心揭牌，并代表西宁市政府对研究中心的成立表示热烈祝贺并寄予殷切期望。西宁文化旅游发展投资有限公司党委书记、董事长郭红萍，方塘智库创始人叶一剑也分别致辞。仪式上还发布了研究中心首份丝路文旅小报告《你好，丝绸之路黄金旅游带》。

12月21日 为了更好地贯彻落实党的十九大精神和习近平总书记关于红色旅游发展的重要讲话精神，创新发展红色旅游文化，统筹推进"五位一体"总体布局和"四个全面"战略布局，创新红色旅游资源的传播方式，着力发挥红色旅游在脱贫攻坚中的带动作用，探索新时代中国红色旅游文化产业的健康可持续发展，由中国公共关系协会、中国军事文化研究会、中国青年报社、延安市人民政府共同主办的"2017中国红色旅游文化发展研讨会"在"红色圣地"延安召开。中国公共关系协会常务副会长兼秘书长王大平，中国军事文化研究会会长、原第二炮兵副政委程宝山中将，延安市委副书记薛占海等领导出席会议并分别致辞。来自全国红色旅游城市、红色文化和红色旅游研究领域的专家学者，以及其他产、学、研从业者代表，媒体记者共200多人参加本次会议。

本次研讨会以"传承·创新·超越"为主题，旨在传承红色文化，弘扬革命精神，发展红色旅游，助力脱贫攻坚，不忘初心、牢记使命，为实现"两个一百年"和"中国梦"增强文化自信和精神动力。中国公共关系协会常务副会长兼秘书长王大平表示，在延安召开"2017中国红色旅游文化发展研讨会"，正是为了通过发挥公共关系协调整合的优势，凝聚发展合力，充分挖掘延安深厚的红色文化资源，大力塑造"根在延安，通达天下"的文化定位，融合达成物质汇通、文化融通和旅游达通，促进红色文化与红色旅游的融合发展，为延安红色旅游文化的发展谱写美妙辉煌的"协奏曲"；并通过联合权威媒体，融合运用新媒体和现代传播技术，协调社会各界各方资源，通过高标准规划和高力度传播，高平台融合打造由政府机构、学术专家、市场主体构成的"产学研政"联动平台，提升红色文化和红色旅游的对外传播影响力。

研讨会上还正式发布了《2017中国红色旅游文化发展延安宣言》，来自江西省井冈山市，贵州省遵义市，宁夏回族自治区吴忠市，陕西省咸阳市、铜川市、榆林市和延安市等全国各地红色旅游城市的代表共同宣读誓言并作出庄严承诺，将研讨会推向了高潮。

12月28日 中国公共关系协会五届七次理事会议在京召开。中国公共关系协会常务副会长兼秘书长王大平，中国公共关系协会常务副会长邢颖、余明阳、李兴国、于洋等协会领导，以及来自全国各省、自治区、直辖市及地方公关组织的60多位协会理事及代表参加会议。

会议由邢颖主持，各位理事听取、审议并通过了王大平所作的《中国公共关系协会五届六次理事会工作报告》（以下简称《报告》）。中国公共关系协会在业务主管单位国家新闻出版广电总局的正确领导下，认真学习贯彻党的十八大和十八届三中、四中、五中、六中全会精神，十九大精神，深入学习贯彻习近平新时代中国特色社会主义思想，按照业务主管单位的工作要求和工作部署，围绕中心，服务大局，积极主动开展多领域的交流与合作，统筹各项有效资源，全面完成了各项工作任务，取得了新的成绩。

《报告》从几个方面回顾总结了五届六次理事会以来的工作：1. 积极开展中华优秀传统文化传播活动；2. 深化公共关系理论研究和实践应用；3. 开展教育培训、推动人才建设；4. 继续做好协会品牌活动；5. 服务党委和政府；6. 积极做好国际与台港澳的交流合作；7. 召开中国公共关系协会成立三十周年纪念会暨2017中国公共关系发展大会。

《报告》中提出了协会下一阶段的基本思路和工作重点。按照业务主管单位国家新闻出版广电总局的要求，协会2018年的工作思路如下：1. 按照业务主管单位国家新闻出版广电总局《总局直属机关学习宣传贯彻党的十九大精神工作方案》的安排，精心组织，抓好学习工作。2. 继续做好中华传统文化传播活动，开展"红色文化""中医药文化""汉字文化"等主题活动。3. 加强与国内外新闻媒体单位的合作，扩大与国际及港澳台地区媒体单位的交流合作，做好中华传统文化的全球传播，提升中华文化的国际影响力。4. 编辑出版2018年公共关系蓝皮书。5. 筹备中国公共关系协会六届理事会和换届工作。

《报告》最后指出，协会要以习近平新时代中国特色社会主义思想为指导，开拓进取、锐意进取、扎实工作，为决胜全面建成小康社会、夺取新时代中国特色社会主义伟大胜利、实现中华民族伟大复兴的中国梦努力奋斗！

12月28日　第二十七届全国公关组织联席会议在京召开。中国公共关系协会常务副会长兼秘书长王大平，中国公共关系协会常务副会长邢颖、余明阳、李兴国、于洋等协会领导，以及来自全国各省、自治区、直辖市及地方公关组织的100多位主要负责人和代表参加了会议。

会议由李兴国主持，全国省、自治区、直辖市及地方公关组织的主要负责人分别介绍了近年来的主要工作情况和开展的特色活动，并分享了工作经验。参加会议的协会领导和参会代表也进行了广泛的交流和互动，对各地方开展的特色活动进行了充分的肯定，并提出了宝贵建议。

12月29日　在中国公共关系协会成立30周年之际，由中国公共关系协会、中国传媒大学媒介与公共事务研究院组织专家编写的公共关系蓝皮书《中国公共关系发展报告（2017）》在北京正式发布。

全国人大常委会委员、全国人大教育科学文化卫生委员会主任委员、中国公共关系协会会长柳斌杰，中国军事文化研究会会长、原第二炮兵副政治委员程宝山中将，国家新闻出版广电总局人事司副司长李宏葵，社会科学文献出版社副总编辑蔡继辉等领导和嘉宾出席发布会。中国公共关系协会各常务副会长、副会长、专业委员会负责人，各省、自治区、直辖市及地方公共关系组织主要负责人，公共关系行业的专家、学者和新闻媒体代表近300人参加了本次发布会。中国公共关系协会常务副会长兼秘书长王大平主持发布仪式。

公共关系蓝皮书主编柳斌杰在致辞中表示，中国公共关系协会成立30年以来，坚持以马克思列宁主义、毛泽东思想、邓小平理论、"三个代表"重要思想、科学发展观以及习近平新时代中国特色社会主义思想为指导，深入研究并探索构建中国特色公共关系理论体系。从2016年国内首部公共关系领域专业蓝皮书《中国公共关系发展报告（2016）》到《中国公共关系发展报告（2017）》的出版，都有力地促进了中国特色公共关系理论的深入发展。作为"公共关系研究的奠基石"，公共关系蓝皮书《中国公共关系发展报告（2017）》系统梳理并盘点了国内外公共关系学术研究走向、研究特点，总结公关研究的重点内容和重要成果，并据此探索公关研究未来的发展方向，对构建新时代中国特色社会主义公共关系体系具有重要的理论指导意义。

公共关系蓝皮书副主编王大平介绍了公共关系蓝皮书《中国公共关系发展报告（2017）》编写的宗旨和探索过程。他指出，党的十九大胜利召开，为我国公共关系发展带来重要历史机遇和发展契机。企业的发展状况是反映时代发展和时代精神的重要方向标，因此，蓝皮书的主题聚焦于"企业公共关系"，既是对公共关系蓝皮书每年聚焦一个主题的延续，又反映了新的时代特征和行业特色。蓝皮书在对2016年1月至2017年7月以来国内外公共关系学术研究进行全面深入文献综述的基础上，以企业公共关系为轴心，通过聚焦公关理论、公关历史、公关战略、公关传播、公关应用、国家公关、企业公关及危机公关等8个近年国内外学术界热门的研究维度逐一展开分析，深入分析了新时代背景下公共关系发展的成就和经验，对推进新时代中国特色社会主义公共关系理论的发展具有重要的指导意义。

国务院国资委新闻中心主任助理、《国资报告》副总编辑闫永代表蓝皮书作者发言。他指出，公共关系蓝皮书聚焦于企业公共关系具有重要的时代意义。党的十九大指出，深化国有企业改革，加快国有经济布局优化、结构调整、战略性重组，促进国有资产保值增值，推动国有资本做强做优做大。因此，在当前新时代发展背景下，尤其需要科学运用公共关系促进企业转型升级，通过提质增效增强中央企业的活力、竞争力和影响力，着力打造具有全球竞争力的国企和央企。在当前的时代背景下，公共关系蓝皮书《中国公共关系发展报告（2017）》的出版有助于企业公共关系的健康发展，对新时代我国企业发展具有重要方向引领和理论指导作用。

公共关系蓝皮书《中国公共关系发展报告（2017）》全书共2篇总报告、17篇子报告。2篇总报告分别从供给侧和需求侧两个角度，对我国公关系行业进行了360度全方位透视，并对行业发展进行了前瞻。17篇子报告分为"专题篇"和"实践篇"两部分。本书以"企业公共关系"为主题，聚焦公共关系理论研究、中国特色公共关系实践、典型的公共关系新案例、公共关系年度人物和行业发展的全面动态，系统总结和梳理了过去一年在"四个全面"战略布局和"五位一体"总体布局的指导下，我国风起云涌的公共关系实践，记录了公共关系界为实现"两个一百年"奋斗目标、为我国顺利推进"一带一路"倡议、为提升中国公共关系水平所做出的重要贡献，对构建新时代中国特色社会主义公共关系理论体系具有重要意义。

12月29日 中国公共关系协会成立三十周年纪念会在北京隆重召开。峥嵘岁月三十载，和衷共济铸辉煌。

全国人大常委会委员、全国人大教育科学文化卫生委员会主任委员、中国公共关系协会会长柳斌杰，中国军事文化研究会会长、原第二炮兵副政治委员程宝山中将，国家新闻出版广电总局人事司副司长李宏葵，台湾公共关系协会秘书长林天琼，香港国际公共关系协会秘书长杨洪钧等领导和嘉宾出席会议。中国公共关系协会各常务副会长、副会长、专业委员会负责人，各省、自治区、直辖市及地方公共关系组织主要负责人，公共关系行业的专家、学者和新闻媒体近300人参加了本次大会。中国公共关系协会常务副会长兼秘书长王大平主持了纪念会。

柳斌杰会长在讲话中指出，值此中国公共关系协会成立三十周年之际，我们要不忘初心、牢记使命，通过回顾公共关系30年的发展历程，总结历史经验、增强开拓前进的力量和勇气。我们要永远保持三十年前中国公共关系协会初建时的奋斗精神，永远保持对公共关系事业的热爱和忠诚，创新发展，围绕增强道路自信、理论自信、制度自信、文化自信的"四个自信"的新时代目标，凝心聚力、与时俱进，推进新时代中国特色社会主义公共关系跨越发展。党的十九大是党和国家事业发展史上一个重大里程碑，为新时代中国特色社会主义公共关系的建设带来重大机遇和光明前景。新时代开启新征程，作为新时代中国特色社会主义建设的有机组成部分，新时代中国特色社会主义公共关系的建设，需要我们紧紧抓住机遇，以习近平新时代中国特色社会主义思想为指导，以协会成立30周年为契机，奋勇向前，努力把新时代中国特色社会主义公共关系事业推向前进，为建设中华民族伟大复兴中国梦做出更大的贡献。

王大平表示，三十年来，在主管单位的正确领导和社会各界的关心支持

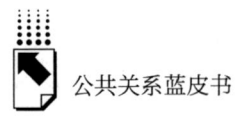

下,中国公共关系协会奋发进取,不断汇聚各行各业优秀资源,积极发挥"桥梁"和"纽带"作用,在社会服务、文化传播、国家形象塑造等方面都取得了长足的发展。在中国公共关系协会成立三十周年之际,向所有支持中国公共关系事业的领导、专家和各界朋友们表示衷心的感谢。我们将总结过去、展望未来、凝心聚力、共谋发展,为把中国公共关系协会建设成为政府决策的智库和社会认可、公众信任的社会组织不懈努力。

为了向30年以来,在推动我国公共关系事业发展中做出重要贡献和支持的公关组织致敬和感谢,中国公共关系协会向来自全国20多家公共关系组织代表颁发了"全国优秀公共关系组织"证书。上海公共关系协会副会长张贤训代表全国优秀公共关系组织发言。他表示,中国公共关系协会成立三十年来,团结和领导众多公关组织和公关人士为公共关系事业的建设和发展出谋划策、倾心献力,他们在各自领域内兢兢业业、努力拼搏,把满怀深情奉献给了公共关系事业,为我国公共关系事业的发展做出了重要贡献。

在中国公共关系协会成立30周年之际,由中国公共关系协会、中国传媒大学媒介与公共事务研究院组织专家编写的公共关系蓝皮书《中国公共关系发展报告(2017)》已经正式出版。纪念大会最后举行了公共关系蓝皮书《中国公共关系发展报告(2017)》发布仪式。

大会期间,中国公共关系协会文化艺术委员会还组织开展了以学习十九大精神为主要内容的"纪念中国公共关系协会成立三十周年系列文化活动之'卅载辉煌书盛世,丹青溢彩谱华章'书画作品展"。

12月29日 中国公共关系协会主办的"2017中国公共关系发展大会"在北京举行。本届大会的主题是:新时代、新市场、新公关。

全国人大常委、全国人大教科文卫委员会主任委员、中国公共关系协会会长柳斌杰,中国军事文化研究会会长、原第二炮兵副政治委员程宝山中将,中国公共关系协会常务副会长兼秘书长王大平等领导和嘉宾出席会议。中国公共关系协会各常务副会长、副会长、专业委员会负责人,各省、自治区、直辖市及地方公共关系组织主要负责人,公共关系行业的专家、学者,和新闻媒体近300人参加了本次大会。

中国公共关系协会副会长、中国公共关系协会政府公共关系委员会主任委员、中国传媒大学媒介与公共事务研究院院长董关鹏主持会议。国防部新闻局原局长、国防部原新闻发言人杨宇军，围绕公共关系如何服务党和政府的新闻舆论工作作了题为《公关协会如何帮助政府搞公关》的精彩演讲；中国石油化工集团新闻发言人、思想政治工作部主任、新闻办主任吕大鹏围绕如何运用公共关系为央企服务作了题为《如何让公共关系更好地服务大企业工作》的主题演讲；中国公共关系协会常务副会长、上海交通大学安泰经济与管理学院党委书记余明阳作了题为《新时代背景下中国市场的新格局》的演讲。三位专家以各自多年工作经验为轴线，旁征博引、见解独到，精辟分析了公共关系在社会各个领域中的桥梁和纽带作用，强调了公共关系在塑造和传播政府形象、城市形象和国家形象的独特地位，并深刻阐释了新时代发展中国特色社会主义公共关系的必要性和创新路径，对新时代中国特色社会主义公共关系的建设具有重要的现实启发和理论指导意义。

党的十九大为决胜全面建成小康社会、开创中国特色社会主义新局面吹响了奋进的号角，为新时代中国特色社会主义公共关系的建设指引了前进的方向。在习近平新时代中国特色社会主义思想指导下，2017中国公共关系发展大会的成功举办，促进了社会各界积极运用公共关系加强沟通与交流，为协调新时代不平衡不充分发展的社会主要矛盾作出了积极探索和努力，为中国特色社会主义公共关系事业的发展带来崭新活力，为凝心聚力实现中华民族伟大复兴中国梦做出了新的贡献！

2018年

1月4日　由中国公共关系协会、保利艺术博物馆主办的纪念中国公共关系协会成立三十周年系列文化活动——李小超、吴建斌《乡村记忆》雕塑、绘画、摄影作品展在北京保利艺术博物馆举行。

第十届全国人大常委会副委员长、中国关心下一代工作委员会主任顾秀莲，中国公共关系协会常务副会长兼秘书长王大平等领导，以及来自摄影界、新闻界的嘉宾和代表参加了开幕仪式。

李小超是国内著名的雕塑家和国画家，吴建斌是一位优秀的作家和摄影师，他们都出生和生长在渭河流域，尽管后来都在大城市工作，可多年以来，一直关注着这一流域的乡村变化。

本次展览将两位不同形式的艺术表现在同一展厅里呈现，用他们在中国改革开放进程中所记载的农村的变化，用艺术形式再现这个过程所带来的农耕文化消退的记忆。

中国公共关系协会始终坚持"文化先行，公关先导"的指导理念，积极传承和弘扬中华优秀传统文化，并与时俱进，创新培育和践行社会主义核心价值观，赋予体现新时代精神的新内容。举办本次展览的目的，就是为新时代促进中华优秀传统文化的创造性转化和创新性发展，为实现中国特色社会主义道路自信、理论自信、制度自信、文化自信服务。

2月9日 中国政府网发布消息，慎海雄调任国家新闻出版广电总局副局长、党组副书记，中央电视台台长、分党组书记。2018年3月机构改革后出任新组建的中央广播电视总台台长、党组书记，同时出任中宣部副部长。慎海雄，男，汉族，1967年2月生，浙江湖州人，1987年12月入党，1989年8月参加工作，杭州大学中文系新闻专业毕业，大学学历，高级管理人员工商管理硕士，高级记者。

2018年春运期间 中国石化在广东、广西等地区举办"情暖驿站 满爱回家——中国石化关爱返乡务工人员大型公益活动"，在广东、广西的238座加油站为"摩骑"老乡们提供1万个免费加油名额、1万份"易捷福袋"和太平意外保险，粤运交通开通15条免费"爱心大巴"线路，为数百万春运返乡车主提供"1+10+X"免费服务。开放的公益平台，密切了企地、企媒、企企、企社关系，取得了"社会公众有实惠、政府部门有政绩、中国石化有美誉、企业经营有提升"的"四有"成果。

2月25日 上午，作为中国公共关系协会"一带一路"全媒体传播工程的重要活动，由法国巴比松市政府，法国米勒博物馆，中国公共关系协会，北京保利艺术博物馆，法国乡村艺术协会共同主办的李小超户外青铜雕塑作品《回家》收藏仪式，在法国巴比松市政府广场举行。这尊大型青铜雕塑作品《回家》是法国巴比松市政府收藏的中国当代雕塑家、画家李小超先生以"中国乡愁"为主题的系列作品之一，安放在巴比松市政府广场。

李小超多年来致力于"中国乡愁"在欧洲大地上的传播，用最东方的审美理念，民族性的艺术表现手法，塑造出一尊尊反映21世纪陕西关中大地上乡亲父老日常生活状态的雕塑作品。他以国际化的视野，人文关怀式的态度，重新审视当下人的生活状态，关注人与自然和谐，环境可持续发展，母语式的地域文化和地球村的关系等系列问题。李小超的作品关注乡村生活和老百姓的生存轨迹，表现出他们灵魂深处的最朴素、最原生态的本质以及对生活的热爱、对美好明天的渴求和对人生的感悟。

据悉，2017年7月，李小超雕塑绘画作品展在巴比松举办以后引起了广泛好评与重视，因此巴比松市政府决定永久收藏这件《回家》雕塑艺术作品。李小超先生的户外青铜雕塑作品被法国的很多城市政府收藏，永久性放置在市政府广场及公园里。

近年来，中国公共关系协会为挖掘和传播中国优秀的传统文化，服务文化"走出去"战略和"一带一路"国家倡议，参与并主办了多项国际文化传播和交流活动。中国公共关系协会"一带一路"全媒体传播工程主要运用雕塑、绘画和摄影等国际通用的语言符号和艺术形式，讲好中国故事，在对外文化交流中发挥了积极作用。

4月3日 《人民日报》召开领导干部会议，负责主持的中组部副部长周祖翼宣布，《人民日报》总编辑李宝善升任社长，中共十九大发言人庹震任人民日报社总编辑。前任社长杨振武已当选十九届中央委员、十三届全国人大常委会秘书长。李宝善，男，汉族，1955年8月生，山西晋城人，1978年9月参加工作，1983年5月加入中国共产党，山西师范学院中文系毕业，大学学历，编审。庹震，男，汉族，1959年9月生，河南方城人，1982年6月入党，1976年6月参加工作，武汉大学经济系政治经济学专业毕业，大学学历，高级记者。

4月19日 上午，新组建的中央广播电视总台正式揭牌亮相。2018年3月，中共中央印发了《深化党和国家机构改革方案》，并发出通知，组建中央广播电视总台，撤销中央电视台（中国国际电视台）、中央人民广播电台、中国国际广播电台建制。这再次标志着中央级别对外传播媒体进行了融合，不断推动各种传播手段的综合利用，也给予外国受众不同的媒介选择，提高我国的对外传播能力。原中央电视台台长慎海雄出任中央广播电视总台台长。

4月20日 "国企开放日"观摩推进会暨中国石化公众开放日第三季正式启动，中国石化所属50家企业在国内36座城市同日开放，近两千人入厂参观。这是迄今为止我国工业企业中规模最大、中央企业首个品牌化的公众开放日活动。2018年，中国石化共开展600余次此类活动，已累计邀请社区居民、学生、媒体代表、政府官员等2.7万余人次入厂参观，展示了中国石化创新、绿色、开放的企业形象。

4月20日 上午，由中国公共关系协会、陕西省旅游发展委员会、渭南市人民政府主办的"2018'一带一路'年度汉字发布仪式"，在汉字始祖"仓颉"的故乡——"中国字都"陕西白水盛大开幕。活动现场聚集了来自海内外从事汉字、"一带一路"和优秀传统文化研究的知名专家学者、留学生代表，以及来自海内外学术界、企业界、文化界、旅游界和新闻界的代表。

2018"一带一路"年度汉字发布仪式结合白水传承千年的谷雨祭仓圣传统文化礼仪，创新表达优秀传统文化内涵。发布仪式创新融合运用国际传播喜闻乐见的舞台剧，以及文化的重要表现形式——国画，来全面诠释2018"一带一路"年度汉字的精神和底蕴。舞台剧《汉字之美》运用优美舞蹈、3D影像和汉字魔方等形式，生动展现了中华汉字文化的博大精深。在汉字发布仪式的高潮部分，当主持人宣布2018"一带一路"年度汉字是"新"时，现场25个汉字"魔方"不断转动，配合大屏幕上的3D影像，最终拼成一个"新"字，是传播中华优秀传统文化的创新之举。著名画家、丝路文化学者、中国公共关系协会中国丝绸之路文化艺术研究院常务副院长张录成先生,在活动现场创作国画《奔向新时代》,采用传统大写意的表现手法,以万马奔腾之博大气势和豪迈气概,寓意"一带一路"壮阔雄浑和复兴征程的势不可挡。

本次活动还得到了著名的"汉字叔叔"——来自美国的理查德·西尔斯(Richard Sears)先生的大力支持,"汉字叔叔"酷爱中华汉字,他用20多年时间整理甲骨文、金文、小篆等字形,倾尽心血创办了汉字字源网这一中华汉字数字化工程,供全球免费查阅。他因事务安排不能亲临活动现场,通过视频传达了他对汉字的热爱和对本次活动的支持,凸显了汉字文化对促进"一带一路"沿途民心相通的重要作用,增强了汉字文化传播的国际影响力。

当天下午,围绕"新时代新丝路　新自信新传承"活动宗旨,贯彻落实教育部、国家文化和旅游部等11部委《关于推进中小学生研学旅行的意见》,开展2018新时代"五个一"研学精品发布活动。通过发布一个汉字、一套教材、一部舞台剧、一套游戏和一条研学精典旅游线路等"五个一"研学精品,将游学和研学有机结合。中国公共关系协会发布了2018"一带一路"年度汉字为"新"字,指出"新"字更好地体现了"一带一路"在新时代的新发展,解读了"一带一路"在新时代的新担当,展现了中华儿女在新时代实现中华民族伟大复兴中国梦的坚定决心和豪迈气概。中联文博发布了由国家新闻出版署重大项目、北京市政府重大文化项目审定的国内唯一的大型多媒体数字资源库系统《中华传统文化》,填补了中华传统文化数字资源库的空白。《汉字之美》舞台剧作为2018"一带一路"年度汉字发布的创新形式,配合现代高科技手段打造身临其境的视觉效果,彰显汉字丰富多彩的内涵。"汉字之美"桌游通过游戏让孩子们在欢快的气氛中认识汉字,发现汉字的形态之美,体会中国文字的博大精深。作为人文始祖、字圣仓颉的故乡,白水发布了一条体现白水历史人文、自然生态、爱国主义、现代发展等方面具有独特优势的文化深厚、特色鲜明的研学精典旅游线路,进一步提升了中国字都——白水研学旅行品牌的影响力。

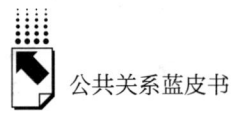

本次发布会创新新时代研学旅行教育发展,充分调动青少年学生作为优秀传统汉字文化传承和"一带一路"建设骨干力量的积极性。来自中国研学联盟、国家旅游智库、著名文旅专家、北京及陕西省市县高校及旅行社代表及政府有关部门、权威媒体等机构代表和专家学者出席本次发布会。

4月20~21日 全国网络安全和信息化工作会议在北京召开。中共中央总书记、国家主席、中央军委主席、中央网络安全和信息化委员会主任习近平出席会议并发表重要讲话。

习近平在讲话中指出,要推进网上宣传理念、内容、形式、方法、手段等创新,把握好时度效,构建网上网下同心圆,更好凝聚社会共识,巩固全党全国人民团结奋斗的共同思想基础。要压实互联网企业的主体责任,决不能让互联网成为传播有害信息、造谣生事的平台。调动网民积极性,动员各方面力量参与治理。

各级领导干部特别是高级干部要主动适应信息化要求、强化互联网思维,不断提高对互联网规律的把握能力、对网络舆论的引导能力、对信息化发展的驾驭能力、对网络安全的保障能力。各级党政机关和领导干部要提高通过互联网组织群众、宣传群众、引导群众、服务群众的本领。

4月22日至24日 两年一届的世界公关论坛大会在挪威首都奥斯陆召开,本届大会由挪威通信协会承办,共有来自40余个国家和地区的500多名代表参会,中国公关行业广阔发展前景成为与会者关注焦点。大会主办方全球公共关系与沟通管理联盟主席何塞·贝拉斯科高度评价中国公关行业的发展前景。

4月22日 上午,在新时代的暖春时节,"文化中国·诗经合阳"于文华万人唱诵《诗经》活动在陕西合阳盛大开幕。中国公共关系协会领导、陕西省市县领导、国内文化界、旅游界知名机构和专家代表,中央、省、市主流媒体出席本次活动。

党的十九大开启了新时代中国特色社会主义现代化建设的新征程,习近平总书记在党的十九大报告中指出,深入挖掘中华优秀传统文化蕴含的思想观念、人文精神、道德规范,结合时代要求继承创新,让中华文化展现出永久魅力和时代风采。为了更好地贯彻落实党的十九大报告精神和中共中央办公厅、国务院办公厅《关于实施中华优秀传统文化传承发展工程的意见》要求，中国公共关系协会携手中共合阳县委、县人民政府，在《诗经》文化发源地——陕西合阳，举办"于文华·万人唱诵《诗经》国风·周南·关雎"活动。该活动是中国公共关系协会打造的"中华优秀传统文化传播工程"系列活动之一。"中华优秀传统文化传播工程"旨在联合国内外文化界、艺术界、科研机构、媒体等机构，并选取具有代表性的中华优秀文化经典、传统节日、礼仪，开展丰富多彩的文化传播活动，挖掘深厚的历史文化底蕴，创新传播中华优秀传统文化。

该活动围绕"文化中国·诗经合阳"的主题，在被誉为"诗经文化之乡，中华情诗之源"的陕西合阳举办，并特邀中国当代著名歌唱家、国家一级演员于文华与17000多名中小学生共同唱诵经典，填补了中国音乐史上的缺憾，创造了世界吉尼斯新纪录。

合阳作为"诗经文化之乡"，高度重视诗经文化的传承，诗经文化已经融入每一个合阳人的血液，代代相传，绵延至今。《诗经》是中国最早的诗歌总集，也是中国诗歌文化的开端，诗经文化作为中华民族源远流长的文化基因，正体现了新时代中华儿女身上凸显的高雅品格。著名歌唱家于文华自2010年始专心致力于前无古人的传统优秀文化传播工程《国学唱歌集》的创作，其《诗经》演唱典雅柔美、韵远情长，对传承和创新传播优秀传统文化做出了重要贡献。在活动现场，来自合阳的17000多名学生，分设合阳中小学校教室和礼堂等不同分会场，在于文华老师的引领下，共同唱诵《诗经》国风·周南·关雎，现场的孩子们用他们最质朴的语言、最真挚的情感，结合方言古韵演绎《诗经》这一最美的诗篇。现场朗朗的诵读声回荡在诗经的故里，展现了中华儿女对传统优秀文化的无比热爱和自信自豪。

本次活动联合国内艺术界、文化界著名的歌唱家、艺术家及知名的专家学者，通过共同唱诵经典，充分调动青少年学生作为优秀传统文化传承骨干力量的积极性；并联合中央权威媒体和新媒体，创新传播优秀传统文化，增强活动的影响力和传播力。

5月23日 中国石化在南京举办"爱心加油站~环卫驿站"推广仪式。将环卫驿站工作在江苏试点基础上,向北京、上海、广东等13个省市推广,落实国家领导人对环卫工人关怀批示,密切与利益相关方联系。

5月25日 按照国新办指示要求,中国石化组织25家驻华外媒参观中国石化下属企业燕山石化。展示改革开放以来中国企业绿色低碳发现成果,彰显中国道路自信。此活动得到国新办和国资委领导充分肯定。

5月30日 国资委新闻中心正式入驻抖音开设账号"国资小新",并发布第一支视频,国资委新闻中心主任毛一翔亲自出镜"严肃卖萌"。该视频不到12小时播放量破两百万,并获得超11万点赞、15万粉丝关注。

6月1日 "央企卡通部落揭幕仪式"在北京欢乐谷举行。从平面化、虚拟化的卡通形象到立体化、实物化的卡通雕塑,"国资小新"携手12家央企卡通雕塑落地,倾力打造与公众零距离的"央企卡通部落"。本次落地"央企卡通部落"的卡通雕塑包括"国资小新"、中国华电"华小电"、中国电建"吉娃"、中国电科"小推"、华润集团"嗨皮润"、中国建筑"蓝宝"、中国石化"小石头"、南网电网"小赫兹"、中国核电"华龙宝宝"、中国建材"小料"、中远海运"PANDA"、中化集团"小化"、中国铁建"福鹿娃"等。落地的卡通形象立体、鲜活、有灵魂,充分诠释了更为全面、生动的央企文化新内涵,拉近了与公众的距离。

6月4日 中共中央宣传部组织编写的《习近平新闻思想讲义(2018年版)》一书由人民出版社、学习出版社出版,并在全国各地新华书店发行。中国传媒大学媒介与公共事务研究院名誉院长王国庆、副院长郭晓科作为编写组成员深度参与了讲义的编写工作。

习近平新闻思想是习近平新时代中国特色社会主义思想的重要组成部分。党的十八大以来,习近平总书记对加强和改进党的新闻舆论工作提出一系列富有创见的新观点新论断新要求,科学回答党的新闻舆论工作长远发展一系列根本性、战略性、全局性重大问题,深刻论述党的新闻舆论工作历史方位、职责使命、方针原则等重大课题,形成了体系完整、科学系统的新闻思想。习近平新闻思想与我们党长期形成的新闻思想一脉相承又与时俱进，丰富和发展了马克思主义新闻理论，是做好新时代党的新闻舆论工作的科学指南、根本遵循。

《习近平新闻思想讲义（2018年版）》对习近平新闻思想进行了全面深入阐释，具有很强的政治性、权威性、针对性、实用性，是新闻战线深入学习领会习近平新闻思想的重要辅导读物。

6月5日 2018年"六五环境日"主场活动于在湖南长沙举办，湖南省委书记杜家毫，湖南省省长许达哲，生态环境部党组书记、部长李干杰，中共中央宣传部副秘书长赵奇等出席活动并发表讲话。本次活动还颁授了"2016~2017年绿色中国年度人物"，发布《公民生态环境行为规范（试行）》。2018年"六五环境日"以"美丽中国，我是行动者"为主题，将在全国开展为期三年的主题实践活动，旨在推动社会各界和公众积极参与生态文明建设，携手行动，共建天蓝、地绿、水清的美丽中国。

6月9日到10日 上海合作组织青岛峰会在山东青岛举行，这是上合组织扩员后的首次峰会，是上合组织发展进程中一座新的里程碑，对上合组织的发展具有承前启后、继往开来的重要意义。峰会上，各方一致同意要为构建命运共同体加强各方面合作，取得了五方面重要成果：组织发展有了新规划，安全合作推出新举措，经济合作注入新动力，人文合作取得新成果，对外交往开辟新局面。

6月21日 "2018公益传播与风险管理高级工作坊"在中国传媒大学正式开班。作为民政部授牌的全国社会组织培训基地—中国传媒大学媒介与公共事务研究院与培训学院共同承办了此次以公益传播为主题的工作坊，助力社会组织和企业提高公益传播实践能力，增强风险管理意识。

工作坊自今年5月起面向全国招生，学员来自深圳壹基金公益基金会、阿拉善SEE基金会等十几家知名社会组织和互联网募款企业。工作坊是为社会组织量身定制的课程，以"专题讲座+实战演练"相结合的教学方式，邀请了业内专家教授、资深新闻发言人和知名媒体人联袂授课。通过两天的集中学习，提升了学员们的传播实践能力，提高了组织参与公益事业时的风

险管理意识，使其在面对舆论危机时更加从容与自信。

作为本次工作坊的重要发起人也是公益传播的践行者和研究者的中国传媒大学教授、博士生导师董关鹏为本期学员讲了第一课，国家民政部社会组织管理局专家，媒介与公共事务研究院公益传播研究所所长吴浣苓，艾利艾咨询新锐的新媒体专家应邀为学员授课，北京电视台十佳记者李向显老师应邀作为模拟记者为学员演练。

由中国传媒大学培训学院和公共事务研究院共同开发的公益传播系列课程，计划每年举办3期，今年的9月和11月将继续举办两期，为我院在公益领域的全国范围开拓创新定制培训服务项目进行有益的尝试。

6月28日 上午，为纪念中国共产党成立97周年，由人民出版社、中共延安市委、中国公共关系协会指导，中国共产党思想理论资源数据库延安中心主办的"青年大学习 奋进新时代"全媒体弘扬红色文化主题活动在延安学习书院举行。来自"红色文化"研究领域的著名专家学者、延安党建部门的青年党员代表、全国及延安高校的优秀青年学生代表，以及中国青年报等主要新闻媒体的代表参加了本次活动。本次活动以"青年大学习 奋进新时代"为主题，旨在传承红色文化，弘扬革命精神。

延安学习书院是全国首家宣传以习近平总书记为核心的党中央治国理政新理念、新思想、新战略的实体平台，因此在延安学习书院举办本次活动具有深厚独特的意义。本次活动通过来自中央党校、人民出版社的专家分享习近平总书记重要讲话和论述的阅读体会、全国基层优秀青年党员讲述在"两学一做"中的心得体会、全国青年大学生"我把祝福献给党"经典红色诗歌唱诵、延安优秀青年党员访谈交流微视频，以及"红色延安 书香延河——2018中国共产党思想理论资源数据库延安中心阅读季"、"全媒体红色圣地采风活动"等丰富多彩的内容和形式，充分发挥全媒体传播优势，调动广大青年学习和弘扬红色文化的积极性，齐心协力为实现中华民族伟大复兴"中国梦"展现新担当和新使命！

6月27日至28日 人民出版社和中国公共关系协会分别在延安安塞区图书馆、延安学习书院和黄陵县图书馆举行图书捐赠仪式，正式拉开了

"红色延安　书香延河"——2018中国共产党思想理论资源数据库延安中心阅读季活动的序幕。

中国共产党思想理论资源数据库延安中心是由人民出版社、中共延安市委和中国公共关系协会共建的党建学习平台。"红色延安　书香延河"是中国共产党思想理论资源数据库延安中心打造的红色文化主题传播活动，旨在更好地贯彻落实党的十九大精神和习近平总书记系列讲话精神，弘扬红色文化和红色精神，推动新时代全民阅读的新发展，开拓全民阅读的新格局，书写全民阅读的新篇章。在今年的活动中，人民出版社和中国公共关系协会共同向延安安塞区图书馆、学习书院和黄陵县图书馆捐赠50万码洋的图书。

为了纪念毛泽东发表《为人民服务》74周年，也为了向在安塞工作和牺牲的张思德烈士致敬，本次活动特向安塞区图书馆捐赠15万码洋的图书，主要包括《毛泽东选集》，以及党建、哲学和社科等方面内容；延安学习书院是全国首家宣传以习近平总书记为核心的党中央治国理政新理念、新思想、新战略的实体平台，本次活动特向延安学习书院捐赠20万码洋的图书，主要包括习近平总书记系列重要讲话及相关著作；向黄陵县图书馆捐赠了15万码洋的图书，主要包括历史、人文和传统文化等方面内容，旨在更好地传播和弘扬优秀传统文化，弘扬内涵丰富的黄帝文化和中国精神。

7月4日　由中共中央宣传部、中国外文出版发行事业局、南非国家政府学院、南非人文科学研究理事会共同主办的2018金砖国家治国理政研讨会在南非约翰内斯堡开幕。来自金砖五国的智库与学术界代表围绕"参与全球治理：维护人民利益，贡献金砖智慧"这一主题深入交流治国理政经验。此次研讨会是落实金砖国家领导人厦门会晤成果的具体举措，体现了"金砖+"政界领袖、智库精英和企业高层助力金砖合作、造福金砖人民的共同意愿，对开启金砖合作第二个"金色十年"将产生深远影响。

7月5日~10月16日　7月5日，根据长春长生生物科技有限责任公司（以下简称"长春长生"）内部生产车间老员工实名举报，国家药品监督管理局会同吉林省局对其进行飞行检查。7月15日，国家药监局发布了《关于长春长生生物科技有限责任公司违法违规生产冻干人用狂犬病疫苗的通告》。通告称，国家药监局发现长春长生冻干人用狂犬病疫苗生产存在记录造假等严重违反《药品生产质量管理规范》行为，舆论哗然。7月16日，长春长生对有效期内所有批次的冻干人用狂犬病疫苗全部实施召回，并于次日发布声明称，所有已经上市的人用狂犬病疫苗产品质量符合国家注册标准，没有发生过因产品质量问题引起的不良反应事件，请广大使用者放心。7月19日，因"狂犬病疫苗生产记录造假"事件被国家药品监督管理局通报3天后，长春长生再因2017年10月被调查的"百白破疫苗效价不合格"事件被吉林省食品药品监督管理局罚款344万余元，引起全民关注。7月21日，多家自媒体转发《疫苗之王》文章，揭露部分不良奸商偷工减料、弄虚作假、逃避监管，疫苗抗原含量低。文章称，"北大医学部的专家将注射失效的疫苗总结为两个字——杀人。"这篇文章把疫苗安全的问题推到风口浪尖。7月22日，国家总理李克强就疫苗事件作出批示：必须给全国人民一个明明白白的交代。7月23日，国家主席习近平对吉林长春长生生物疫苗案件作出重要指示指出，长春长生生物科技有限责任公司违法违规生产疫苗行为，性质恶劣，令人触目惊心。有关地方和部门要高度重视，立即调查事实真相，一查到底，严肃问责，依法从严处理。7月23日国务院调查组赶赴吉林，开展长春长生违法违规生产狂犬病疫苗案件调查工作。10月16日，国家药品监督管理局和吉林省食品药品监督管理局依法从严对长春长生生物科技有限责任公司违法违规生产狂犬病疫苗作出行政处罚。国家药品监督管理局撤销长春长生公司狂犬病疫苗（国药准字S20120016）药品批准证明文件；撤销涉案产品生物制品批签发合格证，并处罚款1203万元。吉林省食品药品监督管理局吊销其《药品生产许可证》；没收违法生产的疫苗、违法所得18.9亿元，处违法生产、销售货值金额三倍罚款72.1亿元，罚没款共计91亿元；此外，对涉案的高俊芳等十四名直接负责的主管人员和其他直接责任人员作出依法不得从事药品生产经营活动的行政处罚。涉嫌犯罪的，由司法机关依法追究刑事责任。

7月25日 国务院国资委新闻中心官方新媒体平台"国资小新"在其微信公众账号开通五年之际，正式在微信端推出智能服务机器人程序，上线测试试运行，正式开启"国资小新"智能化服务的新阶段。国资委新闻中心积极整合相关资源，汇集了国企国资知识库和国企改革发展热点问题、央企人事调整、央企招聘等上万条信息，建立了一个分类管理的"国资小新"信息服务数据库，初步实现在线智能搜索回复，并利用人机对话技术，进一步增强互动和服务。此外，除了24小时"陪聊"，智能机器人还拥有超过30项实用技能，可以实现查天气、查快递、百科问答等便捷服务，为用户解决实际问题。

8月4日 中国公共关系协会中华优秀传统文化传播工程系列活动"留住乡愁"——李小超雕塑、绘画展在长沙李自健美术馆开幕。中国公共关系协会常务副会长兼秘书长王大平，湖南省政协副主席、湖南省工商联主席张健等领导出席。

习近平总书记在党的十九大报告中指出，深入挖掘中华优秀传统文化蕴含的思想观念、人文精神、道德规范，结合时代要求继承创新，让中华文化展现出永久魅力和时代风采。本次展览的举办，就是为了更好地贯彻落实党的十九大报告精神和中共中央办公厅、国务院办公厅《关于实施中华优秀传统文化传承发展工程的意见》要求。该展览由著名旅美画家李自健先生作为策展人，希望通过180余幅李小超的雕塑、水墨画作品原生态地记录西北黄土地上乡亲父老慷慨悲壮的生存状态；表现出他们灵魂深处的朴素和生活的热爱；唤起人们重新审视当下人的生活状态，关注人与自然和谐，环境可持续发展。中国公共关系协会中华优秀传统文化传播工程旨在联合国内外文化界、艺术界、科研机构、媒体等机构，并选取具有代表性的中华优秀文化经典、传统节日、礼仪等，开展丰富多彩的文化传播活动，挖掘深厚的历史文化底蕴，创新传播中华优秀传统文化。

此次展出的80余幅展现大西北地区人文风情，生活情趣的水墨画，形象生动，意境深远，画家为每幅作品配备了图说，有趣又发人深省。李自健美术馆、北京保利艺术博物馆、法国艺术乡村协会等单位参与了本次活动的主办和协办工作。

8月13日 下午，公共关系蓝皮书《中国公共关系发展报告（2018）》

专家研讨会在中国公共关系协会召开。

由中国公共关系协会、中国传媒大学媒介与公共事务研究院共同组织编写的我国首部公共关系蓝皮书《中国公共关系发展报告（2016）》和《中国公共关系发展报告（2017）》已经相继出版，前两部公共关系蓝皮书的主题分别是"政府公共关系"和"企业公共关系"，在学界和业界产生了广泛而积极的影响。

党的十八大以来，我国日益走近世界舞台中央，给我国公共关系行业带来了前所未有的新机遇、新挑战、新课题。公共关系蓝皮书本年度主题是"国际公共关系——中国公共关系的全球实践"。涉及主要内容包括：2017~2018年中国公共关系发展报告、2013~2018年中国公共关系全球实践报告等总报告，以及舆论环境、制度建设、形象声誉、全球治理、创新实践、危机管理、理论研究等子报告。通过权威的数据统计、生动的案例解读、翔实的报告分析、前沿的研究成果，展现新时代中国特色社会主义公共关系的独特魅力，使其成为研究和分析中国公共关系行业发展的权威读本。

来自政府、媒体、企业、学界的专家代表参加了研讨会。中国公共关系协会常务副会长兼秘书长王大平，外交部亚洲司参赞兼处长张社平，中国记协原党组成员、书记处书记、中国传媒大学媒介与公共事务研究院马克思主义新闻传播创新实践研究中心主任顾勇华，中国日报欧洲分社副社长付敬，新华社高级编辑、中国传媒大学媒介与公共事务研究院高级研究员吴学兰，吾铭国际品牌管理公司董事长叶钰，伟达公关（中国）高级副总裁于爱廷，京东集团副总裁李曦，井通科技副总裁陈攀，清华大学国家形象传播研究中心公共事务主任桂晓筠，外交学院外交学系副教授、北京对外交流与外事管理研究基地执行主任欧亚等专家畅所欲言，为公共关系蓝皮书建言献策。

中国公共关系协会常务理事、副会长，中国传媒大学教授、培训学院院长、媒介与公共事务研究院学术委员会主任董关鹏介绍了公共关系蓝皮书的出版背景、功能定位和内容框架。

专家研讨会由中国公共关系协会常务副会长李兴国主持。据悉，公共关系蓝皮书《中国公共关系发展报告（2018）》将于年底正式出版。

8月21日至22日 全国宣传思想工作会议在北京召开，习近平主席出席会议并发表重要讲话，明确指出，完成新形势下宣传思想工作的使命任务，必须以新时代中国特色社会主义思想和党的十九大精神为指导，增强"四个意识"、坚定"四个自信"，自觉承担起举旗帜、聚民心、育新人、兴文化、展形象的使命任务，坚持正确政治方向，在基础性、战略性工作上下功夫，在关键处、要害处下功夫，在工作质量和水平上下功夫，推动宣传思想工作不断强起来，促进全体人民在理想信念、价值理念、道德观念上紧紧团结在一起，为服务党和国家事业全局作出更大贡献。

9月3日至4日 中非合作论坛北京峰会在北京召开，峰会主题为"合作共赢，携手构建更加紧密的中非命运共同体"。此次峰会是中国在2018年的一项重大主场外交活动，有助于进一步增进中非领导人之间的友谊，推动中非友好合作在更大范围、更广领域、更高层次上全面发展，有助于增进发展中国家的团结，推动南南合作，促进世界和平与发展。峰会通过了《关于构建更加紧密的中非命运共同体的北京宣言》和《中非合作论坛－北京行动计划（2019~2021年）》两个重要成果文件，推出了以实施"八大行动"为核心的上百项全面深化中非合作的新举措。

9月6日 上午，中国公共关系协会常务副会长兼秘书长王大平拜会比利时王国驻华大使马文克。双方围绕中比文化交流、公共关系领域合作等方面进行了深入交流，并希望共同合作开展活动。

王大平介绍了协会在中国优秀传统文化国际交流方面开展的工作。他表示，近年来协会在国际国内组织和开展了多项以书法、绘画、雕塑、影像、汉字为主题的文化活动，得到了社会各界的关注和好评。中国与比利时两国自1971年建交以来，在政治、经济、文化等多个领域合作取得了丰硕成果，高层及政府间互动频繁，民间交往活跃，中比两国友谊源远流长，人民间有着深厚的友谊，为两国深入开展全方位的交流活动奠定了良好的基础。希望双方在人文、学术、与公共关系机构合作等方面加强合作与交流，为新时代促进两国关系发展发挥积极作用。

马文克大使对协会开展的活动和取得的成绩给予了高度评价和赞赏，愿意对中比文化交流合作给予大力支持，希望共同努力，推动中比两国在文化、公共关系等方面的务实合作。

9月10日 来自新华社、中国新闻社、CCTV、人民网等20多家知名媒体公益新闻报道记者，齐聚中国传媒大学，参加由中国儿童少年基金会主办、中国传媒大学媒介与公共事务研究院和培训学院共同承办的"2018公益传播高级研修班"。我校媒介与公共事务研究院首任院长、博士生导师董关鹏教授讲解全媒体时代公益传播的责任与担当；公益行业优秀代表、著名调查记者、北京"大爱清尘"基金会理事长王克勤讲授参与公益新闻报道的经验和见解；中华全国新闻工作者协会原党组成员、书记处书记、《人民日报》高级编辑顾勇华围绕优秀公益新闻作品进行点评赏析。课程内容丰富创新，兼具专业性与适应性，更融合公益传播各界精英智慧，吸引了包括中国妇女发展基金会、中国红十字基金会、中国青少年发展基金会在内的多家知名公益机构参加。研修班最后以"公益跨界融合——公益传播中社会组织、企业、媒体的多方合作路径"为主题，组织媒体记者与行业专家的进行专场交流。中国儿童少年基金会副秘书长徐旭、北京大学法学院非营利组织法研究中心主任金锦萍副教授、中国传媒大学媒介与公共事务研究院公益传播研究所所长吴浣苓、人民日报海外版记者、侠客岛创始人刘少华等媒体和公益行业知名人士都到场分享，从多维度、多视角、多层面解析公益传播，必将为公益传播领域提供一次难得的思想碰撞与交锋。面对跨界、融合的新趋势，我校媒介与公共事务研究院还将发挥学研优势，继续举办"公益传播高级工作坊"，倾力构建社会公益组织、媒体从业者和企业深度沟通交流的公益传播平台，着力提升公益机构与媒体的传播能力，发挥好双方推动公益传播、启蒙公益文化的作用，助力中国慈善事业不断发展。

9月20日 下午，在巴黎里昂火车站广场举行了由我国著名雕塑、绘画艺术家李小超先生创作的大型户外青铜作品"一战华工"的落成仪式。中国驻法国大使馆、巴黎市政府、法国铁路总局、中国人民对外友好协会、中国公共关系协会、山东省人民政府、法国"吴建民之友"协会、山东省海外交流协会等机构的领导和代表出席活动。

为缅怀"一战"中的华工，纪念中法两国源远流长的友谊和感情，中国公共关系协会与中国人民对外友好协会、法国常驻联合国教科文组织代表团等十多个中法及欧洲和平机构共同参与了在今年"国际和平日"（9月21日）由法国"吴建民之友协会"发起、在巴黎举行的"一战百年、以史为鉴、和平发展、共创未来"的主题论坛。近年来，中国公共关系协会通过开展多渠道、多形式的交流与合作，打造国家级"中华优秀传统文化传播工程"。以创造性转化、创新性发展为原则，创新传播方式，运用书法、绘画、雕塑、诗歌等多种艺术形式展示和传播中华优秀传统文化中蕴含的思想观念、人文精神和道德规范。推动中华文化走出去，让中华优秀文化在世界文明交流互鉴中展现永恒的魅力。

9月26日 由网娱互动完全依靠AI工具产生创意并实施撰写的自媒体公众号成功上线，首篇完全由自动化智能工具设计和组稿的文章，在发布后的6小时内，阅读数即超过65万，评论数逼近1000条。这也是国内首次完全依靠人工智能完成创意内容。目前，网娱互动在自媒体结构搭建、创意产出、内容设计及制作方面已经具备完全的自动化生产能力。人工智能工具在创意和内容制造方面完全依托于互联网大数据，智能分析用户偏好和用户属性，因此在标题吸引度、原创程度、搜索引擎露出度、内容的可读性方面，与人工内容制作相比较，都具有明显的优势。同时，在商业方面，极大降低了内容产出的成本，有可能改写未来公关行业在内容生产方面的模式，对公关的未来发展影响深远。

9月26日至29日 由生态环境部宣传教育司主办，中国传媒大学媒介与公共事务研究院、全国领导干部媒介素养培训基地、中国传媒大学培训学院承办的"2018生态环境部新闻发言人培训班暨全国领导干部媒介素养培训班第一百九十一期"顺利举办。本次培训是生态环境部连续第三年在中国传媒大学举办的新闻发言人培训班，参训人员全部为司局级。课程根据党中央有关环境保护宣传管理工作的最新指示精神进行设置，围绕全媒体发展现状及生态环境新闻发布中的"新问题"开展教学，从战略、决策、实战三个层面进行深度指导，体现出"高、新、强"三大课程升级特色，以达到让领导干部"会干也要会说"的媒介素养要求，树立起舆论引导新观念，提升生态环境系统整体新闻发布水平。

10月16日 在国家扶贫日来临之际，中国石化发布《中国石化精准扶贫白皮书（2016～2018）》，通过一个个感人扶贫故事，展示中国石化落实国家扶贫战略，结合公司业务优势，大力开展扶贫工作的阶段性成果。

10月20日 由中国公共关系协会和大同市人民政府共同主办的2018"影像的力量"中国（大同）国际摄影文化展在山西省大同市正式开幕。瑞士联邦驻华大使戴尚贤，阿拉伯联合酋长国驻华大使阿里·扎希里，比利时王国驻华大使马文克，中国公共关系协会常务副会长兼秘书长王大平，大同市委副书记、市长武宏文，以及来自国内外摄影界、新闻界和艺术界的代表出席了本次活动。

2018"影像的力量"中国（大同）国际摄影文化展以"新时代，新影像"为主题，通过创新开展"一带一路"主宾国主题展、"大道有形"——中国公共关系协会"大道有形"文化传播创新工程展、"天空之眼"——世界极限摄影展、"起承：2018第十届三影堂摄影奖展览"等九项内容，为新时代蓬勃发展背景下的"影像的力量"增添新活力、谱写新篇章、开启新征程。

围绕"一带一路"主题，本届展览继续推出"一带一路"主宾国主题展，分别进行瑞士主题展和阿拉伯联合酋长国主题展，充分展示自然、生态和人文之美，倡导人与自然和谐共生的理念。

中国公共关系协会始终把传播中华优秀传统文化、弘扬中华民族精神作为重要使命，精心打造"大道有形"文化传播创新工程。本次展览将展出中国公共关系协会"大道有形"文化传播创新工程摄影作品，主要包括：文创黄陵、唱诵诗经、汉字发布、红色箴言等内容。

为深入学习贯彻习近平新时代生态文明建设思想，积极传播和弘扬生态文明理念，推动构建全球生态文明建设和人类命运共同体，本次展览特举办"天空之眼"——世界极限摄影展。展览围绕"站在宇宙看地球 立足人类看世界"主题，主要以反映南北极冰川、青藏高原山脉冰川溶化为题材，画面视角恢弘独特，底蕴深厚，极具感染力和冲击力。

在同期举行的"镜美尊"颁奖礼中，来自瑞士的马克·丹纳和阿联酋的阿里·哈里发·本·塔里斯荣膺了这一殊荣。中国三影堂摄影师陈荣辉，荣膺2018"镜美尊"特别提名奖，该奖项是颁发给在本年度最具影响力和潜力的中国摄影家。"镜美尊"寓意"镜头之王"，是摄影文化艺术之巅的灿烂明珠；"镜美尊"推崇向美、向善的艺术精神，旨在用影像的力量推动并改变人类的发展与创新；"镜美尊"是对全球众多摄影师中的领袖和代表者的嘉奖，是赋予镜头生命与活力的摄影师最高的荣誉！展览期间还举行了"影"动美好生活——历届"镜美尊"得主分享会等丰富多彩的活动。2018"影像的力量"中国（大同）国际摄影展活动汇聚国内外优秀摄影师与广大影像爱好者，通过影像探寻美好生活基因，共铸美好生活梦想。

10月25日 亚太新闻传播学会联盟（Asian-Pacific Communication Alliance，APCA）在清华大学成立，来自16个国家的20个新闻与传播学学会会长、理事代表40人表决产生了首届执委会，中国新闻史学会当选为首届主席单位，清华大学教授陈昌凤当选为首届主席。亚太地区新闻传播学会联盟的成立对于推动亚太地区新闻传播教育与学术发展有着重大意义，将为亚太地区新闻传播研究合作与教育交流提供广泛而紧密的平台，促进新闻传播学者共同探讨亚太地区的文化价值和传播现象，提升亚太地区新闻传播学在全球范围的话语权，促进具有本地区特色的理论创新和高等教育发展。

10月27日 中国新闻史学会2018学术年会在杭州举行，年会主题为"全球视野，中国特色：数字时代的新闻传播与美好生活"。来自中国社会科学院大学、北京大学、清华大学、中国人民大学等中国数十所大学，中国新闻史学会20多个分会的学者代表，美国南加州大学、伊利诺大学、宾夕法尼亚州立大学等海外高校的知名教授和亚太地区10多个国家新闻传播学会的会长等，共上千名学者齐聚一堂，围绕新时代新闻传播与美好生活之间的互动关系，分享最新的研究成果。

10月24日至26日 人民网连发四篇文章，揭露自媒体"黑公关"乱象，呼吁重建市场秩序，惩戒自媒体不良作风。评论称，一些自媒体为了获取流量和利益,费尽心机,不顾诚信道德和法律底线,四处传播谣言,误导公众认知,毒害网络生态,消耗公权力形象,破坏市场秩序、伤害企业利益,极具社会危害。自媒体追逐利益并不可耻,但并不意味着在利益面前就可以目无一切。追逐利益的一大前提就在于,必须遵守法律法规,尊重公序良俗,尊敬世道人心。自媒体野蛮生长不行,放任自流更不行。当务之急要加大治理力度、彻底斩断不合法的利益链条,明确各方责任,形成齐抓共管合力,重拳打击黑公关产业,让自媒体回归健康发展的良性轨道。

10月30日 由国家卫生健康委员会宣传司主办,中国传媒大学媒介与公共事务研究院、全国领导干部媒介素养培训基地承办的"2018媒介素养和网络宣传培训班"开班,60余名国家卫生健康委员会机关各司司局级和处级负责同志,委直属和联系单位司局级负责同志参加了此次培训。全国政协会议原新闻发言人、全国领导干部媒介素养培训基地理事长王国庆做了题为"学好习近平新闻舆论工作论述 提高舆论引导能力"的讲座。10月31日,卫健委机关司局级和处级负责同志在中国传媒大学媒介与公共事务研究院参加了实战演练培训。

B.23
2018年中国公共关系年度人物

（按照姓氏音序排列）

编辑部依据行业影响、业界口碑、传播效果等因素，从众多提名人选中，最终推选出"2018年中国公共关系年度人物"，他们是：

黄小川

华谊嘉信联席总裁。黄小川1996年创建迪思公关，2014年带领迪思传媒集团加入A股上市公司华谊嘉信集团，兼任华谊嘉信联席总裁。他同时担任艾菲奖、虎啸奖、金鼠标奖等诸多广告奖项的终审评委。

近年来，黄小川和华谊嘉信一直致力于中国企业海外品牌推广和对外公共关系的相关工作。他认为，中国企业走向世界，要坚持对品质的追求，更要致力于品牌的塑造、对外讲好品牌故事，只有"品质"和"品牌"结合，才能真正实现品牌溢价，赢得全球消费者的认可。

华谊嘉信通过并购基金收购了美国公司Smaato，它拥有全球最大的独立第三方移动广告交易平台，覆盖全球一半以上智能手机用户，每个月广告曝光量超过3000亿次。这个平台和网络将给中国品牌故事提供更加广阔、立体的传播空间。

庞新星

四达时代集团董事长。四达时代集团创立于1988年，是中国广播电视行业最具影响力的系统集成商、技术提供商、网络运营商和内容提供商。2002年，四达时代开始为非洲提供数字电视服务，已在卢旺达、尼日利亚、肯尼亚、坦桑尼亚、乌干达、莫桑比克、几内亚、刚果（金）、南非等30多个国家注册成立公司并开展数字电视运营，发展用户近千万，成为非洲大陆发展最快、影响最大的数字电视运营商。

作为中国民营企业的优秀代表，四达时代集团不仅推动了非洲数字电视发展，为非洲人民带去信息与欢乐；同时，还将我国的优秀国产电视剧、电影翻译为斯瓦西里语、豪萨语等非洲当地语言并在当地播出，推动了中国文化走出去，成为推动中国对外公共关系发展的优秀案例。

王冠

中央广播电视总台驻美国首席政治记者。王冠2007年进入中央电视台，专访近百位全球政商领袖，包括美国国务卿克里、美国前国务卿基辛格、美国财政部长雅各布·卢、美国总统安全助理苏珊·赖斯、利比里亚首位女总统瑟利夫和前巴基斯坦总统扎尔达里等。王冠曾被基辛格称赞为是一个"思维缜密"的提问者。耶鲁大学校刊称王冠是中国"最出色"的双语电视记者之一。哥伦比亚大学资深媒体学者Anne Nelson在《CCTV的全球扩张》报告中称王冠是新一代中国记者代表，他的新闻作品中体现了"独立精神"和"职业素养"。

在美国亚洲协会最新的评选中，王冠成为"2017亚洲青年领袖"，为第一位获得此荣誉的中国记者。

杨宇军

中国传媒大学媒介与公共事务研究院院长。杨宇军1993年毕业于有"中国外交官的摇篮"之称的外交学院，但是他并没有选择进入外交部，而是选择入伍进入国防部外事办公室（现中央军委国际军事合作办公室）工作。2015年6月至2017年8月，杨宇军任国防部新闻事务局局长、国防部新闻发言人，大校军衔。在国防部新闻发言人任上，杨宇军成为我军对外形象的重要展示者，树立了我军良好国际形象。

2017年8月，杨宇军经组织批准后选择自主择业，2018年3月进入中国传媒大学媒介与公共事务研究院任院长，成为首位主动选择退出现役的国防部新闻发言人。在新的岗位上，杨宇军能够更好地对新闻发言人开展培训，并进行公共舆论的相关研究工作，为我国政府、企业和社会组织进行国内外舆论引导贡献工作自己智慧。

Abstract

With the increasing international influence and the deepening participation in global affairs, China exchanges more frequently with other countries and regions in the world. There is an emergency of improving China Public Relations ability. In the new era, the China Public Relations Association and the Academy of Media and Public Affairs of the Communication University of China jointly launched "Annual Report on Development of China's Public Relations (2018)". Under the journalism theory guidance of President Xi Jinping, with a basic idea of constructing PR theory system with Chinese characteristics and enhancing the global practical ability of China PR, the annual theme of China PR Blue Book (2018) is established as "International Public Relations: the Global Practice of China Public Relations", and sets out the framework accordingly.

This book is composed of 8 chapters, namely, the general report, the public opinion environment, the institutional construction, the image-building, the global governance, the important activities, the cultural exchanges, the innovative practices, the crisis management and the theoretical research. There are 2 general reports, 19 sub-reports and 2 appendices.

The general report on "Developments of China's Public Relations 2017 – 2018" and "Global Experience of China's Public Relations 2013 – 2018", respectively, from the domestic and international perspective, analyze the development status, the achievements and the prospects of China's PR industry.

From two aspects of theory and practice, this book deals with the international public opinion environment and the institutional construction of China to promote its international communication ability, which involves various subjects and different angles. This book analyzes China's international image from the perspective of China's development path, the CPC, the Chinese military, Chinese cities and Chinese people. Based on the issues of poverty and environment, this

Abstract

book probes into the global governance and the major activities in which China participates. This book makes a research of the institutional construction of Sino-foreign cultural exchange and some concrete practices, discusses on the innovative significance of "the Belt and Road Initiative" and "the community of a shared future" in promoting the global practice of public relations with Chinese characteristics, and analyzes on the experiences and shortcomings of China's PR crisis management in an international perspective. Besides, this book also systematically summarizes the academic achievements in PR field in China and overseas.

On the whole, this book examines the theoretical and practical development of China's PR in this new era from an international perspective, aiming to promoting the government's management on public relation affairs, guiding the enterprises to carry out public relation activities, and providing lessons for other related institutions in formulating development plans. Thus, the strategic value of PR can be recognized and utilized in a wider range.

Contents

I General Reports

B. 1 Report on Developments of China's Public Relations 2017 −2018
Committee of Government Public Relations of China Public Relations Association, Committee of Journalism and Communication of China Public Relations Association, Academy of Media and Public Affairs of Communication University of China / 001

Abstract: In 2017, under the smooth development of global economy and domestic economy, China's PR industry had improved rapidly. This report summarizes the status quo of PR industry in 2017, finding that the industry output has increased steadily, the industry profits have accelerated and the digital service demand has increased a lot, etc. This report sums up some new features of this industry, finding that the transformation and integration are deepening, the main body of activity is more pluralistic, service targets are increasing, and the overseas communication has been paid more attention. Though there are still some problems, the development of China's PR industry is good tendency. Through detailed analysis, this report makes a brief forecast for the prospects of China's PR industry, pointing out that technology will be utilized greatly, the international market will be explored highly, the strategic value of PR will receive more recognition and the demand of PR effect evaluation will keep increasing.

Keywords: Public Relations; Business Integration; Digital Technology; Internationalization

B. 2　Report on Global Experience of China's
　　　 Public Relations 2013－2018
　　　　　 Zhao Wengang, Gu Shihong, Zhang Yun and Tian Huiming / 023

Abstract: In the development of "the Belt and Road Initiative", overseas Chinese media is not only a participant but also a promoter. Overseas Chinese media not only has a mission of telling new stories of "the Belt and Road Initiative", but also plays an important role in the process of spreading the voices and culture of China. In the practice of international communication in recent years, overseas Chinese media has done well in telling Chinese stories, led the international public opinions, guided and promoted the "the Belt and Road Initiative" developing along the correct strategic track, and showed the world a real and profound China, making the Chinese voices along the "Belt and Road" growing more abundant and colorful. As one of the two major news agencies in China, China News Agency has Worked hard at overseas, effectively integrated overseas Chinese media resources, done well in reporting the "the Belt and Road Initiative".

Keywords: Overseas Chinese Media; the Belt and Road Initiative; Chinese Culture; Chinese Story

Ⅱ　Public Opinion Environment

B. 3　Research on the Global Public Opinion Environment of
　　　 China's Public Relations 2017－2018
　　　　　　　 Zhang Zhao, Liu Xiaohan and Dong Yueshuo / 041

Abstract: With the global development of the Internet, new media, and social media, the traditional media communication model has been broken. People's habits of using media and consumption have gradually changed, media and media practitioner are facing more challenges. Western mainstream

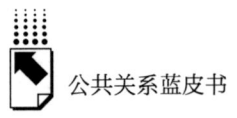

media, who dominant the traditional media world, continues its advantage in the social media platform. The "battlefield" of the public opinion war has spread to the Internet and even the social media platform. Under this situation, our country should insist on governing the country according to law, strengthen the top-level design of the media, accelerate the media transformation and the development in the whole platform, and seize the opportunity of the "Belt and Road" initiative to strengthen the construction of international communication ability. At the same time, in order to adapt to the public opinion environment in the context of new media, the public should also enhance media ability.

Keywords: Internet, New Media; Social Media Platform, Public Opinion Environment

Ⅲ System Construction

B.4 Report on China's Initiative of Promoting the Construction of an International Communication System

Academy of Media and Public Affairs of Communication

Yu Fan / 060

Abstract: In order to improve international communication capabilities, China has built various related systems. These systems have undergone a series of adjustments and changes since the founding of the People's Republic of China, and finally formed the current situation. In general, these systems include systems related to mass media communication, systems related to direct face-to-face communication, and training systems. Since the 18th National Congress of the Communist Party of China, in order to adapt to changes in the domestic and international media situation, many systems have been reformed again in order to promote the further development of China's international communication capabilities.

Keywords: External Communication Ability; System Construction

Contents

Ⅳ Image Reputation

B. 5 Research on the International Influence of China's
Development Path   *Guo Xiaoke, Yu Fan* / 080

Abstract: China has become the world's second largest economy and the largest international trading country. However, China's international image and its international discourse power are not commensurate with actual national strength. China's national image and actual situation are in sharp contrast. The situation has not been reversed. International medias, politicians and scholars tend to simplify "China's development path" as "political authoritarianism + economic liberalism." This understanding is incorrect. The concentrated discussion of China's development path began with the proposed of "Beijing Consensus" by Remer in 2004 and the "Chinese model" discussed between the scholars. Generally speaking, it can be divided into "emerging stage", "warming stage" and "deepening stage". The international media's expressions of "China's development path" are different in each stage, and focus in different aspects. Generally speaking, the "China's development path" spread more widely.

Keywords: China's development path; External Communication; Beijing Consensus

B. 6 China's International Image in Promoting Globalization Process
    Wu Fei, Hong Changhui / 103

Abstract: Globalization, already a reality within reach, is demonstrating its limitless power. China, being in a new era, is participating in it with a brand-new attitude and playing an increasingly more important role. The country has succeeded in transferring discourse power during various rules making and

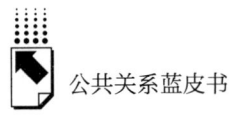

competition processes, and tries to fulfill its historical mission of "Building a Community of Shared Future for Mankind". In contrast to this reality, China also attempts to remake and rewrite its international image. However, due to various reasons, with delayed and slow change, China's international image is not satisfactory. Therefore, taking the goal of soft power construction, how to build an international image accord with China's performance on the world stage has become an urgent and severe task.

Keywords: Globalization; International Image; Recognition

B.7　Research on the International Image of CPC 2017 -2018

Yu Yunquan, Zhang Youfeng / 119

Abstract: Since the 18th National Congress of the Communist Party of China (CPC), especially after the victorious 19th National Congress, the CPC has received unprecedented attentions from the international community, and has become the focus and center of the world's attention. In this new round of research and report fever on the CPC, the outside world's recognition of the CPC's international image has profoundly changed. "Full and strict governance over the Party" has become the most prominent international image of the CPC. We should take this good opportunity to tell a good story of the CPC, and take initiative to shape a new image of our Party, publicize and promote the Party's new face using major events and occasions such as National Congress, establish a foreign discourse system in regard to Party work, enlarge and strengthen our own brand of think tanks, enhance China's guiding force of international opinions, and safeguard the good and positive image of the CPC.

Keywords: Communist Party of China; new international image; shaping

B. 8   The International Image-building of Chinese Army in
　　　 the Overseas Non-war Military Operations
　　　　　　　　　　　　　　　　　Yang Yujun, Li Baofeng and Li Wei / 132

Abstract: The international image of the army is an important part of the national image and an important embodiment of the military soft power. The international image of the state and its army is directly related to the identification and justification of the state's actions, and then related to the ultimate realization of military missions and national goals. The report suggests that the international image of the army needs to combine the influence of both hard power and soft power of the army. This report reviews the relevant achievements, experience and shortcomings in building the international image of Chinese military in overseas non-war military operations in recent years. It offers materials for further study on this topic.

Keywords: Chinese Army; international image-building; overseas non-war military operations

B. 9   The Image of Beijing in the New Era: Historical
　　　 Position and Action Route　　　　*Ou Ya, Wang Yin* / 148

Abstract: On February 26, 2014, Xi Jinping, General Secretary of the CPC Central Committee, made an important remark on Beijing's development and management, He stressed that Beijing should clearly develop its strategic positioning, adhere to and enhance its functions as the country's political, cultural, international exchange, and scientific discovery & technology innovation center. Beijing's goal, to be the world-class metropolis that is harmonious and livable, updates its desired image and also brings about new tasks for the construction and international communication of that image. Based on the comprehensive and multi-level international communication and People-to People exchange mechanism,

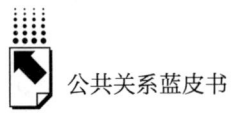

Beijing strives to promote its international image in the new era to enhance its international competitiveness as well as to serve for the enhancement of the capital function as "four centers".

Keywords: Harmonious and Livable Metropolis International Exchange People-to-People Exchange Information Dissemination

B.10 The Operation and Thinking of China's City Image
—An Interpretation of Hangzhou   He Chunhui / 163

Abstract: In the era of globalization and mobile Internet, the effective way to extend the urban international influence is the implement of city branding and city marketing. The essence of urban influence is humanity and humanistic concern. The promotion of the urban international influence equals the process of achieving the simultaneous resonance between the audience and the urban value through the co-constructing and sharing of urban collaborative governance. In the era of globalization and mobile Internet, the urban international influence would based on the urban value (original value or innovative value) as strategic thinking, establishes "Internet Plus" model as capability bases and uses the new media as important instruments to create a data-assisted, experience-driven urban value ecosystem as the core demand. Meanwhile, through a mechanism of participation, interaction, creation and sharing to achieve the value of urban customers, and to build the 360-degree space for city value production and communications. Through the marketing observation and case analysis about Hangzhou's city brand in the past ten years, this essay would provide reflection on the strategy, path and future prospects of Hangzhou's urban brand communication management.

Keywords: City experience; City branding; City marketing

B.11　Research on the International Image of Chinese People

Yu Yunquan, Zhang Nan / 189

Abstract: This report focuses on the international image of the Chinese people. Through the analysis of the concept definition and mutual relationship between the national image and the citizens' image, this paper analyzes the international image of the Chinese people in the public opinion surveys, media reports, film, TV and literary works, as well as interpersonal communication. On this basis, this paper explores the main problems existing in the shaping and communication of the international image of the Chinese people, and proposes corresponding countermeasures.

Keywords: National Image; Citizens's Image; China

V　Global Governance

B.12　Poverty: China's Experience in Getting Rid of Poverty

Wu Xuelan / 206

Abstract: As the largest developing country in the world, China has contributed remarkable achievements in poverty eradication over the past 40 years, and has become the first developing country in the world to fulfill the poverty eradication task, which is specified in the UN Millennium Development Goals (MDGs) ahead of schedule. Especially, since 2015, facing with the challenges of environmental deterioration and income inequality, China has been continuously achieved staged successes in poverty alleviation with clear layouts and effective implementations, and gradually achieve the goal of lifting 70 million people out of poverty within five years. The achievements in poverty alleviation of China have not only been widely recognized by the international community, but also provided valuable experience to the global poverty alleviation.

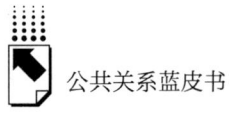

Keywords: Poverty Alleviation; the UN Millennium Development Goals (MDGs); Incidence of Poverty; Development

B.13 Environmental Issues: China's Participation in Global Governance for Climate Change　　*Du Shaozhong* / 221

Abstract: With increasingly serious climate change, reducing greenhouse gas emissions and developing low-carbon economy have become the development trend. Paris Agreement, the great breakthrough in human diplomacy history, establishes new global climate change governance system beyond 2020, embodying the broadest consensus in the international community. This article reviews domestic relevant energy saving and emission reduction regulations, laws, and policies, as well as the process of international negotiations on climate change in the recent years. China actively participates in global climate change governance, and will contribute to the construction of fairness justice, and joint development global governance regime, both within domestic and outside, corresponding to modernization "two-stage" development goals.

Keywords: climate change; Paris agreement; global governance; international co-operation; ecological civilization

Ⅵ Innovative Practice

B.14 Breaking Boundaries and Building Bridges: China's Foreign Cultural Exchanges from the Perspective of International Public Relations　　*Zhang Lei, Ashita* / 237

Abstract: China and foreign cultural exchanges are one of the pillars of China's foreign exchanges. From the theoretical perspective of international public relations, this essay would review the main construction processes of China and foreign cultural exchanges mechanism since the new century. According to the paradigm of communication persuasion, image management and relationship dialogue, this essay would summarize the significance of cultural communication between China and foreign countries in creating the public opinion environment, shaping the national image and promoting the mutual understanding among people. Currently, China and foreign cultural exchange mechanism has been the hub of China's international public relations construction. However, it requires improvements. This essay would use the theoretical achievements of the research of international public relations for reference, apply the dialogue paradigm as the guide, and emphasize the three principles, in terms of employing the human as scale, the dialogue as the noumenon, and the relationship as the goal. Meanwhile, it would provide five suggestions on the construction of cultural exchange mechanism between China and foreign countries.

Keywords: China and Foreign Cultural Exchanges; International Public Relations; Dialogue Paradigm

B. 15 The Practice of China-Africa Cultural Exchangesin Promoting Public Relations *Nan Gengxu* / 253

Abstract: At the 2018 Beijing Summit of the Forum on China-Africa Cooperation, Chinese president Xi Jinping emphasized that African countries are significant participants of the Belt and Road Initiative. The China-Africa relationship has been strengthened since the 21st century. At the same time, China-Africa relations is a rather complicated issue. In the past, research on China-Africa relations mainly focused on industry, agriculture, and economic development. However, to open up new prospects for a new type of China-Africa strategic partnership, China and Africashould increase cultural and people-to-people exchanges. By combining the specific situations in Africa, this paper focuses on the people-to-people relations between China and Africa and China's folk diplomacy practices in Africa. The paper argues that media and NGOs could play

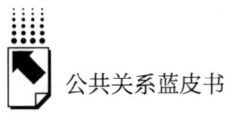

crucial roles in China-Africa relations, it also suggests that media and NGOs should be used as important components of Chinese folk diplomacy in Africa.

Keywords: China; Africa; China-Africa Relations; People-to-People exchanges; Folk Diplomacy

B.16 The Achievements, Experiences and Problems in the Relations Development between China and the Countries along "The Belt and Road" *Wang Zhimin / 265*

Abstract: "The Belt and Road" initiative is a China's wisdom and plan for global governance and the most important public goods provided by China to the international community. Over the past five years, "The Belt and Road" has made remarkable achievements in policy communication, facilities connectivity, smooth trade, capital financing, and mutual understanding among the people. The first thing to do to promote "The Belt and Road" construction is facilities connection. International capacity cooperation must meet the needs of mutual benefits and win-win cooperation which the countries along the route prefer, and promotes development of economic society and livelihood undertakings in the countries along the route. The construction of "The Belt and Road" has also promoted China to form a pattern of opening to the outside world which featured by linkage between the mainland and the outside world and bi-directional economic assistance between the east and the west. As the Chinese wisdom and plan of global governance," The Belt and Road" needs to be guided by new ideas and new regulations. It is a system project , It is a arduous task and has along way to go. We cant accomplish that in an action. And we should aware that there are risks and challenges. It is important for the construction of "The Belt and Road" that we should let economic cooperation and political diplomacy, cultural exchanges brace each other.

Keywords: "The Belt and Road"; Production Capacity Cooperation; Mechanism norms; General layout; practical challenges

Contents

B.17 The Promotion of China's Advanced Business Concept through International Public Relations　　　　Li Xi / 279

Abstract: Under the guidance of the national Belt and Road Initiative, JingDong (JD) has actively promoted the internationalization strategy. Currently, JD has continually launched local operations and achieved rapid development in Indonesia, Thailand and other major countries and regions in Southeast Asian. As a delegate of Chinese outstanding e-commerce enterprises, JD not only gradually expanded advanced e-commerce business models to overseas, but also promptly copied advanced technologies and experience in overseas markets. Meanwhile, positive business values and culture of JD, such as Positive Success and Win-win Cooperation, have been widely shared and recognized by various stakeholders in overseas markets. JD's initial exploration in overseas markets provides examples of Going Global Strategy to Chinese Internet companies. Under the main trend of economic globalization, there would be a development trend for China to make made-in-China global and bring the global commodities in. Furthermore, Chinese Internet e-commerce enterprises are leading the development and transformation of global retail industry with advanced business model and technological innovation. JD, as a bridge between China and the global market, would help numbers of outstanding Chinese brands achieve going-global aim, build reputation and trust in the international market, and benefit the iterative development of industry and the improvement of consumption experience around the world.

Keywords: JD; E-Commerce; Positive Success; Win-win Cooperation

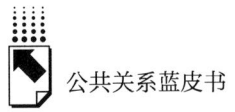

B.18 "Community of Shared Future for Mankind" and the
Development of International Public Relations
Cheng Manli，Zhao Xiaohang / 291

Abstract: China's proposal to build a community of shared future for mankind and a new type of relationship between major powers is an important part of the great power diplomacy theory with Chinese characteristics. The proposal and development of the theory is closely related to China's public diplomacy and international communication practices. However, the concept has been misunderstood and misinterpreted deliberately due to internal and external factors, which has seriously reduced the international communication effect of the concept. This paper argues that we should seek solutions to the problems of the concept's external communication and explore new opportunities brought by the concept from the perspective of the development of international public relations.

Keywords: a community of shared future for mankind; international relations; international public relations

B.19 The Construction of China's Environmental Protection
Image through International Media
—*A Case Study of the Green Great Wall*   *Huang Lingyi / 304*

Abstract: The past decades have seen China embark on major eco-civilization initiative with its mission to preserve the environment and combat climate change. We take a look at the country's image as portrayed in the international media through one of its most ambitious environmental projects, the Great Green Wall of China. The pioneering program seized worldwide attention at launch as the largest scale afforestation undertaking in history. Analysis shows that news coverage in the initial stages reflected an underlying strain of skepticism. This gradually shifted to a neutral tone, and finally to positive validation as substantive proof of the program's achievements became apparent. China's success and experience is invaluable in aiding the global fight against desertification. The country is committed to this effort and cementing its role as a key contributor and participant in the global environmental dialogue.

Keywords: China; Great Green Wall; Eco-civilization; Afforestation; Environmental protection

Ⅶ Crisis Management

B.20 Research on the Crisis Management of China's Public Relations *Jing Qinghong, Li Xinuo and Li Xingguo* / 321

Abstract: With the continuous improvement of China's power, China's voice in the process of participating in international affairs has also increased. China is in the center of the world stage now, and international cooperation and exchanges have become more frequent. Therefore friction and crisis are more frequent. In the new media-led communication context, the importance of public relations crisis management is constantly being confirmed. From the perspective of the government, the Chinese government already has a good public relations crisis management capability and basically get the strategy of public relations crisis management, and gradually matures. From the perspective of enterprise, there are some ability gaps in different Chinese companies, and the overall public relations crisis management still needs to be improved. Taking the South China Sea crisis, the Sade incident, the US ban on the ZTE incident, and the Lenovo "5G" voting incident as examples, we try to analyzed the experience and deficiencies of China's public relations crisis management under international vision.

Keywords: Public Relations; Crisis Management; Dialogue and Communication; Mutual Benefit

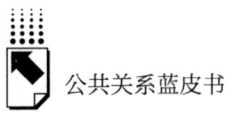

Ⅷ Theoretical Research

B.21 Review on the Academic Research about Public Relations Worldwide During 2017 – 2018   *Yu Mingyang , Meng Zhu* / 340

Abstract: The development of new media, the innovation of new technology and the arrival of new era have led to dramatic changes in public relations field. As a subject closely related to practice, the academic theory of public relations requires developments to fit situation and employ directive function in multidisciplinary perspectives, such as practice of public relations, communication theory, and culture research. From 2017 to 2018, there are continuous new theories, new thoughts, new methods and new research angles in the academic research of public relations. The author has been engaged in the academic research and social practice of public relations for more than 30 years, and has been paying close attention to the advanced academic research and industrial events in the field of public relations in China. On the basis of the author's long-term dynamic research on public relations in China, this essay would analyze the domestic and international academic research achievements of public relations from January 2017 to August 2018, to provide comprehensive in-depth literature reviews, master research methods and grasp research conclusions. This essay would focus on eight fields: public relations theory, public relations history, public relations research methods, public relations practice, government public relations, international public relations, public relations in the era of big data, and the prospect of public relations research development. Furthermore, this paper would deeply analyze the advanced academic research contents in the eight fields above, and systematically review the research direction, research methods and research achievements of public relations in this period, and accordingly provide prospect of the future research direction of public relations.

Keywords: Public Relations; Academic Research of Public Relations; Research Theory of Public Relations; Research Trend of Public Relations

Ⅸ Appendix

B.22 Chronicle of China's Public Relation Events in 2018　　/ 355

B.23 Annual People Making China's Public Relations in 2018　/ 383

权威报告·一手数据·特色资源

皮书数据库
ANNUAL REPORT(YEARBOOK) DATABASE

当代中国经济与社会发展高端智库平台

所获荣誉

- 2016年,入选"'十三五'国家重点电子出版物出版规划骨干工程"
- 2015年,荣获"搜索中国正能量 点赞2015""创新中国科技创新奖"
- 2013年,荣获"中国出版政府奖·网络出版物奖"提名奖
- 连续多年荣获中国数字出版博览会"数字出版·优秀品牌"奖

成为会员

通过网址www.pishu.com.cn访问皮书数据库网站或下载皮书数据库APP,进行手机号码验证或邮箱验证即可成为皮书数据库会员。

会员福利

- 使用手机号码首次注册的会员,账号自动充值100元体验金,可直接购买和查看数据库内容(仅限PC端)。
- 已注册用户购书后可免费获赠100元皮书数据库充值卡。刮开充值卡涂层获取充值密码,登录并进入"会员中心"—"在线充值"—"充值卡充值",充值成功后即可购买和查看数据库内容(仅限PC端)。
- 会员福利最终解释权归社会科学文献出版社所有。

卡号: 436161238789
密码:

数据库服务热线: 400-008-6695
数据库服务QQ: 2475522410
数据库服务邮箱: database@ssap.cn
图书销售热线: 010-59367070/7028
图书服务QQ: 1265056568
图书服务邮箱: duzhe@ssap.cn

S 基本子库
SUB DATABASE

中国社会发展数据库（下设 12 个子库）

全面整合国内外中国社会发展研究成果，汇聚独家统计数据、深度分析报告，涉及社会、人口、政治、教育、法律等 12 个领域，为了解中国社会发展动态、跟踪社会核心热点、分析社会发展趋势提供一站式资源搜索和数据分析与挖掘服务。

中国经济发展数据库（下设 12 个子库）

基于"皮书系列"中涉及中国经济发展的研究资料构建，内容涵盖宏观经济、农业经济、工业经济、产业经济等 12 个重点经济领域，为实时掌控经济运行态势、把握经济发展规律、洞察经济形势、进行经济决策提供参考和依据。

中国行业发展数据库（下设 17 个子库）

以中国国民经济行业分类为依据，覆盖金融业、旅游、医疗卫生、交通运输、能源矿产等 100 多个行业，跟踪分析国民经济相关行业市场运行状况和政策导向，汇集行业发展前沿资讯，为投资、从业及各种经济决策提供理论基础和实践指导。

中国区域发展数据库（下设 6 个子库）

对中国特定区域内的经济、社会、文化等领域现状与发展情况进行深度分析和预测，研究层级至县及县以下行政区，涉及地区、区域经济体、城市、农村等不同维度。为地方经济社会宏观态势研究、发展经验研究、案例分析提供数据服务。

中国文化传媒数据库（下设 18 个子库）

汇聚文化传媒领域专家观点、热点资讯，梳理国内外中国文化发展相关学术研究成果、一手统计数据，涵盖文化产业、新闻传播、电影娱乐、文学艺术、群众文化等 18 个重点研究领域。为文化传媒研究提供相关数据、研究报告和综合分析服务。

世界经济与国际关系数据库（下设 6 个子库）

立足"皮书系列"世界经济、国际关系相关学术资源，整合世界经济、国际政治、世界文化与科技、全球性问题、国际组织与国际法、区域研究 6 大领域研究成果，为世界经济与国际关系研究提供全方位数据分析，为决策和形势研判提供参考。

法律声明

"皮书系列"（含蓝皮书、绿皮书、黄皮书）之品牌由社会科学文献出版社最早使用并持续至今，现已被中国图书市场所熟知。"皮书系列"的相关商标已在中华人民共和国国家工商行政管理总局商标局注册，如LOGO（ ）、皮书、Pishu、经济蓝皮书、社会蓝皮书等。"皮书系列"图书的注册商标专用权及封面设计、版式设计的著作权均为社会科学文献出版社所有。未经社会科学文献出版社书面授权许可，任何使用与"皮书系列"图书注册商标、封面设计、版式设计相同或者近似的文字、图形或其组合的行为均系侵权行为。

经作者授权，本书的专有出版权及信息网络传播权等为社会科学文献出版社享有。未经社会科学文献出版社书面授权许可，任何就本书内容的复制、发行或以数字形式进行网络传播的行为均系侵权行为。

社会科学文献出版社将通过法律途径追究上述侵权行为的法律责任，维护自身合法权益。

欢迎社会各界人士对侵犯社会科学文献出版社上述权利的侵权行为进行举报。电话：010-59367121，电子邮箱：fawubu@ssap.cn。

社会科学文献出版社